HOG

[美] 罗伯特 · D.卡普兰 / 著
鲁创创 / 译

PILOTS

美军
全球运作
内幕

BLUE

WATER

GRUNTS

湖南人民出版社

目 录

第 5 章 北约参差不齐的南部边陲
挺进阿尔及利亚

231

第 6 章 廓尔喀标准
美军对尼泊尔军队的改造

277

第 7 章 部族黑手党

“斯特瑞克”旅见闻

303

第 8 章 可靠的“飞行劳工”

深入亚太的美国空军 A-10 攻击机中队

359

序　言

沙场战士，仁心天使

9000码（1码相当于0.9144米。——译者注）、8000码……“本福德”号（USS Benford）导弹驱逐舰正逐步靠近“雷尼尔”号（USNS Rainier）快速战斗支援舰。15分钟之后，这艘价值1亿美元的钢铁巨兽终于与另外一艘体量更为庞大、装满燃油等补给品的舰艇并驾齐驱。此刻，这两艘象征工业时代技术成就的灰色武装怪兽只相隔160英尺（1英尺约等于0.3048米。——译者注）。一阵狂风掠过，“本福德”号与“雷尼尔”号之间的水面上激起了汹涌的波浪，翻腾的泡沫仿佛积蓄着大海的全部能量。“雷尼尔”号朝着“本福德”号的甲板射来一条又一条绳索，“甲板猩猩”和“甲板猴子”们（即级别最低的水兵）接住这些绳索，并将它们穿上导缆孔、速脱钩和滑轮。对面舰上的水兵用一支M-14抛缆枪抛射过来一根红色的细绳，细绳末端牵着一条粗一些的绳索，这条绳索的末端又牵着一条更粗大的缆绳。粗大的燃油软管和棘爪顺着缆绳从“雷尼尔”号滑过来，抵达“本福德”号的甲板。头戴蓝色安全帽、身穿橙色马甲的“甲板猩猩”不断调节缆绳的长度，避免缆绳过于紧绷，小心翼翼地将东西接收过来。一个军士长通过扬声器发号施令，另一个军士长则以一套完整的旗语与“雷尼尔”号上的袍泽沟通。在这地狱般的黑暗之中，海浪声嘶力竭地咆哮，两艘战舰上刺眼的灯光看起来有些飘忽不定。这情景就像是太空中的两艘飞船正在对接。

世界各国的海军舰队，只有极少数能进行航行横向补给。执行这一任务之时，军事装备并非决定性因素，关键在于精湛的航海技术。

来自俄亥俄州纽瓦克市的水手长安德鲁·雷德尔负责指挥补给期间甲板上的全部工作。“重新连接缆绳！别他×的像个娘们儿似的！”他大声训斥着一个手下。说完这些，他立刻像慈父一样，轻轻拍了拍身旁一个女兵：“别误会我的意思。”仅仅1秒钟之后，他又开始嚷嚷：“把那条绳子给我放下来，蠢货！把钩子给我摘掉，废物！”

2005年1月，“本福德”号刚刚完成一次海啸救援任务。此刻，战舰正航行在苏门答腊岛附近的印度洋上，朝马六甲海峡驶去，计划巡视世界上最繁忙的航道——对于国际贸易乃至整个全球化进程而言，马六甲海峡堪称咽喉要地。

履行责任的帝国步兵

在水兵们的潜意识里，伊拉克、阿富汗之类的地方只是边缘地带而非战斗前线。他们与众多其他美军士兵一样，都忙于履行超级大国的附带责任，诸如灾难救援、保护海上航线、训练别国部队、全球反恐、应对新兴大国的崛起等。美国在中东地区开展的两场战争（即阿富汗战争与伊拉克战争。——译者注）或许进行得并不顺利，但只要你登上分布于各个大洋的美国海军水面舰艇和潜艇，只要你置身北到阿拉斯加、南到靠近南极洲的各个空军基地的飞行员当中，只要你与正在非洲、亚洲和南美洲执行小规模任务的陆军特种部队、海军陆战队待在一起的时候，你会有完全不一样的感受。如果你像我那样，时不时地先在太平洋中的一艘美国潜艇上待上数周，接着又跑到撒哈拉沙漠的中心地带跟美国陆军混上几个星期，你就能对美国在同一时刻执行诸多任务的现象获得一种更真切的认知。

我没有忽视伊拉克战场，但我并不将视角局限于此。

我的探访之旅始于 2002 年。一开始，我观摩了美国陆军特种部队和海军陆战队在世界各地开展的反恐反叛乱与非常规作战行动，那段经历为我撰写《帝国步兵》（*Imperial grunts*）一书奠定了基础。当时，我探访了正在南美洲丛林、亚洲丛林以及近东沙漠地带执行任务的排级作战部队。我也曾短暂感受过伊拉克战场的激烈城市战，但 2002—2004 年的大多数时间里，我都是在观瞻美国为维持其“帝国地位”而进行的基本行动——训练外国军队。在美军教官口中，受训者有一个特殊的称谓——“Indigs”。

如今，“帝国”这个词不受欢迎，但众多美军低级军官和普通士兵之所以时不时地在世界各地遭受种种挑战和大大小小的失败，就像过去几百年以来曾经出现的其他世界强国的军人们一样，正是由于美国正扮演着准帝国的角色。

我在旅程中结识的人们总是在嘲讽、抱怨，其实这一直都是海军陆战队和陆军部队士兵们的传统，但这与士气低落无关。所谓士气低落，指的是军人们丧失斗志。这些人都属于美国军人这个独特的群体，他们是一群奉行“自我选择”原则的军界精英，按照特定标准可以分成两类：一类是正在或曾经在阿富汗或伊拉克执行任务；另一类是正想尽一切办法前往阿富汗或伊拉克执行任务。他们并非狂热的好战分子，他们只是像新闻媒体的驻外记者一样：同行有机会去报道最新战况或海外危机，自己也绝不愿意被留在后方。

军队中坚：士官在美军中的作用

当你真正了解了这些军人的生活方式，了解了诸如在舒适的后方基地为将军充当副官的陆军少校与在前线的营级作战部队担任副指挥官的陆军少校之间的巨大差异，甚至了解一名指挥 12 人作战小队的海军陆战队中士与一名身处 150 人作战单位当中的海军陆战队枪炮士官（作战中坚）之间的区别之后，作为一个生活在非募兵制社会的公民，你会为自己正被一种颇具神秘色彩的文化所包围而感到惊异，从而产生一种恍如异世之感。正如我后来了解到的，由于所依靠的经验技巧与科学技术存在巨大差异，空军和海军的异世感更加突出。

不关注士官群体，就无法真正理解美国军队。士官（包括中士、下士，以及美国海军中的军士长）是美国军队文化与传统的传承者，就连西点军校和安纳波利斯海军学院的许多毕业生也必须承认这一点。来自普鲁士的弗里德里希·冯·施托伊本男爵曾于 1777—1778 年造访福吉谷。此人开创了美国的士官体系，为美军的发展方向奠定了基础：在分权化的指挥体系之中，每一位军官的每一条指令都会被身处一线的士官们拆解为一个个具体的战斗举动。军官下达命令，士官负责具体执行。

士官群体是美国社会发展史的缩影。开垦土地、建造居所、寻求食物——北美大陆上开疆拓土的西进运动绝非杜撰，而是实际行动。尽管现在美国境内的家庭农场正逐渐走向消亡，但我在阿尔及利亚采访过的一支陆军特种部队 12 人特遣队中，有近一半的士官出身于家庭农场。这支特遣队在我了解的同类部队中堪称典型。

士官群体同时也是美国式中产阶级社会的产物。纵观很多第三世界国家的军队，我发现其军官与士兵之间的鸿沟堪比贵族和农奴，但这样的社会阶层差异在美国军队中却并不明显。士官与上级打交道时有足够的自信，而反过来，尉官们对手下的士官也足够信赖。即使有时不得不执行最为糟糕的命令，存在于士官与尉官之间的强力纽带也使得他们能够争取到最好的结果。

随着战场空间的不断扩张和参战部队人员规模的不断缩减，士官的重要性被进一步放大。与过去那种在有限空间内投入大量兵力的战斗模式（即人海战术）不同，美军如今更倾向于在浩瀚的沙漠、茂密的丛林和脏乱的城市贫民窟中动用小规模的军事单位执行作战任务。排、班以及小队级的作战单位由此大展拳脚：这是在最底层的战术级别摸爬滚打的士官们大显身手的绝佳舞台，行动成功与否完全取决于他们自身的表现。在伊拉克战场上，士官的阵亡率要比军官高四成；而在军官群体中，阵亡率最高的则是在一线指挥士官和列兵的尉级军官。

在如今这个野战部队的行动随时可能曝光于大众面前的时代，士官们的战斗行动还要承担或好或坏、无法言状的政治后果。海军陆战队上将查尔斯·克鲁拉克曾经这样写道：“每一位海军陆战队队员，都是美国对外政策最显而易见的象征。”所谓“每一位海军陆战队队员”，其实也可以指代所有美军士官。2/3的海军陆战队队员都是士官，而陆军特种部队（即“绿色贝雷帽”）的士官比例更是接近九成。

美国人的民族认同感深深地刻在这些士官们的心底。非任务时期，他们通常都沉默寡言，只有在被问到对接下来的任务有何看法和打算时才会开腔，这时候他们似乎有说不完的话。我一直在心里默默提醒自己，宁可直接问这些家伙到底是干什么的，也不要打听他们的内心在想什么。后来，我知道他们会主动向我袒露心扉，但我从来不曾擅自触及这一禁区。

华盛顿政客掌控世界的工具

“劳力者，其实是劳心者的奴仆。”20 世纪初葡萄牙诗人费尔南多·佩索亚如是说道。佩索亚的论调似乎有些过于宽泛圆滑，但其核心思想却合情合理，以伊拉克战争来看，这句话堪称真理。驻扎伊拉克的陆军士兵和海军陆战队队员必须承受自由占领和民主等理念所带来的后果。提出这些理念的则是华盛顿的政客们，他们当中很多人从来没有来过伊拉克。作为一个曾经与军人们朝夕相处的军事类纪实文学的作者，作为一个无论是私下还是公开场合都始终支持这场战争的人，我对于这一点并非不知情。外界普遍认为，美军在伊拉克的占领陷入了一种荒诞的混乱，永远不可能取得胜利。但我认为，无论美军的军事计划是否周密，其行动都有可能失败。尽管我的一些著述表露出了对上层决策失误可能导致伊拉克陷入无序状态的关切，但出于在伊拉克建立起一个更加稳固的自由政府（当然，未必是“民主”政府）的期待，我支持美军的这次军事行动。然而，最近的所见所闻却让我发现自己犯了一个错误。这次战争使饱受压迫的什叶派穆斯林的影响力得到提升，因而对埃及和沙特阿拉伯等顽固、僵化的逊尼派警察国家造成一定程度的激荡，同时也分化了“基地”组织与阿拉伯民族之间的关系。这场战争到底创造了怎样的战略机遇，依然有待观察。

如果我们只说美军很好地适应了伊拉克战场上的种种挑战，那就太过轻描淡写了。阿富汗和伊拉克战场上（尤其是后者）经年累月的残酷战斗，让美国军人们经受了无尽的历练。有时候，为了将水电管线连接起来，他们甚至需要在复杂的城市街道环境下血战一整天。尽管人手不足造成了一些恶果，但这些战斗经历还是大大提升了美国军人尤其是陆军人员的意志和品质。2004 年 12 月的印度洋海啸救援任务表明，凡是在战场上表现优异的部队，到了灾区也必定是优秀的救援力量。人道主义援助行动与战争在后勤保障方面是相通的：两者都要求将装备和人员快速投送至行动区域。快速进入是关键。如果说永远忠诚是美国海军陆战队的官方信条，那非官方的信条一定是永远灵活了。

这场战争漫长而血腥，而且因为华盛顿文官的盲目自大，还有越界的危险。在这之后，军人们希望美国更多地通过无声的联盟关系和培植东道国代理人的方式去管理这个世界。由此，美军必须更多地利用人数极少的精英人员开展秘密行动，并以简洁实用的前沿哨所取代之前使用的大型基地，这些基地本身也成为引发政治摩擦的因素。

美军的海外存在规模越小就越不引人注目，其行动成效也往往越有保障。在危机升级之前实现军力部署，就能为自己预留试验和犯错的空间，还可以有效降低美国声望受损的风险和程度。这是危机管控在军事层面的体现。若想避免在未来某个时候陷入泥潭，就应当多点出击而非固守一地。派驻哥伦比亚和菲律宾群岛的数百人规模的陆军特种部队堪称以一当百，驻扎了 2 万美国士兵的阿富汗，如今局势依然裹足不前，而驻扎了 15 万美国军队的伊拉克则完全成了一塘浑水。

显然，稳定伊拉克局势需要更多部队。只要一个国家决定进攻并占领另外一个国家，它最好要准备好一支具备压倒性优势的军事力量。但小规模的精英作战力量仍不失为训练当地武装、在任何地方实现稳固部署的有效手段之一。合理运用小规模的精英作战力量，可以最大程度地减少美国对传统的大规模进攻作战方式的依赖。

正如一位五角大楼的将官曾对我说过的那样，“伊拉克战争之后，我们真心期望短期之内不会再有进攻一个大国的事情发生。所以，我们将会更多地采取低调突袭的手段，这是美国军队自19世纪末20世纪初以来的宝贵传统”。难怪在我游历采访的过程中，会有那么多每天都有战术级任务要执行的军官和士官不断向我谈起19世纪的北美印第安人战争，而非两次世界大战：毕竟印第安人战争演绎了各种机动作战和快速突袭战术以及各种比大规模会战更具突然性的伏击战和小规模作战。小规模作战，这同样是低级军官和士官们的专属领域。

棋子与骑士：世界大棋盘上的美军布局

美军是一支优秀的武装力量，就如同军事教程要求的那样，它的军官与士兵群体（尤其是陆军）很多曾经在阿富汗和伊拉克经受过真刀真枪的战场历练，然后又依据他们从战场上带回来的教训修订、充实原有的军事课程。通过所有这些经历，包括应对海啸等自然灾害、谋划不周的军事占领以及向某些国家派遣小股特种作战部队等——全面志愿化的美军已经建立了一个“老兵阶层”，他们既是战斗中坚，也是部队管理的基层骨干，无论是军队内部的平民化管理还是城市巷战，他们都能从容应对。9·11

事件发生之前，美军曾经享受过一段相对安逸、平和的时光，只有某些特定的部队才会被派往危险的任务区域。如今，这样的美好时光已经一去不复返了。

二战期间曾经在瓜达尔卡纳尔岛和塔拉瓦岛登陆作战中担任无线电操作员的前海军陆战队操练教官里昂·尤里斯，在其小说《战斗口号》（*Battle Cry*）的开头，以一位久经沙场的老兵的口吻做过一番陈述。事实上，他写下的这些文字恰恰体现了几十年前美国军人那种一往无前的勇士精神：

想要辨明我的身份，只要看看我的臂章和袖章就行了。我已经在美国海军陆战队服役了30年。

我曾经乘着战舰到过好望角和合恩角，我的海上生涯有一半时间都是与30英尺高的大浪相伴。我曾经在巴黎、伦敦和布拉格的美国使馆担任警卫。我熟悉地中海沿岸几乎每一处停靠港，熟悉当地的妓院，熟悉南半球海面上的每一寸阳光，就像熟悉我的步枪一样。

我曾经躲在某国公共租界外的铁丝网后面操作机关枪，也曾在珍珠港事件爆发10年之前在长江上威慑日本人。

我领略过北极光的神秘，看到过它的光辉照耀冰岛大地时的壮美，也曾见识过中美洲丛林里潺潺流淌的河溪……还有加勒比海岛上摇曳多姿的棕榈树。

是的，就像1871年的海军陆战队队员们一样，我也熟悉朝鲜半岛棕黑色的群山。对于美国海军陆战队而言，朝鲜半岛的那场战争早已是老生常谈的事了。

正如我之前提到过的，美军在全球范围内部署，并不仅仅涉及陆军和海军陆战队员，还有海军和空军的将士们。从 2002 年到 2004 年中期（也就是我写作《帝国步兵》的那段时间），我关注的主要是美国的陆上非常规军事力量，而本书则主要介绍美国的海军和空军以及美国陆军的常规力量。我要乘坐的不仅有“悍马”军车，还有驱逐舰、核潜艇、轰炸机以及“斯特瑞克”战车。

我随军采访的最初两年，主要在大中东及其周边地区（从非洲之角到阿富汗）活动。本书的写作则以太平洋地区为背景，因为日渐崛起的中国和依然处于分裂状态的朝鲜半岛都在这个地区。事实上，伊拉克战争的终极战略影响，可能是加速亚洲世纪的到来——不仅是经济层面，还包括军事层面。美国政府被伊拉克局势搅得焦头烂额，欧洲的防务部署也由于预算不足而饱受折磨，中日印等亚洲国家的军事力量却日益壮大，其现代化程度也不断提高。与此同时，这些国家相互之间、这些国家与世界其他地区的经济交往也越来越密切。

不过，我还是将此番旅程（2004—2006）的起点选在西非，我的第一个探访目标便是驻扎在那里的海军陆战队。这之后，我将在非洲和太平洋地区之间来回穿梭，记录美军驻外部队的一点一滴。

第 1 章

响彻非洲大地的“来复枪”

萨赫勒反恐前线的“锅盖头”

持续不断的恐怖骚乱、丰富的石油资源、中国在当地不断扩大的影响力，使得撒哈拉沙漠南部边缘的萨赫勒地区成为美国驻军的必然选择。作为训练尼日尔军队的中坚力量，美国海军陆战队不仅有着悠久的作战历史，更有着西方国家军队中最为民主的指挥体制，无论是教导尼日尔军队瞬间双击，还是与尼军进行仿真战场演习，抑或是在该国进行人道主义维和，这群信仰坚定、乐观积极、誓死效忠的战士，永远是美军当之无愧的精英。

2004年初夏，美国取缔了联盟驻伊拉克临时管理政府，并将驻伊美军最高行政长官保罗·布雷默三世护送回国。与此同时，美国海军陆战队和陆军特种部队正有条不紊地分批开赴撒哈拉沙漠南部边缘的萨赫勒地区。在全球反恐战争中，美国的军事力量几乎遍及世界每个角落，而萨赫勒地区则是少数尚未涉足的战场之一。

与当地人结盟并将其训练为一支军队是力量投射的一种传统手段，如此可将风险与声势降至最低。纵观历史，罗马帝国尤其钟爱此道，即便在面对偏远的北非疆土时也是如此，更遑论近东边陲了。而对法国和英国来说，千年来的殖民史令他们将之奉为真理，两国2/3的海外远征军都是由殖民地的当地人组成。正如古罗马历史学家塔西佗所写的：

我们罗马人崇尚权力，却蔑视其带来的虚荣。

我将塔西佗的箴言铭记于心，来到了撒哈拉南部边缘一处被热带草原和低矮灌木覆盖的条状地带——被称作海岸的尼日尔河萨赫勒地区，见证了美军进驻此地的情景。此次作战模式与介入伊拉克时有着本质区别，前者更加温和、低调，也更可能取得成功。

常驻萨赫勒地区：美国海军陆战队

尼日尔河是非洲第三长河，仅次于尼罗河与刚果河。在中世纪，伊本·白图泰等阿拉伯地理学家称之为黑人的尼罗河。尼日尔河源起几内亚与塞拉利昂交界处海拔 492 英尺（1 英尺约等于 0. 3048 米。——译者注）的丛林地区，在向东北流入马里后，途经廷巴克图、加奥等沙漠商旅中心，而后在尼日尔与贝宁交界处划出一道弧线转向东南，朝尼日利亚奔腾而去；在流经疟疾横行的比夫拉湾沼泽地区后，于此处广袤无垠的三角洲上分为众多支流，最终汇入大海。这条 2600 英里（1 英里约等于 1. 61 千米。——译者注）长的大河，自沿海地带流入沙漠，历经蜿蜒又复归大海，看上去似乎违背了自然规律。

公元前 5 世纪，云游途中的希罗多德便对尼日尔河有所耳闻。在东利比亚，他听说了充满活力和冒险精神的纳萨摩尼亚人的故事。他们居住在附近地中海沿岸的希尔提斯，曾带着充足的食物和淡水，出发前往利比亚内陆地区。在朝西南行进数日之后，这群纳萨摩尼亚人在一处草木稀疏的地方遭到一群黑人的袭击。后者身高奇矮无比，说着一口晦涩难懂的语言。在小矮子们的押送下，纳萨摩尼亚人穿过一片沼泽，来到一条自西向东流淌、鳄鱼遍布的大河前。

古希腊人眼中偏僻荒远的尼日尔河，对21世纪的美国人而言已不再遥不可及。这条长河流经世界上一些最贫穷、最动荡的国度。自古以来，往来通行于地中海地区和欧亚大陆的人口、思想观念及科学技术，皆被撒哈拉沙漠严严实实地挡在西非门外。即便是伊斯兰教，也在向南传播的漫长旅途中被削弱了。如公元1000年前后自撒哈拉沙漠中部向南迁徙至尼日尔河流域的图阿雷格（Tuareg）人，虽身为柏柏尔人的一支，但只不过是名义上的穆斯林而已。他们建造的清真寺数量稀少，也少有人前往麦加朝圣。图阿雷格男子佩戴面纱，女子却不然。而图阿雷格这个词在阿拉伯语中的含义，便是真主的弃儿。图阿雷格勇士们飘逸的长袍和头饰，让人联想到的不是穆斯林，而是中世纪的基督教骑士。

以商旅城市阿加德兹为中心，图阿雷格人曾建起一个帝国，后为桑海帝国征服。再后来，桑海帝国与马里帝国的版图在尼日尔河中游重叠——那里正是伊本·白图泰所熟知的地方，也是美国海军陆战队即将安营扎寨之处。

这些中世纪的帝国曾拥有数量庞大的军队和完善的官僚体系，而它们的国号也被其居民以民族的形式继承了下来。然而该地区后来一蹶不振，盛极一时的帝国成为过眼云烟。

截至1900年，法国人征服了撒哈拉沙漠的大部分地区和临近的萨赫勒。但正如过往的征服者们所得出的教训：攻城略地易，教化异己难。虽然称得上是现代中东恐怖分子的先驱，但当年的图阿雷格人却选择藏身暗处以保全血脉，静待殖民者离开。一个世纪之后，在美军眼中，该地区在政治与社会上的失败增加了其危险性。

萨赫勒地区是滋生恐怖分子及其同情者的温床：这里的年轻人大量失业，他们对于政治愤懑不平，宗教激进主义也日渐复苏。尼日尔河畔熙熙攘攘的港口向来疏于防御，沿岸各处充斥着海盗、国际珠宝走私团伙及与恐怖组织有染的阿拉伯流亡者社团。非洲萨赫勒地区为“基地”组织及其分支机构的渗透提供了两大基础条件：几近崩溃的社会体制和相同的伊斯兰教背景。

自称与“基地”组织有关联的“萨拉菲斯特传教与战斗团”（Salafist Group for Preaching and Combat，以下简称“萨拉菲斯特”组织），曾在马里境内囤积大量武器和车辆，预备在阿尔及利亚使用。拜美国海军侦察机所赐，他们已被逐出马里，进入尼日尔和乍得境内。而乍得军队在美军特种部队的支援下，击毙、抓获了 40 余名叛乱分子。即便如此，“萨拉菲斯特”组织依然堪称非洲北部最活跃的恐怖势力。在阿尔及利亚，该组织超过伊斯兰武装，成为政府的头号心腹大患；此外，他们在利乍边界一带也很活跃。1998 年，“萨拉菲斯特”组织在阿尔及利亚成立，但其思想体系却可追溯至 19 世纪的埃及改革运动。这场运动唤醒了广大穆斯林的政治意识，却几乎湮灭于腐朽落后的殖民体制。“萨拉菲斯特”组织正是这一运动的遗产，他们以荣耀之名鼓舞着

“基地”组织的极端分子们。

吸引美国人来此的还有丰富的石油资源：2004年，美国进口的石油有15%来自西非，预计10年内这一比例将增长至25%。另外，来自东方的力量也逐渐渗入此地，中国在萨赫勒的大规模投资引起了美国的恐慌，美国试图限制其在该地区的影响。

有鉴于此，美军决定向马里和毛里塔尼亚派遣陆军特种部队，在乍得和尼日尔境内出动海军陆战队，而塞内加尔等国也将很快被列入泛萨赫勒计划。该计划以预防为主，旨在节约兵力，避免像在阿富汗一样为对抗恐怖分子而进行大规模军事部署。

西非尼日尔河畔的“沙漠战士”

我计划在尼日尔与美国海军陆战队汇合。尼日尔的贫穷程度仅次于塞拉利昂，但它带给我的原始之美却是如此震撼人心。宽广的尼日尔河名不虚传，烟雾缭绕下的长河浩大奔腾，犹如雕饰般精致。与其说它是一条河流，倒不如说是大海强劲生命力的写照。在河道中央，长长的沙洲威严地将水面划开；雨季伊始，其上便长满了肥美的绿草。由椰树、苦楝树和桉树密集而成的树林覆盖着河流两岸，林边片片农田皆向远方延伸，直至一座座低矮的小山之上。黄昏时分，远处的骆驼踏着夕阳余晖缓缓开始返程；走进古铜色的河水，发出咕噜声的河马正沐浴其中；吃水较浅的小舟上不时有男子打捞起肥美的鲈鱼。

尼日尔首都尼亚美坐落于尼日尔河北岸。虽说此地只比一个村落稍大，但与尼日利亚首都拉各斯及科特迪瓦首都阿比让等大西洋沿岸城市相比，这里少了喧嚣和混乱。在尼亚美，与河流平行的街道宁静祥和，红绿灯下的交通井然有序。政府建筑多是单层小平房，入口处也只有几名守卫站岗。松软的红土为整座城市涂上了一层淡淡的橘色，仿佛一片彩色滤镜置于眼前。

一些房屋是用泥土夯砌而成的，覆着板条编织的倒郁金香形屋顶。被脊髓灰质炎（急性传染病，由病毒侵入血液循环系统引起，部分病毒可侵入神经系统。——译者注）折磨的孩子们正跨在自己用废弃材料组装的自行车上，以手转动踏板疾行而去。妇女们头顶圆桶，身着艳丽的长袍，如彩云般飘然而过。尘土飞扬的橘色街巷里，散发着温馨安宁的家庭气息。几十年前，西非原住民开始大规模向城市迁徙，种族冲突日趋严重，破碎的家庭随处可见。那时的城市只是由钢铁和水泥筑成的牢狱，可怖的阴影遮蔽了陶罐和泥土的光华。相较而言，虽然部分城区时有暴力犯罪发生，边境也常出现针对基督教徒的行为，但相对缓慢的发展脚步依然使尼日尔少了几分戾气。由贵族、工匠和从前的奴隶们组成的传统阶级制度延续至今，支撑着尼日尔不言自明的稳定社会结构。

与其说尼亚美是一国之都，倒不如说它是一座普通城市。尼日尔幅员辽阔，自与利比亚交界的东北边境线到首都尼亚美，甚至超过了北美五大湖到墨西哥湾之间的距离。尼日尔有 1200 万人口，其中 75%都居住在自尼亚美往东的一小片区域中，此处临近尼日尔与贝宁的边境线。其实从人口统计学的角度看，尼日尔人就像是从尼日利亚境内溢出的。该国的统治阶级是由豪萨人和桑海的杰尔马人组成。他们的国度中有一片地跨马里、阿尔及利亚、利比亚和乍得的蛮荒沙漠，图阿雷格人就是在那里为恐怖分子提供庇护和后勤给养的。尼亚美便是如此一个城市，防御薄弱，且被各种不安分的地方武装势力觊觎，但依然宁静祥和。

与其他穷苦之处相同，美军驻此面临的是一项不可能完成的任务——帮助一个鲜有人知的国度恢复秩序。我之所以要强调军队，是因为在尼日尔这类民主体制非常脆弱的国家，政客的更迭如走马灯般，而军人和安全部队却始终静静地扮演着幕后推手的角色，前提是他们自己不成为政客。尼日尔总统马马杜·坦贾就曾是军方的一位中校。美国国务院派遣海军陆战队前来执行安全援助任务，并不能掩盖美军欧洲司令部（EUCOM）对尼日尔发挥的重要作用。五角大楼的人道主义援助项目，正是由美军欧洲司令部通过驻尼日尔大使馆官员同时进行——美国人民为动荡中的尼日尔北部提供的赈济，几乎都是经由这一渠道传递。尼日尔北部的安全形势着实令人担忧，无论是美国的和平队（1961 年 3 月由美国总统肯尼迪下令成立，负责前往发展中国家执行援助计划的队伍。——译者注）或者民间组织都无法进入。如果没有尼日尔军方的帮助，任何势力都无法在该国北部地区渗透。幸运的是，民间慈善人士已在尼日尔军方中培养了一些联系人。

在尼亚美城外，我沿着河流一路北上，橘色的沙土上，深绿色的灌木和高高的狗尾草旺盛地生长着。尼日尔每年都有 7800 平方英里的土地变为荒漠，但眼下暂时不会出现这种情况，因为雨季来了。

言传身教:“锅盖头” 教官与尼日尔军队

我乘坐的是一辆白色的丰田皮卡，驾驶员是来自俄克拉荷马州德拉蒙德的保罗·贝克少校。他统帅着一支 24 名队员组成的海军陆战队教官排，其中包括 3 名从北卡罗来纳州勒琼营（Camp lejeune）和美军欧洲司令部斯图加特总部抽调来的海军特种部队医务兵。保罗·贝克少校时年四十，戴着一副金丝眼镜，泛灰的金发剃成了标准的锅盖头（美国海军陆战队发型。——译者注）。他不苟言笑，与同级别的军官相比，他更加老成持重。他告诉我，他麾下几名尉官也是如此严肃。那些家伙原本都是士兵，后进入弗吉尼亚州匡提科后备军官学校。事实将会证明，这是一支优秀的队伍，因为他们的军官便出身士卒。

贝克少校的父亲曾在陆军和国民警卫队服役 28 年，他的大哥加入了空军，二哥则在海军效命。“所以我只能来海军陆战队了。”他乡音浓重，有些吐字不清。其实事情并非这般简单。从俄克拉荷马州立大学毕业后，贝克曾尝试成为一名普通的农民。20 世纪 80 年代，在得克萨斯与俄克拉荷马石油危机期间，渴望找到一份工作的他，终于拨通了海军陆战队驻本地征兵人员的电话。那之后几个月的时间里，贝克接受了反复的面试与遴选，部队最后的结论是，他还不够资格做一名军官。于是，第二天他便报名参军，被送至圣迭戈郊外的海军陆战队新兵训练营。

1991年海湾战争期间，贝克曾在部署于科威特近海的“亚伯拉罕·林肯”号（USS Abraham Lincoln）航母上服役，随后又在菲律宾皮纳图博火山爆发时参与了灾民疏散行动。后来，贝克被提升为准下士，并进入了后备军官学校。在海军友人的介绍下，贝克结识了他的妻子，一位越南裔美国人。女子的父亲是南越老兵，从事私人军事承包业务。从挪威完成一次部署任务回到美国5天后，贝克便在勒琼营举行了婚礼。儿子出生后仅仅17个小时，他又从冲绳被调往别处执行任务，但他毫无怨言。“能成为海军陆战队的一员我已经够幸运了，”他望着窗外尖利多刺的植物说道，“比起当一名物流主管，我更愿意在军中效命。”说得没错，物流主管可没机会到阿富汗或伊拉克走上一遭，更不会到这个海军陆战队之前从未涉足过的非洲国家指挥训练任务。如今的保罗·贝克少校正处于事业巅峰期。

我们进入了海军陆战队驻扎的尼日尔顿迪比亚（Tondibiah）军营。即便是在营区内部，依然可以看见种有粟谷的农田，偶尔还有在路边嬉戏的孩童。“与乍得相比，这里已经好上许多了。在乍得，整个村庄都会处于军营范围内。”贝克评论道，他刚在乍得完成了一项为期2个月的训练任务，1周前才抵达尼日尔。两国之间的显著差异令他深感触动。单看统计数字，乍得要略胜尼日尔一筹，且拜30年内战所赐，乍得或许有资本吹嘘自己拥有一支善战的军队。但在海军陆战队队员们眼中，乍得卫生状况堪忧，文明程度也较低，军队更是处处都比不上尼日尔。

在尼日尔军队里，每个作战排只有两三名士兵不会写自己的姓名，乍得士兵则大都是文盲。乍得军队没有等级观念，新兵时常拒绝执行长官的命令；而尼日尔军官在下级面前拥有绝对权威，且就连士官也有权发表意见，这在第三世界国家的军队中是相当罕见的。当海军陆战队队员到达乍得时，进行突击演习的东道国军队从卡车上鱼贯而下，端起枪就乱打一气。贝克很欣慰，因为这些家伙最后终于学会瞄准后再开枪了。

海军陆战队营房是一座单层结构的水泥建筑，屋顶上铺设着瓦楞板。营房周围只有一圈蛇腹形铁丝网，堡垒防御系统尚未成型，聚丙烯无纺布做成的袋子中还没灌入沙子。与每天都要经受汽车炸弹和简易迫击炮轰击的哥伦比亚美国陆军特种部队营地相比，这里的气氛颇为闲适。在一个小型烧烤架旁，星条旗正迎风飘扬。架子上覆盖着蚊帐，墙上和地上到处爬满了蜥蜴。有人为我安排了一口水槽，里面盛满了凉水。在美军营地里，我从未有过如此奢侈的体验。一台风扇正吱吱呀呀地响个不停。此刻的天空万里无云，气温足有 40 摄氏度。看着眼前这些空旷的房间，我感觉自己像是来到了一家廉价旅馆。这里没有数不清的军事器械，在驻拉丁美洲和亚洲的美军特种部队营房里，我曾见识过被器械团团围住的震撼场景。相形之下，海军陆战队队员们轻装上阵，更像是一群背包客而非军人。

他们正开始训练从东道国选出的 3 个作战排，前来受训的士兵都是该国百里挑一的天才和积极分子。这其中没什么奇特之处。首个训练周期包括成为一名合格军人的基础科目，如射击、野外定向及基本医疗常识。自由需要力量来保障，如果没有最基本的秩序约束，那么任何人都无法享受自由。如果一国政府打算维持统治，并保护边境免受跨国恐怖势力的渗透，那它必须拥有专业化的军队。一切都将从这 3 个受训排开始。

我来到顿迪比亚军营的最初几天，是在步枪靶场上度过的。

射击教官包括来自宾夕法尼亚州肖霍拉的埃里克·考夫林士官，来自南卡罗来纳州厄莫的史蒂芬·隆上士，来自纽约布朗克斯的鲍比·里维埃拉上士，以及来自佐治亚州米里奇维尔的克里斯·辛格利中士。除了 25 岁的辛格利中士之外，其他几个人都是 30 出头。我曾在吉布提和伊拉克与海军陆战队队员相处过很长一段时间，也明白这 4 个人将组成一个令人印象深刻的团队。海军陆战队军士是整支队伍的核心与灵魂，其地位是陆军军士所无法比拟的。因为美国海军陆战队的指挥体制是西方国家的军队中最不看重军职的，凭借战场经验和指挥才能，军士们可以轮流指挥准下士和列兵。只有受过进阶训练的士兵才有机会成为军士，更遑论射击教官了。埃里克·考夫林是军事登山专家，克里斯·辛格利中士是江河作战好手；史蒂芬·隆上士是一名狙击手，曾在帕里斯岛上的海军陆战队新兵训练营担任过射击教官；而鲍比·里维埃拉上士是从勒琼营的特种行动训练小组中抽调来执行此次训练任务的，他曾在武装侦搜队（Force Recon，配属美国海军陆战队，相当于海军的海豹突击队和著名的陆军三角洲部队。——译者注）中服役。

几十年来，训练第三世界国家军队的任务一直都由陆军特种部队完成。所以，此次在乍得和尼日尔的部署是海军陆战队展示自身实力的一次重要机会，他们也为此派来了队中精锐。

清晨6点，当我们出发前往步枪靶场时，天光未明、大雨倾盆。皮卡车队停在尼日尔军营门口，等待受训者们登上货斗。列队站在指挥官面前的非洲士兵们唱起了悦耳的歌谣，我开始跟史蒂夫·隆上士攀谈起来。他34岁，身材矮壮，一头红发，目光锐利如鹰。贝克少校曾对我说："史蒂夫是所有教官中最机灵的家伙，只在现在这个位置上实在屈才，他应该被授予更高的军衔。"

隆的父亲当年就是一位海军陆战队队员。在加入海军陆战队之前，隆从南卡罗来纳州一所社区大学退学，还差点因超速被吊销驾驶执照。随着9·11事件爆发，10年来一直作为现役军人参加作战行动的他，反倒被派去负责征召新兵了。"去他×的！"隆对我说道，"我是军中精英，我只想跟真正的男人一起战斗。"后来，隆发现回到"作战部队大家庭"的最好方式就是离开海军陆战队，结束现役生涯，重新加入预备役。反恐战争急需他这样经验丰富的预备役人员，随时能被转为现役参与海外作战。

"我还没成家，只想一年12个月都执行预备役任务。"他的梦想果然变成了现实。自9·11以后，隆终日身穿制服驻扎在欧洲和非洲，只不过参与的是训练新兵任务。"我真希望全球反恐战争能一直打下去，我真想到伊拉克和阿富汗瞧瞧。"隆这样对我说道。

尼日尔受训部队已经全部跳上皮卡货斗，安静有序，这让我颇感震撼。数分钟后，我们到达了靶场。他们排队走进场地，开始布置枪靶。随后，他们又冒雨站成一列纵队，手上托着作战帽，等待分发枪弹。在好奇地把玩过尼日尔军队装备中的中国版 AK-47 步枪后，枪炮士官考夫林和其他三位军士依次将弹药放入每一名受训者的帽子里，并将枪械交到他们手中。“等到天黑，”隆对我说，“不用别人提醒，他们就会把靶场上的黄铜弹壳捡起来。当然，不是为了卖钱。看，他们还把医疗装备都带来了。乍得人就不会这样，乍得士兵在校枪时都能出乱七八糟的问题。”

我还发现，尼日尔士兵表现出了真正的枪口指向意识：在不射击时，他们会将枪口朝向地面，没有一个人会将枪扔在地上。

尼日尔军队曾在科特迪瓦、塞拉利昂、利比里亚、布隆迪、刚果和海地执行过艰苦而繁重的维和任务。这支以豪萨人为主的军队，有其独特的精英特权阶层，长官们会将幼子送往后备军官学校接受教育。事实证明，这是一支为捍卫美国利益情愿牺牲自己的军队，他们曾多次越过边境线深入他国境内追剿“萨拉菲斯特”组织极端分子。

看着尼日尔士兵们静静地将弹药压入弹夹，我向隆提起，如果一支军队在体制上比政府更胜一筹，那么作为现代化进程的一部分，是否会发生政变。隆打断了我的话，向我讲述了菲律宾军方和该国政府长期持续腐败的情况，他的见解令我印象深刻。后来他还提到自己的女友便是菲律宾人。联想到先前贝克少校对于乍得和尼日尔的评价，我发现这些海军陆战队队员真是些博闻强识的家伙。他们的个人经验体系，与专家学者或者我这样的记者截然不同，而这正是海军陆战队活力焕发的原因。

朝阳冉冉升起，正在金合欢树上筑巢的鸟儿在阳光前被映成一幅剪影，密布的乌云也被撕开了无数裂缝。在雨水的浇灌下，炎热还无法发威。我带上耳塞，与4位海军陆战队军士及23名尼日尔士兵一起，向长度300码的靶场走去。再一次站在步枪靶场上的感觉真不错，我在2003年和2004年初创作《帝国步兵》时，曾长时间在步枪靶场上观摩学习。而后，我也随美军一起摸爬滚打，在哥伦比亚和菲律宾观察陆军特种部队训练东道国军队的情景，并在阿富汗同他们一起参与巡逻和武装突袭。再后来，我还到吉布提观摩了海军陆战队的训练与警戒任务，并与他们共同亲历了伊拉克城市巷战。

如今，我之所以再次来到步枪靶场冒险，并不是为了更进一步，而是要返璞归真——就像特种兵和海军陆战队队员一直做的那样，回到基础，从头开始。每当陆军特种部队和海军陆战队分别从阿富汗和伊拉克回到北卡罗来纳州的布拉格堡和加利福尼亚州的彭德尔顿营时，都会重返靶场进行射击训练。训练—实习—部署—回归训练，这种周而复始、千篇一律的循环，是军旅生涯的基本组成。如今，在力量投射的中心区域训练当地军队，步枪射击是重中之重，而靶场训练又是其中核心。

“每次开枪，都要打中一个敌人！”鲍比·里维埃拉上士大声喊着，“瞄准躯干中间上方的位置。只要击中就行，不必追求枪枪命中靶心。这不是精确射击训练，而是生死搏杀！”里维埃拉一口布朗克斯腔调，嗓门很是洪亮。这位波多黎各裔上士是一位武器专家，精通近距离作战。在靶场上，尽管枪炮士官考夫林的军职更高，却也不得不听从他的调遣。

穆萨·萨拉乌·巴尔默少校负责将里维埃拉的指令翻译成自己麾下士兵们能听懂的法语和豪萨语。这位少校曾与来自科特迪瓦、喀麦隆和巴基斯坦的军人们一道，在佐治亚州本宁堡接受过美国陆军的培训。“到本宁堡受训之前，我根本不知道真正的战斗是什么样的，”穆萨少校曾这样对我说，“与大多数国家的军队不同，美军在训练时会花钱模拟战场环境。但我仍希望美国人能看看，叛乱分子是如何盘踞在那些沙漠边城中的。他们娶当地女子为妻，借此扎根遁形，让你猜不出谁才是你的敌人。”由于穆萨少校比这几位美国海军陆战队士官的军职更高，所以后者都称其为长官。

里维埃拉继续训话。在受训的尼日尔军人面前 15 码的地方，摆放着一排端枪的纸人，它们是此次训练使用的枪靶。“先练习快速连射，之后控时连射，”里维埃拉接着解释道，“所谓控时连射就是两发子弹慢速点射，快速连射是两发子弹快速点射。快速连射之后，步枪会连续产生两次后坐力，到时候你就没有重新瞄准的时间。所以，糟糕的持枪姿势至少会让你脱靶一次。而如果在战场上，你可没有第二条命！”他的嗓门依旧响亮。

里维埃拉亲自做了演示，大声重复着每一条要领，有时他那布朗克斯口音的英语里还会冒出一些法语单词。与此同时，考夫林、隆和辛格利则安静地与受训士兵们一起做着相同动作。穆萨少校也有事情要做，他正用膝盖顶着一名士兵的后背，以便让后者摆出更为正确的姿势。我还记得在菲律宾曾见过的一幕，一名美军士官一直提醒年轻的菲军中尉，要他注意管束手下的士兵。在尼日尔，完全没必要这样做。

里维埃拉命令受训士兵们后退至距枪靶 25 码的位置，重复先前的练习。“不要俯下身子，让弹夹自由落地！尽可能减少你的动作，否则你就死定了！”他一边从 25 码线向 15 码线步步逼近，一边演示着射击和更换弹夹的正确动作。我望着里维埃拉，一股冰冷的震慑力自他的身体向四周散发。他就像一部人形机器，你完全看不见任何多余的动作。“注意看！”里维埃拉说道，“像我一样匀速前进，关键并不在于速度，而在于效率！”

“重复练习吧！”里维埃拉下令。过了一会儿，他又开始向尼日尔人讲授如何在更换弹夹、逼近敌人的同时，避免手中的 AK47 步枪卡壳。“记住！这不是练习精确射击，而是学习如何杀人！”他话语中的每个字都维持在最高的音调上。整个上午，里维埃拉只检查了一次枪靶，以便掌握每名受训士兵的射击精准度。无论子弹是正中靶心还是仅仅射中了枪靶边缘，他都表示满意，他只希望受训者能在实战中得心应手地使用步枪。2001 年，“持久自由”军事行动的最初几周，里维埃拉所属的部队曾在阿富汗突袭过泥墙环绕的院落，而那段经历令他明白了一个道理：决定生与死的并不是射击精确度，而是更换弹夹的速度。

里维埃拉很欣赏这次训练采用的枪靶，因为它们并非环环相套，而是印成了人型。“如果你瞄准的是圆形靶心，那么你将来就只会射击枪靶了。只有当你瞄准的是一个人形枪靶，你才能学会如何猎杀那些混蛋！”

“进行步枪射击时，站姿是最不稳定的，”他继续说道，“所以50码是站姿射击的最远距离。如果相距100码，我会在2秒内改成匍匐姿势，然后在对面那个混蛋瞄准我之前，往他的胸口嵌入两颗子弹。这样做，我就能活下来。实话实说，我也只想活下来，因为在美国还有好多姑娘等着爱我呢！”穆萨少校把这番话翻译成法语，尼日尔士兵们听后笑作一团。

时针即将指向11点的位置，我们来到射击场已经4个小时了。雨水混着硝烟，幻化出一片朦胧的雾气。“姑娘们累不累？”里维埃拉半开玩笑地喊道。尼日尔士兵们放声大笑，答道：“不累！”于是训练又持续了1个小时，直到午餐时间才安排休息。

领取军用口粮时，里维埃拉对我说道：“只要别让敌人射中我，让我做什么都成。如果有朝一日我不能再开枪了，那我肯定是死掉了。”

雨停了，气温重回37摄氏度以上。接下来再进行2小时的训练。靶场上的喊声依然此起彼伏。里维埃拉提醒道：“都给我听清楚了！明天我们将进行更多的换弹夹练习！你们的动作还是不够利落！记住，你们需要学习的不是如何射击，而是在又累又脏的情况下战斗！当你们又累又脏，还身负枪伤时，我希望你们想想，自己到底算不算个男人！”听到这些话，所有人都笑了，这可不是在开玩笑，而是在激励年轻的非洲士兵。看到受训的尼日尔人微笑着与自己握手，里维埃拉明白这番激励奏效了。

一往无前：坚守使命的陆战队队员

正当尼日尔士兵们在靶场各处拣拾黄铜弹壳时，我与 4 名海军陆战队队员一起来到一辆皮卡前，打开几份盒饭和瓶装水。大家都汗流浃背，脸上糊满泥土。我去年春天曾到过伊拉克的费卢杰，所以队员们向我询问那里的局势。对于自己无法前往伊拉克大显身手，他们都感到郁闷无比。每个人都有一番说辞，认为自己有理由被部署到那里，或者至少也应该被派往阿富汗。

“作为一名海军陆战队队员，”枪炮士官考夫林说道，“只有在参与战斗、背包行军、跟姑娘们打情骂俏，或者修理汽车时，才是最快乐的。”考夫林是一名非同寻常的枪炮士官，与其说他是一名领导者，倒不如说他是个超级战士。他话不多但干劲十足，警觉又不失刚毅，一心想履行自己的使命，像炮弹般一往无前。他不喜欢海军陆战队配发的黄褐色作战靴，认为它们在行军时毫无用处。在他看来，这种鞋子只不过是无法支撑小腿的扎带拖鞋。这让我想起在海军陆战队决定不引入陆军装备的 M-4 卡宾枪，而是仅为 M-16 步枪加装了导轨系统时，其他队员们的抱怨。这些牢骚引发了真正的抱怨，遭到抨击的对象包括新闻媒体和天真的美国国民，还有美国驻尼日尔使馆工作人员的冷漠态度——毕竟海军陆战队刚在乍得受到了当地美国使馆的礼遇。但抛开这些不谈，军中气氛还是很融洽的。如果不是在训练场上，陆战队队员们彼此并不会采用姓氏加军衔的称呼方式，而是直呼其名。

我与考夫林同乘一辆皮卡返回营地。“我挺喜欢这里的，”他一边用眼睛瞟着行走在草原上的当地女子，一边兴致勃勃地说，“我可以在这里训练士兵、射击、驾驶丰田皮卡，当然了，还有欣赏漂亮姑娘。”

第二天清晨6点，我们又一次出发了。上午7点30分，风轻云淡，骄阳散发着炽热的光芒，靶场弥漫着潮湿腐朽的气味。“不错，今天天气真是不错！”里维埃拉兴奋地喊道。有时他就像是个孩子，在炎炎烈日下高喊疾奔、永不疲倦，回到营地倒头就睡。他向尼日尔士兵们演示了面对成片敌人时的处理方式。

“你们要用快速连发的方式横向扫射，每个混蛋赏他两发子弹。永远不要只瞄准一个人，永远不要把枪丢在身旁，让你的枪口动起来！”子弹从24支突击步枪的枪筒中同时射出。一整天时间，尼日尔士兵们都在进行10~15码线区间内的射击练习。他们不断更换弹夹，双眼始终紧盯枪靶。他们的表现已比前一天强了不少。

第三天，雨又下了起来。里维埃拉让尼日尔人练习在泥地上匍匐，并在300码的距离上练习卧姿射击。“射击300码外的目标时，把你的准星瞄准100码的位置，”里维埃拉提示道，“因为等距离敌人只有100码时，你可就没有时间重新瞄准了。”

正当受训的尼日尔人在练习射击时，斯蒂夫·隆指着其中一名士兵，指出他刚才那几枪打中的肯定是标靶左侧。“你怎么知道？”我问道，毕竟从这么远的距离望去，人形纸靶只是一个小点。“我能判断出每一颗子弹的弹道。只要在帕里斯岛待上2年，每天8小时都泡在靶场里，你的眼睛也能练出这样的本事。”后来我们一起到纸靶区检查，两个弹孔果然分布在纸靶左侧。

天气奇热无比，一连几个小时站在士兵们身后观看射击练习让我备感无聊。于是，我来到遮阳棚下的长凳旁，摘掉耳塞，坐了下来。有时候，我会与贝克少校手下的参谋——来自密歇根州芒特普莱森特镇的提摩西·德克莱格中尉攀谈一番。他是来检查培训情况的，鲍比·里维埃拉训练的这批士兵给他留下了深刻印象。德克莱格中尉个性十足，他浑身上下都是文身，却又痴迷于古典弦乐四重奏。他的父亲和叔叔都曾是海军陆战队队员，用他自己的话说，他所学习的专业是喝啤酒、泡妞、打猎，高中毕业考试几乎门门不及格。毕业2周后，他就报名参军了。不到20岁，德克莱格便随舰队去往马来西亚，看见棱角分明的热带山脉冒出热气，刺破了如玻璃般平滑的湛蓝海面，他顿了顿，继续说道：“真希望等我老时，依然能记得那般风景。”

德克莱格中尉曾离开海军陆战队，前往加尔文学院学习哲学。这所鲜为人知的学府位于密歇根州的大溪城，是美国归正会（起源荷兰，曾称为荷兰归正会。——译者注）旗下的分支机构。后来，德克莱格又进入了后备军官学校，并在“伊拉克自由”行动（Operation Iraqi Freedom）中指挥了一个坦克排。“在伊拉克，我不得不命令手下士兵去执行一些技术上难度很大，甚至可能让他们丢掉性命的任务。我意识到自己的缺陷，我在对士兵进行言语激励方面总是慢半拍，而这正是我欣赏并且尊敬里维埃拉这类人的原因。”接着，他压低声音说道，“他们都是粗人，却总能说出慷慨激昂的话语。如果要我远离战场和里维埃拉这样的人，那还不如干脆让我离开海军陆战队算了。”

德克莱格向我展示了他正阅读的书籍——罗伯特·谢罗德的《塔拉瓦：一场战役的故事》（*Tarawa：The Story of a battle*）。他说这本书令他颇受启发，我先是大体翻了翻，预备夜晚回到营地后再开始认真阅读。我发现，这本书与其他深受海军陆战队队员和陆军士兵们青睐的书籍类似：除了军事记者外，当代任何媒体都不会去关注它们。《塔拉瓦》并非一本粗制滥造的书，只是略显老套。它采用了以理查德·特里加斯基斯的《孤岛浴血记》（*Guadalcanal Diary*）、宾·韦斯特的《村庄》（*The Village*）以及哈罗德·摩尔与乔·加罗威合著的《我们曾是战士，我们曾经年轻》（*We Were soldiers once…. and Young*）为代表的传统手法来记录大规模战役。这些书都赞颂了二战与越战期间，美国军队的奉献精神和英雄主义。它们并非作者刻意编造，而是战争亲历者的真实经历。

1943年11月，美国海军陆战队突袭了中太平洋吉尔伯特群岛最重要的岛屿——位于塔拉瓦环礁的比休岛。这场战役仅仅持续了3天，美国海军陆战队的伤亡数字却接近3000，其中阵亡士兵就有近1000人，日军则有5000人被击毙。当时初步估算美国海军陆战队死亡1026人，伤2600人；后修正为死亡685人，失踪169人，伤2100人。罗伯特·谢罗德在书中写道：“一名身材健壮的青年士兵，在攻击一处海堤碉堡时死在了距离目标10英尺的地方。他的身体依然保持着向前匍匐的姿态，右手还抓着步枪。我将永生铭记海军陆战队队员的这一形象——一往无前。”

与当时其他通信员一样，谢罗德总会使用“我们”和“我们的”这样的词来指代美方。尽管是记者身份，但他也是与士兵们朝夕相处的同胞。战役结束1周后，他回到了夏威夷檀香山，发现与塔拉瓦前线的生死交错相比，大后方竟是一派天真无邪。公众认为，在短短几天时间里遭受如此重大的伤亡，简直是奇耻大辱。国会甚至有传言说是情报工作出现了失误，并承诺不会再发生类似事件。但正如谢罗德所指出的，百战百胜并不是那么容易取得的。事实上，8个月后，也就是1944年关岛战役的第一天，便有近700名海军陆战队队员战死、受伤或失踪。因此，贬低塔拉瓦战役的胜利，几乎等同于毁谤那些为这场胜利献出生命的烈士们。他总结道：“1943年的塔拉瓦岛比美国国内更贴近真实的战争。”

天堂就在立陶宛与春天就去伊拉克

夜晚时分，从靶场返回营地的里维埃拉、隆和辛格利在星光下打起扑克，他们身边到处都是样貌丑陋的蜥蜴、聒噪的蛙群和嗡嗡乱飞的蚊虫。在这样一个闷热的夜晚，每个人都难以入眠。不少陆战队员都在服用一种名为甲氟喹（Mefloquine）的抗疟疾药物，其副作用使一些人不得不遭受失眠和噩梦的折磨。那些不玩纸牌的人，要么翻阅不知何年何月的狩猎、武器或者赛车杂志，要么在看DVD。尼亚美偶尔会举行一些聚会，陆战队队员们可以去和和平队的姑娘们喝上几杯，后者的工作性质决定了她们与首都之间不会相距太远。受过教育的尼日尔妇女们常打扮得时髦靓丽，于城中一两家高级夜总会中现身。与那些喜欢对陆战队队员们死缠烂打的乍得女人不同，尼日尔女性总与美国大兵们若即若离。这再次证明了除社会经济发展状况之外，乍得是一个比尼日尔更加无望的国度。

有时候，风暴会在凌晨猛然袭来。我们这些睡在屋外的人，每次都只得摸黑将折叠床和蚊帐搬回营房。幸运的是，壮美的尼日尔河从附近奔流而过，为饱受炎热和雨水折磨的士兵们带来了一丝安慰。营房背后有一座高山，置身山巅，可以饱览尼日尔河转角处方圆 10 英里的风光。黄昏时分，清爽的微风迎面而来，伴随夕阳西沉，宽阔的河水会从耀眼的银流慢慢染成一条深红的缎带。

每天傍晚都是故事时间。每到此时，大家或者坐在山顶俯瞰河流，或者在营房后小酌一杯，或者搭乘皮卡到尼亚美玩乐至深夜。尼古拉斯·塞万提斯中士来自达拉斯，兼有墨西哥和菲律宾血统，是个身材矮壮的家伙。他刚二十出头，有着一张英俊的方脸，性格沉着内向。他曾经对我说，二战时，他的父亲于巴丹死亡行军中死里逃生，却在战后回国经营便利店的岁月里郁郁而终。他的叔叔是一名越战老兵，然而直至塞万提斯在伊拉克经历了战争洗礼后，叔叔才对他讲述了自己当年的惨烈故事。

“我知道天堂在哪里，天堂就在立陶宛！”一位曾经到那里度假的陆战队队员说道，“那里的女人美若天仙，散发着异域风情，而且对于性的态度非常开放。我们在那里有三大优势：第一我们是外国人；第二我们有钱；第三嘛，土生土长的立陶宛男人都是些懒惰、手脚不干净的醉汉。乌克兰其实也不错，不过那里的好日子就快到头了，欧盟就要扩张过去了。”

来自得克萨斯州勒夫金的迈克尔·奥德里奇中尉的故事也颇具传奇性。他个子不高，肌肉发达，两眼凸出，走起路来总是一边晃头一边甩着胳膊，仿佛肩上挂的是条警棍，一副自信满满的样子。他已经 37 岁了，对于尉官军衔而言已属高龄。高中毕业后两天，他就进入了海军陆战队新兵训练营，可后来却阴差阳错成了一名叉车司机，还担任过为钻井平台制作零部件的机修工。1990 年，身为预备役军人的奥德里奇被重新征召入伍，作为一名狙击手参加海湾战争。随后，他在得克萨斯州立监狱系统谋得一份差事。在此期间，他因为自卫而揍了一名囚犯，打断了后者的下颌骨，被墨西哥毒枭们盯上了。出于安全考虑，他被调到了另外一座监狱。奥德里奇并未服从此次调动，而是加入了勒夫金警局，并最终被那里解雇。“我这人太好斗，不愿意忍气吞声，总想教训别人。别人总是对我说，只要从墨西哥北部过来的运毒车不在勒夫金停留，我睁只眼闭只眼放它们过去就可以了。这太明哲保身了。”

他重回监狱系统，负责看管死囚牢房。“住在那儿的囚犯很容易打交道，他们不想因为袭击管教人员而毁了自己的上诉。当然，我看过这些家伙的卷宗。说实话，这些混蛋都是死有余辜。得克萨斯州可不是个开玩笑的地方，该杀的都得死。”

那段时间，奥德里奇很怀念他在海军陆战队服役的时光：“在那里，人们对我的优点和缺点都能客观地对待。”在34岁那年，奥德里奇以下士身份重新入伍。经历了数年的霉运之后，命运终于在他超龄之前向他伸出了橄榄枝。他拿到了北卡罗来纳州布伊斯溪市坎贝尔大学的夜校学位，并被提升为少尉军官。伊拉克战争期间，他曾在贝塞斯达海军医院担任联络官，职责是保证来自勒琼营的海军陆战队伤员都能得到康复治疗。“那是我一生中最重要的工作。我见到了总统和参谋长联席会议主席。作为一名海军陆战队军官，我感觉我的生活重新开始了。你想象不到刚被勒夫金警局解雇时，我有多么压抑。幸好，我妻子从高中时就一直跟在我身边。我们不知道命运如何，那都是上帝的安排。总之，来年春天我就要去伊拉克了。”

擅长讲故事的“军大夫”

海军医务官布莱恩·史密斯是最擅长讲故事的家伙之一。他居然用大写字母把自己的小名“史密提”文在脖颈后面。来自圣路易斯的二等医务官布莱恩·史密斯，留着一头脏兮兮的金色卷发，是史蒂夫·隆和里维埃拉的牌友。史密提是个粗鲁的邋遢鬼，喜欢抽烟喝酒，见过不少世面。史蒂夫·隆曾经对我说：“万一我受了伤，那我宁愿相信史密提，也不相信什么海军司令或者外科大夫。”史密提的身体扭动没什么节奏感，但我经常看到他独自跳舞，或者一边走路一边打响指。他操着一口独特的南方口音——从某种程度上说，圣路易斯位于美国南方诸州的最北端，但那种口音依然比较特别。

史密提高中毕业之后就加入了海军，至今已在海军待了13年，其中7年是在海军陆战队。“听着别的海军陆战队队员从早到晚叫你大夫，那感觉真是太爽了。这会给你带来一种满足感，”他对我说道，“没有医务官，海军陆战队无法战斗，无法训练，无法去靶场。依照相关规则，医务官属于非战斗人员，只配备一支防身的9mm口径贝雷塔手枪。这真扯淡！越南战争那会儿，医务官的平均战场存活时间在海军陆战队差不多是最低的。不过，只要医务官不逊，陆战队队员们就会拿你当自家兄弟。这也是我一直在陆战队混的原因。那些操船出海的家伙们就不是这样对医务官。”

史密提讲的那些有关伊拉克的事儿可能有些夸大其词，但确实令人印象深刻。这很大程度上可能与他的讲述方式有关。他讲故事的时候总是表情丰富，一双蓝绿色的眼珠闪着精光。我想到了小说家福克纳及其笔下那些边嚼烟草边讲故事，直到听众们信以为真的长者们。参加“伊拉克自由”行动时，史密提奔波48天、跋涉600英里，在一处前线医院目睹了上千名伤员，还见识了一个由18辆卡车组成、自带移动停尸间的大型战地医疗手术营。医生们为了给矿泉水降温，甚至把瓶子塞在停尸间冰冷的尸体旁。“死尸就在你身旁，但我们都装作没看见，只想着干好自己的活儿。”

史密提见到的第一个战死的海军陆战队队员，是受伤后被人用“黑鹰”直升机运来的。“他的脸色白得跟纸一样。当时战争刚刚开始，”史密提说，“与他一块儿抬下来的还有一名伊拉克士兵。他们伤在身体的同一个部位，从伤口来看，这俩人似乎用枪对射过。”当时，这个陆战队伤兵挣扎着坐起身来，看到一名大夫正在救治伊拉克士兵，一把抢过医务官的手枪，想要打死那个伊拉克人。从那之后，大家便将这个陆战队队员与伊拉克伤兵隔离开了。

“医生们的通常做法是首先抢救重伤人员，海军医院大抵也是这样。但你得明白，在战地医院，医生们必须先处理那些轻伤者，以便让陆战队员们重回火线。至于受伤的伊拉克人，医生们只在我们的人都救治完了之后才会想起他们。”

“跟那些你救活了的人比起来，死去的给你的印象会要更深刻，”史密提叼着香烟，深深吸了一口，“我还记得那个年轻的尉官。他是少尉还是中尉来着？我想不起来了。总之，他很年轻，手上还带着婚戒。当时我就想，这哥们儿真倒霉。或许，他妻子这会儿正在商店里购物，他也许还有个正在上学的小孩。我知道，他已经死了，但他的家人还得活下去。如此种种，让你不由得悲从中来。我在海军待了不止 10 年，这件事一直让我念念不忘。”

有一次，我们在当地的一家饭馆里用餐，史密提说到一个伊拉克士兵整个屁股都被打掉了。“就算只有一半的屁股被炸掉，我也没法继续战斗了，”里维埃拉嚷道。“你当然不行，”史密提打断他，“因为疼痛和肌肉破损会把你的血液全部集中到受伤部位，就算不立刻丧命，你也会休克和昏厥。这可不是擦破点儿皮而已，动能极大的突击步枪子弹会在人体中高速翻滚的。”

史密提讲的那些故事当中，最让人难忘的是那个不死枪手。训练营的所有人都听过这个故事。我后来特意去核实过，发现他口中的不死枪手并非一名枪炮军士，而是来自芝加哥的军士长爱德华·史密斯。当然，事实的震撼程度一点也不比史密提讲述的差。

“有这么个枪炮军士，”史密提总会这样开头，“送进来的时候，他的脑袋都被子弹打穿了。但他还在呼吸，就剩最后一口气了。他的气管已经被各种呕吐物堵住，我们不得不给他插上呼吸管。我们直接将他抬进牙科帐篷，他肯定活不成了。在野战医院，我们根本没办法医治他。他双眼圆睁，目光呆滞，瞳孔放大。他当时已经脑死亡了，但身体一直在抽搐，他的呼吸又急又浅，还夹杂着咕噜咕噜的声音。在场所有医务官轮流去握着他的手。12 个小时过后，他终于咽气。”

“他不想放弃，因为他希望重新回到战场上去！”里维埃拉怒吼。

“当时这家伙已经脑死亡了。”史密提的态度很严肃。

“不，你不懂，”里维埃拉反驳，“他是个陆战队队员，他想回去继续战斗。”里维埃拉的表情相当认真——他对自己所说的深信不疑。

人道救援与维和训练

整整3周时间，欧洲司令部派来执行人道主义救援任务的12名美国空军后备役人员，跟海军陆战队队员们挤在同一座营房里。这支12人的队伍中，有3名内科医生、2名牙医以及1名验光师。每天早晨，他们都会在顿迪比亚军营为500多名来自附近村庄的居民看病，来的大多是背着孩子的妇女，孩子就像是黏在她们背上一样。美国空军的医生们为他们治疗蠕虫病等。然而，由于村民简陋原始的生存条件，后者往往会在治疗之后的一两个星期内重新染病。“与其说这是一个医疗项目，不如说是一个短期的健康节日，”一个内科医生兴高采烈地对我说，“我们的技术服务赢得了赞誉，但并无实质性成果，就像美国空军的公众开放日活动那样。”

与海军陆战队队员的情况类似，这些后备役军医主要来自美国南部和中西部以及东北部工薪阶层聚居的地区。他们很高兴有机会来非洲，因为在这里可以远离日常医疗作业的压力，同时也是报效国家的好机会。此外，人道主义援助行动也有利于拉近美国与另一国的军事关系。

负责美国空军此项任务的指挥官，是来自俄亥俄州布塞勒斯的梅利莎·特里谢少校。她是一位身材高瘦、容貌姣好、举止文雅的女性。她的身世让我略感惊讶：父母生养了6个子女，无力供她上大学。“我在空军国民警卫队待了6年半，国民警卫队为我支付了去肯特州立大学读书的学费。是它培养了我。”她的语气平淡，又透着一丝感恩之情。特里谢现在是一名后备役军官，已经离婚。每次外出执行任务，她 8 岁的儿子都会去俄亥俄州中部，同担任 C-130 运输机领航员的父亲一起生活。与史蒂夫·隆上士一样，特里谢少校也将后备役当作谋生手段。她已经找到了争取每年工作 200 天的办法。“我只能在后备役部队里挣生活。9·11 事件之后，我的情形比以前更好一些了。”

这项为期 2 个月的训练任务的高潮，当属在尼亚美以北 2 小时车程处一片热带草原上举行的、有 150 名东道国士兵参加的排级野战演练。美国海军陆战队的顾问们先向尼日尔军官传达有关“萨拉菲斯特”组织的真实情报，尼日尔军官据此谋划一场伏击战。战区将布置仿真人偶，以供尼日尔军队搜寻、射击和抓捕。仿真人偶身上会藏匿一些文件资料，以供尼日尔人学习如何搜集情报。训练过程还包含了一些“劫持及囚禁”的内容。

一天早晨，我们一行人离开营地，前去勘察演练地点的地形地貌。汽车沿着满是车辙的土路驶出尼亚美，仿佛整个尼日尔都随之消失了。放眼望去，没有警察执勤，没有任何国家政权的标志，什么都没有。戴着图阿雷格头巾的男人们，渐次出现在各处路障附近。深红色的土壤渐渐摊薄，最后成了崎岖不平的荒原，地表上满是针叶植物和白蚁巢穴。自大西洋沿岸向北至尼亚美，连绵数百英里的范围内，地貌几无变化。不过，自尼亚美继续往北，经过一片过渡区之后，就是完全意义上的荒漠了。

骤发洪水冲毁了部分路段，一些重型卡车陷在泥里出不来，司机们困在路边已经好几天了。沿途有一些村庄，那是我在非洲见到过的最传统的村落，所有房屋都由枝条和泥砖筑成。羊群和驮着柴草的骆驼悠然走过。女人们舂着玉米，她们身上五颜六色的服饰让人想到了某些珍稀的鸟类。这是游离于另一个时空的非洲奇景，完全未受现代文明的浸染。

这里的孩童尤其让海军陆战队员们称奇。史蒂夫·隆说，在乍得（Chad）执行任务时，他曾看到一个在田里劳动的小男孩，用的是非常原始的农具。他从军用干粮里挑出一块咸饼干递给小男孩，那孩子又从村里叫来一些小伙伴，让大家排队站好，每人分了一小块饼干。“真是挺不错的，”隆说道，“这些孩子几乎不需要父母供养，这情形就像100年以前的美洲乡村。”

车子陷在烂泥里，我们只好将绞盘绕在一棵大树上，以求牵引脱困。

一些当地的年轻人在我们的车轮底下塞进去一些树枝树叶，以增加摩擦力。陆战队员把军用份饭送给他们当作谢礼，并以手势向他们演示了加热的方法。与我在顿迪比亚军营附近的村庄里见到的年轻人一样，这些年轻人也没有工作，一直在抱怨自己无事可做。我意识到，这些村落的古朴面貌不会维持很久了，因为年轻人找不到工作、人口剧增、政治的民主化进程、储量不大的石油资源，所有这些必将毁坏昔日的尼日尔。无论好坏，这里终将发生一些变故。你甚至能感到，脚下的地壳深处正有暗流涌动。

演练场是一片河道干涸、地表皲裂的大荒原，遍地是火山栓。我与贝克少校、德克莱格中尉以及隆上士一起登上其中一座火山栓观察周围的地形。尽管我们站得很高，热浪的威力依然不减，但这3位海军陆战队队员对此似乎浑然不觉。“多壮美的风景啊，”德克莱格中尉赞叹道，“这儿没有任何遮挡视线的东西。”他们开始在地图上标注可供士兵们隐蔽，构建火力支援点的河床和沟壑。每两座火山栓之间大概相隔2英里，为不同的战斗小组各自展开留出了空间。尽管这几个陆战队员曾经抱怨这里不是战斗一线的阿富汗或伊拉克，他们此刻却在不停地说“能来这儿真幸运”。

第 2 章

从阿拉斯加到印度洋

环太平洋带上的“军事肌肉秀场”

从太平洋司令部到北美司令部的美国霸权轨迹上，阿拉斯加作为瞭望哨兼前沿基地功不可没。太平洋司令部以俾斯麦式中轴加辐条联合亚太盟友遏制中国的传统政策中，美国大海军在其中充当了主角。美国引以为傲的海外军事基地承包商、前沿部署的战争后勤保障塞班岛、被美国遗忘的战略领地冲绳、美泰“金色眼镜蛇”同盟，在这块世界最热闹的“军事肌肉秀场”上，美国倾其所有维护其亚太霸主地位，纵然美利坚的信念与爱国精神支撑着美国军事力量不断向前，但面对环太平洋带上由新兴大国和“流氓国家”带来的挑战，美国是否还能继续站稳脚跟？

美军一面与非洲诸国军队分别建立个性化的新型双边关系，一面在太平洋地区重新修缮和启用美菲战争、第二次世界大战和朝鲜战争遗留下来的一系列军事基地。从这两项举动中可以看出，尽管美国眼下正在加快其全球部署的步伐，但其所能留下的足迹也越来越浅了。若想见证这突兀的趋势，我就必须从世界上最大的沙漠来到世界上最宽的海洋。

一般来讲，如果非洲地区的问题主要在于无政府和弱政府状态带来的非传统安全威胁，太平洋地区的问题则在于新兴大国和流氓国家带来的更为传统的挑战。

阿拉斯加：地位特殊的美国亚太前哨站

太平洋总是会让人们想起旖旎的热带风光，但说起该地区最重要的军事基地，就得把目光投向天寒地冻的阿拉斯加。我将那里定为我的太平洋之行的第一站，并于 2004 年 11 月 1 日午夜抵达阿拉斯加州首府安克雷奇（Anchorage）。我只带了一只背包，里面装着接下来的日子里要穿的冬装和前往太平洋地区其他地方所需的夏装。在这次探访美国军队的旅途中，我将乘坐飞机从北极圈飞到赤道、从北美洲飞到东南亚。以前进行这类旅行的过程中，我常常会跟某支部队或者某位指挥官建立个人友谊。而这一次，我打算改变思路，以一种更为宽广、更接地气的视角，解读地球上最热闹的“军事肌肉秀场”。

从五角大楼的区域指挥地图上来看，阿拉斯加是全世界最有趣的一个地方。其他所有陆地区域都只标示着一种颜色，这指示出了具体负责该区域的美军司令部，而阿拉斯加却同时标示着蓝绿两种颜色：蓝色代表北方司令部，绿色代表太平洋司令部。地处北美大陆北端的阿拉斯加属北方司令部辖区。该司令部的职责是与新组建的美国国土安全部一起，保护美国的大陆部分免遭袭击，尤其是导弹攻击。

然而，作为美国面积最大的州，阿拉斯加本身却是太平洋司令部防区的一部分。该州是北美大陆北部面向俄罗斯远东地区的瞭望哨兼前沿基地，也是美军的环太平洋部署的重要一环，战略地位非常重要。原因在于：阿拉斯加州下辖由 70 个烟雾缭绕的火山岛组成的阿留申群岛，这构成了跨越国际日期变更线、直抵俄罗斯堪察加半岛的太平洋北方屏障。

过去被称作俄属北美的阿拉斯加，是安德鲁·约翰逊总统的国务卿威廉·亨利·苏厄德于 1867 年通过与俄国沙皇亚历山大二世签订条约得来的。当时，苏厄德收购这片地区的举动，曾被讽为“苏厄德的蠢事”。当然，随着阿拉斯加的战略意义慢慢显现，人们逐渐意识到，将其纳入美国版图绝非蠢事。19 世纪末，美国军队开始进驻阿拉斯加，修路建港，初步测绘地形，并在混乱的淘金热时期维护了这片地区的安定。20 世纪 40 年代，阿拉斯加地区得到了迅猛发展，其原因有二：一是美军将这里视作抵挡日军对美国本土发动进攻的前沿阵地；二是依照《租借法案》，美国以这里为关键节点，经由西伯利亚向苏联提供飞机，以帮助斯大林对抗希特勒。

美国军方与阿拉斯加之间的经济和情感联系自始至终很牢固。截至 21 世纪初，现役士兵、预备役与国民警卫队成员、曾经在这里服役（后来决定就地养老、钓鱼、打猎）的老兵以及为军队服务的平民，占阿拉斯加州总人口的 1/5。美国国防部一直是该州的主要“雇主”。在意识形态红蓝分野明显的美国，阿拉斯加州的红色（倾向共和党）程度与马萨诸塞州的蓝色（倾向民主党）程度不相上下。

美国空军对于阿拉斯加的偏爱丝毫不亚于美国陆军。“飞将军”们将该州视为一片广阔的训练场和虚拟战区，这里地表平坦空旷，也不必担心严苛的噪声限制。在阿拉斯加，军方飞行员们几乎可以为所欲为。

当我踏着数英寸厚的积雪、顶着零下 9 摄氏度的低温走出安克雷奇机场时，来自密歇根州弗兰肯默斯的柯克·格尔克陆军少校说道：“欢迎来到阿拉斯加的暖温带！”格尔克少校并不是在拿我开涮。由于临近海洋，安克雷奇的气候要比阿拉斯加州其他地区温暖不少。格尔克曾经在阿拉斯加更靠北的地方生活过。所以，在他眼里，这座本州最大城市的气候实在是太怡人了，而且在人文环境上也有过人之处。

勇猛的“斯特瑞克” 旅

我在阿拉斯加的第一个夜晚，是在安克雷奇郊外的理查森堡度过的。该要塞得名于瓦尔兹·理查森准将，他是一个土生土长的得克萨斯人，100 年以前曾经在育空河流域指挥部队。作为美国陆军的前哨基地，理查森堡毗邻埃尔门多夫空军基地（Hugh Merie Elmendorf）。陆军之所以能成为一种前沿存在，是因为空军可以为他们提供空中机动保障。陆军前哨基地与空军基地相毗邻，这是整个太平洋地区的美军部署模式。

理查森堡是美国陆军驻阿拉斯加部队的总部。构成该部队主体的第 172 独立步兵旅，即将成为美国陆军第 3 支“斯特瑞克”旅。1999 年，美军在其《陆军战略计划指南》中提出了“21 世纪美国陆军”的构想，开始推行其陆军战略转型计划。过渡期目标是建成一支能够快速部署的作战部队，变革重点在于以信息和机动替代重型装甲。这种变革的成果便是“斯特瑞克”旅。这种转型具有重要的含义。

所谓“斯特瑞克”，是一种 8 轮轻型装甲车，装备 MK-19 型榴弹发射器和 0. 50 英寸口径重机枪等武器。该车可搭载 11 名乘员，包括 2 名车组人员和 9 名突击队员，可以 60 英里的时速不间断行驶 330 英里。这种装甲车辆有助于提高美国陆军的快速机动作战能力，以更好地应对各种非传统安全威胁，能够使美军士兵相对舒适地跨越崎岖的地形远距离输送战斗小组。“斯特瑞克”装甲车得名于斯图尔特·斯特瑞克（Stuart Stryker）和罗伯特·斯特瑞克，这 2 人都是在战争中英勇献身的军士：前者于 1945 年在德国牺牲，后者于 1967 年牺牲在越南战场。

拥有随时在全球范围内部署大量军力的能力，是五角大楼多年以来的首要目标。如今，美国空军的运输能力得到了极大提高，可以迅速将大量兵员空运至北极、伊拉克和阿富汗，以及距离阿拉斯加仅 5000 英里、比韩国和菲律宾远不了多少的科索沃。阿拉斯加的军事基地比任何其他美国本土州都更靠近中东。第 172 独立步兵旅即将被派往伊拉克战场轮战，而我也将在 1 年后前去那里与该旅会合。

“从越南战争结束，直到 9·11 事件发生之前，第 172 独立步兵旅基本上是一直在极北地带狩猎与捕鱼，”一位士兵如此对我说道，“9·11 事件之后，驻阿拉斯加的空军部队成了美国全球反恐行动的‘矛尖’，而我们这些配备了‘斯特瑞克’战车的士兵则成了‘战矛’。”

2004 年 11 月 2 日（当年的总统选举全国选民投票日）那天的黎明，直到上午 9 点 30 分才降临阿拉斯加州，到了下午 4 点天就开始黑了。不过，极北边陲的冬天并不像听上去那样让人沮丧，因为阳光洒满整个北极地区，天空中出现了一种虚无缥缈的晖光：黎明之前就隐约可见，黄昏以后依然萦绕不散。太阳升起之后，我来到了存放“斯特瑞克”装甲车的车库，得以近距离观察并试乘这种新型战车。

“斯特瑞克”装甲车看上去与其他步兵战车区别不大，但运转噪音小得多。装甲车车身是合金材质的，不会因释放磁信号而引爆地雷，车内的乘客就像是坐在一层气垫上。与伊拉克战场和阿富汗战场上“悍马”军车尘土飞扬的车厢和 7 吨军用卡车的货斗比起来，“斯特瑞克”装甲车的乘坐感惬意多了。车厢里到处都是遥控操作车顶机枪的计算机显示屏，就像是一架自带冷热空调系统的客机。通过车内的红外观瞄设备，士兵们可以发现最远 20 英里之外的敌军部队。此外，“斯特瑞克”装甲车里甚至装备了加热军用干粮的微波炉。总之，这种装甲车可以长距离运送 9 名全副武装的士兵，并保证他们补给充足，可以随时投入战斗。

为了观察“斯特瑞克”旅和其他战斗单位的训练，我必须继续深入阿拉斯加州北部。因此，我来到了埃尔门多夫空军基地，并在那里与空军国民警卫队的戈尔克少校一起，乘一架小型飞机朝费尔班克斯城外的韦恩赖特堡飞去。这次从阿拉斯加南部到中部的飞行持续了 45 分钟。北美最高峰麦金利山在暗灰色的雾霭中若隐若现，西边的地平线上，一朵烟云正从一道红色的熔岩上方升腾而起。此时正值黄昏，太阳正缓缓落下，而月亮已悄然升起。

费尔班克斯：阿拉斯加的璀璨明珠

苍穹之下，云杉林间，苍茫雪原已有些许早春的气息。北极圈里的冻土，为冰盖下面的植物编织了一层崎岖褴褛的“裹尸布”。这是一片残酷的土地。终于，费尔班克斯及其附近的韦恩赖特堡映入了我们的眼帘，在冰雪的映照下，仿佛一块块方格。作为第172独立步兵旅的最主要驻扎地，韦恩赖特堡得名于陆军将领乔纳森·韦恩赖特（Jonathan Wainwright）。二战初期，此人曾在菲律宾防守巴丹半岛和科雷吉多尔岛。作为美军在阿拉斯加大量占地的样板，韦恩赖特堡所占面积，不低于美国陆军在全美所占土地的10%。

戈尔克少校曾经在费尔班克斯居住过，非常喜欢这一地区。他是个性格安静、沉默寡言的家伙，但一说到夏至日他就变得神采飞扬：每逢那一天，职业小联盟比赛都会在午夜进行，却完全不用人工照明。“本地剧团会上演‘胡桃夹子’（The Nutcracker），开着平板货车、身穿工作服的工人和身着晚礼服的体面人会坐在一起看戏。”他接着说，“到了夏天，河里到处都是海狸。鲑鱼从1200英里以外的大海洄游，一旦离开咸水进入淡水，它们就不再进食，游到这里已经饿得半死了。不过想要抓住它们，还是要费些力气的。”

再也没有哪个地方会像阿拉斯加州中部的育空河流域附近这样，让我想起罗伯特·威廉·瑟维斯（Robert W. Service）的诗句和杰克·伦敦的散文。这两位文坛巨匠都喜欢以自然和冒险传奇为题材，他们所受的“教育”与学校无关，艰辛的生活经历就是他们的课堂。杰克·伦敦笔下的冒险故事，与瑟维斯的那吉卜林式诗歌一样，其灵感也来自阿拉斯加淘金热，而那正是生活在越来越拥挤、逐渐走向工业化的北美洲的人们最后一次开疆拓土。美国人杰克·伦敦和加拿大人瑟维斯都是 19 世纪 70 年代生人，他们的创作笔触并未受到一战后开始兴起的现代主义风格的影响。他们都曾为了寻找黄金而在这片极北之地流浪。杰克·伦敦创作了一部名为《野性的呼唤》（*The Call of the Wild*）的小说，瑟维斯则有一篇同名诗作。他们都被阿拉斯加的苍莽大山、天寒地冻、熠熠星空和凄厉狼嚎所折服——瑟维斯谓其为“伟大的孤独”，而杰克·伦敦的表述更加直白：“在克朗代克（加拿大西北的一条河，为育空河支流，克朗代克流域盛产黄金。——译者注）我终于寻到了自我，这里万物寂静。”

不错，与安克雷奇相比，费尔班克斯小镇更加安静，也更加粗犷。如果费尔班克斯可以看作是美国的中部小镇的话，那安克雷奇就称得上是西雅图一类的国际化大都市了。费尔班克斯城中有一家极富真正克朗代克韵味的酒馆，当地人和休假的军人常去光顾。2004 年，共和党的小布什击败民主党候选人约翰·克里，继续执掌白宫的消息，我就是在这家店里得到的。当时我正与一个中校军官把酒言欢，谈论五角大楼那帮恶魔一般的官僚，突然听到附近几个桌子上的酒客高声叫嚷起来。我抬头看了看酒馆里的两台电视机，却听不清到底在说些什么，因为这里实在是太嘈杂了。其中一台电视机播出的是福克斯电视台的节目，新闻评论员威廉·克里斯托和弗雷德·巴恩斯似乎激动得连椅子都坐不稳了，表情更是滑稽无比；另外一台电视机则正在转播哥伦比亚广播公司的新闻节目，主播丹·拉瑟神情晦暗、满脸沮丧。这些人物的肢体语言足以说明问题了。当我们起身离开酒馆时，小布什距离成功连任只差1张选票了。酒馆里喜气洋洋，酒客们笑意盈盈。第二天早晨，我正在一家餐馆吃早点，看到两个辣妹正击掌相庆："小布什赢啦！小布什赢啦！"唉，我这会儿要是待在万里之外的马萨诸塞州的家中该多好。

韦恩赖特堡，是费尔班克斯城中居民每日生活的核心。在这里，小布什政府的外交政策对于普通士兵的影响体现得淋漓尽致。在营地周围方圆数英里的冰冻苔原上，树木看上去似乎已经枯死。拜第172独立步兵旅所赐，阿拉斯加的这片地区已经变成了模拟伊拉克战场环境的训练场。在一处风雪漫天的旷野林地中，我找到了躲在暖帐里负责通信控制点（TCP）的第172独立步兵旅第11野战炮兵团第4营。

这片营区看上去与我前一年春天在伊拉克"逊尼派三角"地带所见到的那些美军野外驻地没太大区别，到处都是油桶和蛇腹形刀刺网，很像是一片越野障碍训练场。过去的48小时中，指挥官已经带领手下士兵处置了87次假想事件。比如，为孕妇提供医疗救助、身怀塑性炸药的小孩、阻止紧张的地方警长向叛乱分子投降、处理已经爆炸过的简易爆炸装置等。

这些事件恰是前一年春天我在伊拉克与海军陆战队队员们一同经历过的。借助了这种模拟训练，伊拉克战场的基本情况已经输入这支身处阿拉斯加的炮兵部队的指挥链：这支野战炮兵部队因而得以熟悉诸多原本与他们毫无干系的非传统安全问题带来的挑战。

北寒极地：绝佳的仿真训练场

在这个与伊拉克恍如异世的北极地带训练，是部队在开赴前线之前能做的最好准备。战争，尤其是在各种军事科技高度发达的21世纪，后勤保障的重要性更加突出，后勤部门必须为官兵提供足够数量的军用份饭、为步话机和夜视器材提供足够数量的充电器、为各种武器提供足够的弹药等。面对驻扎在北极地区的部队，后勤负担尤其沉重。在热带地区作战，如果没有足够的替换袜子和内衣，官兵们只是会感觉不太舒服，但不至寸步难行。在北极地区，如果装备不够精良，会出现冻伤的情况，甚至更严重。对北极地区的部队来说，即使是校定准星之类的细节也更为困难，因为你做任何事情都要戴上厚重的手套。在极寒条件下，注意事项格外多：携带更多衣物、更加费心地保养电子设备。18个月前，冷战时代曾服役于北极地区的陆军上校汤姆·威廉曾对我说：在极地严寒下，人们在做出每一个动作之前都必须精确规划，坚决避免身体出汗，否则会被冻成冰棍。

应对极寒气候对于事先规划的要求格外高，这就对领导提出了极其严苛的要求。即便一名士兵因为私事徒手接触了金属制品导致皮肉撕裂，也会终结他的直属长官的军旅生涯。在伊拉克战场上，正是对于诸如此类小事的事先规划最能反映一名排级指挥官的能力。在美国陆军特种部队“绿色贝雷帽”眼中，其他陆军部队都不值一提，但驻阿拉斯加部队却常常令他们刮目相看。他们曾经对我说过，这与极地的寒冷气候有关，正是极寒天气锻造出了优秀的战士。

走进该团战术作战中心（TOC），我感觉仿佛回到了伊拉克前线。在这个硕大的帆布帐篷底下，所有的人都忙忙碌碌，蓝军跟踪系统（BTS）和笔记本电脑随处可见，人们三五成群地研究种种最新事态。要说这里与伊拉克战场上的指挥中心有何不同，那就是这里的人们脚上都穿着一双防潮保暖靴了。阿拉斯加的苔原上布置着一个虚拟的伊拉克村庄，“村”中有一个喇叭高声呼吁人们前去参加穆斯林祷告，密不透风的水泥房子到处都是……与我在伊拉克见过的真实情景并无二致。走进这些房子，你会看到东倒西歪的家具，还能听到隐藏在某个你看不到的地方的阿拉伯孩童们发出的惊惧尖叫。

霸权的轨迹：从太平洋司令部到北美司令部

向伊拉克部署部队，是美军太平洋司令部的例行任务——该司令部一直向美军中央司令部提供大量兵员，以供后者在中东地区开展战争之用。不过，为了观察驻阿拉斯加地区美军与北美司令部国土防卫有关的部分，我必须从韦恩赖特堡出发一路朝东南方而去，花上几个小时前往格里利堡。得名于20世纪初期的北极开拓者、美国陆军少校阿道弗斯·格里利的格里利堡，是小布什政府正在推进的导弹防御计划当中的一处关键节点。附近有一座名曰三汇市的小镇——说是一个小镇，其实只有2家汽车配件店、1 家酒类商店、10 来个基督徒，导弹基地成了它唯一的经济希望。

三汇市的导弹发射场随时处于预备发射状态。许多地下发射井中都装有拦截导弹，剩下的则等待装填。其发射系统已经测试，但尚未进入实战部署。火控系统（Fire Control System）是这里最关键的一句“黑话”。一旦启动该系统，也就意味着有来犯导弹需要杀伤或者拦截。“你可以把它理解成一套打了兴奋剂的地对空防御系统。”陆军中校格列格·鲍温这样解释。这个人来自北达科他州的大福克斯县，是发射场的指挥官。火控系统在所谓的中段，也就是敌方来袭导弹距离地面 100 英里处的弹道最高点时将其锁定，从而为拦截弹设定飞行轨迹赢得时间。

这样一套防御系统的实际拦截效率依然存在诸多严重问题，它要防御苏联之类超级大国的弹道导弹的饱和攻击，对付激进穷国的零星突袭。不过，由于那些穷国无力开展军备竞赛，所以尽管美国的导弹防御系统并不完美且未经实战，却依然可以像它所标榜的那样，以前沿存在实现威慑。至于中国等新兴强国带来的威胁——假如它们真的构成威胁的话，美国还将建立新的防御体系。格里利堡只是美国不断扩展的导弹防御网络当中的“炮手”之一而已，不久之后，在临近东亚的阿留申群岛附近，这个防御网络还将启用一个庞大的离岸雷达平台。

这个未经实战考验的反导系统，与这里的其他东西一样，都是我不感兴趣的。负责维护并运作整套设施的，是鲍温中校指挥的 200 名驻阿拉斯加国民警卫队士兵。这些人都来自当地，驻守格里利堡已达10年之久，与不断换防的陆军正规部队相比，他们的专业技能水平相当罕见。看到他们，我不禁想起了一年前在阿（富汗）巴（基斯坦）边境见到的那些来自得克萨斯和佛罗里达的在空军特种部队效力的国民警卫队士兵。那些得克萨斯人和佛罗里达人在美国国内是县警或州警，其社区治安技能对阿富汗边境村庄的青少年管理工作至关重要。那些通常被人视作好老弟的国民警卫队士兵，无论是在对外反恐战争前线还是美国本土安全事务中，他们的身影都越来越常见了。在这导弹防御体系的核心地带，国民警卫队士兵与私人军事承包商之间有着良好的互动合作关系。在这里见不到现役军人的影子，因为格里利堡的导弹防御系统是由波音公司建造并维护的。军事—工业联合体的工业部分通常都由私人承担。面对此情此景，我对“国家”与“私人”这两个概念之间剪不断理还乱的关系有了更切实的了解。

格里利堡的另外一个有趣之处在于，它看上去毫不起眼。目之所至，全都是平顶水泥建筑，非常丑陋。北美驯鹿游荡在脏兮兮的极地荒原上，与它们为伍的是牵引车、叉车和货运集装箱。这个导弹发射场由数英里长的涵洞和隧道构成，几乎是全地下的，唯一能证明其身份的只有那些伸出地表、跟拐杖糖十分相似的铝质通风管，让人不禁想起残破的贫民窟。远处的花岗岩质山顶上有一些冰雪零星散布，再往远处便是阿拉斯加山脉与布鲁克斯山岭。

格里利堡最盛大的社交活动，当属军事基地的士气、福利与娱乐机构（MWR）组织的方块舞舞会了。在人文和地理两个意义上，格里利堡都是一处贫瘠之地。不过，随着美军导弹技术的不断进步以及美国空军向极地投送部队能力的增强，北极地区在美国未来的军事部署中必然发挥重大作用：它的地位不会因为冷战的结束遭到削弱，因为极地轨道对核导弹依然至关重要，而陆缘海冰带更是美军潜艇发动突袭的理想所在。

返回韦恩赖特堡的途中，我在覆盖着厚厚积雪的荒原上看到过一头带着幼崽的大角驯鹿。耗费了 24 个小时、转乘了各种军用与民用航班之后，我终于从北极圈回到北回归线上的火奴鲁鲁岛。刚一下飞机，我就发现自己正置身于一场热带风暴之中。

太平洋中的火奴鲁鲁位于返回美国的半途，美军太平洋司令部的总部便设于此地。跟陆军特种部队和海军陆战队混了两年之后，我的太平洋之旅才刚刚开始。从这一刻起，我将向全世界介绍美国的海军和空军。2003 年夏天，在前往菲律宾南部与美国陆军特种部队第 1 特种部队群会合的途中，我曾在太平洋司令部做过一次短暂停留。从那次逗留算起，我已经来过很多次了。现在正是周末，我打算去两处之前未曾造访的圣地观瞻。

首先是波瓦伊纳（Pouwaina，意为祭祀之山）的美国国家军人公墓，这里曾经是夏威夷原住民将犯忌之人献给诸神的地方。公墓 D 区 109 号，一棵菩提树下，碑铭嵌入地面，与周围的坟墓并无二致，厄尼·泰勒·派尔便安息于此。派尔生于美国印第安纳州，1945 年，44 岁的他在冲绳岛登陆战中死去。作为一名报社记者，派尔随军开赴战场，并从前线将士的角度进行报道。与罗伯特·谢罗德和理查德·特里加斯基斯一样，派尔和他那些穿着军装的同胞们惺惺相惜，他们的文章中经常可见“我们”“我们的”一类词语。派尔之墓的两旁是两位无名逝者的墓地。我不由想起了以前与我合作的《大西洋月刊》编辑迈克尔·凯利，他于2003年4月报道“伊拉克自由”行动时牺牲，也是年仅44岁。无论派尔还是凯利，作为劳动阶层之一员，他们对美国军人充满感情的报道都堪称真诚的典范。

另外一处圣地是停泊在珍珠港福特岛码头的“密苏里”(USS Missouri)号战列舰。这艘巨舰二战期间由哈里·杜鲁门(当时他还是一名参议员)的女儿玛格丽特·杜鲁门主持下水典礼，后来参与了硫磺岛战役和冲绳岛登陆战。冲绳一战中，“密苏里”号还曾遭到一架日军“神风”特攻机的袭击。该舰共有9门主炮，每一门重达23.9万磅，相当于一架航天飞机的重量。1942年9月2日，“密苏里”号停泊于日本的东京湾，日本人与战胜国代表在甲板上签订了标志着二战结束的正式投降书。签字桌旁边悬挂的，正是一面1853年由马修·佩里准将带到日本的星条旗。日本代表最后签字的瞬间，450架盟军的螺旋桨战机从“密苏里”号上空呼啸而过：曾有一位水兵将那轰鸣声称作“震撼世界的巨响”。当时，长期经历战火的中国、日本和西欧满目疮痍，而苏联尚未研发出原子弹，发生在巨舰“密苏里”号上的这一事件象征着美国霸权的巅峰。美利坚民族热衷军事，乐于享受戎马生涯，在世界各地揽下训练与装备的差使，彰显出昔时帝国般的荣耀。如今，苏联固然已经不复存在，美国正占据着单极霸权的无上地位，但人们不由得心生疑惑：我们还像二战结束初期一样掌控着这个世界吗？

20 世纪 50 年代中期，“密苏里”号战列舰退出现役。1984 年，罗纳德·里根总统不顾海军专家的劝阻，将这艘巨舰重新编入现役，对其加以改装，并派遣它进行环球航行。这是自西奥多·罗斯福总统派遣“大白舰队”（Great White Fleet）进行环球航行 80 年后，美国首次重启此类行动。里根或许对航海技术所知不多，但他深知美利坚民族的灵魂深处的喜好。

在这艘战舰的重新启封仪式上，里根政府的国防部长卡斯帕·温伯格叮嘱整装待发的水兵们：“倾听那些先驱者们的脚步声，他们在向你们叮嘱荣耀和责任的重要性，他们希望你们记住美国海军的传统。”1992 年，在比尔·克林顿主政期间，“密苏里”号最后一次退出现役并封存。

在我看来，美国海军这些饱含爱国精神的传统正是催促美国军事力量不断向前发展的推手，至今不变。

与中国对抗——俾斯麦式外交

事实上，即便是在比所有前任都更倾向于推行单边主义外交政策的小布什总统主政期间，美国军方也在尽力构建一种政治及经济意涵明显的多边主义安全关系。太平洋地区是见证美国军方的这种努力及进程的最佳场合。太平洋司令部正在尝试将这个西起东非、东至国际日期变更线、经济总量占全球一半以上的地区塑造成一个类似于北大西洋公约组织（NATO，下简称北约）的共同体。世界上现代化进程最快的两大军事力量（即中国人民解放军与美军）都处在美国太平洋司令部的责任区。通过与地区内的一系列相互之间鲜有防务合作关系的国家分别磋商双边安全协议，太平洋司令部正在不动声色地促成一个某种意义上的地区性军事同盟的出现。

对这个日渐成形的地区安全体系，德意志第二帝国的缔造者奥托·冯·俾斯麦一定是颇为赞许的。2002 年，德国记者约瑟夫·约弗发表了一篇颇具洞察力的文章，该文章认为美国正逐渐演变成俾斯麦时代的普鲁士。约弗认为，正如当年英国、俄国和奥地利之间互有芥蒂却都需要一个强大的普鲁士，因而竞相向柏林轴心献媚一样，当前美军在阿富汗的行动彰显出这样一副图景：由于其他国家对美国的依赖超越了它们彼此之间的需求，眼下无论发生何种国家间分歧或冲突，美国都可以自如地纵横捭阖。

不过，事实证明，至少到目前为止，约弗的这个看法是言过其实的。小布什不具备俾斯麦那种精细的外交手腕和自制力。俾斯麦知道，一旦遭遇一个更加宏伟的目标或者更为强大的挑战，他精心构建的这个联盟就将难以为继。而小布什政府建立联盟的手法则笨拙无比。决定入侵伊拉克之后，美国原本打算就此组建一个联盟，但法国、德国、俄罗斯、中国等主要国家和土耳其、墨西哥和智利等地区大国不仅不支持，反而联合抵制美国建立新的俾斯麦式权力安排的努力。

对于美国而言，将 19 世纪末那种俾斯麦式联盟体系得以维系、发展的舞台，就只剩下太平洋地区了。以夏威夷为大本营的军官们一直在本地区推动该进程，发挥作用的是他们的实用主义精神，这恰恰是5个时区以外的华盛顿官员们所不具备的。相较于小布什政府在伊拉克战争爆发之前的所作所为，太平洋司令部展示出了一种更为纯粹的俾斯麦式帝国架构。亨利·基辛格在他的《大外交》（*Diplomacy*）一书中写道，俾斯麦彻底摒弃意识形态的拘束、灵活构建同盟关系，同时又坚决避免与任何一个国家牵连过深。俾斯麦构建的这个超道德的联盟体系精心校准了各个强国之间的关系，爆发战争的可能性降到了最低，中欧由此获得和平与繁荣。中国的重新崛起是一个无法回避的趋势，这种俾斯麦式联盟体系可以使这个过程不至于颠覆当前的世界政治秩序。如今，中国正在太平洋地区及其以外的地区扩展影响。这正是美国在19世纪时所做的：工业化的北方各州在南北战争中获胜之后，美国获得了前所未有的经济活力，最终建立了一个重商主义的海洋贸易帝国。

中国在柴电潜艇和核动力潜艇方面的投入说明，除了守卫沿海大陆架之外，它还想建立一支能向国境以外投送力量的蓝水海军。这是完全合理合法的。中国的当政者确实在为本国的13亿民众寻求一种第一世界水平的、更自由的生活。这就意味着，中国必须确保其海上航线的安全，以满足新兴中产阶级对石油的需求。很自然，中国的当政者信不过美国和印度，更不必说让后者的海上力量来保护自己的海上航线了。以往的历史表明，如果所有强国都去追求所谓的正当利益，冲突就难以避免。因此，21世纪上半叶最具决定性意义的地区争端或许会发生在太平洋司令部的责任区内。美中之间爆发战争的可能性微乎其微，更现实的是一些微妙的军事与外交僵局。美国完全掌控太平洋的时代已经终结。中国似乎决心走一条温和而和平的崛起道路，但不管怎么说，这种选择都包含着军事方面的要求。面对这一现实，美国必须做出妥协。

应当指出，美国军方应当以一种极其谨慎、细致、实用的方式研判世界形势，反复评估域内权力平衡。至于国际政治的价值观层面，还是让文职领导层去把握吧。唯其如此，军方才可免受21世纪早期出现的那些所谓自由国际主义和新保守干涉主义等狂热情绪的误导。第二次世界大战的历史说明了这种态度的重要性。20世纪30年代，对德日两国势力增长感到焦虑的美国军方，恰逢其时地为增强美国军力进行了一番游说。在1940年和1941年，军方提出了美国可能不得不两线作战的警告；但到了1944年夏末之后，美国军方本应不再纠结于如何击败德国，而是更多地考虑如何抑制苏联。

放眼当下，美国空军和海军的将领们有以下几个隐忧：一是台湾：这有可能会导致美中之间的战争，卷入这样的一场战争并不符合美国的国家利益；二是印度尼西亚问题：尽管印尼军队在本国造成了糟糕的人权状况，太平洋司令部认为，改变非接触的政策只会促成中-印尼的军事合作，而这一地区正是世界恐怖主义活动的潜在滋生地；三是朝鲜半岛问题：一些太平洋司令部的美国军官认为朝鲜半岛终将实现统一，他们的关切主要在于统一之后的朝鲜半岛是将被中国“芬兰化”（Finlandized，指一个弱国听命于其强大邻国的现象。——译者注），还是继续处在美日联盟的影响之下。

当然，所有区域司令部都可能具有俾斯麦式联盟思维，但在可预见的未来，太平洋司令部最有可能影响美国的外交政策。与中央司令部等相比，太平洋司令部距离华盛顿更远，也更难进行微观管控。相较于总部设在美国东部坦帕市、距离华盛顿仅 2 小时飞行航程的中央司令部，太平洋司令部总部所在的火奴鲁鲁市地处太平洋中部：从华盛顿到这里比到欧洲还远。太平洋司令部比中央司令部需要处理的事务更加庞杂，不仅麾下兵员更多，还要与日本、澳大利亚和印度等大国保持一种更为繁复庞杂的政治军事关系。以不少军事专家的轻蔑之词形容，中央司令部则只需要和一些三流的中东军队打交道。

太平洋司令部希望以俾斯麦风格的“毂辐状”联盟体系应对日渐崛起的中国。这里所说的“毂”，是指夏威夷群岛这一相对孤立的地理节点，而“辐”则是指日本、韩国、泰国、新加坡、澳大利亚、新西兰和印度等主要盟友。反过来，以上述盟国为二级“轮毂”，太平洋上的美拉尼西亚、密克罗尼西亚、波利尼西亚诸岛以及印度洋地区，也被纳入美国的掌控范围。如此布局的目的在于，无声无息地“劝阻”中国，以一种军事冲突之外的手段将中国拉入这个联盟之中。有鉴于误判东亚地区的权力均衡态势会造成严重的经济及贸易后果，美国在该地区的商业及军事利益紧密串联，因而尽力避免以不必要的方式激怒中国，采取的是一种十分稳健的遏制性政策。

在亚太地区，美国不能撇开军事，空谈外交。纷乱的中东局势也许可以说已经尘埃落定，中国的重新崛起则是两个世纪以来美国在军事外交方面遭遇到的最大军事、外交挑战。中国是世界上人口最多、最具文化活力的国家，曾经连续 10 年保持年均9%~10%的经济增量。一党执政的中国，拥有巨大的消费和军事活力，农民识字率更是达到了该国史上前所未有的水平，是美国这个自由帝国的主要对手。

中国式一党执政与市场经济复合体，对亚洲各国产生了强烈的吸引力，她同时是泰国、澳大利亚、韩国和日本等国家的最大贸易伙伴。中国人积极地在世界各地填补经济真空。放眼全球，无论是太平洋地区麻烦不断的大洋洲岛国、巴拿马运河区，还是吉布提和尼日尔之类的非洲偏僻之地，中国（有时借助移民团体的力量）的商业及附带影响日益增强，方式包括建立商业社团和外交前哨、磋商建筑及贸易协议等。与苏联不同，中国在施展国际影响方面非常注意采用软硬兼施的手段。

商人们对中国青睐有加，你完全不用像在非洲某些国家或者其他许多地方那样，为获得投资机会而低声下气。中国政府正在努力改善其国民的物质生活，国内的持不同政见者也不像当年苏联的萨哈罗夫和夏兰斯基那样，给当政者带来太大的麻烦。

相较于冷战时期同克里姆林宫的对峙，为了遏制中国，美国必须变得更加谨小慎微。太平洋司令部的目标在于，推动区域内各国之间建立一种极为复杂的双边军事关系，最终造成连八面玲珑的中国也不得不牵涉其中的局面。和平的实现也离不开均势手段。太平洋司令部业已成为美国改进与印度及越南关系的具体执行者，这两个国家都曾经是美国的敌手，但如今都对中国心存戒备。隶属太平洋司令部的部队指挥官频繁造访印度，本区美国空军与印度空军之间的联合飞行训练也在进行之中，美印两国军方关系由此迅速增进。与此同时，第七舰队的舰只不断访问越南的西贡港和岘港，越南的特种部队也与美方的同行多有合作。其实，把中国纳入类似的双边关系体系之中也是太平洋司令部的既定目标。

某些时候，这种乱象不仅表现在微观层面，也表现在宏观领域。在我造访之时，太平洋海军陆战队（MARFORPAC）的指挥官华莱士·格雷格森中将已将一部分海军陆战队队员化整为零，与菲律宾陆军混编，还计划在其他亚洲国家推广此类行动。他告诉我，这样做的目的在于让陆战队在各个亚洲盟国保持轮训状态。比如，通过与泰国、孟加拉国和新加坡等国军队开展联合训练，陆战队与盟国军队之间实现了连排层级的协同。关于这一点，我后来在火奴鲁鲁遇见了一个最佳“示例”：一名澳大利亚的陆军中校马克·普罗伯特竟然供职于美国太平洋司令部的国土防卫部门——这里所说的可是美国的国土防卫。

然而，太平洋地区的多边合作受到了美军的技术优势的局限。很多亚洲国家的军队无法像美国人那样，在高技术装备上投入大量资金，这使得美军很难与之在训练方面开展合作。一个基本的军事教训就是，技术上的领先并不总能带来预期的优势。除此之外，在军事上远超全世界其他任何国家，还会导致一种即便是最棒的外交官也无法消弭的一骑绝尘式孤独。

比起穷困破败的撒哈拉以南非洲，太平洋地区局势的复杂程度更胜一筹。在非洲，美军只需派出一支海军陆战队或者陆军特种部队的作战小组，即可取得重大进展。在维护全球安全稳定方面，北约所发挥的作用通常会比联合国更加重要；该组织一直压制苏联，为欧洲争取到了几十年的和平，并且拥有一支适合任何目标的武装力量。这就是太平洋司令部想要在其责任区内建立类似联盟体系的原因，只是未曾言明而已。

在太平洋地区建立此种政治军事联盟体系的最重要环节，是美国与日本、澳大利亚之间的双边关系。全球反恐战争以及应对朝鲜局势的需求，给日本政府提供了深入推进重新军事化的动力。正当大半个地球都在追求和平之时，日本的这个取向尽管颇具讽刺意味，却是必要的。澳大利亚的北部沙漠地区有大片适合开展军事训练的地域，对于太平洋司令部及其盟军而言，那里是热带练兵的理想去处，恰如北极圈里的阿拉斯加适合寒带练兵。从印度尼西亚到密克罗尼西亚之间的地带被视作恐怖分子滋生的动乱之源，澳大利亚政府很愿意接受一支能够对该地区的恐怖势力进行积极干预的作战力量，因此从美国人肩上卸下了一部分负担。

与一切有效的维和力量一样，太平洋司令部必须向任何潜在的敌手传递自己做好了第一时间投入战斗准备的意志。9·11事件发生之后，驻阿拉斯加的美国陆军很快转变成为一支可以快速部署的作战力量，太平洋地区的美国军队也开始了此种转型。尤其是第1集团军的指挥机构，正逐渐从华盛顿州的刘易斯堡迁移至日本，作为太平洋司令部下属的联合部队司令部（Joint Forces Command）的骨干力量进行永久性前沿部署。这个联合作战司令部，相当于放大版的“斯特瑞克”旅，用于在兵家必争的滨海地区作战。

美国海军的力量

美军的太平洋司令部，在很大程度上是海军思想的化身。所以，该司令部的作战指挥官大多出身海军将领也就不足为奇了。美国海军显然是制衡中国的有效工具。在某种意义上，与陆军和海军陆战队有所不同，海军舰队通常体现的是国家的软实力。与陆战部队相比，海军舰队的意义不仅在于其作战能力本身。在和平年代，海军舰队可用来打击奴隶贸易、为商船护航，同时也是以不战而屈人之兵的方式向他国施加压力的传统手段。凭借海军舰队，一国可以在远离本土的地方展示强大的军事实力，同时避免本土卷入。有了强大的海军，再加上空军的协助，一个国家就可以实现一个亘古不变的目标：势力触角伸到全球，而无须依赖陆战部队的全程介入。

大洋沿岸地区的人们往往更有追求自由的秉性，因而民主政体更倾向于以海权为基础，而非陆权。出动海军舰队有时候是为了访问他国港口，而出动陆军部队就意味着入侵。因此，海权帝国主义通常不被视为帝国主义。由于舰船需要经过较长时间的航行方可抵达某地，与陆军相比，出动海军所代表的威胁级别往往更低，所以一旦危机爆发，海军舰队就成为外交官们可以仰仗的、适于渐次升级己方反应的稳妥手段。海军让人们真切体会到了军事实力与外交影响之间的联系。1962 年的古巴导弹危机就是一个例子。英国专家威尔莫特曾经写道："美国人对于海军力量的运用，是展现其自身意志的危险程度最低的方式，海上事件演进的缓慢性，又为当事双方就高危局势构思并执行一种更理性的应对策略提供了较为充裕的时间。"

当然，潜艇部队不在此列。由于潜艇可以避开水面作战舰艇隐匿于大洋深处，且其所装备的武器在冷战时代常常瞄准民用目标，所以潜艇曾被用作隐秘的终极武器。二战期间的大西洋海战见证了潜艇发展史上的第一次衰落：由于声呐探测技术的不断进步，潜艇的作战效率也在逐渐降低。但是，如同我接下来几个月在海面和水下所见识到的，潜艇部队眼下正迎来一次复兴，这并不仅指中国正在潜艇方面投入大量资金。在这个新闻媒体无孔不入的时代，潜艇成了一个颇具诱惑力的军力提升选项。由于潜艇完全藏身水下，可以彻底避开媒体镜头的曝光，因而成为一国政府有效提升进攻性军力又不冒犯本国国民情感的上佳选择。比如，瑞典之所以能够保持其中立国地位，潜艇就功不可没。瑞典无须寻求北约的庇护，正是由于其有一支强大的潜艇部队，只不过许多瑞典的理想主义者对此浑然不觉而已。

现代海军不仅要有从水下发动攻击的能力，还要能够从天空发起进攻：这一点要通过航母舰载机来实现。航空母舰的发展是一个渐进的过程，只有战斗机的速度和航程提升到一定程度之后，航空母舰才能在进攻和防御作战中真正派上用场。另外一个复杂之处在于，航空母舰需要具备高航速（起码 34 节）（1 节等于 1 海里/小时。——译者注），获得较强的甲板风，才能起降飞机。20 世纪 30 年代，由于战列舰的速度比航母至少慢 10 节，以至于根本追不上后者。直到“艾奥瓦”级战列舰（其中包括“密苏里”号在内）服役之后，现代意义上的航母打击群编队才真正出现。

在 1942 年 5 月的珊瑚海战役期间，对于航母的运用达到了登峰造极的程度，交战双方的所有战斗损失都是由对方的航母舰载机造成的。不过，二战期间太平洋战场上发生的影响最深远的事件，并非航母发挥了重大作用，而是美国蓝水海军的兴起。正如威尔莫特所说的，海军舰队的有效作战范围被设定为从基地出发的 2000 英里以内。但是，美军曾经在吉尔伯特群岛的塔拉瓦岛和马里亚纳群岛的塞班岛成功进行了登陆作战，这两座岛屿与夏威夷岛的珍珠港之间的距离分别为 2500 英里和 3700 英里。此外，在距离珍珠港超过 4500 英里的菲律宾海和新几内亚岛附近海域，美国人也取得了胜利。所有这一切，都有赖于美国在海战战场附近快速部署大量拖船、修理船、油料快船、货船、打捞船以及医院船的能力。威尔莫特曾经这样写道：“美国人在战时所付出的艰辛努力，几乎是难以统计的。”

至二战结束时，凭着合为一体的海空力量，美国海军对于世界海洋的掌控程度，只有 1897 年维多利亚女王登基六十周年时的英国皇家海军能够媲美：那时的英国皇家海军拥有的舰艇 3 倍于其最强大的对手法国海军，拥有各种以“雷神”“蹂躏”“回旋镖”和“蛛丝”等吉卜林钟爱的名字命名的军舰，包括铁甲战列舰、驱逐舰、鱼雷艇等一系列舰船。当时，英国皇家海军认为自身的职责更多地并不在于海上作战本身，而在于维护全世界的法律、秩序与文明，其方式包括为商船护航、打击岸上的叛乱分子。

进入 21 世纪之后，美国海军也在扮演类似的角色。在接下来的日子里，我对这一点有了深刻的认识。美国海军同时承担着国土防卫的重任。为了获得这方面的第一手资料，我在某天上午从位于夏威夷州珍珠港附近的希卡姆空军基地的住处出发，驱车抵达卡内奥赫湾的海军陆战队航空基地，并在那里登上一架海军的 P-3 侦察机，经过一阵短途飞行之后到达巴金沙滩（Barking Sands）导弹靶场。夏威夷的高速公路主要是为了连接岛上的各处军事基地。在艾森豪威尔主政的 20 世纪 50 年代，出于开展冷战的需要，美国修建州际高速公路的原初目的就在于将美国国土之上的所有军事基地连接起来。公众对此有所不知，因为高速公路同时也将美国的一切都连在一起了。不过，在瓦胡岛（夏威夷群岛中面积第 3 大的岛屿，岛上的火奴鲁鲁市是夏威夷州首府所在地。——译者注）上，当年艾森豪威尔的目的就清晰可辨了。

2003 年到哥伦比亚和菲律宾南部探访的经历，让我对 P-3 侦察机有了一定的了解。在那些地方，该型飞机被用来监视丛林中行踪诡秘的毒枭、恐怖分子和阿布沙耶夫组织游击队员。P-3是一种由老式货机改造而成的、配备了最新电子侦察器材的巡逻机，其最初的设计用途是猎杀苏联潜艇。乘着这架不断变更用途、到处嘎嘎作响的浅灰色金属“盒子”在天空飞行，我又想到了 A-10 攻击机和 B-52 轰炸机等服役多年的老家伙，忽然间意识到，尽管军队中存在浪费的现象，但美国海军和空军有时候也会精打细算。

在夏威夷群岛中，最西边的有人居住的是考艾岛（Kauai），而巴金沙滩导弹靶场则处在这个岛屿的最西侧的海滩。国际日期变更线距此不远。从这里再往西去，就很少有可供人类长期停留的陆地了。这处海滩及其周围地区并不对公众开放，因此这里至今仍保留着美得令人难以想象的沙滩。沙滩上一个脚印都没有，只有海龟在那儿慢腾腾地爬着。

阿拉斯加州格里利堡的拦截导弹的作用是击毁外层空间与大气层交界处、处于抛物线轨道中段的来袭弹道导弹，即将运抵巴金沙滩导弹靶场的拦截导弹则代表着另一重保护——击毁沿弹道再入大气层的弹头。格里利堡是美国陆军的基地，而巴金沙滩导弹靶场则隶属美国海军，这些区别并不重要。巴金沙滩导弹靶场的拦截导弹同样是由陆军和洛克希德公司派出的平民雇员操作的。这处海上靶场的面积几乎与密西西比河以西的美国国土相当，尽管归海军管理，但海军陆战队和空军也经常使用。按照军方的称谓，联合（Jointness）正在慢慢拆除至今依然存在的军种藩篱。

不过，巴金沙滩导弹靶场地区最有趣的人，还要数当地居民：岛上到处都是慵懒而宁静的村庄，这里的人们淳朴谦和，很像驻守在阿拉斯加州格里利堡的那些国民警卫队队员。他们是布什总统的导弹防御计划测试的最终负责人。以奥布雷·国重（日本姓氏）、帕特·阿尔瓦雷兹和艾维利特·索托为例：这3个家伙都是多面手，承担着项目经理、发射技术专家等职责。他们已经在巴金沙滩靶场工作了数十年。他们都出身甘蔗种植农家庭，国重是日裔，阿尔瓦雷兹是菲律宾裔，索托则是葡萄牙人的后代。他们都是老兵，而且子女也正在军中服役。

9·11事件发生的那一刻，临时出差的国重和索托恰好就待在五角大楼附近的某座归属海军部门的建筑物里，亲耳听到来袭飞机的呼啸声。当我问及这种经历对他们产生了何种影响时，他们只是表示：这增强了他们投身工作的决心。除此之外，他们再无其他言语。这些人寡言少语、性格谦和，甘愿每天在这里连续敲上12个小时的键盘；他们的工作环境看起来就像某个太空项目的研究部门，繁忙却鲜少有人说话。如今，太空领域本身（原因之一是美中两国竞争的驱动）也高度军事化了，这个导弹靶场的工作人员的工作正昭示着未来战争的模式，至少是在技术的层面上。

美军远距离投送平台——安德森空军基地

从夏威夷的希卡姆空军基地出发，我搭乘飞机向西飞去，抵达位于关岛的安德森空军基地。我所乘坐的是 KC-135“同温层油船”加油机。

这是一种有着 45 年历史的通用型空中加油机，主要为 B-52 战略轰炸机提供加油服务。搭乘军用飞机是有风险的，无论是在伊拉克、阿富汗还是夏威夷，你经常会遭遇“航班延误”，而且不只是延误几个小时而已，是几天之久。仅仅一个昼夜之内，我就不得不 3 次推迟离开火奴鲁鲁的计划：2 架计划飞往关岛的 C-5 型运输机都遭遇了技术故障，于是我只好搭乘 KC-135 加油机。当然，我并不是在抱怨什么，毕竟这些“航班”都是免费的。提供“服务”的空军机动司令部（Air Mobility Command）是美国空军的下属机构，负责世界各地的美国空军基地之间军用航空器的调配和协调。由于空军的飞机上往往会有额外的载客空间，军人家属们经常不顾舒适性和可靠性，充分利用这个不用承担差旅费的与亲人相见的机会。

与我同机的是一群笑容可掬的大人和小孩。机舱非常简陋，帆布座椅坐上去硬邦邦的，四下只能看到一些杂乱无章、裸露在外的管道和线路。空气闷热得让人有窒息的感觉，直到飞机起飞之后才有所好转。登机之前，所有乘客都购买了一份包含火腿、奶酪三明治、牛奶和饼干的盒饭，每份 3.3 美元。是日恰逢退伍军人节，空军机场的航站楼里，大家都静静地盯着大屏幕，观看福克斯新闻台对在阿灵顿国家公墓举行的官方纪念活动的直播，大屏幕下端的字幕不时穿插一些伊拉克费卢杰地区的最新战况。美国有线电视新闻网正在播放巴勒斯坦领导人亚西尔·阿拉法特去世的消息，但似乎没人关注。“让那个老家伙去死吧！”一名退役水兵嚷道。所有这些，可以看作是区分美国军人及其家属与社会上的其他人群的标志之一。

拜机舱噪声所赐，乘坐军用飞机的人们从不相互交谈，大家都戴上了隔声耳塞。飞机起飞平稳，3284 海里（1 海里等于 1.852 公里。——译者注）的航程就此开始：在飞向关岛的这 8 个小时当中，机身下方除了茫茫大海，再无他物。太平洋是地球上最重要的一片区域，几乎占据了地球表面的 1/3，超过了所有陆地面积的总和。太平洋的面积 2 倍于大西洋，最宽处（从哥伦比亚海岸到马来半岛）达到地球周长的一半。整个太平洋的平均水深超过了 1.4 万英尺，马里亚纳海沟的深度甚至达到 36201 英尺（接近 7 英里），远超陆地最高峰珠穆朗玛峰的海拔高度。在这片浩渺无垠的水域面前，大自然的神奇彰显无遗。

海洋和天空，是人类从事战争、施展战略的最纯粹、最抽象的舞台：在这两个空间维度，文化和与地域的独特性几无影响；考虑到海军及空军最初的作用是运输，这一点就尤为正确了。特别是海军，因为海运的成本比空运更低。（在美国的海外军事部署行动当中，海运在干货和油料的运输方面占据了压倒性的份额。——作者注）英国海军专家埃里克·格罗夫曾经写道，“作为一个岛状大陆国家，只有走向海洋”，美国的军力才有施展的空间。同时，空中力量也分外倚赖海上力量，正如格罗夫所指出的，“海基平台……在某种程度上可以为飞机或导弹提供最为灵活、最不易遭受攻击的部署方式”。

军机下方的太平洋看上去很平静，但这只是假象。冷战结束后，太平洋海域内的诸多小岛仍然上演着肮脏的小规模种族冲突，美国的海军及空军上层正以一种前所未有的热情关注这里的形势：毕竟，太平洋海域内的陆地上居住着世界七成的人口。该区美国海军舰队将朝小吨位、大数量方向发展。如今，由于敌手大多是以小股武装的形式存在，不仅陆军和海军陆战队，海军也必须随之进行相应的转型。唯有小吨位、大数量的海军舰队，才能获得更大的行动空间，更好地应对太平洋地区的复杂性。

与此同时，海军与空军（二者的战略规划如今已经变得密不可分）深知，以传统而古老的方式守护地球上广阔的水域和陆地的任务依然重要。在此前提之下，陆军特种部队和海军陆战队才能专心处理各种战争边缘性质的非传统安全事务。美国在太平洋地区面临的挑战极其复杂。我曾经在华盛顿对一个海军中的未来学家提及本地区的海盗问题，他满是不屑：相较于其他麻烦，海盗问题简直不值一提。

飞行途中经过的“陆地”只有威克岛（Wake Island）和约翰斯顿环礁（Johnston Atoll）。在这两处“陆地”的南面，分布着吉尔伯特群岛（Gilbert Islands）、马绍尔群岛（Marshall Islands）、加罗林群岛（Caroline Island）等岛屿，宛如洒落大洋面上的翡翠。大洋洲的 14 个岛国主要分布在美拉尼西亚、波利尼西亚和密克罗尼西亚这三大岛群区。在这里，新世纪的外交和安全形势的复杂性隐约可见。尽管人口不多，但大洋洲在联合国依然拥有相当分量的表决权，而且对大面积的海洋资源区提出了主权主张。尤其是位于美拉尼西亚群岛的汤加、斐济、东帝汶和所罗门群岛等国，已经成了内乱和种族冲突的重灾区。这些国家的混乱局势为国际恐怖势力洗钱、走私武器提供了秘密渠道，而政权的虚弱却给中国人提供了舞台，后者正在积极地与这些国家建立外交关系。

行至半程，我们越过了国际日期变更线，将时钟向前拨了 23 个小时，退伍军人节就此成为昨日。这种感觉让我想到了 20 世纪中叶的泛美航空远程客机，甚至想起了当年在太平洋战场上奋战的美军士兵。以前，泛美航空的客机会从火奴鲁鲁出发，飞抵中途岛，接着是威克岛和关岛，最后抵达菲律宾的马尼拉，一路上都在追赶落日。

起飞 8 个小时之后，KC-135 加油机颠簸着穿过热带雨云，缓缓下降。有一阵子，机上的乘客往外看不见任何东西。过了一会儿，我们忽然听到飞机副驾驶员的声音："哎！快看！我看到陆地了！"一座庞大的绿色岛屿映入眼帘。飞机降落在关岛北端的安德森空军基地，这个机场三面是海，陡峭的海崖足有 600 英尺高，几近垂直地楔入海面。我瞅见了排成一个个长列的 B-52 轰炸机、C-17"环球霸王"战略运输机、F-18"大黄蜂"战斗机和 E-2"鹰眼"预警机，还有数不清的其他军用飞机。一名机组人员指着一座强化水泥结构、为 B-1"枪骑兵"战略轰炸机准备但尚未竣工的防台风机库说道："那是为了对付日本海对岸的'朋友'准备的。"他口中的"朋友"，指的是朝鲜。我注意到，一条跑道上有一辆满载巡航导弹的卡车。

在这个乘坐喷气机出行早已司空见惯的时代，机场并不值得专门花工夫去欣赏，哪怕是军用机场。不过，考虑到安德森空军基地的某些现状以及它所处的地理位置，怀着某种敬畏之心在此盘旋数日还是值得的。安德森空军基地称得上是美军在全世界范围内最强大的远距离投送平台，它代表着美国太平洋战略的未来走向：这正是我此次来关岛的原因。庞大的圆形油罐内共盛有6600万加仑航空煤油，使得安德森空军基地成为美国空军最大的战略补给站。这里存放的武器弹药也是太平洋地区的其他美军基地无法比拟的：无论任何时候，都有10万枚各色炸弹和导弹在仓库。长1.05万英尺的跑道可供空军任何现役飞机起降，如有需要，这处位于太平洋中部的基地还可为航天飞机提供紧急着陆场。机场跑道与滑行道占地宽广、四通八达，以至于“小鹰”号航空母舰（USS Kitty Hawk）的整个飞行联队在这里进行投弹实训，却看不到什么动静。由于空间不够，“小鹰”号位于日本的母港无法开展此种训练。

在我到访时，担任第13航空队指挥官、来自得克萨斯州圣安东尼奥市的丹尼斯·拉尔森少将告诉我，该基地之所以如此重要，原因只有一个：战略位置！从美国西海岸起飞的战机需要13小时才能抵达朝鲜，而从关岛出发只需要4个小时。第13航空队（空军的航空队等同于海军陆战队和陆军的师）的责任区几乎覆盖了太平洋司令部的整个责任区。也就是说，西起印度洋上的迪戈加西亚环礁（Diego Garcia），某些赴伊拉克和阿富汗执行轰炸任务的美军飞机，东抵墨西哥沿岸，中国大陆台湾也涵盖在内，全球24个时区中有16个都在该航空队的任务区域之内。接下来的数月之内，第13航空队的司令部将由关岛迁移至夏威夷的火奴鲁鲁，该航空队本身就此解散。这是整合美军太平洋战区军力的一部分，目的是在不削弱关岛作为前沿行动据点的重要性的前提下，将本区指挥权集中至火奴鲁鲁的太平洋司令部总部。

越南战争期间，美军针对越南北方的一些大规模的轰炸行动，包括1972年的圣诞节轰炸，就是从安德森空军基地起飞的。当时，这里的跑道上总共集结了154架B-52战略轰炸机。2001年4月，被中国释放的美国海军EP-3电子侦察机的机组人员，也是被飞机送到这里。

拉尔森少将说："这里与冲绳不同。这里是位于太平洋中部的美国领土。关岛是美利坚合众国的领土。在这里，我们的行动不必向另一国事先通报，不用担心大把投资打了水漂。"站在安德森空军基地的塔台上朝南、朝西放眼望去：整个基地如此宽广，一直向海崖边缘延伸。政府向这里拨配了数以亿计的建设资金，房价和地价正迅猛上扬。冷战时代的几十年间，与苏联相距不远的德国曾是美军对抗苏联的前沿；到了21世纪初，这座靠近中国的小岛正逐渐承担起如前者一般的职责：一个个基地串成了美国军力之"毂辐"，眼下它正逐渐从欧洲向亚洲滚动。

美国人要将关岛打造成西太平洋的"夏威夷"，但这样做或许会造成一个适得其反的局面：帮中国军方决策层简化战略局势。如此一来，他们只需解决一个问题即可，即如何威慑、吓阻驻关岛美军。有些人由此认定，与中国对抗，不能合兵一处，而应四下布子。美国该如何避免军力在关岛过度集聚呢？一方面，美国人可以在帕劳群岛建设立足点。帕劳群岛，位于菲律宾棉兰老岛（Mindanao）和密克罗尼西亚联邦之间，常住人口约2万。美国对帕劳的经济援助，取决于该国同华盛顿方面的防务合作状况。无论如何，美国军队不得不适应中国日渐崛起的事实，美国海军第七舰队像巡弋内湖一样巡弋太平洋（就像过去这几十年来的情况一样）的日子一去不复返了。

联合特训：海军陆战队与陆海空军协同作战

我在安德森空军基地的住处是一座装饰着日式地毯和瓷器、临近高尔夫球场的豪宅。它比我在夏威夷希卡姆空军基地住过的错层式公寓舒适得多。在一名旅者看来，从海军陆战队营地转到空军基地，就像是从贫民窟一下子来到了高档度假村。空军部队不是住在营房里，而是住在宿舍里，即便是列兵的宿舍也很像是单身贵族的公寓。食堂堪比高档连锁餐厅，吃完起身走人即可，碗碟自有服务员前来收拾。空军基地还配有片区警察，以维持本区秩序。希卡姆空军基地有装饰得美轮美奂的建筑，安德森空军基地则有修剪整齐的绿植，以及与封闭式小区类似的环境和办公园区。在基地的各栋办公楼之间，身穿暗绿色连身服的飞行员们拥有私人住宅一般讲究的工作空间。就我认识的海军陆战队队员而言，很多人一辈子（包括假期）都未曾享受过如此奢华的条件。

这丝毫无损于海军陆战队的形象。斯巴达式清苦的生活条件既是海军陆战队“神秘性”的一部分，也是一种让“皮领子”们（leatherneck，“皮领子”常用来指代美国海军陆战队队员。早期的陆战队员佩戴皮质护颈，以抵御敌人的刀剑劈砍。后来皮质护颈退出了历史舞台，海军陆战队蓝色制服上的红色条纹继承了“皮领子”的象征性意义。——译者注）在费卢杰一类的地方展开残酷的巷战时保持“攻击性”的心理工具。就空军而言，舒适的生活方式也发挥着类似的作用。

在武装力量的技术支持和保障方面，美国空军比海军有过之无不及：空军乃是即将到来的外层空间军事化趋向的具体执行者。不光飞行员和领航员需要接受经年累月的专门训练，不少地勤人员也是如此。空中飞行不允许出现任何差错，即便是一丁点过失也会造成灾难性的后果，所以在空军服役的人员必须做到尽可能忠于职责、精益求精、自律严苛：这种人在商界同样能够赚取不错的薪水。在他们的训练上投入了巨资之后，为了让这些精英留在部队，美国空军为他们提供了其他军兵种难以比拟的生活条件、职业提升以及家政服务。海军陆战队希望招募那些年轻力壮、渴求成功且精力旺盛的家伙，此类人群中愿意延后退役的相对很少。空军则希望入伍者一直干到退休为止，因此有“空军公司”之称：加入空军就跟去 IBM 公司上班差不多

不过，眼下的反恐战争正使得美国空军慢慢变得更加“涉险”，变得更像海军陆战队等兵种，更多地回归了陆军通信兵这一最初角色。在美国卷入一战前夕，作为陆军通信兵的空军人员

就曾帮助远征墨西哥的美国陆军找出潘乔·比利亚（潘乔·比利亚，墨西哥1910—1917年革命时期北方农民运动领袖。1910年在奇瓦瓦州领导起义，成为推翻迪亚斯政权的主力之一。1913年与卡兰萨联合推翻乌埃尔塔的独裁统治。——译者注）的踪迹。9·11事件发生之后，空军官兵朝九晚五的生活终结了，他们当中很多人都要远离家园，前往伊拉克、阿富汗等环境艰苦的地区长期部署。

长期以来，空军一直是军官们亲身涉险的唯一军种。不过，自9·11事件后，非常规战争的探险本质就对空军人员的战斗技能提出了更高的要求。比如，在阿富汗清剿塔利班的陆军特种部队战斗小组就嵌入了负责近距离空中支援的空军人员：他们背负重达150磅的无线电设备，在战场上为AC-130武装攻击机锁定敌人坐标。此外，陆军新型“斯特瑞克”旅的快速部署，也让C-130和C-17等（无须灯光引导）可在短距土质跑道上起降的运输机的地位变得空前重要；这一类任务必须要有部署在全球各地的空军空勤人员提供的地面支持。

美国空军（United States Air Force）的前身是陆军航空队（United States Army Air Forces），直到1947年9月之前，后者一直是美国陆军（United States Army）的一个分支，之后才成为独立军种。空军与陆军之间的这种渊源，从飞行员们的自我认知中可见一斑：无论驾驶的是AC-130武装攻击机、B-52轰炸机还是神出鬼没的喷气式战斗机，他们都将自己视作拯救前线同袍的骑士。来自加利福尼亚西湖村（Westlake Village）的马克·塔珀上校是一位驻希卡姆空军基地的 F-16 战斗机飞行员。当我问起无人机是否会取代像他一样的飞行员时，他答道："不会的，无人机不够骑士。飞行员是骑士，敢于亲身涉险。不敢亲身涉险的空军不是真的空军。"

一旦你对飞行员们的情感有所了解，你就会明白一点：他们与海军陆战队队员和陆军士兵们一样，也将 9·11 事件发生前的岁月视作一场噩梦。尽管那时候也有在巴尔干半岛上空作战的任务，但飞行员们从来不曾像现在这样视"亲身涉险"为理所当然。

在安德森空军基地的时候，我曾经跟 B-52 轰炸机的机组成员们混在一起。来此部署之前，他们驻扎在路易斯安那州什里夫波特市（Shreveport）的巴克斯代尔空军基地。身形庞大、长达 150 英尺的 B-52 轰炸机就像是个长了翅膀的油罐，肚里装着 45 枚单个重量达 500 磅的航弹。这是一款功勋战机，第一架于 1954 年前后入役。安德森空军基地的 B-52 都是 1961—1962 年间制造的，比驾驶它们的机组成员年长得多。

你或许会以为，B-52 轰炸机的飞行员和领航员们都是些膀大腰圆的壮汉，但事实并非如此。这些家伙身材匀称，个头大多不高，这样的身型在逼仄的机舱里颇有优势。B-52 轰炸机与潜艇类似，也是一种拥有巨大威慑力的终极武器，其庞大机身的内部几乎塞满了燃料和武器，机组人员只能和各种陈旧的管道、缆绳一起挤在迷宫般的机舱中。作为最后一种在设计过程中使用计算尺的飞行器，B-52 轰炸机的座舱简直就是从二战题材的黑白电影里“搬”出来的。尽管空军给人一种高深莫测的前卫科技感，但许多常用的飞机却总让人回想起工业时代。B-52 轰炸机的古典气质也影响到了机组成员的个性：毫无例外地，他们认为自己是真正的空中勇士。到了夜晚，他们必定会去酒吧畅饮一番，就像电影里描绘的那样。

作为 B-29“超级空中堡垒”轰炸机的直系后代，B-52 系列总能勾起人们对二战的回忆。事实上，与美国在德国的那些军事基地类似，关岛上的美军基地也曾经浸染前人的鲜血。当年在关岛浴血奋战的是美国海军陆战队。

在水兵和陆战队员看来，二战就是在太平洋上与日本人作战。人们对太平洋战场的二战的看法与对欧洲战场的二战的看法截然不同：数十年前那场战争就是这里的许多岛屿的全部历史印记。然而，太平洋上的环礁星罗棋布，这使得此地的战事比欧洲更复杂。

1941 年 12 月 7 日偷袭珍珠港，只不过是日本大规模攻势的肇始，菲律宾、中国香港、马来亚和缅甸等地也同时遭到了日军的袭击；珍珠港事件发生之后数周内，西太平洋上诸多岛屿亦被日军席卷。至 1942 年 2 月，北起中国东三省、南至澳大利亚附近的几乎整个西太平洋地区全部落入日本之手。面对这种糟糕的开局，在海军舰队的协助下，美国海军陆战队在密克罗尼西亚岛群地区发动了一场英勇顽强的夺岛战；这成为盟军最终夺回菲律宾、缅甸以及威胁澳大利亚的各个日据岛群的立足点。1942 年 6 月在夏威夷附近开展的中途岛保卫战是太平洋战场上的美军由被动转入主动的起点，而 1945 年占领靠近日本本土的硫磺岛和冲绳诸岛则标志着美军的反攻攻势达到顶点。这其中的关岛争夺战堪称典型：在海军陆战队队员们看来，关岛就是一个面目狰狞的人间炼狱：异常炎热、瘴气弥漫，白刃战频繁。奥马哈海滩（Omaha Beach）那种顶着从敌方碉堡中射出的密集子弹冒死登陆的场景，在太平洋战场上远比欧洲战场更加常见。

1521 年，为西班牙效劳的葡萄牙航海家费迪南德·麦哲伦在关岛西侧的阿桑海滩（Asan beach）登陆，西方世界初次认识了关岛。随后，本地土著——以他加禄语（Tagalog）的一支方言为母语的查莫罗人（Chamorros）遭到西班牙人的残酷屠杀，并被迫改变宗教信仰。1668 年，西班牙传教士为向玛丽亚·安娜（Maria Anna）女皇致敬，将关岛及其附近几个小岛命名为马里亚纳群岛（Marianas）。1898 年，美西战争之后，关岛落入美国人手中。

1941 年 12 月，珍珠港事件爆发 3 天之后，逾 5000 名日军将百余名美国守军赶出了这座 212 平方英里的岛屿。1944 年 7 月底，美国海军陆战队夺回关岛。登陆行动开始之前，美国海军舰队对这座岛屿进行了 13 天的炮火准备。随后，伴随着军舰大喇叭播放的《海军陆战队之歌》，“皮领子”们搭乘登陆艇冲上该岛。7 月 29 日，苦战 8 天，付出了 1744 人阵亡、6540 人受伤的代价后，美军终于重新占领关岛，日军也有数千人被歼。

站在当年日军防御阵地所在的山坡上，眺望海军陆战队（以及几百年前的麦哲伦）登陆关岛的阿桑海滩，我不禁回想起那场骇人的血战。在美军发起攻击之前，日本人已经在这里经营了3年，他们砍光了山坡上的所有树木，展开攻击的美军部队因此暴露无遗。由于岛上大部分海岸都是陡峭的悬崖，西侧的阿桑海滩便成为仅有的几处登陆场之一。与阿桑海滩一样，岛上所有沿漫长珊瑚海床分布的海滩都向海面远远延伸，所以美军的登陆行动只能在涨潮时发起。在这里，突击永远不可能。正如美军如今在伊拉克所领教到的，无论战争的某一方拥有多少技术优势，总是会有一些难以完成的艰巨任务。

除了安德森空军基地，当年的海军陆战队还为他们的国家留下了一处军港，即阿普拉港（Apra Harbor）。该港毗邻阿桑海滩，是珍珠港与马尼拉湾之间最棒的深水港之一，也是某支前沿部署的潜艇部队的母港。在接下来的数月间，我将深入了解这支潜艇部队。与空军基地一样，这处军港也将迎来一次扩建。一头黑发、面如少年的戴维·布恩上校是一个性格热情的海军军官，他从小就在海边生活。他告诉我，尽管美国军方的思维或许已经步入了后冷战时代，但军事部署依然停留在冷战时代。冷战期间，针对每一项特定威胁，美国海军都有相应的军事部署。

如今，外部威胁具有多样化和不确定的倾向：既包括与朝鲜打一场传统战争，也包括在一些“流氓”岛国开展非传统的反叛乱行动。布恩上校向我解释道，军港扩建会充分利用关岛的民间力量，这样驻扎在此的美国海军就能够一心应对军事事务。同时，他计划拓展滨水区，建造更多的单身宿舍，并将设备线路埋入地下，以强化电力供应系统。“确实，现在我们并不需要太大的空间，”他补充道，“问题在于，万一爆发全面战争，我们该如何应对急剧增加的空间需求呢？”

我又想到了那句话：外行谈战略，内行谈后勤。后勤往往处在平民百姓的视界之外，实质却体量庞大，就像隐没在水面之下的冰山。后勤平淡无奇，这只是外行人的看法，对于这一点我在附近的塞班岛上深有体会。

“战争血液”：塞班岛上的后勤保障

一天清晨，我登上一架隶属海军的 MH－60“骑士鹰”（Knight hawk）直升机（对应的陆军版本为 UH－60“黑鹰”），飞往北马里亚纳群岛当中的塞班岛。驾驶这架直升机的飞行员是两名中尉，分别是来自亚拉巴马州卡尔曼的小葛雷德·汤姆·尼尔和来自新墨西哥州查马的约翰·沙因。我永远忘不了这两个家伙，因为他们让我体验了一把什么叫作刺激。关岛与塞班岛之间相距 130 英里，直升机全程保持在距海面 500 英尺的高度上。座位上的安全带并不太紧，我事实上是被挂在敞开的侧窗之外，面朝东方，眼前便是一望无际的中太平洋。返航的路上，我看到了西边菲律宾海上的日落美景。在 45 分钟的飞行过程中，我淋了好几场雨。尽管赤道地带的艳阳总能及时光顾，很快将我的衣服烤干，但饱含水汽的气柱很快就会像“创造新世界”一样聚集、加强，于是又一场暴风雨向我扑来。我几乎可以闻到积雨云的气味。乘坐海军飞机的诱人之处在于可以亲密接触广阔的海洋：下方的水面看上去仿佛是宇宙中环绕某个遥远星球的大气。东边的马里亚纳海沟深达3.6万英尺，这一数值远超喜马拉雅山的高度。太平洋让人们领略到了什么是无限；除了去太空，这大概是最棒的旅行感受了吧。很快，一颗仿若爬虫的绿色星球出现在我的眼前——天宁岛。它就漂浮在大洋弯曲的水面之上。与关岛类似，天宁岛（Tinian）的海岸多是陡峭的山崖，自阿留申群岛南下的海浪拍打在崖壁之上，尽情释放一路上积聚起来的能量。同样与关岛类似，天宁岛也少有滩涂，因而成为二战期间前来攻取此地的海军陆战队队员们的噩梦。在靠近天宁岛北端的地方，我看到了当年那两条供B-29轰炸机使用的跑道，上面已经满是灌木了。跑道旁边是两处修理棚，将日本的广岛和长崎夷为平地的原子弹就曾存放于此。1945年8月6日，由来自伊利诺伊州昆西的陆军航空队上校保罗·蒂贝茨（Paul Tibbets）驾驶的“艾诺拉·盖伊”（Enola Gay）号B-29轰炸机就是从我眼前的这片丛林中起飞的。

塞班岛比天宁岛更大一些，是太平洋上另外一座由石灰岩和露出海面的珊瑚礁构成的岛屿。这同样是一座满是崖壁、鲜有登陆点的噩梦之岛。满是诗情画意的海滩上点缀着一些棕榈树和诺福克岛松。诺曼底登陆开始一周之后，海军陆战队第4师在此登陆。在穿越甘蔗园和藤蔓遍地的丛林、直捣塔波加峰（Mount Tapotchau）日军指挥部的血战中，共有3500名美国海军陆战队和陆军士兵丧生，日方守军几乎全部阵亡。美军在天宁岛牺牲的士兵人数甚至超过了奥马哈海滩。

在美国太平洋司令部责任区内各处的游历，给了我一个追忆二战期间诸多岛屿争夺战的机会：这些岛屿不同于诺曼底，今日的美国旅行者们很少前来。抵达塞班岛之后，我驱车来到专门纪念塞班岛战役与菲律宾海海战的美国战争纪念馆。1944 年 6 月 15 日，美国海军陆战队开始在塞班岛登陆，作为回应，日本帝国海军联合舰队于 6 月 19 日在塞班岛附近的菲律宾海对支援登陆行动的美国海军舰队发起攻击，菲律宾海海战爆发。事后，人们发现，菲律宾海海战是二战期间最后一次航母大对决。

置身昔日战场，你总能感到一种分外的寂静，这种寂静仿佛是对脚下这方曾遭战火蹂躏的土地的永久祭奠和抚慰。塞班岛北部是一处令人眩晕的万丈高崖，这些高崖见证了一段悲惨的往事：一大批日本平民，包括许多怀抱孩子的母亲，在这里纵身跃下，被汹涌的波涛吞没。因为日本军方告诉他们，一旦被美国士兵俘获，将遭到生不如死的虐待。

和关岛一样，塞班岛也属于美国的海外领地。因此，太平洋司令部在这里具有充分的行动自主权。我在塞班岛的向导是来自纽约州贝波特的海军上校康拉德·迪维斯。陆军、空军和海军陆战队的军衔差别不大，但海军的军衔却与它们存在某些差异，乍一看会让人摸不着头脑。海军的上校是 Captain，其他军种的上校则是 Colonel；海军中校是 Commander，其他军种的中校是 Lieutenant Colonel；海军少校是 Lieutenant Commander，而其他军种的少校是 Major。由于迪维斯上校并非只是一艘舰船的指挥官（Captain 亦有船长之意），他的手下都叫他准将大人。这一头衔颇有些戏剧色彩，让我对海军与其他军种之间的区别有了第一印象：美国海军真正承袭了浮华夸张、讲究排场的欧洲军事传统。

迪维斯上校话非常少，一开始我颇为担心这一天该如何度过。“你对后勤感兴趣吗？”他问我。

“是的。”

“那好，我带你转一转吧。”

在码头上，他让我坐进了一艘交通艇。这艘小船载着我们，以 18 节的航速在菲律宾海上劈波斩浪：对这么小的舰艇而言，这个速度已经像是在飞了。“我负责指挥 3 艘海上预置舰（MPS），”他对我说道，“我带你去看其中一艘。”海上预置舰是什么？我一无所知。

在海上航行了大概 5 英里之后，我们来到了一艘大船旁边。让我大惑不解的是，它看起来很像一艘游轮或者民用货船，完全不像一艘军用船只。舰体上有“杰克·拉姆斯”（Jack Lummus）的字样。杰克·拉姆斯曾经是一位海军陆战队中尉，他来自得克萨斯州的恩尼斯，在硫磺岛战役中战死。另外两艘海上预置舰也都是以战斗英雄命名的。

交通艇慢慢靠近这艘有 11 层楼高的海上巨舰。海上波涛汹涌，我们顺着梯子爬了两层，上到甲板上。由于阳光、白色珊瑚和海底沙砾的相互映照，海水呈现出“酷爱”（Kool-Aid）饮料一般的蓝色。沿着甲板一侧，我来到一片宽敞的车辆停放区。这里停放着约 600 辆各式战车，包括 M1A1“艾布拉姆斯”主战坦克、“悍马”军车、装甲推土机、两栖突击车、挖土机和 7 吨载重卡车等，足可装备一支满编海军陆战队远征旅（MEB，编制1500人），排布得密密麻麻。除了这些战车，这艘大船上还储存大量的武器弹药。

“杰克·拉姆斯”号是一座浮动的军事基地，其规模比我在伊拉克与阿富汗所见过的大多数陆上基地还大。这艘船上的营房、淡水和食物，可供15个海军陆战队营使用30天。这艘船配备的船员只有三四十人，相当于同等规模的民用商船船员数量的一半。

“船上有一些十八九岁、负责监督货物装载的海军陆战队士兵，”迪维斯上校说，“他们的任务就是保证船上的每一寸空间都得到利用，保证任何一辆车都不用给其他车子让路。这些海军陆战队队员们依照一份电脑生成的图表指挥装载工作。工作的时候，他们就像是在准备作战一样。”

迪维斯海军上校指挥的人员，既有海军陆战队队员，也有平民水手。“你肯定已经有所耳闻了，”他对我说，“如今，一切都是联合行动。”他的意思是，现在美国的军事行动大多离不开4大军种的协同，甚至还需要借助私人承包商的参与。

船上的15名平民船员都来自波士顿地区：这些爱尔兰裔美国人身材魁梧，非常好相处，他们带我参观了船上的发电机、污水泵、蒸汽引擎、水净化系统，以及无数其他由他们维护、第一时间修好的设备。与迪维斯上校手下的水兵们一样，他们每次出海执行任务都要离家一年之久。海军人员所肩负的任务是作战部署，平民船员也有自己的独立任务，军民互为补充。

按常理，这样一艘海上前置舰至少需要100名船员，15个人是远远不够的，而这正体现了这15名平民船员的能干之处。军事承包商并不总像外界人士认为的那样穷凶极恶，就像我在驻阿富汗和伊拉克的美军基地中见过的克鲁格·布朗·鲁特公司（Kellogg Brown and Root）以及在驻菲律宾和哥伦比亚基地中见过的德阳公司（Dyn Corp）一样，这两家公司的雇员都是些强壮勇敢、身怀绝技的家伙。这或许是进入战争的全新时代的唯一可行之路，因为与庞大的兵员数量和大规模军队突袭相比，个人的专业知识和创新精神将更有意义。

二战时期的美国远洋海军之所以能够取得辉煌的胜利，是因为有那些远离母港的拖船、医院船等支援性舰船，这些支援性舰船和潜艇、航母一样重要。同样，“杰克·拉姆斯”号这艘民船模样的巨舰，也将成为美国在朝鲜半岛、在南太平洋上开展反暴乱行动的关键因素。

“我们可以在各个岛屿之间转移部署，所以受到攻击的可能性就低一些。”迪维斯解释道。

我在塞班岛一带领教到的预先部署（Pre-Positioning）概念，最初缘起于吉米·卡特时期的快速部署部队（Rapid Deployment Force）思路，这是伊朗人质危机事件的直接结果。与诸多此类概念一样，它诞生于某政党执政期间，在另一政党上台之后得到延续：“杰克·拉姆斯”号是里根当政期间由通用动力公司（General Dynamics）建造的，极度强调轻量化与战斗力；以亚洲为核心展开军事部署，是布什任职期间美国军事战略的突出转变；克林顿主政期间，美国政府将平民雇员引入国防部，“预先部署”战略也随之登场。今日的美国军队能有如此规模，且门类繁多，正是历届美国政府的思想长期变与不变的结果。

由于其广阔，太平洋被美军谋划者们称为“残酷的阻隔”。海上前置舰，正是美军应对这种“残酷的阻隔”、向前沿基地运送部队和装备的紧密网络的一个组成部分。我乘飞机来到了塞班岛西北 1500 英里处的冲绳，从另外一个层面考察了这个紧密网络。

在冲绳的美军码头，我登上了一艘名为“西太平洋快车”（WestPac Express）的大型汽车渡轮，这艘船由澳大利亚的奥斯塔（Austal）船舶公司建造。与“杰克·拉姆斯”号一样，“西太平洋快车”号上也有 15 名美国平民水手。对于欧洲度假者而言，这种渡轮颇为熟悉，因为他们经常搭乘此类船舶在地中海游弋。对驻太平洋地区的美国海军陆战队来说，汽车渡轮则是远征作战的标志。

就在数年之前，将一个海军陆战队营从太平洋某处运送到另一处，必须用 C-130 运输机或 C-17 运输机飞行 17 个架次。考虑到可能的机械故障和不利天气造成的延误，一次这样的调动起码要花大半个月；而这艘有柴油引擎的双体汽车渡轮的航速可达 33 节，可以将一个满编海军陆战队营的士兵及装备从日本南端的冲绳运抵日本本土、朝鲜半岛南部、菲律宾或者泰国，只需数小时或数天时间即可抵达。该型渡轮的货仓空间相当于 20 架 C-17 运输机，还有不少空间可供搭载直升机。一些“西太平洋快车”型渡轮是专为输送一支海上“斯特瑞克”旅建造的，这些船上装备了加强的通信设备，可满足中将级指挥系统的要求。

“西太平洋快车”号也由平民操作。平民船长（一位航海高手）掌控整艘渡轮，海军陆战队在船上是乘客。无论是陆战队还是其他军种，都无法让某一人长期待在一个岗位上，也无力支付相应的报酬，因而无力培养像那位平民船长一样技术高超的海员。

“当初是谁想到了用汽车渡轮将陆战队送到战区，与海上前置舰对接的主意?”我向一位士官长打听道。

“不是五角大楼的人，是这儿的一群家伙开动脑筋的结果。”

冲绳：美国特殊的战略领地

冲绳距离关岛 1400 英里，它让我想起了我 20 世纪 80 年代曾住过的、动荡不安的希腊与巴尔干地区。与希腊本土的城区类似，冲绳南部城区到处都是低矮的黄白色水泥建筑，样貌丑陋、排布密集，让人有窒息的感觉。美国的军事基地与居民楼挤在一起：即使将历史因素完全抛开，光是考虑环境因素，这些美军基地就招人讨厌。冷战期间，希腊人因美军基地的存在倍感耻辱，因为他们的一举一动都要看美国人的脸色。如今冲绳人的心情也是如此。无休无止的土木建设不断破坏这里的历史遗迹，这让日美之间苦涩的历史记忆变得更加让人难以忍受。

“重回冲绳，”1978 年，曾经作为海军陆战队队员于 1945 年在此参战的威廉·曼切斯特写道，“就像是看着一位全身赤裸的牧师做弥撒。作为太平洋诸岛最大的战场，这里比葛底斯堡更值得被记住，至少美利坚人民在这里流了更多的血。然而，举目四望，映入眼帘的却都是些二手车停车场、废品旧货栈、音像店、弹球机馆和麦当劳快餐店。”

此地的历史，与巴尔干半岛的某些地区一样，尽管已经没有任何视觉参照物，却依然令人记忆犹新。冲绳是我此行与人交谈最多、谈话内容最沉重的地方。这座岛屿强化了我对战争残酷性的印象，也让我意识到，一旦未来再次爆发危机，将会何等惨烈。

在冲绳，无论是美国人还是日本人都轻松不起来。为了隔绝F-15“鹰”式战斗机的轰鸣声，美国人不得不筑起样子看上去还不错的噪声隔离墙，并给美国海军陆战队制定严苛的规章制度。即便如此，每次美军喷气式战机从人们的头顶呼啸而过，或者有当地姑娘遭到美方人员强奸——无论这种事有多么罕见，都一定会引发长期而深刻的仇恨。嘉手纳（Kadena）空军基地的面积占驻冲绳美军基地总面积的七成半，但这里同时也是岛上居民祭祀祖先的圣地。事实上，美军与冲绳岛民之间是一种被迫彼此接受的关系。

我之所以说冲绳岛民而不说日本人，是因为岛上的居民从严格意义上来说并不全是日本人。刚从关岛抵达冲绳之时，这里的民族多样性让我深受震撼：大街小巷充斥着中国人、菲律宾人、马来人以及日本人等各种面孔。龟背状的先人坟墓（turtleback tomb）星星点点地分布在嘉手纳空军基地里，其形制颇具中国福建的墓葬风格。这些墓充分彰显了这座位于琉球群岛南部、距日本本土 350 英里之遥的岛屿与中国大陆之间的密切关系，以及该岛在历史上的独立性。

冲绳并不像日本那样长期与世隔绝。不过，尽管这里受到了远至东南亚的影响，但岛上居民却依然是日本文化圈里的一员。冲绳与日本、中国、朝鲜半岛等各处几乎等距，这使其成为美军在太平洋地区投射力量的一处神经中枢。这也是当年美军要首先攻下冲绳的部分原因所在。

“冲绳岛战役，”军事历史学家维克托·戴维斯·汉森曾经写道，“不仅是太平洋战场上的最后一战，也集合了此前 3 年所有残酷夺岛战的一切残忍和血腥。”冲绳岛战役自 1945 年 4 月 1 日一直持续到 7 月 2 日：彼时，盟军在欧洲战场已经获胜很久了。大规模出击的神风特攻队将冲绳岛变成一座名副其实的战机坟场。至战役结束时，美军舰队及地面部队共阵亡 12520 人，另有 33631 人受伤或失踪。日方军人战死 11 万人，另有多达 10 万名平民丧生。

为了夺取这座长 65 英里、宽 7 英里的岛屿，美军付出了巨大代价，这也是美国人最终决定向广岛和长崎投放原子弹的最主要原因。鉴于困兽犹斗的日本军队在冲绳岛上的表现如此疯狂，美国的军事决策层预感到：若以常规手段攻击本州岛以及其他 3 座主岛上人口稠密的城市，美军必将遭受难以估量的损失。曼彻斯特写道，在二战历次战役中，就数冲绳岛战役与一战期间的凡尔登战役和帕斯尚尔战役（Passchendaele）最接近，“敌对的两支大军在泥泞和硝烟中对垒……承受着难以想象的痛苦，纠缠在一起”。

冲绳岛民则被两大帝国夹在中间。日本已经事先将冲绳岛打造成一座要塞，以做最后一搏，将美国人逼到谈判桌上，但他们的希望落空了。直到1972年之前，冲绳一直处在美国的直接掌控之下，因而成为二战结束后盟军占领时间最长的前轴心国领土。不过，美国“总督”离开之后，当地人的政治诉求又从终结占领转向终结基地租赁。在民主政治的催化之下，这一诉求引发的紧张关系变得越发严重。在日本的其他地区，执政的自民党（Liberal Democratic Party）完全掌控政局，能够及时掐灭任何异见；而在冲绳，改革派联盟一直在对当地政府施加压力，敦促其对美国驻军采取强硬立场。

20世纪90年代中期，2名美国海军陆战队队员和1名水兵绑架并强奸一名12岁冲绳少女的案件被广泛报道，数万名冲绳居民前往美军基地示威，这些基地的前途看起来非常渺茫。由于此次事件，美国将部分驻冲绳基地合并，并将数千名海军陆战队队员调往关岛，并以一处价值100亿美元的美军近岸设施建筑用作赔偿。但是，由于中国不断提升军力及影响（我造访冲绳的那个星期，有1艘中国核动力潜艇秘密潜入了日本海）以及来自朝鲜的威胁持续增长，近年来日本政坛刮起了一场鹰派旋风。尽管在重要性上有所下降，但驻冲绳的美军基地依然会长期保留，尤其是庞大的嘉手纳空军基地。

与当地民众一样，美国军队对冲绳岛怀有某种特殊的情愫，尤其是曾于1945年春天在这里付出巨大伤亡的海军陆战队。“冲绳岛战役比硫磺岛战役更加重要。”来自弗吉尼亚州弗雷德里克斯堡（Fredericksburg）的海军陆战队中校菲尔·里德霍夫说，他毕业于弗吉尼亚军事学院，在海军陆战队第三远征队担任首席战争规划者。“硫磺岛一直都在人们的战争记忆之中，尤其是那张反映美军士兵竖起星条旗的照片，冲绳岛上的昔日战场却已被城市化进程湮没了。此外，硫磺岛还是一处可供人们朝觐的圣地。”

与其说冲绳岛上的美国海军陆战队纪念馆是一座“馆”，倒不如说是一处“神龛”。它位于阿尔伯特·金瑟尔营（Camp Albert Kinser）之内的一座办公楼里，只有几座小房子。馆内藏品是戴夫·达文波特一个人花了几十年时间搜集而来的。他是一个退役飞行员，在他服役期间，他无论去哪儿（包括饱经战乱的越南）执行部署任务时都会带上他所有的藏品。1992年，他将这些东西带到了冲绳。最近，他对冲绳岛战役的热忱已经传承给一个年轻的门徒——来自内华达州南部的前海军陆战队队员克里斯托弗·马耶夫斯基。带我遍览该纪念馆的，正是留着海军陆战队标准发型、头戴紫色棒球帽的马耶夫斯基。

“这座纪念馆并非美国军事博物馆的分支，那帮家伙只会把这些藏品毁掉，而我们要做的就是阻止这种事情发生。”他一边来回踱步，一边激动地说着，“你首先要记住一点，当年我们所掌握的信息是非常匮乏的。我们以为冲绳岛的日本守军只有4.5万人，可实际数字却是116488人。”

“日本人认为我们的进攻不会太坚决，在某种程度上，他们确实可以这么认为，”马耶夫斯基继续说道，“欧洲的战事已经结束，许多美国人不理解我们为何还要顶着大量伤亡的风险在那些根本叫不上名字的太平洋小岛上拼杀。人们对战争时期的配给制度逐渐感到厌烦，而媒体更是在大肆传播海军陆战队队员战死异乡的照片。日本人认为我们完全承受不住本土决战可能带来的伤亡——果真如此，他们就胜利了。记住，在日本人看来，冲绳并不重要，唯一重要的是让美国人承受巨大的伤亡。冲绳就是那个时代的越南。”他指着地图，一边讲述这些，一边继续来回踱步，仿佛是在自言自语。

粗陋的手绘海报、褪色的剪报，还有被经年累月的虫蛀风化摧残得破败不堪的干粮袋和军服……都封存在锈迹斑斑的玻璃展柜里。这座“神龛”看上去让人有一种金玉其外败絮其中的感叹：藏品中有一支日式手拉步枪，仿佛已在海底埋藏了一百年，锈蚀不堪；另一个展柜里摆着一面美军占领首里城后缴获的太阳旗。

马耶夫斯基双膝跪地，模仿当年的日本守军指挥官牛岛满（Ushijima Mitsuru）大将及其参谋长长勇（Cho isamu）中将战败后剖腹自杀的样子：用战刀捅进肚子，划开肚皮。“这俩家伙的尸身很可能永远都找不到了，因为人们一直都没找到他们的勋章。”马耶夫斯基向我展示了他搜集到的所有有关冲绳岛战役的书籍。这位年轻的前陆战队队员决定守护有关那段岁月的记忆。硫磺岛上已经竖起了一座纪念碑，有关冲绳岛战役的历史则栖身于这座“神龛”之中。

我在冲绳岛上与其他人的对话，同样带着沉重的情绪。与我交谈的人们无不真诚、理性且满腔热情。事实上，尽管已经步入了一个新世纪，太平洋地区却再一次成为战争隐患的主要策源地：在我的谈话对象们看来，这是一个必须认真应对的问题。里德霍夫中校对我说：“一旦朝鲜半岛出事，那将是 1945 年以来世界上最可怕的冲突。到那时候，任何人都无法置身事外，结局也是难以预料的。像第一次朝鲜战争一样，我们将不得不派兵参战。”所谓的第一次朝鲜战争，指的是发生在 1950—1953 年的那次战争。在冲绳，有人经常使用这一提法，他们认为朝鲜半岛存在再次爆发冲突的可能性。

“当你面对朝鲜人这样的亚洲人时，”另外一位军方规划者对我说，“可不像是跟那些中东地区的三流军队对抗。这些人意志坚定，几十年来一直接受洗脑教育。他们所拥有的不只是一味逞蛮的步兵部队，还有经常向韩国一侧渗透的特种部队。他们拥有化学武器，不惮于对首尔万炮齐轰，”首尔是韩国首都，临近朝韩边界非军事区，“首尔会被炮弹炸成一片火海，甚至连那里的蟑螂都难逃一死。”

在这里，冷战其实从未结束。冲绳就像 20 世纪 50 年代到 70 年代那段黑暗岁月里的联邦德国。朝鲜拥有 170 个师，其中 60 个部署在朝韩边界非军事区附近。与其他种类的威胁相比，朝鲜向韩国发动大规模步兵攻击的可能性虽然不大，但相关军事人员决不能掉以轻心，因为这种可能性导致的后果将是灾难性的。

"那么，在战术的层面上，你们如何为一次可能的大规模战争做准备呢？"我问一位将军。

"就像吃大象一般，一次咬一口。"在冲绳岛上的美国军人们看来，朝九晚五的生活是不可想象的。

在我看来，驻扎冲绳的美国海军与空军之间存在微妙的等级差异。政客们非常青睐太平洋的浩瀚无际：在这里，他们可以运用海军以一种不张扬的方式向潜在的战场推进，又保留了从容退却的余地。太平洋司令部的海洋属性，使之成为五角大楼决策者们眼中责任最为重大的战区司令部。但是，虽然太平洋司令部的责任区有七成是海洋，天空却覆盖了该司令部的整个辖区，而且不断有人说空中力量可以更快抵达。尽管 21 世纪的作战行动正逐渐朝紫色（指代联合作战）的方向演进，但空军所属的蓝色在美国军种组成的色系里正在变得日益突出。

说到哪个军种最适合在朝鲜半岛和中国台湾海峡爆发冲突时提前介入干预，以避免动用大规模地面部队的可能性，那一定是空军了：空中部队可以对敌方的指挥控制中心、电脑系统等关键节点发起打击。凭借其强大的空中加油能力，美国空军不再需要大型的前沿机场。它对地面条件的倚赖更少了，能够执行的任务更多了。在各大军种当中，空军最具轻装且极度致命的潜力。

泰国：美军重新布局空军与海军基地的典范

对于美军而言，泰国之所以重要，是因为它是五角大楼在全世界范围内重新布局空军与海军基地的典范。这一重新布局的进程，在冷战将要结束之时就开始了。1985 年，美国在欧洲和远东地区拥有一系列人称“小号美国”的规模庞大、设施完备的军事基地；在德国及其周边地区驻有 38.5 万名军人，在朝鲜半岛也驻有 12.5 万名军人。

然而，截至 9·11 事件爆发之时，也就是过了 16 年后，美国在欧洲和东亚的驻军分别下降到 11.8 万和 8.9 万。2004 年，五角大楼发布了一项计划：在亚洲、非洲和中东扩展其超精简基地（Bare-Bones Sites）网络，以轮换部署取代固定驻军，同时再从这些地区的常驻部队中撤回 7 万人。简而言之，未来美军的军事部署将不再局限于某一特定地点，而是着眼于远征（Expeditionary），以在纷繁复杂的国际环境下更好地处理任何可能的突发事件。在保加利亚、阿塞拜疆、乌干达、西非岛国圣多美和普林西比以及洪都拉斯等不太引人瞩目的国家，美军也设立了前沿行动据点（Forward Operating Site）和更像闲棋冷子的合作安全点（Cooperative Security Location），诸如在某驻在国的某机场划出来的一片区域。

在泰国，五角大楼准备将两座基地转变为合作安全点，最新的美国国防部黑话称其为 CSL。

我有些年头没来泰国首都了。抵达曼谷那天晚上，我在街头逛了一会儿，这个充满活力、熙熙攘攘的亚洲大都市让我惊讶不已：与其他文化圈的城市中心不同，这里的节奏更快，还隐隐散发出一丝不太和谐的紧张气息。如果说犯罪猖獗、濒临崩溃的非洲城市是全球化进程的受害者，亚洲城市则充分利用了这一进程所带来的机遇。我们可以将军事活动视作一个国家的社会及经济总体发展水平的映射，而曼谷的迷离与蓬勃——劲爆的脱衣舞夜总会、彻夜不休的高速公路工地，更让我确信，环太平洋地区最终决定着21世纪世界的未来是和平还是战争。这里是全球最具活力的地区，如果说地缘政治存在一个枢轴的话，此地便是。

此外，曼谷还是我此次太平洋之旅中第一个需要兑换当地货币的地方。阿拉斯加、夏威夷、关岛、塞班岛……这些地方要么是美国的州，要么是美国的海外领地，驻冲绳美军基地则是一个庞大的独立王国，流通的都是美元而非日元。只要你能忍受时间延误和不太舒适的乘坐环境，从美国本土到亚洲的环太地区，空军机动司令部可以带你直飞任何地点。

在19世纪的最后几十年当中，美国海军及海军陆战队在全球各处登陆、干涉，美国逐渐成为一个海上商业帝国，又由于二战的胜利，美国在太平洋及东南亚之间架起了一座四通八达的准主权立交桥。

泰国一直不太引人关注，实际却是美国的关键军事盟国。太平洋司令部最大规模的年度军事演习（有上万名武装人员参演）“金色眼镜蛇”，便是在泰国举行的。美国陆军特种部队和隶属海军的海豹突击队，常年派出排级部队与泰国军队展开联合训练。泰国最南端临近泰国湾的伊斯兰地区，被称为泰南三府。这里如今兴起了一股反叛势力，那里有一家美国公司正在开采石油。这促使美泰军方之间的联合特种军事训练变得更加频繁了。

不过，美国人真正看重的还是曼谷东南方向数小时车程处的两座基地，乌塔堡（Utapao）海军航空站和梭桃邑（Sattahip）海军基地。与关岛的安德森空军基地类似，乌塔堡海军航空站在越南战争期间也被用作B-52战略轰炸机的基地。由于附近的芭堤雅（Pattaya）满街满巷都是脱衣舞夜总会，整整一代美国飞行员都对那里印象深刻。1975年，泰国方面终止了美军在乌塔堡海军航空站的活动。这是因为在红色高棉劫持美国“马亚克斯”号（SS Mayaguez）运输船事件发生之后，泰国认为美国人在利用这处基地秘密开展针对柬埔寨的军事行动。9·11事件发生之后，乌塔堡海军航空站再次为美国飞行员所用，只不过这一次美方的所有行动都很低调。

我驱车来到乌塔堡，想要见识一下所谓“合作安全点”或者叫“前沿行动据点”的真实面貌。10个月前我曾在肯尼亚有过一次类似旅程，因而对这样的探访驾轻就熟。我曾经跟随一支美国陆军的民政事务分队前往印度洋上的拉穆岛执行一项人道主义部署任务，以改善美国在肯尼亚人心中的形象：当时肯尼亚军方正在升级临近索马里、战略位置优越的曼达湾（Manda bay）海军航空站。美国希望该基地依然归肯尼亚军方运作，以便肯军进行力量投射。但是，在政治与外交环境适合的前提下，美国希望能够使用基地里的设施。而当时之所以要进行那样一次人道主义行动部署，就是为了营造这样的环境。

高效而低调的海外基地承包商

同曼达湾一样，乌塔堡海军航空站也很不错。这里规模庞大，拥有一条长达11500英尺的跑道，比关岛的跑道还要长一些，还有一望无际的滑行道，以及可供扩建之用的绿地。该基地距离芭堤雅足够远，方便低调行事。不过，从美国的角度来看，乌塔堡海军航空站最棒的要算三角高尔夫环球公司（Delta golf global）的首席执行官丹·格内雷特。此人是一名私人承包商，他在乌塔堡海军航空站掌管一切。“丹是这里的老大，”曾有一位美国军方人士这样告诉我，“他就是乌塔堡的‘市长’。别管太平洋司令部从火奴鲁鲁派过去的那些驻场人员。他们什么都不懂，他们知道的都是丹告诉他们的。”

丹·格内雷特是一个非裔美国人，出生在南卡罗来纳州的沃尔特伯勒，在纽约布鲁克林区的布朗斯维尔（Brownsville）长大。他以前是一名空军军士长，在驻关岛的第13航空队担任过24年的维修技师。在噩梦般的越南战争期间，当时还年轻的他就曾在乌塔堡驻扎过。格内雷特的得力助手，来自俄亥俄州斯普林菲尔德的罗杰·科尔，也曾经是空军军士长，同样拥有24年的军用飞机维护经验。事实上，在跑道旁两间屋子里办公的格内雷特的所有手下（除了几个泰国秘书）都曾在美国军中服役。

格内雷特又高又壮，肤色乌黑，身穿一件汗衫，说话声音柔和，总是喜欢扬起眉毛摆出一副说教的模样，自称美泰军方之间的缓冲器。“这里的任何事情都是透明的，”他对我说道，“我既不为美方工作，也不给泰方出力。我经营的是一家营利性公司。我向泰国皇家海军支付租金，向来此接受服务的美军飞机收费，这是我们的收入来源。那些到这儿来的飞行员都会带好信用卡。他们知道这个规矩。”

“看，”他接着说，“这里可不是堪萨斯州。初来乍到的美国空军小子们对这儿一无所知，无法与站在飞机旁边围观的泰国人讨论维修问题。他们不知道哪儿可以吃饭、喝水。他们不知道到哪儿花津贴、住酒店，去哪儿找乐子。我的人可以帮上忙，我们会告诉他们，在这里能做什么、不能做什么。你一定想象不到，他们看到我这样的人会高兴成什么德行。”

“至于泰国人，”他继续道，“他们宁愿跟我交涉，也不愿去搭理那些在他们的基地里大喊大叫、满肚子牢骚的丑八怪美国佬。我懂这里的文化和语言。我是个和蔼又面善的人。”

经由丹·格内雷特，泰国可以向美国人提供帮助，而不至于背上正式租借乌塔堡海军航空站所带来的政治包袱。打着三角高尔夫环球公司的幌子，美军占据这座基地，却保持着若有若无的状态。总之，泰国人并不是在跟美国空军打交道，而是在跟一家私人承包商做买卖。

1996 年，格内雷特从美国空军退役，开始了他在乌塔堡海军航空站的事业。后来，他干脆决定在这里干到老。谢天谢地，就在这时，震惊世界的 9·11 事件爆发了。美国需要一个像格内雷特这样的人留在乌塔堡海军航空站，提供更多的航空燃料、饮用水以及一切其他日常用品：没有这些东西，美国人无法将 B-52 轰炸机群从太平洋司令部调往中央司令部责任区。

此前轰炸阿富汗以及此后轰炸伊拉克的美军飞机，都是经由乌塔堡海军航空站之后，从迪戈加西亚环礁和波斯湾地区起飞的。眼下，格内雷特每年都要为 600 架经由乌塔堡海军航空站转场的美军战机提供保障服务；之于泰国皇家海军与美军之间每年一次的包括“金色眼镜蛇”在内的 43 场演习以及前往中东战区或从那儿返回的美国空军，格内雷特和乌塔堡海军航空站的作用不言而喻。

格内雷特在乌塔堡海军航空站的最初营生是提供住处。他为来此休整的机组成员们建起一座豪华的休息室，提供男女洗浴设施；为紧急行动提供了一间指挥室；又添置了配备卡拉 OK 设备的豪华房车，以便将机组成员接回酒店；还为集装架和飞机备件提供了储存空间。我们钻进他的汽车，在基地里游逛。飞机滑行道长得看不到尽头，宽阔的草地是绝佳的空降地点，一条长满杂草的尽端路的端点是镀锌的金属护堤，那些东西曾经配属轰炸北越的 B-52 机群使用。我心想，这里可以藏不少的宝贝吧。

“哎，说到对越南战争的怀旧啊。”格内雷特一边说，一边把更多越战时期的遗迹指给我看：一间破败的陆军消费合作社兼保龄球馆，一座废弃的士兵俱乐部，一排产于 20 世纪 60 年代、几近于一堆废铁的道奇与雪佛兰老爷车。在淡蓝色的曼谷湾与泰国湾交汇处，一处隶属士气福利与娱乐机构的设施一直延伸到海滩上。曾经奢华一时，如今却荒草丛生的天河湖酒店，当年它可是美军机组人员的下榻之地。一座已被荒废却依然不失美丽的花园，让人不禁想起格雷厄姆·格林（格雷厄姆·格林，著名的英国间谍小说作家。——译者注）小说里的场景。

在越南、老挝和柬埔寨执行寻找美军遗骸任务的战俘及作战失踪人员联合调查司令部（JPAC）经常从乌塔堡海军航空站出发：向此类飞行行动提供补给，为美军在这里设立仓库提供了理由。格内雷特还带我去了一处隐藏在丛林中的现代化设施，旁边是一片可以扎帐篷的空间，这处设施的用途在于应对“金色眼镜蛇”演习期间的任何突发事件。

格内雷特代表着美国政府照顾不到的基层力量，他不在美国军方的指挥体系之中。尽管如此，一旦危机爆发，他的作用是官方指挥体系当中的任何环节都无法取代的。他也是美国军事行动私人承包化优越性的一个例证。无论美国政府还是泰国政府，都无法像格内雷特这样高效而低调地肩负起这一责任：究其本质，前沿据点并非一处军事设施，而是一团和气的人际交往圈。

格内雷特及其手下，还有我在泰国遇见的那些美军军官都对亚洲的女人、风光等美景着迷不已，他们希望在这里生活或者多来几次，慢慢地掌握当地的语言和风俗人情等，有很多人干脆和当地人成了家。他们的经历充分证明，只有全心热爱驻在国的文化，才能更好地为自己的国家服务。1 个月之后，我在马尼拉的一家酒吧对一位特种部队军官提到了丹·格内雷特的名字，对方立即说：“丹·格内雷特，是一个真正优秀的美国人。”

由于格内雷特的工作，美国在乌塔堡海军航空站的“存在”

非常从容和便利：这是一座属于东道国的合作安全点，美国在此并无常驻军；然而，一旦有事发生，这里立即可为美国军队所用。事实上，就在我造访该地几个星期之后，乌塔堡海军航空站就成了美军前往印度尼西亚开展海啸救援行动的中枢。

与乌塔堡海军航空站的情形类似，美国在附近的梭桃邑也有一处低调的存在，那儿是前往波斯湾的美军护卫舰与驱逐舰的停靠之处。美国人在梭桃邑建造了一座室内射击场，供美泰两国的海豹突击队训练之用。我以为，设若五角大楼公开承认并大肆宣扬此类前沿据点，那就最愚蠢不过了，因为低调、若有若无正是此类存在的高明之处。

美泰之间的军事关系内涵丰富，这就促成了一套罕见的科层实体，名曰美国联合军事援助顾问团，简称“联顾团”（JUSMAG）。这种科层实体在全世界范围内也仅见于少数几个地方。当然，驻泰“联顾团”并非美国驻泰国大使馆的分支机构。大使馆是一处由精良建材筑成的“宫殿”，往来的人们像在华盛顿那样西装革履；而“联顾团”在泰国的营地，只有一些摇摇欲坠的办公室，天棚低矮、灯光昏暗，尘土飞扬的院子里只有些棕榈树和香蕉叶。驻泰“联顾团”的50名美国军官的工时衣着，也大抵是马球衫或短袖衫一类的，人们在这里感受到的是纯粹的泰国风情；这里甚至还有一间配有藤椅的酒吧。“联顾团”的营区据说常有越南战争时代的鬼魂作祟，因为这里当年曾经停放过大量阵亡美军官兵的尸体。

泰缅边境的二战无名剧场

驻泰“联顾团”的负责人是陆军上校杰克·迪布雷尔。这家伙是美国内战时期南军骑兵将领内森·贝福德·福里斯特（Nathan Bedford Forrest）的孙子，出生于得克萨斯州的胡德堡，在日本长大：他父亲当时在麦克阿瑟将军的驻日占领军中效力。迪布雷尔上校不久将退役，前往佐治亚州的萨瓦纳。他对军事历史和收藏二战时期的摩托车颇有热情，后者被他称作更年期男性的大玩具。一天，他和他的副官——来自得克萨斯州罗克波特的汤姆·韦弗少校一起，驱车载我前去泰缅边境瞻仰二战时期的一处铁路遗址。这条铁路是当年日军驱使英国、澳大利亚、荷兰和美国战俘修建的。

我们乘车行驶了整整 2 个小时，我一路上都在听这两位军官讲故事。

迪布雷尔和韦弗都来自美国南方，两人的父亲都曾在越南服役，后者的父亲于 1969 年在越南阵亡。“我上的是亚拉巴马大学，而汤姆是密西西比大学毕业的。没准我俩受的是同一种大学教育。”迪布雷尔打趣道。正如我一次又一次领教到的，即便是 21 世纪的美国军队，也无法抹杀南方邦联军事精神在塑造团队精神方面发挥的强大作用。假如你对此不以为然，或者矢口否认，你就忽视了“这支全部由志愿兵组成的武装力量为何好战”的一个重要因素。美国实行全志愿兵的结果是，美国南方志愿服役的年轻人远超美国北方，“老南方”（Old South，指南北战争之前的美国南方）在美军当中的势力越来越强。

我们此行的目的地便体现了这一趋势。在美国人看来，这里是二战的一处无名剧场；而在澳大利亚人看来，泰缅边境的这段战俘经历对于塑造他们的爱国情怀至关重要。澳大利亚与美国之所以能结成密不可分的军事盟友，两国的军事传统发挥了一部分作用，这使得两军关系克服了某些障碍，在21世纪之初重新得到彰显。

红壤土、木薯田以及陡峭、光秃秃的石灰岩山体，是泰国西部边境地区的典型地貌。看着眼前的景色，迪布雷尔上校提到，至今仍有部分二战期间参与缅甸作战行动的美军失踪士兵尚未被找到。当年飞越喜马拉雅山脉的驼峰航线给美国空军造成了一些伤亡，该航线担负着连接英占南亚次大陆和中国抗日政府控制区的重任。迪布雷尔说，由于军政府统治下的缅甸闭关锁国长达几十年之久，该国境内的战俘营遗址有可能并不像老挝和越南境内的那些一样遭遇过严重的劫掠和破坏。他认为，寻找阵亡者遗骸的行动或许有助于在美缅两国军方之间建立起一种基于人道主义精神的纽带。“嘿，缅甸军队从1962年起就开始掌控政局了。与其像马德琳·奥尔布赖特（Madeleine Albright，美国第64任国务卿。——译者注）在20世纪90年代中期所做的那样，白费力气跟他们对抗，我们为何不悄悄地对其进行渗透，慢慢寻找突破口呢？这样施加影响力多棒啊。”

作为一名三角洲部队前成员，迪布雷尔已经在亚洲生活了很多年。他对缅甸尤为了解，因为美国陆军特种部队与该国颇有些渊源：他们曾经协助泰国的克钦（Kachin）部落对抗日本侵略军。迪布雷尔对于这片地区的了解丝毫不亚于任何外交家或者学者，他也热爱当地的文化和地理。与很多其他领域的专家一样，他对“哪些行动能成功，哪些行动会失败”有着异常切实的了解。

迪布雷尔对东南亚人民的热爱与他对东南亚的军事历史的热爱，在当年日军强迫战俘、劳工修筑的“死亡铁路”（The Death Railway）上汇合到一起了。这条铁路始于安达曼海岸一处缅甸港口，向东南一路延伸，穿越崇山峻岭和茂密丛林，直抵泰国境内的泰国湾附近。那时候，由于盟军的攻击，日军的海上航线变得日益脆弱，他们需要通过这条铁路来为在南亚次大陆上与英军作战的本国部队输送给养。被强迫修建铁路的盟军战俘共有6万人，其中12399人死亡，占总人数的1/5。日军还另外征用了8万名平民劳工。电影《桂河大桥》反映的就是这段悲惨的二战故事。

在1998年的澳新军团日纪念活动上，澳大利亚政府在位于泰国北碧府（Kanchanaburi）的地狱火关口（Hellfire pass）为一座纪念馆举办了揭幕仪式。日军强迫战俘日夜劳作，夜间摇曳的火光把战俘瘦骨嶙峋的身影投射到崖壁上，恰似地狱中挣扎的冤魂，故名“地狱火”。1943年的夏季风期，澳军战俘们用12周的时间，用镐头、铁锨在一片石灰岩和花岗岩的地质结构上凿出了一整条峡谷。日本看守强迫战俘们每天连续劳动18个小时。有

60 个人仅仅因为掉队就被殴打致死。除了仅够遮羞的日本兜裆布之外，战俘们再没有别的衣物。在纪念馆揭幕仪式的晨祷会上发言时，时任澳大利亚总理的约翰·霍华德（John Howard）提到，幸存者们之所以能保全性命，全赖同袍之谊，以及战俘之中的医生和药师，尤其是“疲惫者”爱德华·邓乐普（Edward “Weary” Dunlop）。后者的骨灰随后将被洒在纪念馆所在地。

无论是纪念馆还是纪念馆所在的关口，动人美景之中都饱含着悲伤回忆，仿佛死难者们的灵魂依然在此萦绕不散，泣诉着他们凄惨的遭遇。迪布雷尔上校、韦弗少校和我，在澳大利亚前陆军准尉、纪念馆负责人比尔·斯雷普的陪同下，绕着关口徒步行走了一番。斯雷普带我们观赏了美丽的桂河河谷，以及远处长满芋艿树、看上去一片浅褐的缅甸群山。斯雷普的日常工作是疏通涵洞沟渠，并在“地狱火”关口种植竹子，固定山上破碎的岩块，以维持战俘们流血流汗时的地形原貌。“看到那片空地了吗？”他用手指了指，“那儿就是当年战俘们去工地的必经之路。”我们沿着当年铺设的枕木行走，当年的木料如今已经露出土表，仿佛正逐渐变成化石。我感受到了斯雷普和两位美国陆军军官之间的惺惺相惜，这令我想起了 20 世纪中期以后美澳两国人民携手并进的情谊。

一战期间在小亚细亚西端进行的加利波利半岛战役中，澳新军团遭遇了巨大伤亡。正是那场战役凸显出了澳大利亚人英勇善战、不畏艰险的精神；而彰显同袍之谊的“死亡铁路”，也成了这种精神的一部分。在越南战争期间，澳大利亚首次以中彩的方式向海外派兵，该国民众因而对这场战争极为不满，那段时期的澳新军团日纪念活动也受到严重影响。冷战结束时正值澳大利亚建国两百周年，而当年参与过加利波利半岛战役的老兵也已尽数过世，这项历史性的纪念活动得以正式恢复：意在弥补20世纪60年代以来该国叛逆青年在历史认知方面的缺失。用澳大利亚历史学家琼·博蒙特（Joan beaumon）的话来说，澳新军团日纪念传统的回归，深受一个日渐世俗化的社会亟须某种精神寄托趋势的强化。显然，这种需求正是21世纪初由约翰·霍华德领导的保守联盟政府赖以维系的诸种环境之一，霍华德与小布什之间的个人关系进一步密切了两国军方的联系。

接下来，我们去了泰国北碧府附近的战争公墓，那里埋葬着约7000名英联邦国家和荷兰战俘的骨灰。在太平洋沿岸和东南亚地区的第三世界国家，古老的寺庙和空洞的现代建筑共生共存。与欧洲不同，来自西方的观光客们在他们自己的历史中找不到这种建筑层面上的累积传承。在这古今交错之间，有关二战的记忆散发着一股独特的辛辣气息。对于美国军方而言，与这些历史悠久的亚洲国家结成军事同盟，借此与澳大利亚兄弟建立联系，并强化双方未来在该地区联合行动时的斗志，其实更像是一场富有异国情调的梦魇。

数日之后，我又见识了一条长2英里的巨型跑道，足够起降美军任何既有飞行器。这是一片杂草覆盖的区域，宽阔而平整，群山环绕，看上去甚至容得下所有太平洋战区的美国空军部队。是的，我所在的是位于菲律宾吕宋岛上的克拉克空军基地（Clark

Field）。1991 年，美军整体撤出该基地，恰恰为五角大楼引入合作安全点（Cooperative Security Location）的概念提供了最初契机。

1991 年海湾战争爆发时，沙特阿拉伯极不愿意让美军在其国内部署部队，而美国人也意识到，每次成功保卫某个国家之后，双方总会在驻扎基地的问题上产生分歧。然而，菲律宾政府强行关闭克拉克空军基地和附近苏比克湾（Subic Bay）海军基地，才真正触动了美国军方的神经。克拉克空军基地和苏比克湾海军基地是 20 世纪初美国在美西战争中击败西班牙得来的传家宝。二战期间，这两处基地都被日军占领，美国人付出重大牺牲之后才重新夺回。在规模和等级上，这两处基地均可与美国在德国西部的类似空军、海军基地比肩；但说到美国驻军与当地女子结婚、退役后留在驻在国生活的飞行员和水兵数量，它们远超欧洲。然而，到了 1991 年，这一切都结束了。这件事发生之后，五角大楼上层进入了一段反省期。他们开始意识到，从投资的角度来看，在本国国土或领地之外设立军事基地其实风险颇高。一项解决方案应运而生，即通过建立并维护良好的人际关系来利用但并不保有他国的军事基地。

眼下，美国就是这么做的。在克拉克空军基地的某一处，除了房顶塌陷的别墅和已经满是林木的草坪，我还见到了美国陆军特种部队第 1 大队第 1 营的精锐作战分队，即 C 连 1 排 1 班。该部队正在这里为菲律宾训练一支用于城市作战的轻型反应连队。"你们打算在哪过感恩节？"我向负责训练任务的准尉打听。他告诉我，部队已经在附近天使城的一家餐厅定了位，大家将在那里享受一顿火鸡晚餐。

天使城中有世界上最放荡的餐厅、酒吧和夜总会，鳞次栉比，绵延数英里（“来杯啤酒吧，找点儿乐子，只需9美元!”）。二战结束之后的数十年间，此类店铺如雨后春笋般出现在美国空军基地周围。但出乎人们意料的是，美军常驻部队全部撤走之后的13年里，它们依然生意兴隆。女招待们佩戴着卫生许可证，上面标示着她们上一次参加性病血检的日期。她们如今的恩客主要是来自澳大利亚和美国的异域寻欢者，有的嫖客看上去老得跟乔治·伯恩斯（George burns）差不多；一些嫖客甚至只能以电动轮椅代步，身边却围满了身材曼妙的菲律宾姑娘。臭名昭著的哈立德·谢赫·穆罕默德（Khalid sheikh mohammed），9·11事件幕后元凶大恶之一、“基地”组织三号人物，也曾经来这个地方寻欢作乐，利用酒吧女在菲律宾建立活动网络。“所有人都认为，是美国人引来了这些‘蚊虫’。”一位美国陆军军官这样说道。他所说的“蚊虫”是指在这里到处揽客的妓女。“事实并非如此，”他继续说，“驱使她们来此卖淫的是贫穷。”

蛮荒战略要地不可或缺的勇士

五角大楼官员们希望将菲律宾中部小岛——麦克坦岛上的一个机场变成合作安全点。来到菲律宾的第二天，我就去了那里。在岛上迎接我的是拉瑞·约翰森。这个性格执拗的退役空军上士是达拉斯人，一头金发稍稍偏红，总是皱着眉头。就算这家伙嘴上没叼香烟，看上去似乎也应该给他塞上一支。约翰森能讲流利的他加禄语，为人不修边幅，娶一位菲律宾女子，让人不禁想起乌塔堡的丹·格内雷特。

20世纪70年代，年仅18岁的约翰森曾经在克拉克空军基地服役。那时的天使城非常热闹。到了1986年，空军为约翰森在阿肯色州的小岩城安排了一个职位，他却以一句经典的脏话断然拒绝了这一调令。自那之后，他再也没有回到军中，而是在洛克希德公司谋到一份差事，后来又跳槽去了波音公司。后者将他派到沙特阿拉伯的利雅得，他在那里整整待了11年：那份工作很不错，因为他每年都有60天的带薪假期。每次休假，他都会来泰国和菲律宾。“咱们去吃早餐吧，”他提议道，“那儿有家法式餐厅。我想应该能吃到些法国烂菜。”

约翰森是一位高级技工兼培训师，负责监督管理麦克坦岛上菲律宾空军基地的后勤和维护。他是美国军方在此地的耳目，公开身份却是私人承包商。他解释道，付他薪水的是“控制公司”(TeKontrol)。这是一家总部设在美国佛罗里达州的机构，受雇于北卡罗来纳州布拉格堡的安全援助技术管理办公室（Security Assistance Technical Management Office)，归驻菲“联顾团”管辖。与驻泰“联顾团”类似，驻菲“联顾团”也是打着美菲政府间安全援助项目的旗号进驻菲律宾的，因此约翰森所在的指挥链条上的最高层其实是美国国务院的外交官们。美国政府还计划在麦克坦岛上派驻更多像约翰森这样的人。

约翰森时年四十五六岁，看上去却有五十多了，脸上满是生活的艰辛和幸福留下的印记。他的办公室是负责 C-130 运输机等各类固定翼飞机和直升机的维护工作的神经中枢，墙上整齐挂着标明了各架飞机所处状态的工作流程表。

这些流程表所展示出来的东西是很残酷的：美国还占据着克拉克空军基地和苏比克湾海军基地的时候，虽然并未公开宣传，但美军当时确实在向菲律宾空军提供飞机维护服务；菲律宾人对这两处基地宣示主权之后，其空军战机的维护工作便陷入了万劫不复的深渊。

如果一架隶属美国空军的战机需要从另外一架飞机身上拆取配件，维修人员必须事先填写一份申请书，以确保被拆件的飞机能够立即得到零件补充；这就是所谓的可控零件拆用。而菲律宾空军的方式是一种不可控零件拆用。装备的维护保养本一直是士官的职责，而菲律宾等大多数第三世界国家的军队，士官队伍的水平都非常低下。

6 架 C-130 运输机静静地停在麦克坦岛机场上，差不多就是一堆锈迹斑斑的废铁。目前只有 1 架还能正常启动，而约翰森的目标是让 4 架 C-130 重返蓝天。他要做的，除了重新引入“可控零件拆用”机制，还有其他变通措施，诸如再次确立 1992 年之前的那种工具管理制度，以避免因工具丢失导致维修工作瘫痪的情况。他不仅面临着后勤保障方面的挑战，还有文化方面的：这种工作每周 7 天，无休。只要有故障飞机降落于此，约翰森都会亲身前去指导。

约翰森陪我逛遍了麦克坦岛的每一个角落。这里有一眼望不到头的用波纹铝板搭成的棚屋，无数低垂的晾衣绳，所有这些都紧挨着碧蓝色的、波光粼粼的卡莫特斯海（Camotes Sea）。一处乞丐聚集的脏兮兮的水湾里，矗立着一座饱经风霜、杂草蔓生的纪念碑。那是1866年西班牙殖民者为了纪念航海家费迪南德·麦哲伦而立的。1521年4月27日，麦哲伦带领手下在此登陆，遭到了由酋长拉普拉普（Lapulapu）统率的土著居民的围攻。抵达菲律宾之前，麦哲伦在合恩角（Cape Horn）附近发现了一处以他的名字命名的海峡，又在太平洋上经历了长达12600英里的魔鬼航程，这是欧洲人第一次取道东线一路向西来到亚洲。由此，他的这次旅程也证明了一个今天早已广为人知的理论：地球是圆的。

地球是圆的，但地球的表面着实浩瀚无垠，这超出了许多华府官员的想象。拉瑞·约翰森比任何人都更了解这个荒蛮的战略要地。在附近的宿务岛（Cebu）上，有反政府武装新人民军（New People's Army）的游击队员们藏身于群山之间。他知道哪家夜总会安全、哪家不安全，知道跟什么人打交道能把事情搞定，也知道如何才算入乡随俗。作为一个具体的个人，约翰森并非圣贤，但他正是美国国防部需要的那种灰色驻外分子，不管五角大楼的那些家伙们对此是否知晓。

约翰森不想离开这里。午饭时，他的一位也是美国军事承包商的朋友对我说道："我可不想回美国，在某个福利院里终老，忍受其他老人身上那种维生素的气味。我宁愿在菲律宾或者泰国退休，住在某个村子里，让我妻子娘家的亲戚们照顾我。"假如美国打算（借助亚洲盟国的军队）巧妙地向本地区投送力量，约翰森等人的此种“志向”可谓意义重大。

菲律宾：美军太平洋战略布局要地

菲律宾是中美两国之间的太平洋角力的终极试金石。大国的冲突正在“难以治理”的菲律宾上演。如果长达一个世纪的美国对菲经济援助和美菲传统关系也无法阻止中国成为菲律宾群岛上最有影响力的外部力量，那就指明了美国在太平洋地区的黯淡前景。

在我探访过的太平洋司令部责任区之内的所有地方，人们无不担心菲律宾群岛最终会变成一个吸引美国砸钱的无底洞。“菲律宾群岛到底是一个吞金黑洞还是一处重要的战略遗产？”感恩节时，一位做东的朋友自言自语地提到了这样一个疑问。餐桌上的另外一个人答道：“都是。菲律宾群岛就像一座老房子：假如你为了确认某一个问题而去检查墙洞或者地板，你总能找到不少其他问题。”

我的上一站是泰国——亚洲的另外一个发展中国家。两相比较之下，我认为菲律宾的混乱比 2003 年时更加明显了。2003 年，当我从夏威夷来到菲律宾时，映入眼帘的是一个在规则方面与美国无法比照的人口稠密的穷国；这一次，马尼拉给我的感受是，它比泰国的曼谷还要危险、腐朽、堕落，贫富分化也更加严重。2003 年，我曾了解到美国陆军特种部队如何协助菲律宾军队清剿来自棉兰老岛和苏禄群岛某些地区的恐怖分子。但是，当菲律宾军队为了巩固这些战果而部署到该国南部之后，北部又冒出了无法治理的苗头，因为其他叛乱组织开始在吕宋岛偏远地区的丛林中蠢蠢欲动。

至今，美军驻扎伊拉克不过数年时间，美国是否应该在该国保持长期存在固然颇成疑问。但美军自 19 世纪末便已进入菲律宾，在这里打过一场耗费巨大的战争，接着费尽心力平定叛乱，然后完成了这里的整体基础设施建设，不久又将其拱手让给日本人。自 1945 年菲律宾光复至今日，以大规模的各种援助为支撑，美国一直维持着持久而深入的对菲律宾的政治-军事影响。然而随着中国开始对菲律宾大量投资，并与其签署各种经济与军事双边协定，马尼拉或许可以提供一个比巴格达更优越的支点，以便中国方面观察美国全球力量布局的最终目标。

例如，2004 年 7 月底，菲律宾政府高调宣布撤回其派驻伊拉克的部队（其任务期限原定在 1 个月之后），以解救一位遭伊拉克叛军绑架的菲律宾卡车司机。中国感到有机可乘，向菲律宾政府提出了一项包含情报共享的防务合作协定。这引发了美国的反制措施：威胁将全面终止对菲军事援助。

中菲两国之间的情报共享协定由此流产。如今，美国正着手以北约（NATO）昔时改造东欧各国军队的方式，斥资 3000 万美元对菲律宾军队进行一次彻底的变革。美国深感愤怒的是：中国的影响日益增强，菲律宾这个不守规矩的岛国又与中国台湾近在咫尺；尽管过去 100 年间已经在菲律宾付出了巨大努力，对这个帝国时代的遗产，美国除了一再挽留之外，无计可施。

来到菲律宾之后的某个晚上，我与9名美国军人共进晚餐，其中有6位是在此训练菲律宾军队的海豹突击队成员。饭菜很美味，我们还点了两瓶杰克丹尼威士忌。我们聊了很多。坐在我身边的海豹队员谈起了他在伊拉克的经历。他当时的任务是对那些从叙利亚穿越西部沙漠进入伊拉克的恐怖分子进行节点分析。“条条道路通费卢杰。”这就是他的分析结论。坐在餐桌对面的是一位身穿衬衫的红皮肤陆军军官，出身军人家庭的他在佐治亚州和阿拉斯加州两地长大，之后一直待在亚洲。“我告诉你泰国和菲律宾群岛之间的区别吧，”他对我说道，“如果你去泰国的高尔夫球场练球，可以享受到自动发球器、各种美食、酒吧妹子和泰式按摩。而在菲律宾的球场练球，你会发现只有一个满手泥巴的家伙替你摆球。泰国人不讲什么大原则，但他们做事从不马虎，所以他们办事的效率很高。”

我不禁想到了哥伦比亚。

“泰国黑帮纪律严明，”他继续说，“他们可以帮着维护秩序，提供有价值的情报。而在菲律宾，政府本身就是黑帮，而且是经营得糟糕透顶的黑帮。”

不过，这位陆军军官还是心怀谨慎的乐观。他向我详细阐述了“联顾团”针对菲律宾军队的改造计划：建立新的官僚体制，以彻底阻断腐败、任人唯亲等弊病。军官的任期以3年为限，预防其打造树大根深的关系网。引入将领异地轮换机制，随从不与将领同步调动。这样一来，其他人就不必出于仕途的升降罢免，看将领们的脸色，进而破除军中的封建家长作风。此外，还将推行鼓励退役的制度，以建立一套吐故纳新的兵员体系。如果某人到了一定的阶段之后无法继续晋升，就复员回家，就像美军那样。

“我们指派了一位海军陆战队士官长，由他来帮助菲律宾军队建立士官体制，”他告诉我，就像我在海军陆战队遇见过的那些士官长一样，他是一位一流的士官长，就像一头磕了药的吉娃娃，精力充沛、无比强势。“这种尝试，现在就开始再好不过了，”他用倔强而沙哑的嗓音说，“在菲律宾，我们确实输不起。”

一周之后，也就是 2004 年 11 月下旬。一场台风在菲律宾登陆，驻冲绳的美国海军陆战队随即赶来提供人道主义救援。

第3章

一个“文明体系”寻回自我的旅途

在美国海军驱逐舰上的见闻

作为一支放眼全球的帝国军队，人道主义救援是美国海军软实力的绝佳体现。“军官之国”代表的“本福德”号，“军士长光环”的笼罩使得其军衔等级权威体现得淋漓尽致。无论是作为管理者的一级军士长，还是作为普通水兵的战术信息协调员，抑或是二级枪炮军士、声呐技师女兵，“本福德”号构成了独有的穿梭于海上的文明体系，他们作为水兵精神的延续，因不同使命参加海军，应对中国海军的强势崛起，保持美国海军在环太平洋地区的强大存在。

2004 年 11 月底，驻冲绳的美国海军陆战队刚刚在台风肆虐的菲律宾执行完一次人道主义救援任务之后不久，一场地震及其引发的海啸袭击了印度尼西亚、泰国和斯里兰卡。停靠在中国香港的美国海军“林肯”号航母打击群，立刻将其任务从保护海上商业航线转变为救灾：“波光粼粼”（例行部署）变成了“惊涛骇浪”（紧急行动）。

这艘“尼米兹”级核动力航母启动了全部核反应堆，以最快的航速（高达 30 节）赶赴印度尼西亚；紧随“林肯”号航母编队前来的，是当时身在关岛以南位置的美国海军“好人理查德”号多用途两栖攻击舰（Bonhomme Richard）远征打击群。“联合救援行动”（Operation Unified Assistance）就此展开。

人道救援：美国海军软实力的绝佳体现

“林肯”号航母与“好人理查德”号多用途两栖攻击舰是此

项行动的两个指挥节点。近百架隶属海军和海军陆战队的直升机展开了一场大规模的岸舰转运行动：向印度尼西亚运送补给品及撤离情况最危急的伤病员。除此之外，海军工程人员、海上救生员、海军军医和药剂师也提供了帮助。“林肯”号航母有长期的抢险救灾历史，其中包括 1991 年菲律宾的皮纳图博（Pinatubo）火山喷发和孟加拉国每年一度的洪水灾害。

事实上，由于其拥有超强的空中及海上运输能力，还有能够将海水就地转化成几十万加仑饮用水的核动力航空母舰，美军比全世界任何其他机构都更适合执行紧急救援任务。海啸发生之后，为了给受灾民众提供尽可能多的淡水，“林肯”号航母停止向水兵们提供淋浴服务。

海啸救援行动体现了美国海军的一项软实力：一个游弋在海岸线以外数英里处的航母打击群，可以对陆地施加远超其自身势力范围的巨大影响。

虽然全世界的人们（尤其是信奉伊斯兰教的印度尼西亚民众）都对美国海军舰队和海军陆战队奋力救灾的行动感到惊讶，但抢险救灾一直是美军常规作战行动的一部分。美国军舰每次停靠在发展中国家的港口，都会有部分船员深入当地参加人道主义“社区关系实践”（Community Relations Exercise）。

我曾经报道过美军在非洲之角开展的一次追杀“基地”组织恐怖分子的秘密行动，当时我正在当地参加美军一支民事分队开展的救援行动。既是战士，也是地方行政者，还是救援人员，执行多样化的任务，这就是一支真正放眼全球的帝国军队的使命。

要说作战与救援之间确有关联，那就是全球反恐战争的开展迫使美军接受了灵活反应的概念，美国的航母打击群由此获得了更迅速投入人道主义救援行动的能力。比如，尽管某个航母打击群的预定部署地点是中国及朝鲜附近海域，指挥官们依然会随身携带一张覆盖全亚洲的航行海图，印度尼西亚海域当然包括在内：在 9 · 11 事件之前，他们是不会这样做的。

正当“林肯”号航母在印度尼西亚苏门答腊岛北端参与人道主义救援之时，我动身赶往新加坡，以与这个航母打击群会合。我的计划是从新加坡出发，搭乘一架海军飞机在“艾比”（水兵们对“林肯”号航母的爱称）的甲板上降落，再换乘直升机登上一艘导弹驱逐舰，开始我与舰上水兵们在一起的数周时光。

新加坡：蜕变的世界奇迹

新加坡人对清洁和效率的疯狂追求让我惊讶不已。在机场一下飞机，就像被送上了一条快速运转的传送带一般，护照、钞票兑换、行李检查都有专职人员负责，不到 10 分钟，一切都办妥了。走完这套流程之后，一辆散发着空气清新剂气味的出租车已经停在我面前。各种呈网格状分布的建筑和购物中心的尖顶组成了一个贫乏无奇的光环，这种中心辐射、南北不分的格局让我依稀想起了迪拜。在一尘不染的高速公路上闪转腾挪，驶过小树成行的环道和修剪整齐的篱笆之后，出租车抵达了我事先定好的住处。酒店所在的地方是一片由高楼大厦组成的水泥森林，看起来活像一片片插在电脑主板上的内存条。

仅仅30年，新加坡就从一个恶臭熏天、污染严重、瘟疫横行、人命难保的人间炼狱，蜕变成世界经济的发动机、商界精英们的首选投资场所和高品质生活的象征。在我看来，新加坡是初到亚洲的人们了解本地不错的窗口。20世纪60年代初，新加坡的贫穷程度堪比撒哈拉以南的非洲，而到了90年代，这个面积仅相当于美国罗得岛州（Rhode）1/5的国家，在生活水平上已经超越了澳大利亚。新加坡的奇迹应该归功于一个人：曾在英国留学的华人律师李光耀。

对于李光耀这个人，我应该专门介绍一下。尽管他有时候会违背美国式民主的某些原则，但对于驻东南亚地区的美军而言，他不失为一位天赐贵人。

在简要分析李光耀的生平时，澳大利亚编辑、学者欧文·哈里斯（Owen Harries）曾经写道，他的政治哲学源于他在20世纪40年代的经历，这段经历对他的影响超过任何正式的大学教育。在20世纪40年代的前5年，李光耀对本已陷入混乱之中，后又惨遭日军占领的新加坡社会进行了细致的观察。日本人对新加坡的残酷统治让李光耀认识到，他必须了解人性的弱点，尤其是人们对体罚的恐惧会使其行为发生戏剧性的改变。然而，接下来的5年，他前往英国的剑桥大学深造，建立在法律规则之上的社会文明给他留下了深刻的印象。

当李光耀再次回到新加坡，彼时人们正因当地的文化和政治乱局感到灰心丧气。占人口大多数、承袭了封建传统的华人因宗族及口音的差异而四分五裂，只有李光耀家族所属的一小部分讲英语的华人未受此种乱象冲击。在华人社群中，占主导地位的政治势力是新加坡当地的共产党组织。除了华人，当地还有印度裔和马来裔等少数人口族群。由于新加坡本身便浸润着马来文化的气息，马来人在当地的影响也非常重要（Singapore 一词即是源于马来语的 Singapura，意为“狮城”。——译者注）。欧文·哈里斯解释道，马来文化是“一种等级森严、强调顺从的，以逍遥自在、任人唯亲为特征的正在走向腐朽的文化”。此外，还必须考虑到印度尼西亚这个毗邻新加坡和马来半岛的国家。印度尼西亚的领导人苏加诺（Sukarno）是所有第三世界国家首脑中最反西方的，他当时正在谋划（通过操纵华沙组织以外最大的共产党组织）一场政变。

面对如此社会政治现实，李光耀别无选择，只能迎难而上。为了跻身政界，他舍弃了 Harry lee 这个英文名字，改回了原名李光耀。为了对抗苏加诺领导的印度尼西亚，他于 1963 年同马来亚政府签署协定，两国合并成立了马来西亚联邦。两年之后，他又带领新加坡脱离马来西亚，建立了一个独立的城市国家，并最终缔造了世界一流水平的军事力量和教育体系。

作为新加坡事实上的独裁者，李光耀建立了一套让全世界艳羡不已的精英体制。他本人始终廉洁自律，尽管拥有一手遮天的大权，却从不滥杀无辜，谨慎遵守各项法律规定，他更像是一位开明君主，而非民主人士。凭借狡猾的马基雅维利式统治策略，结合从日本法西斯分子那里学来的东方式韧性，加之近乎照顾到了每一处细节的西方法制观念以及来自英国的宪政精神，李光耀几乎是单枪匹马，就在这个混乱的地方建起了一个亚洲版的雅典共和国。新加坡街头的垃圾桶里塞满了烟蒂，因为没人敢把它们扔到路边，否则便要面临高额的罚款。城中到处都是绿树成荫的公园，但你在这里看不到一面墙、一间办公室悬挂着李光耀这位缔造者的照片。尽管面积狭小，新加坡却是美国在太平洋地区最为繁荣、最为可靠的盟友，还是美国海军第七舰队的母港之一。

这个城市国家的多种族军事精英阶层、对军官和士兵福利的关心、设在文莱的丛林战学校都是世界一流的。除了远在北方的日本，新加坡提供了太平洋上唯一一处可供美军核动力航空母舰驻泊的非美军基地。华盛顿的一位海军分析师曾对我说："新加坡人，他们确实了不起。"一直以来，新加坡在为清剿印尼群岛的恐怖分子行动提供情报等大量协助，即使与美国那些最可靠的西方盟友相比，也有过之而无不及。美国有线电视网（CNN）驻雅加达办事处负责人玛利亚·A. 雷萨曾在《恐怖的种子》（*Seeds of Terror*）一书中写道，新加坡"是全世界唯一一个在恐怖主义调查方面做到完全透明的国家，依据其《国内安全法》（*Internal Security Act*），无论何人因恐怖主义嫌疑遭拘捕，其照片和档案都会公之于众"。

每次与阿拉伯世界及前共产党国家的实力人物见面，我都会向他们提出这么一个问题：依然在世（截至本书成书之时。——编者注）的环球大人物中，谁最接近20世纪的丘吉尔和罗斯福（即谁是当前世界最需要的领导人）？他们给出了一个一致的答案：既非南非前总统纳尔逊·曼德拉（Nelson mandela），也非捷克前总统瓦茨拉夫·哈韦尔（Vaclav Havel），而是新加坡的李光耀。一些从未有过官场经历的记者和学者以及那些站在旁观者立场上鼓吹绝对道德的人们都不喜欢李光耀，但杰拉德·福特、老布什、撒切尔夫人等明白“在残暴现实面前，道德不得不有所妥协”这个道理的西方政治家们却对他敬畏有加。撒切尔夫人曾经这样说道：“担任英国首相期间，我曾经阅读并分析过李光耀的每一句言论。他从来不被某种观念或主张迷惑……他从来不会犯错。”

光彩夺目、繁荣有序的新加坡与马六甲海峡另一侧充满种族暴力的封建式印度尼西亚仅有数英里的距离。来到新加坡之后的第一个早晨，看着报纸上关于巴格达恐怖炸弹袭击的报道，我不禁心生感慨：如果小布什总统读过李光耀那本讲述他如何塑造当代新加坡的、充满现实主义色彩的著作，伊拉克的局势或许会好得多。只可惜，总统先生读的是夏兰斯基那本鼓吹向全世界输出民主的书，也是他一再赠送给前去造访白宫椭圆形办公室的人们的那本书。

李光耀将新加坡从混乱的人间炼狱打造成后工业时代的贸易强国，这期间的变革是如此深刻，以至于初来乍到的人几乎完全看不出这里的旧时印迹。然而，新加坡的昔日模样恰是我想要寻觅的，这关联着另外一个伟大的名字——约瑟夫·康拉德。在我看来，如果一个人对康拉德无所知，那他就不要出海远航了。

身为一位 20 世纪初的波兰裔英国作家，康拉德或许是有史以来最伟大的驻外记者，其伟大堪比古希腊的希罗多德；作为一名文学作家，小说这种写作形式使他能够更便利地传播真理。

几乎在其每一部传世佳作中，康拉德都会重新描述一次记者孤身一人，身处遥远异乡时遭受的压迫感：那种鲜活而炽热的记忆会纠缠他们一生，因为他们无法遵从编辑为新闻报道定下的条条框框。但是，其他记者在报道冲突的时候，经常会盲目同情弱者，康拉德却能尽力进行理性分析，从来不放纵自己的情感。他明白，记录人类种种经历，其意义就在于揭示还有多少问题未获解决。他那些自热带沿海地区发出的虚构书信体现出一种庄重如神明的客观，满是悲天悯人之情怀。

康拉德笔下的新加坡，此刻就近在眼前。海军的朋友们建议我登船时只带些徒步装备即可，所以我并未准备任何与政界或者商界人士会面时需要的正装。在新加坡短暂停留期间，我的出行方式就是徒步，遍游各处 19 世纪末英占时期留下的各种印记：莱弗士酒店以砖瓦铺顶，配备藤条家具，室内的白色拱廊以棕榈树和香蕉树环绕四周；圣安德烈大教堂尽显英国国教风情，天花板上的吊扇缓缓旋转；中央火车站的黄白色石雕斑驳沧桑，让人不禁想起埃及马穆鲁克时期的清真寺；新加坡河畔的希尔街警察局旧址——在康拉德的时代，这里曾经是来往船舶的避风港。

在康拉德笔下的航海故事里，人们往往会因陌生而蛮荒的外部环境而退缩。所以，新加坡及其所在的东方海域，不仅是一件供人欣赏的异域奇珍，更是我们探究人性的实验场。

为了探究人性，最好的办法莫过于登上一艘海船。船上的人三教九流，与陆地上的纷繁事务切断了联系。置身这样一个封闭的世界，在近乎苦修的状态下，赢得声望的方式与俗世截然相反，因为一旦离开海员的小圈子，没人会知道你在海上有多有名。在康拉德看来，一艘海船就是一颗朝着黑暗永恒前行的行星。

我要前往的就是这样一颗“行星”。在新加坡待了几天之后，我告别了这个全球金融中心及令人养尊处优的环境，重新回到乏善可陈、如修道院般清苦的美国军队：如果没有后者在守护各处海上航线，繁荣商业社会或许早就不复存在了。

海上霸王——“林肯”号航空母舰

一位身穿土黄色军装的海军上尉来到我下榻的酒店，与我在豪华的大堂碰面。他驾车将我带到了新加坡巴耶利巴空军基地。每天都有水兵、记者以及来自华盛顿各部门的官员搭乘该基地的数架 C-2“灰狗”运输机前往“林肯”号航母。“林肯”号航母上无论何时都有至少 5500 名船员，与其说它是一艘战舰，不如说它是一座小型城市：仅仅是来往运送舰上人员就需要在舰上预留一片专门的区域。与我同乘一架飞机的还有 11 名水兵、2 名土耳其记者，以及一个来自国防部和美国国际开发署的跨部门团队，后者正计划在海军医疗船上永久派驻民间救援人员，以应对未来的紧急状况。

C-2 运输机是 C-130 运输机的缩小版，也是我乘坐过的舒适度最差的飞机。我枯坐在没有舷窗的机舱里，头戴一顶配有耳垫、如紧箍咒般的头盔，身上还套着一件救生衣。在这让人辨不清方向的黑暗空间里忍受了2小时45分钟的颠簸之后，飞机开始突然下降。机轮触及航母甲板的瞬间，我们正背对着前进的方向，没有收到任何预示，只觉得像是发生了一场严重的车祸。突然间，我感觉自己被砸在座椅靠背上，仿佛撞上了一堵水泥墙。舱门开了，跑道上密密麻麻的F-18"大黄蜂"战斗机让人不禁目瞪口呆。当我走上宽阔的飞行甲板时，似乎只有望着一侧起伏的海浪才能辨清自己身在何处，因为航空母舰的身量如此庞大，以至于船上的人根本感觉不到它正在以30节的航速在大洋上劈波斩浪。

一位空运联络官大声招呼着站在甲板上的乘客，带我们走下舷梯，经过一条又一条错综复杂的通道之后，来到一个小房间。所有人都上交了头盔和救生衣，并在一本登记簿上签名。接着，我被带到另外一个房间，并在那里得知直升机将在1小时后送我前往驱逐舰。在这段时间里，有人带我在航母上四处逛了逛：这个大家伙真称得上是工业时代与城市化进程的完美融合。航母的每一层甲板和每一处舷梯都各自通向不同的区域，舰上精细地划分了各个功能区：因此，战斗机飞行联队、作战行动小组、核反应堆技术部门、消防队、舰桥操纵台等各个部门之间并不存在太多关联，彼此对于其他部门的职能也知之甚少，或者不太关注。联系全体船员的少数共同纽带之一，就只剩租赁渔具了。每当航母降低航速之时，水手们就会带上渔具，去甲板边上碰碰运气。

机库是航空母舰的核心，这里宽数百英尺，天棚高度相当于一座4层建筑，库里停满了F-18“大黄蜂”战斗机和E-2“鹰眼”预警机。所有飞机都通过体格庞大的升降机输送到飞行甲板上。最近实在算不上F-18“大黄蜂”战斗机飞行员们的好时光，因为他们的战机基本上都被“钉”在甲板上，无法升空。为给海啸救援让路，大多数F-18“大黄蜂”战斗机的飞行训练都被取消了，战斗机飞行员们的光环一瞬间被直升机驾驶员们抢了过去。不仅如此，F-18“大黄蜂”战斗机飞行员们还必须强打精神去陆地上帮助救灾。

在成群结队的海军飞机维修技师和平民承包商中间穿行，我几乎无法跟上向导。机库比甲板更容易让人感受到这艘“巨艇”的庞大身量。在美国海军，航空母舰和潜艇都被划为“艇”，而巡洋舰、驱逐舰和护卫舰则被称为“舰”。刚参观到一半，有人突然把我拉住了。原来，接我的直升机要提前起飞了。SH-60“海鹰”直升机舷窗大开，海风低吼着灌进了我的耳朵。此刻我正在印度洋低垂的热带雨云上方滑行，渐渐远离苏门答腊岛的海岸线，朝“本福德”号驱逐舰飞去。此次“航班”只有我一名平民乘客，这让我很开心，不禁回忆起仍在危机前线的“林肯”号航母上那如华盛顿一般的氛围。国会代表团和电视台的工作人员都留在航母上参观了，几乎没有人要到驱逐舰上去。

登上“本福德”号驱逐舰

“海鹰”直升机渐渐靠近“本福德”号右舷后方，慢慢盘旋到专供直升机起降的后甲板一侧，飞行员观察了一下船体上下浮动的情况，瞅准时机猛地一个侧飞。直升机旋翼引起的强风吹在飞行甲板上，一张安全网被拉到直升机四周，头戴钢盔、身穿各色马甲的男女水兵围成了一圈。白色马甲代表医疗小队，绿色马甲代表负责联系舰桥的通信兵，红色马甲代表消防队，身穿蓝色马甲的则负责将直升机固定在飞行甲板上，以免其翻覆或者被吹落海中。这只是水面作战舰艇上的直升机部门日常工作的一个侧影。

刚跳下直升机，我就被风吹得直不起腰来。那群水兵让开了一条通道。我沿着一架梯子爬上船尾的导弹发射平台，面前是两根大烟囱。这里的水兵都穿着蓝色工装，前来迎接我的军官则身着土黄色迷彩装。他带领我走进舰上的“军官之国”。不一会儿，我就抵达了属于舰长的特等舱，这里已经备好了咖啡和茶，还有新鲜水果。

我终于来到了目的地：一支蓝水远洋舰队的最前沿。因为这里是海军舰队，所以从术语到军衔体系再到军装制服，一切都令人感到困惑不解。我登上的“本福德”号驱逐舰，也可以称其为DDG65 号舰（舷号 65），它是一艘“阿利·伯克”级导弹驱逐舰。舰上配备两组共 96 管垂直发射系统（VLS），内装用于打击陆地目标的“战斧”式巡航导弹、拦截敌方飞机和导弹的“标准”2 舰空导弹（SM-2）、“鱼叉”反舰导弹以及反潜火箭等。美国海军共装备 55 艘该级驱逐舰，另外还有 4 艘“斯普鲁恩斯”级驱逐舰（最后一艘“斯普鲁思斯”级驱逐舰“库辛”号已于

2005年9月退役。——译者注)。不过“斯普鲁恩斯”级没有装备SPY-1型相控阵雷达和“宙斯盾”战斗系统——该系统可以为指挥员提供视距外的三维图像。“阿利·伯克”级驱逐舰号称可以做到先敌发现、先敌摧毁。好吧,其实也不尽然:2000年时,另外一艘“阿利·伯克”级驱逐舰“科尔”号便遭遇了自杀式爆炸分子袭击。当时“科尔”号正停泊在也门港补充燃料,袭击者乘坐快艇冲到它旁边引爆了炸药:共有17名水兵在那次袭击事件中丧生。顺便提一句,阿利·伯克、斯普鲁恩斯、本福德和科尔等都是海军英雄的名字,多为荣誉勋章获得者。正如我接下来所了解到的,这些舰名与舰员之间的联系通常都颇具个人色彩。

这艘驱逐舰,正如它所背负的英雄名字所彰显的,是一艘终极水面作战舰艇。它是潜艇的克星,航母的前沿守护者。舰上共有32名军官和330名水兵。“为了保护那个大家伙(航母),我们愿意承受一切艰辛。”来自新墨西哥州罗斯维尔的副舰长戴维·邓恩海军少校说。

这艘驱逐舰的舰长是来自印第安纳州波利斯的唐纳德·霍恩贝克海军中校。在军舰上职务超越军衔,尽管霍恩贝克还未晋升为海军上校(Captain),但人们依然称他为“霍恩贝克舰长”(Captain Hornbeck),而不是“霍恩贝克中校”。他在参军之前是一位地球物理学家,后来曾在五角大楼联合参谋部担任参谋人员。霍恩贝克舰长是一个沉默寡言的人,脸上总是一副冷漠如石像的神情,副舰长邓恩少校则很健谈。在舰长室里与我交谈的,还有来自亚拉巴马州尤福拉的一级军士长特里·克拉多克，也就是舰上的上等兵（相当于海军陆战队和陆军的高级军士）。克拉多克一级军士长是个身材魁梧、说话温和的非裔美国人，是舰上所有士兵的守护神兼管理者，全舰九成舰员都归他管。此外，来自得克萨斯州戈利亚德的米奇·麦克古菲少尉也在场。此人毕业于安纳波利斯大学，是一位非常聪明的高个子军官，曾经在参议员约翰·克里的团队里任职。我登上“本福德”号的最初几天，麦克古菲少尉将充当我在舰上的向导。

我被告知可以在舰上随意走动。也就是说，密码室除外，我可以去舰上的任何地方，旁听几乎所有会议。当然，尽管舰上的指挥部欢迎我随时去参观，但我知道，我最好还是远离那个“军官之国”，多跟普通舰员打打交道：普通水兵才是海战中的中坚力量。在中国海军强势崛起的大环境下，未来几年乃至几十年间，他们很可能会发挥非常重要的作用，堪比驻伊拉克和阿富汗的海军陆战队和陆军特种部队。

礼节性的寒暄结束之后，麦克古菲少尉将我带到了我要居住的特等舱。特等舱这个词总会让人联想到宽敞和优雅，但它不过是一方小小的隔间。舱内共有 3 张如棺材般的床位，供我和另外 2 名军官居住。尽管如此，跟普通水兵们使用的、40 人共居一室的铺位比起来，这样的居住条件确实算是上等阶层的待遇了。对于所有船舶尤其是军用舰艇而言，一寸空间一寸金是个不争的事实。这种感觉就像是在惊涛骇浪中忍受幽闭恐惧症般的折磨。与陆地上不同，军舰上没有给开小差的逃兵任何空间。每次集合，大家都紧紧挨在一起。所以，每个人的外在气场和个性缺陷都会被放大，很快便会被别人注意到。

特等舱、铺位、钢缆（跑腿送信的人）、水手长（甲板船员负责人）……各式各样的名词如潮水般向我涌来，每一个都让我感觉很陌生，或者干脆跟它们在陆地上的含义大相径庭。这就是航海英语，就像圣徒遗物一样让圈外人备感陌生，而在那些使用它的人看来，却体现着一种特殊的同袍之情。在伊拉克和西非沙漠地带执行任务的另一支海军部队（海军陆战队）那里，我也曾感受过这种情谊。地板被称作甲板，阶梯成了舷梯，墙壁是舱壁隔板，头顶上的是舱门，舱口则是指连通各层甲板的通道。卫生间被称作船头，因为在风帆时代，船上的厕所都设在船只头部，让异味能尽快吹走（风从后向前鼓动船帆）。舰艇前部被称作艏、后部则称艉，右侧是右舷、左侧是左舷。舰艏的甲板从来不会被称作前甲板，而是艏楼，后甲板则被称作尾艄。更奇怪的是，水兵们在说艏楼（Fore Castle）时都会带一些口音（念成 focsle）。这是因为很多水兵都来自小城镇，有些人甚至没念完高中，在日常交谈时常常发音不准。不止一名水手对我说过："每次我给家乡的亲戚朋友们打电话，谈到我在舰上的工作时，他们几乎完全听不懂我在说些什么。"

我登舰之后不久，晚餐便开始了。"军官之国"的用餐地点是军官室，这里装饰着蓝色的地毯和桌布，一幅海军医务三等兵爱德华·C. 本福德（Edward C. Benfold）的肖像为整个房间增色不少。本福德来自新泽西州的奥杜邦，21 岁时牺牲在朝鲜战场上，因为表现勇敢被追授荣誉勋章。舰上的每一位军官都知道本福德冒着敌人的密集火力在阵地上闪转腾挪治疗伤员的事迹。当两枚手榴弹被扔到一群受伤的海军陆战队队员身边时，他捡起手榴弹冲向蜂拥而来的敌军士兵，与之同归于尽。这位尚未度过青春岁月、天使般的小伙子及其笑脸，将受到人们的永久怀念。

晚餐的过程中，我被各种稀奇古怪的海军制服搞糊涂了。陆军士兵和海军陆战队队员最多也就有两三种制服。而在海军舰队里，单单普通水兵就有 9 种制服。例如，天冷之时的正式场合，他们要穿蓝色制服；而在热带地区的正式场合，他们则要换上白色制服。在较为隆重的晚宴场合，他们应该穿装饰着白色绶带的蓝色礼服。在军舰上，军官和上等兵只穿印花卡其布制服，值班的普通水兵则穿印花蓝色制服。不过，几乎所有军官和水兵都可以穿蓝色工装，这取决于他们在舰上的当日值更岗位。

在军官室里用餐的还有一些女性。由于我大多数时候报道的都是身处战斗一线的部队，直到登上“本福德”号之前，在战斗部队服役的女性对我而言只是一个抽象的概念。这里大概有 50 名女性军人。依我看，与其说她们重新勾勒或者说柔化了美军既有的坚硬线条，不如说她们构成了一个独特的群体。在这艘驱逐舰上，女兵同样要在一线战位上执勤。

与我在海军陆战队和陆军特种部队见到的那些硬汉相比，舰上的男兵头发更长一些，身材也不那么粗壮魁梧。如果说海军陆战队是一种狂热的信仰，海军舰队就是一种召唤：一种生活方式的象征。与世隔绝的舰上生活造就了水兵们的团队精神。只有舰上人员才能听懂各式各样的航海及军事术语，官兵之间的相互称呼也大多使用先生或者小姐之类的敬语。驻伊拉克和吉布提（Djibouti）的海军陆战队队员曾经向我抱怨：他们在军舰上经常被当作二等公民。他们无法理解的是，在惊涛骇浪的险恶环境之下，一群年轻人被挤压在一方狭小的空间里，铁一般的纪律是生存的必需，这种纪律还必须以一种无可置疑、精细的等级制度加以巩固才行。

晚餐之后，麦克古菲少尉带我熟悉舰上羊肠一般蜿蜒曲折的通道。经过这番参观之后，我慢慢熟悉了路线，渐渐能一个人在舰上行动了。登舰之后的最初几天里，这里的编码地图系统让我非常迷糊：如果我面前的一扇舱门上标着 1-222-1，那就表明我正位于舰艇的水线位置、距离舰艏 222 英尺、龙骨中心右侧。

“航行横向补给” 的海上特技

我登舰之后的第一个夜晚，“本福德”号经历了一次航行横向补给（Un-Rep），相当于空军的空中加油。此次补给的目标是，由快速战斗支援舰“雷尼尔”号向“本福德”号输送 20 万加仑柴油以及 20 托盘的食品和装备。那是一个乌云密布的夜晚，天空和大海皆是一片黑暗。为了追上“雷尼尔”号，“本福德”号的航速从三分之一引擎转速的 4 节加速到了全速运转的 25 节。海风顿时从舰面上呼啸而过，船尾螺旋推进器激起的白色急流喷起几层楼高，在黑漆漆的海面上留下了一条白花花的宽阔航迹。

9000码、8000码……“本福德”号驱逐舰正逐步靠近“雷尼尔”号快速战斗支援舰（USNS Rainier）。15分钟之后，这艘价值1亿美元的钢铁巨兽终于与另外一艘身量更为庞大、装满燃油等补给品的舰艇并驾齐驱。此刻，这两艘象征工业时代技术成就的灰色武装怪兽只相隔160英尺。一阵狂风掠过，我们与“雷尼尔”号之间的水面上激起了汹涌的波浪，翻腾的泡沫仿佛积蓄着大海的全部能量。“雷尼尔”号朝着“本福德”号的甲板射来一条又一条绳索，“甲板猩猩”和“甲板猴子”们（即级别最低的水兵）接住这些绳索，并将它们穿上导缆孔、速脱钩和滑轮。对面舰上的水兵用一支M-14抛缆枪抛射过来一根红色的细绳，细绳末端牵着一条粗一些的绳索，这条绳索的末端又牵着一条更粗大的缆绳。粗大的燃油软管和棘爪顺着缆绳从“雷尼尔”号滑过来，抵达“本福德”的甲板。头戴蓝色安全帽、身穿橙色马甲的“甲板猩猩”不断调节缆绳的长度，避免缆绳过于紧绷，小心翼翼地将“百货”接收过来。一位军士长通过扬声器发号施令，另一位军士长则以一套完整的旗语与“雷尼尔”号上的同袍沟通。在这地狱般的黑暗之中，海浪声嘶力竭地咆哮，两艘战舰上刺眼的灯光看起来也有些飘忽不定。这情景就像是宇宙中的两艘飞船正在对接。

有时候航空母舰也会为“本福德”号补充燃料。但驱逐舰上的舰员们并不喜欢那种补给方式。这除了是因为航母比驱逐舰足足高出160英尺外，也因为航母上的舰员也不太经常进行航行横向补给作业，总是显得笨手笨脚。“那就像初次跟姑娘上床一样,”一位水兵如此评论道。

世界各国的海军舰队，只有极少数能进行“航行横向补给”。执行这一任务之时，军事装备并非决定性因素，关键在于精湛的航海技术。我不知道五角大楼有多少官员熟悉这种操作，或者说得更具体一点，理解这种操作的意义是什么。看着这场华丽的表演，一位军士长对我说：“这就是第二次世界大战期间，我们在太平洋战场上赢得胜利的方式。”这体现了一支蓝水海军在距离友军港口数千英里的地方为战舰重新补给的能力，这是日本人无法获得的关键优势。

二战对“本福德”号来说有着特殊的意义，这是我在美军其他单位未曾感受到的。海军陆战队和陆军特种部队在朝鲜半岛、越南、巴拿马、伊拉克等地有过傲人的战绩，在他们看来，二战已经成了某种类似古董的存在。而在驱逐舰舰员们看来，二战代表着水面舰艇参与持续近距离作战的最后时光。

舰长霍恩贝克中校坐在舰桥右侧一把蓝色高脚椅上，静静注视着进行中的航行横向补给。霍恩贝克只有在操作出现问题时才会开口说话。这一次一切进展顺利。在横向补给过程中操纵军舰是舰桥指挥员的职责，此刻他正依照罗盘的指示，不断调整军舰航速和舵角，以免与“雷尼尔”号相撞，舰上总值日官在一旁监督舰桥指挥员的操作。这 2 人站在舰长身旁，脖子上挂着望远镜，凭借数学计算和对波浪起伏的本能直觉掌控补给作业。毕竟，“航行横向补给”经常要在风暴中进行。

舰桥指挥员和舰上总值日官都是身材娇小、二十出头的羞涩女兵：一位是来自圣迭戈、从加州大学伯克利分校“后备军官训练团”（ROTC）毕业的米歇尔·梅克伦伯格，一位是出身军人家庭、来自佐治亚州奥古斯塔的洛丽·博尔斯。梅克伦伯格是秘鲁人后裔，博尔斯是非裔美国人。

舰上总值日官博尔斯对我说起她上次在这片水域指挥航行横向补给的情景。当时正值海啸之后，两舰之间的白浪里漂浮着数十具成人和孩童的尸体。“那简直是一片浮动的坟场，”她说，“我们还看到了鞋子衣物和家具，似乎他们的一生都在我们眼前漂浮而过。”那次海啸既真实又惨痛。当时“本福德”号上许多舰员都是第一次看到死尸，

2003 年春天，他们在另外一艘驱逐舰上朝伊拉克发射了“战斧”巡航导弹，然后围在电视前，从美国有线电视新闻网的报道中了解导弹命中的目标。在他们看来，伊拉克只是一个抽象的概念，至多是一场视频游戏。

然而，乘直升机在苏门答腊岛的班达亚齐参与救灾时，他们看到了倒伏的树木、垮塌的桥梁以及被洪水冲得朝内陆方向倾塌的房屋，一切都像被高压消防水龙头冲刷过一样。不到一个月的时间之内，先后有 117 架次直升机在“本福德”号上降落，创下了一个记录。让这些水兵坚强起来的并非战争，而是自然天灾。许多水兵就这样从新兵变成了老兵。

我把隔间的布帘拉了起来。我只有一小块容我侧卧的地方，屁股不至于顶到上方那个床位。起初，我感觉我所在的特等舱就像是一个隔间，逐渐适应之后，空间又仿佛有所扩展了。如此睡

眠，不过是水面舰艇这个奇异世界的一个侧面。各种通道本就十分狭窄，你时刻都要忍受各种阀门、管道和低矮天花板带来的压抑感，狭窄而陡峭的舷梯看上去似乎刚够松鼠通行。

此外，空调的轰鸣和震动、时不时响起的通告和警报也没日没夜地响彻全舰，住舱和厕所也难逃其害。

甲板是舰上唯一的世外桃源。每次走出船舱，都要经过一道由两扇水密门组成的气闸，必须摇动沉重的门闩才能开合。气闸开启的瞬间，你的耳膜会有强烈的鼓胀感。此种设计意在为舱内提供一个高压环境，预防化学武器的攻击。

舰上令人不适的地方比比皆是，而水手们却视若无物：他们要么身材圆胖，要么高挑修长，而且在航行过程中大都不刮胡子。然而，如果你肯花时间观察一些细微之处，就会发现他们其实跟海军陆战队队员和陆军特种部队士兵一样，颇有硬汉气质。

拥有军士长光环的“本福德” 号驱逐舰

军官室的早餐时间是清晨 6 点，军官集合时间定在 7 点 30 分。不论何种天气，后者都在舰艉导弹发射平台左舷位置举行。作为“军官之国”的临时居民，我也被要求参加。集合的并非全是军官，而是所有身穿卡其制服的人。也就是说，高级军士长们也必须参加，因为他们属于高级士官，有资格穿印花卡其制服，或者根据当日值守的战位，在蓝色工装外面佩戴卡其色绶带。

在我遍访美军各部的历程中，通过军衔构建起来的权威体制常常令我印象深刻：这种体制与美国所奉行的不断挑战精英阶层权威的大众民主构成了鲜明的对照。不过，就这方面而言，美国海军比陆军和海军陆战队还要好一些，毕竟海军的男女高级士官们在服饰上与军官实现了平等。这一点揭开了接下来我将深入领会的一件事，即所谓的军士长光环。

军官集合由副舰长邓恩少校和舰上的高级士官长克拉多克主持，时长仅数分钟。所有人依序做一番简报。集合之后，所有军官和士官长都会立刻召见属下。于是，甲板突出部和舰尾便成了水兵们分头聚集的场所。随后，甲板上的所有人员都会进入舱室，回到各自岗位。上午7点45分，舰上所有水兵都会到位，等待顶头上司传达舰长和军士长的指令。作为一个日夜与狂暴的海洋和摇晃不止的军舰相伴的军种，在扩音器发明之前，即使仅有咫尺之遥，水兵们也必须自上而下依次复述传递命令，并以军礼等仪礼告毕——这是他们保证精确交流的唯一途径。

登舰之后的第一个早晨，我参观了甲板部分。湛蓝的海面相对平静，以12级蒲氏风力标准评估，目前海风为3级水平。苏门答腊岛上植被茂密的群山高低起伏的线条隐约可见，仿佛近在咫尺，又似乎遥不可及。风景是一个承载着个性和亲昵的词语；印度尼西亚群岛就在10英里之外，我甚至就在该国沿海水域内，却没有风景的感受，眼前有的只是群山的剪影。

另一方面，我与“本福德”号驱逐舰之间有了一种亲昵。约翰·斯坦贝克（John Steinbeck）曾经这样写道，驱逐舰“是一艘完全意义上的船，以传统的视角去看”；不过，驱逐舰也是南北战争时期的装甲舰在当代的转世，是“莫尼特”号（USS Monitor）和“梅里马克”号（CSS Merrimack）的嫡系子孙，是一件实现暴力和诡计的工具——就连舰上的栏杆也被设计成弯曲状，因为直角会增大舰艇的雷达反射面积。

还在设计过程中的下一代驱逐舰看上去就像趴在水面的隐形轰炸机和潜艇的融合体。舰桥部分完全封闭，倾斜的甲板是各种武器和电子检测设备的地盘，完全不给人员预留空间。想到自己还有机会体验这艘可以被称作船的驱逐舰，一股优越感油然而生。

二级枪炮军士史蒂芬·布雷克豪尔带我参观了从舰艏到尾艄的甲板部分。他来自弗吉尼亚州的里士满，是个长着一头蓬乱金发的小伙子。9·11事件之后，他自愿报名参加海豹突击队，但未能通过严苛的“地狱周”测验。

在人们眼中，尤其在那些制作船模的孩子们看来，驱逐舰的艏部特征一目了然。而凸显这一特征的，正是自旋转炮塔上伸出的5英寸口径舰炮炮管。若想感受它的威力，完全不必等到开火之时。你只要沿着舷梯深入它满是润滑油和金属气味的弹药仓、听听装弹机的低声轰鸣、看看液压系统调节炮管角度时的迅捷，你就明白这件兵器的致命之处了。二战期间，在波涛起伏的战场上，炮手们必须人工计算炮口角度，如今这早已是计算机和陀螺仪的任务了。

5英寸口径舰炮后方，是一件二战时期的驱逐舰不具备的装备——备弹29枚的导弹垂直发射系统。这套垂直发射系统的外部轮廓是只有一系列略微凸出甲板表面的盖板。每一个独立发射单元里都分别装着 1 枚“战斧”巡航导弹、1 枚“标准”2 型防空导弹或 1 枚反潜火箭。反潜火箭可被发射到 1.2 万码之外的海域，以伞降方式入水，然后依靠自身制导系统攻击水下潜艇。导弹垂直发射装置后面，是一座自下而上逐渐收窄的上层建筑（舰桥），其最顶端安装着桅杆和船桁。尽管沿用了桅杆和船桁等术语，但除左右支索之外，这艘军舰上已经找不到任何昔日帆船的痕迹了。舰上一切架构皆是金属材质。舰桥上装有一套自动化 20mm 口径速射近程防御系统，水手们戏称其为“雄起的 R2D2 机器人”。当其开火之时，仿佛全世界的机器在一瞬间同时开启，一种令人恐惧的震颤无遮无挡地泵入旁观者的骨髓，带上耳塞也无济于事。速射炮后方是一组球状、盘状或针状的金属雷达天线，可监控从海平面到 9 万英尺高空、方圆数十英里之内任何方向上的目标。

在舰桥后方、两个烟囱之间的位置，布雷克豪尔枪炮军士为我逐一指认电子战设备、数挺对付小艇的机关枪以及释放雷达信号干扰物的箔条发射器。来到后甲板导弹发射平台，他又介绍了另外一个备弹 61 枚的导弹垂直发射系统、4 具庞大的“鱼叉”反舰导弹发射架和 6 具反潜鱼雷发射管。鱼雷发射管用于近距离反潜，垂直发射单元里的反潜火箭则用来打击距离较远的敌方潜艇。所有武器都处在“宙斯盾”系统（Aegis System）的统一指挥之下，该系统可以向舰员发出指令，告诉他们何时启用何种武器。

史蒂夫·布雷克豪尔认为，虽然自己没能进入海豹突击队，但能在如此先进的战舰上工作也算是一种恰如其分的补偿。讲解这一大堆或许从来未曾投入实战的武器，或许有些跑题了。

这样一支拥有“本福德”号等驱逐舰——以及航母打击群里的其他舰艇的海军在广阔洋面上占据着垄断性的地位，在可以预知的未来足够为海上商业航线护航。这正是现代海上贸易以及随之而来的全球化进程得以实现的前提；若没有这些先进武器装备，李光耀治下的新加坡是无法发展到那种程度的。

“别太吃惊，”一位“甲板猩猩”提醒我，“这些价值几百万美元的雷达有时候也是靠不住的。我们必须通过人工瞭望来确定靠近舰艇的是大块塑料和动物尸体还是水雷。”这话不假：就像各大媒体所报道的那样，对一支蓝水海军而言，恐怖主义比战略威胁更值得重视。

当然，情况也是会发生变化的。为了更好地了解海上战争的发展方向，我需要跟水兵们交流一番。假如说军队有什么更值得我去了解的，那一定是活生生的人，而不是冷冰冰的武器装备。尤其是那些已经在同袍中赢得了声望的军官和水兵，我很希望与他们交流。

洞悉战场的作战信息中心

时年 22 岁、来自加利福尼亚州圣费尔南多的二级军士罗伯特·孔特雷拉斯，是我最早接触到的普通水兵之一。身为一位战术信息协调员，他所在的作战信息中心（CIC）是一个冰冷如洞穴的区域，里面到处都是闪着绿光的计算机终端。这里越安静，就表明战斗情势越紧张。孔特雷拉斯说话时给人一种犹豫的感觉，仿佛他的每一句话都在努力追赶他的思路。他一头黑发，面色苍白，表情专注，看上去就像是一个刚刚得了科学竞赛优胜奖，正赶着去约会的高中生。如果孔特雷拉斯是在一处安全有保障的城郊富人区长大的话，他一定有过类似的经历。当然，这对美国来讲可就是一个损失了。

事情并非如此。孔特雷拉斯在一个父母离异的家庭长大，是6个子女当中的老大，他曾在商店里打工，帮助偿还家里的债务。更糟糕的是，他高中时候的学业很差。他原本可以进入当地的社区大学深造，却又害怕同身边的人一样染上坏习气。听说海军可以帮他支付去远离家乡的高等学府学习的学费，他便报名加入了海军。战舰上的生活塑造了他的品格，他终于变成了他一直想要成为的那种怪人。孔特雷拉斯非人类的概然预判速度人尽皆知，以至于我在霍恩贝克舰长面前提到他的姓名时，后者明显眼神一亮。

孔特雷拉斯在作战信息中心的任务，就是与雷达和电子战主管们一起谋划并验证各种战争方案。“我们的海面搜索雷达探测距离为25英里，但接入另外一艘军舰的数据链之后，我的视野就能延伸到60英里了。”在我恳请他绕开那些枯燥的数学术语和缩略词之后，他解释道：“我还控制着对空搜索雷达。我的空中视野范围比战斗机飞行员还要大，这是因为我可以进入整个打击群的情报网络。在‘伊拉克自由’行动期间，情报网络如此庞大，我甚至能从屏幕上看到从地中海到霍尔木兹海峡的全部态势。”

当时，孔特雷拉斯的任务是确保空袭结束，返回航母打击群的联军飞机身后没有敌机尾随。但光看屏幕并不能分辨哪个信号属于友军，哪个信号属于敌军。有些飞机可能会为了抄近路而偏离预定航线，只有飞行员本人才知道自己到底在干什么，但他并不是妄图渗透的敌人。因此，有时候必须运用直觉来做判断。在“伊拉克自由”行动中，孔特雷拉斯的判断近乎完美。后来，他的一位长官这样对我说：“这小子是个非常不错的二级军士。战争刚开始那会儿，我们遇到一些麻烦，雷达和武器系统之间互有干扰，是他想出了解决办法。”然而，孔特雷拉斯本人从来不跟我讲这些事。

“伊拉克自由”行动期间，孔特雷拉斯当时所在的“希金斯”号“阿利·伯克”级驱逐舰是距离伊拉克海岸最近的美军战舰。他所在的舱室，成了美国海军战区弹道导弹防御系统的主控中心。也就是说，他和另外大约15名操作人员肩负着为前线的“爱国者”导弹阵地预警“飞毛腿”导弹的重任。那一次，伊拉克总共发射了12枚“飞毛腿”，在大量杂乱信号当中，依据速度与高度异常，“希金斯”号驱逐舰上的操作人员识别了其中11枚。唯一一枚漏网之鱼当天午夜击中了科威特城里的一家购物中心，造成轻微的破坏。

以孔特雷拉斯为代表的“战略士官”是美国武装力量中的卓

越之辈，他们的一次键击就可决定数千人的生死，甚至某些大国的外交政策。

我问孔特雷拉斯，以他的经验及阅读过的技术刊物来看，他认为“本福德”号驱逐舰所面临的最大威胁是什么。

“来自水下的威胁，”他回答道，“这艘战舰并不害怕来自空中的攻击。但我们在反潜时只能招来敌方雷达更为密切的追踪。我们需要具备远程扫雷的能力。此外还需要一个机库，以容纳专攻水下目标的反潜直升机。”换句话说，孔特雷拉斯担心的是未来，他担心的是来自中国的威胁。

独特的声呐兵

我的下一个交流对象，是来自缅因州法尔茅斯的二级枪炮军士长、声呐技师凯特·萨拉马斯。这位女兵也是二十出头，一头金发，表情坦率，看上去似乎求知若渴。她说“本福德”号是她梦寐以求的地方。她父亲也曾在海军舰队服役，她不愿像身边的熟人那样去念大学。她已经当了 4 年普通水兵，正计划再服役 4 年。“和那些去上大学的朋友们不一样，我现在掌握的‘手艺’是很有市场的。”她已经在海军修完了海洋学、数字电子技术和声学课程，经常对我提起印度、巴基斯坦和俄罗斯潜艇的电子信号特征。与孔特雷拉斯类似，凯特·萨拉马斯的工作环境也是一个闪烁着绿色灯光的世界。她的任务是闭眼静听，根据听到的音波脉冲辨识目标潜艇，并计算出本舰与目标之间的相对位置。就像与孔特雷拉斯交流时那样，我不得不经常请求她放慢语速，用更通俗的语言解释给我听。

同孔特雷拉斯一样，萨拉马斯也曾跟随“希金斯”号驱逐舰参加了“伊拉克自由”行动。“希金斯”号驱逐舰得名于海军陆战队上校威廉·R. 希金斯。此人来自肯塔基州丹维尔市，1988年参加联合国维和行动时被亲伊朗的恐怖分子绑架，之后在黎巴嫩被杀害。当时联合国维和部队的同事曾劝希金斯上校摘下联合国维和部队军装上的美国国旗徽章，以免陷入危险境地，但他拒绝了。希金斯上校的故事，代表了当代美军勇士的形象，尽管无法与半个世纪前那场战争中的英雄媲美，却依然在萨拉马斯这些的年轻水兵身上留下了独特的印记。

作为海上交换（Sea Swap）计划的一部分，很大一部分原属“希金斯”号的舰员被调到了“本福德”号上。这项计划的目的在于：当某艘军舰停留于任务海域不回港之时，让舰员有轮休的机会。大国海军喜欢这种方式，因为这可以提高部署效率。不过我所遇见的水兵都讨厌这样做；他们都表示，所谓团队精神，在一定程度上其实等于水兵与某艘特定战舰之间的情感。

与此同时，有些事情倒是蛮合萨拉马斯军士的心意：美国海军取消了预定存在的规则，而是根据战争和海啸等突发事件变更或延期。她曾参加班达亚齐的陆上救援行动，并在那里第一次见到了来自世界各地的新闻媒体。她以及坐在她身边的另外一位女声呐兵对新闻媒体都不以为然。“他们就像是一群乌合之众，在你面前乱转，无论我们做什么他们都要掺和一下。”“快来，咱们走，”她们招呼我，“我们得去查看一下我们的鱼了。”她们口中的鱼是指鱼雷。

穿梭往来的“文明体系”

整整4周时间，我每天都在舰上四处参观，与舰员们聊天。在通道里、栏杆旁与人谈话，从某种程度上说就像学术讨论，比找人开专题讨论会收获还大。在甲板下方靠近舷侧的一个舱室里，我见到了来自新墨西哥州阿尔伯克基的二级军士约翰·斯特兰奇。他问我陀思妥耶夫斯基小说的不同译本，他当时正在阅读陀氏的作品。“我去过塞舌尔、中国香港和新加坡。我那些高中同学可是哪儿都没去过呢。每年交完税我还能存下3.6万美元，这在阿尔伯克基可是一大笔钱。”

有位时年19岁的甲板水兵来自美国南方腹地某处，他之所以加入海军舰队，是为了逃离他那酗酒成性的大家族。他对我说，是耶稣拯救了他，他每天晚上都会做祷告。

位于船体内部数层之下的轮机舱是个无比嘈杂、让人汗如雨下的地方。顶着40摄氏度的高温，在蜿蜒曲折、迷宫一般的管线和过道之间，我与来自马萨诸塞州韦斯顿的罗伯特·怀诺特中士进行了一番长谈。怀诺特希望接受教育，又没钱去上大学，因而于13年前加入海军。他在能力倾向测验中的表现异常突出，所以海军派遣他去学习核动力推进专业。他所掌握的物理学、三角函数和热力学知识，已经相当于大学水平。“年轻时候我不懂事，”怀诺特说话时总给人一种很优雅的感觉，就像一位睿智而沉静的老者，“也犯过错误，我曾经因为在其他水兵的储物柜上吐痰而被核动力学校开除，那时候还是一名水兵。后来重新回到舰队我还是名水兵。”

这之后，他被调到一艘护卫舰的轮机舱干活，每天工作 12-14 个小时，干了整整一年。被核动力学校开除的耻辱和从最基层一步步得到提拔的成功深深影响了怀诺特。这些经历让他成长为一名真正的男子汉。服役期间，有一年他曾经荣获 7 项海军成就奖，最近还获得年度单舰/舰队最佳舰员的荣誉。过去 5 年间，他大部分时候都在海上执行任务。不过，当他的第二个儿子出生之时，他还是开开心心地回了趟家。与我见过的其他许多水兵一样，他长着一张大众脸，但我一直记得这个人。

我沿着另外一条长长的舷梯来到一处过道，这里便是导弹垂直发射系统的基座，我在这里遇见了詹姆斯·维廖蒂。这位来自纽约萨福克郡的一级枪炮军士负责导弹发射单元的维护。调到“本福德”号驱逐舰之前，维廖蒂曾经在伊拉克担任该国新军教官。与他几次交谈之后，我才知道他曾在伊拉克荣获铜星勋章，并且作为指挥官参与了抓捕一名扑克牌通缉令七号人物的行动。当我问维廖蒂，他对伊拉克新军的组建方式（比如说让一些毫无经验的人担任校官、士官等）是否有所质疑时，他回答说：“美国独立战争时期的大陆军（Continental Army）也是这样建立起来的。”

我从来都不与我的交谈对象辩论，我只希望感受他们的生活方式和观点。“本福德”号本身便是一个文明体系，在虚无激荡的大海上穿梭往来。与航母相比，驱逐舰是个不折不扣的小个子，2个星期的时间足够你熟悉舰员及其日常生活。有时候，舰员们会顶着铅灰色的热带雨云在飞行甲板上抽闷烟；有时候，他们会开开心心地搞一场甲板烧烤，无论是普通水兵还是高级军官都能享受到军士长们烹制的汉堡和热狗。每天晚上，普通水兵都可以在住舱甲板上度过一段闲暇时间。届时，长桌两侧的塑料转椅上必定会坐满年轻水兵。他们在低矮的荧光灯下挽起袖子，胳膊上的刺青也露出来，一面听托比·凯斯演唱的爱国乡村歌曲，一面玩德州扑克。

舰上还有一项名为“冰激凌联谊会”的活动。这活动听着就意思不大，因为舰上是禁止饮酒的。漫长的海上部署期间，军官和高级士官们必须想办法发明各种活动，以打破挥之不去的沉闷。“美国黑人历史月”尤其受舰员们欢迎，届时无论黑人舰员还是白人舰员，都会云集住舱甲板，发表演讲、演唱歌曲，共同进行庆祝。毕竟，大家彼此都很熟悉。

有些事情就那么发生了，而有些事情是可以预料的。一位普通水兵在其他舰员的眼皮子底下试图用绞盘自杀。为了讨论这件事，霍恩贝克船长专门召集了一次全体水手甲板会议。“我希望你们都听清楚了，”他说，“这件事不许外传。”事实上，舰员们的看法也都非常严肃。没人同情那个严重受伤的水兵。大家认为，假如他真的想死，他早就死了；做出这种噱头来，反而让自己沦为大家眼中的懦夫。

几天后，就在下一处港口停靠之前，我听到几名“甲板猴子”在谈论当地的低艾滋病感染率——他们在网上查过相关资料。一名水手宣称：“我可不想跟处女上床。我想找有经验的。跟处女上床不如自己用手解决。”

无法比拟的海军军士长

军官们负责全局，具体做事的却是军士长们。海军的军士长（Chief）是其他军种的军士长（Sergeant Major）无法比拟的。那些刚从海军学院毕业的年轻军官们，也要跟军士长学习航海知识。而对于普通水兵而言，军士长既是父兄长辈、精神导师，也是顶头上司。有些军士长已经在太平洋上待了数年，他们老练而粗犷，就像20世纪50年代的工人阶层；他们无欲无求，拥有颇高的威信。

我曾问“本福德”号上的军士长之魁、一级军士长克拉德克“你认为什么最重要”。这家伙把脸凑到我面前回答：“我认为最重要的是，不要跟我废话。任何跟我废话的人都会后悔。”的确，在军舰这样一个局促、危险、容易使人产生幽闭恐惧症的环境中，所有人都必须遵守规矩、认真做事。

负责划分这些界线的便是总纠察长达雷尔·麦克威廉斯。这是一个身材魁梧的非洲裔美国人，来自汽车城底特律，曾在波斯湾地区服役多年，执行强制登临检查（涉嫌违反针对伊拉克制裁法令的船只）的任务。“有一次，”他用柔和的嗓音对我清楚地说道，“有个船长拒绝降低航速接受检查，我直接将他拎起来带离舰桥。我喜欢强制执法。”

他继续说：“在这儿我是个旁观者。我不能跟别的舰员走得太近，因为我可能会对他们提出指控。除了舰长之外，我可以指控这里的每一个人。我的权力是舰长直接授予的。”

“本福德”号上最神圣、最悠闲的地方当属军士长食堂。军官室定时定点供餐，军士长食堂却在任何时候都有热饭菜和热咖啡提供，还有电影可看。“现在我们不喝格罗格酒，我们喝咖啡。我们用运动袜过滤咖啡渣滓，”有人说，“这就是过去100年来西方国家海军走下坡路的原因。”军官室是一间餐厅，而军士长食堂是一处永不关门的休息室。按照传统，海军军官们用餐时不谈业务，而军士长食堂却是船上诸多工作得以顺利安排的地方。我第一次迈进这个军士长乐园时，有人告诫我：“如果你脸皮太薄的话，是无法融入这个环境的。”

“您是做什么的？”我问一位军士长。“我什么都不做，”他很不客气，“我是干什么的？我是船上最大的混蛋。”我在舰上吃过的饭，有一半是在军士长食堂吃的。我正是在这里了解到“本福德”号的运作方式的。

总水手长安德鲁·雷德尔是俄亥俄州纽瓦克人，个子不高、身材敦实，走起路来就像是一块在甲板上滚动的巨石。当着我的面，他那些军士长伙伴们都叫他“顺利吉祥物”（good-to-go），这是士官之间的最高褒扬。雷德尔经常在军士长食堂出没，除了心不在焉地看电影似乎再无其他举动。上次靠岸以后，他的胡须就再没刮过，已经把整个下巴都裹了起来，看上去懒洋洋的他更显得无精打采了。事实上，对于所有甲板水手的一举一动，他都了如指掌。

“我的处世哲学就是，”雷德尔后来向我解释道，“讨厌所有手下。瞧，我不能跟他们交朋友。但有时候我又不得不扮演父兄、长辈一类的角色。”水兵们对此表示理解。有位性格安静且敏感的女兵曾对我吐露真言：“雷德尔军士长是个了不起的人。他是真正为我们着想的。”雷德尔是个老海军，高中毕业之后就入伍了。他已经为海军效力了 20 年，其中有 13 年是在驱逐舰、快速运油船和护卫舰上度过的，而且是一直在甲板上工作。他一直都记得自己当初作为一个 18 岁的毛头小子，在菲律宾度过加入海军后的第一个圣诞节时的情景。他曾先后参加过“沙漠风暴”和“伊拉克自由”行动。最重要的是，他很了解手下的年轻水兵。

“从波多黎各到萨摩亚，从缅因州到得克萨斯州，从美国本土到海外领地，我接触过世界各地的男男女女。跟每一个人打交道，我都必须略有区别。每次有新人加入，我都会单独跟他聊上 20 分钟。我总会提出一些尖锐的问题：‘你的父母离婚了吗？’‘你高中时是书呆子还是运动健将？’我必须尽快了解他们加入海军的原因。”对于新一代普通水兵，雷德尔感到有些担心。他将他们称作电视游戏少年，认为这些孩子从来都没有动手做的经历，连电动刮胡刀和平口螺丝刀都分不清。说到这儿，他摆出一副“这个世界怎么了”的表情，“我的意思是，我让他们去拿木槌，他们竟然不知道我说的是什么”。

在一支后现代的海军舰队之中，水手长与舰上总值日官、舰桥指挥官和舵手一道，并称为“最后的水兵”。水手长，就像登陆指挥官一样，在二战的诺曼底和太平洋诸岛发挥了极富英雄主义色彩的作用。引导陆军和海军陆战队突击部队从距离滩头高潮水位线 30 英尺处登岸的，正是这些英勇的甲板士官们。

如果说在军舰甲板上延续昔日水兵精神的是雷德尔军士长，在海战方面体现这一传统的则是查尔斯·贝努瓦军士长。贝努瓦来自华盛顿州的亚基马，也是一位老水兵，已在海军中服役近 17 年。“击沉美国军舰可是个大新闻，”他在军士长食堂对我讲道，“上一次击沉美国军舰的是二战时的德国人和日本人。”我曾经在太平洋司令部和五角大楼听到过一些关于未来海战的理论，而接下来的几周里，这位没上过大学的贝努瓦军士长对我讲起了他对这类理论的某些担忧。“本福德”号上的军官不乏安纳波利斯海军学院毕业的高才生，但说到具体如何攻击敌军潜艇，他们都是贝努瓦的学生。

我从贝努瓦军士长那了解到，潜艇常常在海面以下数百英尺处的混合层深度（产生于海洋近表层、厚度一定且水温均一的水层，即所谓的混合层。——译者注）活动，那里水温较低而水压较高，是声波传播的理想环境。但中国的柴电潜艇会躲藏在海洋表层的混合层，以柴油引擎动力的捕鱼船队为掩护，就像身穿绿色迷彩隐匿于丛林一样。贝努瓦告诉我，近年来，美国正面临逐渐壮大的中国潜艇部队的挑战。他指出，到冷战结束之时，苏联潜艇的识别信息已被输入美国的声呐激发反潜战斗系统。但20世纪90年代，美国却没有采集到中国、伊朗等国潜艇的相关信息。直到最近，美国海军仍一直在眼睁睁地看着这项技术渐遭废弃。贝努瓦是个爱琢磨问题的家伙。在他看来，航母打击群既然可以在海啸救援期间通过小艇和直升机向班达亚齐输送大米和饮水，战时就可以用同样的方式向陆地投送“武装人员”。

来自密尔沃基的舵手、军士长保罗·比肖夫的眼神似乎一直在凝视远方，让人不禁想起当年驾机横越大西洋之前的查尔斯·林德伯格。比肖夫的祖父曾经是一位总水手长。在伊利诺伊州大湖海军新兵训练营参加完表哥的结业仪式后，比肖夫找到了自己的人生方向。他高中还没毕业便应征入伍。他效力的第一艘军舰是美国海军最古老、最原始的舰船之一——运油船“萨凡纳”号。在他调离之后，“萨凡纳”号便退出了现役，被拆解成了剃须刀片。一个晴朗的日子里，我和比肖夫一起坐在导弹垂直发射系统上聊天。“我一直觉得‘萨凡纳’号很漂亮，”他对我说，“第一次看到它那庞大无比的钢铁船体时，我说，‘就是它了，这是我的船。’”

“在海上服役很有意思，”他继续说道，“你必须下定决心才能出海，因为谁也说不准海上会发生些什么；也正因如此，才会有那么多航海传奇发生。”作为一名舵手，比肖夫要利用铅笔、橡皮、平行尺和指南针等工具在纸质海图上标注舰艇航线。随着美国海军对用计算机绘制电子导航图的依赖程度越来越高，这种图上作业技能以及如老式蚀刻版画一般的海底等制图技术会很快退出历史舞台。“这是一个尽可能地延续海军传统的问题，”他说，“如今，舰桥上的扶手已经成了水面战舰上仅存的柚木制品了。在现在的美国海军眼中，传统只是一些人工制品，而不是活生生的精神。”

海军军士的不同使命

不过，美国海军依然沿袭着昔日的浪漫主义情怀，尤其是黄昏时分的舰桥——置身其上，你会看到落日余晖洒在海面上的波光粼粼。夕阳西下，群星璀璨，站在甲板的最高点，任海风拂面，一种很特别的感觉会从心底蔓延开来。对一艘战舰而言尤为如此，因为日落意味着灯火管制的开始：所有灯光尽皆熄灭，星空显得更加璀璨动人了。舰艏在海面跌宕沉浮，以 25 节的航速向前推动一道闪闪银斑。

当“本福德”号沿着苏门答腊岛北缘，从印度洋驶向风浪相对平静的安达曼海时，我才对舰上女兵有了更多了解。对于海军生活，我见到过的女舰员，爱者有之，恨者有之；前者想着要延长服役期，后者则急着离开。与男兵们不同，女兵们对海军生活没有所谓无感者。有些女性军官身材娇小，但也有一些女性士官体格健硕。当然，这两种情形都必然是少数。我就曾在左舷舰桥上遇到过一位样貌迷人的“甲板猩猩”，她说她的亲表兄弟全都参加了海军舰队和海军陆战队，所以她高中一毕业想都没想就参了军。她现在只是一名才加入海军几个月的新兵，接下来还要继续服役将近 4 年，但她已经发现其实这里并不适合自己。

“男兵们总是在宿舍里看色情小说，”她说，“女兵们要么是胖妞，要么是同性恋。我洗澡很不方便。我只能靠每周修一次指甲来提醒自己，我是一个女人。在夏威夷的时候，我曾经因为亲吻一个甲板水兵遭到惩罚，但他只不过是我的好哥们。”事实上，总纠察长抓到过许多对情侣，他必须强行将其拆散，并加以申斥。他觉得这样做并不好，但他也曾对我说过：“毕竟这是一艘属于美国海军的战舰，他们知道自己为什么身在此处。”

来自盐湖城的梅利莎·乔利少尉同样出身军人家庭。她和她的兄弟们都毕业于美国海军学院。乔利少尉喜欢在军舰上工作。望着夜幕下黑暗的安达曼海，她对我讲起了第一次晕船的情景——即使是最坚强的水兵也曾体验过那种痛苦：“那是一次去俄勒冈州海岸的家庭海钓。我们遇上了风暴。我当时感觉苦不堪言，我像婴儿蜷成一团，一连几个小时不曾动弹。但我现在已经不再晕船了。”我不得不提醒自己：这些女水兵身处一线部队，假如一场海上新冷战无可避免，她们就将经受同样的考验。

与梅利莎·乔利少尉一样，舰上的其他军官——无论是否毕业于海军学院，头脑都很清醒，散发着中产阶级的气质。这是我在海军陆战队和陆军特种部队未曾感受到的。舰上军官之所以从戎，其动机与很多陆军和海军陆战队军官不同：他们并不视之为一种突破社会阶层藩篱、克服经济困难的途径。相反，“本福德”号上的许多军官之所以投身海军，完全是机缘巧合的结果。他们很可能是在教堂或高中里遇见了某位“导师”，后者为他们指出了一个与大多数同龄人不一样的方向。此外，还有一些人是出于某种无法言说的理由——来自大海的召唤。比如，有一位来自内布拉斯加州中北部砂岩丘陵地带的军官，每次眺望大海，他都会思念家乡，但年少时候的他又一直向往大海。

在航行横向补给任务中担任舰桥指挥官的米歇尔·梅克伦伯格少尉是个例外。她参加的是加州大学伯克利分校的预备军官训练团，因为这是她能负担得起的唯一高等教育方式。她说，以预备军官这种显赫身份出现在校园中，感觉并不太坏。许多来自加利福尼亚州奥兰治县等地的学生会悄悄跑到她面前，表示他们的敬意。美军的军官队伍里其实有不少加州大学伯克利分校的毕业生；这群人表明，学生群体在观念上逐渐变得比教职员工和学校所在地的居民更加保守。

如果说海军陆战队体现的是美国蓝领阶层的勇士崇拜，陆军特种部队的气质融合了南方邦联传统和拉丁美洲的元素，他们的海军军官兄弟则更像一群科学专家——不需要黑帮打手那般的魁梧身材，只要有类似户外运动员的体质就足够。海军军官身上的稳健气质犹如商科、理工科毕业生——温和而保守。

这一切都取决于环境因素。海军陆战队和陆军特种部队以陆地为战场，需要依靠身体去拼杀，在泥泞中摸爬滚打；海军军官的战斗方式则是隐蔽自身，在敌方的视距之外出手。后者所表现出的攻击性与前两者不同，一切攻击行动都被简化成了数学方程。海军人员需要学习的技术知识非常多，以至于训练营里的新兵有 1/3 的时间是在教室里度过的。即使是在舰上，也要始终保持学习的状态，以应对各式各样的口试——诸如有关轮机引擎、水面作战、小艇操作、稳舵等方面的基本常识，这有助于他们在军衔和职务方面的提升。

电子作战官、主推进官、导弹攻击操作官、战斗系统操作官、信号情报作战官、领航员、炮位指挥官（Gunny）……看着军官居住区舱门姓名牌上的这些头衔，你就会明白他们所接受的训练是多么专业。海军中通常以职务的首字母缩写来称呼军官和军士长。“MA1，今天还好吧？”“CSO，我很好。”MA1是指一级纠察官，CSO是指战斗系统操作官。总水手长雷德尔被称作BMC，也就是水手团队的负责人。保罗·比肖夫则被称为QMC，即主舵手；诸如此类。

就像每一位海军陆战队队员都是射手一样，军舰上的每一名军官和水兵都是消防员，因为战斗状态下的军舰必然面临火情或水情，或者干脆二者兼有。舰上每周都会举行数次消防演习，其间常有某个舱段同其他部位完全隔离开来，所有舱门和天窗关闭，水手们穿戴防火面具和防火服，背着压缩空气瓶进去巡视。

穿梭于马六甲海峡的“无敌舰队”

“本福德”号在印度洋和安达曼海游弋了数日，为“林肯”号航母提供飞机搜救服务：“本福德”号的灯光成了航母上F-18“大黄蜂”战斗机进行机动飞行的参照物，舰上的蛙人和小艇也做好了随时营救落水飞行员的准备。在海啸救援行动期间无法升空的 F-18“大黄蜂”战斗机飞行员们也终于等来了起飞的机会。

协助航母上的飞行联队完成训练之后，“本福德”号舰员准备进入马六甲海峡，协助警戒这条重要的海上航道，并开始了横越太平洋返回圣迭戈母港的航程。这时，我第一次看到全体船员一起听着大喇叭播放说唱音乐和乡村摇滚乐、一起刷洗甲板的场面。雷德尔军士长本人也参与其中，拿着一小块海绵四处巡视，擦洗着防滑甲板上每一处不起眼的小角落。“我们停靠新加坡时，不会像俄罗斯军舰那样锈迹斑斑，”另外一位军士长解释道，“我们希望‘本福德’号看上去就像是一位年轻而健康的美女，这样才能威慑敌人。”经马六甲海峡航行至位于新加坡的码头需要花费 14 个小时，我们将在新加坡驻泊 2 天，然后于晚上 10 点重新起航。狭窄的马六甲海峡是世界上最繁忙的海运航道，难以发现的浅滩和漩涡随处可见。整整一夜，外加翌日一个白天，霍恩贝克舰长一直亲自在舰桥值守，直至“本福德”号靠岸。依照传统，军舰上的舰桥部分是一个非常正式的所在。在这里工作的军官必须身穿白色或卡其色制服，外人未经允许不得进入。近几十年来，在军舰上戴棒球帽、穿工装的人越来越多，这个门槛一度有所降低。但现在，这个传统得以重振。霍恩贝克舰长要求在舰桥工作的人必须身穿卡其色制服，并以战斗帽代替棒球帽。所谓战斗帽，是一种配有遮阳帽舌的军帽，帽顶表里分别为白色和卡其色且可以互换。沉静而严肃的霍恩贝克让人感觉很难捉摸，但我逐渐了解到，舰员们真心拥戴这位舰长，拥护他的每一项决定。一位军士长曾经这样说道：“他是少数几个以姓名称呼我，而不是叫我‘你个混蛋白痴’的舰长之一。”还有一位士官表示：“他非常沉稳，从来不发怒。”在舰桥上，他稳坐舰长高脚椅，指挥尉官们克服航行中出现的一个又一个问题，只有在手下人表现得惊慌失措时才会出面干预——诸如发出“右舵 5 度”一类的指令。他曾经悄悄对我说：“记得我当尉官那会儿，每次看到 5 英里范围内出现另一艘大船，我都会被吓得够呛。”

副舰长邓恩少校就不像霍恩贝克这么受欢迎。但正如他对我说过的，这就是他的工作。作为舰上的二号指挥官，他在管理层中负责各种吃力不讨好的琐事，以使舰长能够集中精力处理重大事务。这位副舰长的工作要求他填写各种评估报告、调查违纪行为、检查住舱卫生情况、制订一天日程等。所有得罪人的活儿都归他干，以维护水手们对一号指挥官权威的敬畏——陆军和海军陆战队也有负责同样事务的职位。

跟随一个航母战斗群航经如此重要的国际水道是一次难忘的体验。操纵军舰穿越左右两侧风高浪急的狭窄航路，需要掌握特定技巧。黄昏降临，这支“无敌舰队”排成“一”字纵队，每两艘舰船前后相隔约 4500 码。队伍的最前端是“希洛”号“提康德罗加”级巡洋舰，其身量比驱逐舰更大，舰员数量也更多。跟在它后面的分别是“林肯”号航母和另外一艘“阿利·伯克”级驱逐舰“肖普”号，数天之前曾为我们提供柴油补给的“雷尼尔”号快速战斗支援舰紧随“肖普”号之后，“本福德”号驱逐舰断后。此外，人们或许还能有幸看到藏匿于海峡入口或附近某处海域的“路易斯维尔”号“洛杉矶”级核动力攻击潜艇。舰上只有舰长和信号情报小组等少数几个人知道核潜艇的实际位置。在我们这支舰队进入之前，马六甲海峡内航道这片一级海况的湛蓝海面上，早就挤满了各种货轮、渔船、牵引驳船的引航船以及向亚洲各经济热点地区输送原油的油轮。霍恩贝克舰长规定士官也可以像军官一样驾驶军舰，所以今晚当值的舰桥指挥官便是一位身穿蓝色制服的士官。“正保持 145 度航向。”一位担任舵手的士官说。“非常好。”舰桥指挥官说道。

夜幕下的舰桥，就如同手术室般安静而紧张。在这里值守的军官和士官共有 20 人，有的在透过望远镜向远处眺望，有的则徘徊于计算机屏幕前，密切注视着舵角、轴转速和经纬度等各项数据。一位航行士官一面检视温度计，一面对照一幅海图，标注着附近一片“如怪物史莱克脑袋般的浅滩”。

在这片漆黑的海域，不时有星星点点的灯光向我们靠近，直到与它们擦肩而过，我们才能认清那到底是油轮还是渔船。一些无法解读的灯光信号很快都变成了各种图案，伴着天空中的惊雷和星光，我们仿佛正经历着一场转瞬即逝的告别。整个航母战斗群，看上去宛如一支庞大的卡车车队，正在州际高速公路上以 90 英里时速轻松超越那些时速 50 英里、慢慢挪动的客车。头顶钢盔、身穿凯芙拉防弹背心、佩戴夜视器材的水兵们，整晚都在 12. 7mm 口径机枪阵位上值勤，随时准备向任何恶意接近的船只开火。舰长和副舰长已经知会过手下的舰员，有不少贫苦渔民在马六甲海峡从事捕捞作业。因此，“我们必须尽力鉴别是否有怀有恶意的小艇混迹其中”。

清晨，一轮红日在约瑟夫·康拉德笔下的这条东方要道上方冉冉升起，马来半岛和苏门答腊岛的轮廓也在前方慢慢显现。值早班的军官和水兵们开始三三两两地聚集到舰桥上。几周以来，这些军人第一次刮了胡子，并换上白色制服——这是进入港口必须遵循的传统礼节。上午 10 点，所有卡其色作训服和蓝色工装统统消失，所有人都在白色制服的前胸位置上别上了绶带。转眼间，“本福德”号这个邋遢的水兵巢穴变得光鲜靓丽了。即使是在机枪战位上值勤的水兵，也在绿色的防弹背心里穿上了白色制服。“林肯”号航母和编队里的其他舰只开始依次驶入满是油轮和浮标的码头。海水从蓝色逐渐变为绿色，新加坡的地平线已经近在眼前。

总水手长雷德尔刚刚将锚泊组召集起来，一位殷勤的当地印度裔引航员就登上了“本福德”号。“全体都有！”随着大喇叭里传出一声指令，身穿白色制服的水手们立刻在甲板边缘以稍息姿势列队站好。这是海上来客经久不变的神圣礼仪。

引航船牵引着“本福德”号，到达先行靠岸的“肖普”号旁边。两艘驱逐舰之间以巨大的横滨橡胶护舷隔开。与当初“科尔”号遇袭（2000 年 10 月 12 日，美国海军大西洋舰队所属的“阿利·伯克”级导弹驱逐舰“科尔”号在进入也门的亚丁港准备补充燃料时，突然遭到一艘不明身份、满载炸药的小型橡皮艇的自杀式攻击，舰身被炸穿洞入水，船上 17 名美军殉职，另外有 39 名美国水兵受伤。——译者注）的也门港口相比，新加坡港的防御非常严密。更重要的是，那次事件之前美国海军不大注重先期预警，如今已经大大加强了这方面的工作。在“本福德”号靠岸之前，舰上的排爆与扫雷组已经提前抵达码头。新加坡海军的巡逻船划出了一片禁止小艇进入的区域，还另外派遣蛙人监视附近的渡船和驳船。

“本福德”号停泊系缆妥当之后，水兵们在舰艏旗杆上挂出了“1 号旗”。该旗是 9·11 事件后开始使用的，旗上绘有红白条纹和一条黄色的响尾蛇，并标有“别惹我”字样。这种信号旗曾经是北美独立战争时期反抗英国殖民统治的象征。庄严的入港仪式结束后，所有不值日的舰员都换上了便装，顺着步桥冲上海岸，一窝蜂地钻进等在那里的车辆，准备去城中游玩——他们很快就会喝到酩酊大醉。

从 12 月底从中国香港紧急开拔前去印度尼西亚海啸灾区展开救援行动时算起，这是 6 周以来他们第一次离开军舰。人若是在狭窄的军舰上待久了，一有机会上岸就想去喝酒，这是一种很难解释清楚的现象。我在伊拉克跟海军陆战队队员们混了几周之后，一到迪拜，首先注意到的便是女人身上浓郁的香水味道。

新加坡是一个人口不过 350 万的蕞尔小国，我们全都涌进新加坡河畔为数不多的那些酒馆。在康拉德的时代，水手们同样也云集于此，交流各自的航海经历，忍受本地奸商的勒索。如今，世界各地都时兴高档餐厅和酒店，这里却依然保持着当年的老样子。尽管水兵们也像所有酒客一样喝得醉醺醺的，却依然不忘称呼比自己军阶更高的人为长官。我曾注意到，一群游客被一家餐厅的地板上几个军士长扭打成一团的场面惊呆了。他们一定想象不到，一旦清醒过来，这些看上去粗野异常的家伙对太平洋未来的海上威胁的洞察，很多学者也赶不上。

以中国为假想敌的激烈军演

狂欢整整 3 天之后，我们再次起航，准备跨越太平洋，经由夏威夷的珍珠港，最终返回圣迭戈。离开码头之后，“本福德”号航经马六甲海峡东南出口，然后调头朝东北驶去，奔向越南与马来西亚沙捞越州（位于加里曼丹岛北部）之间的南中国海海域。

次日，也就是 2005 年 2 月 8 日早晨 7 点 10 分，军官集合。此刻，我们已经进入南中国海的中心区域。比军舰的铁灰色看上去更凝重的热带积雨云从我们头顶飘过，小雨淅淅沥沥地落在甲板之上。总舵手保罗·比肖夫早到了几分钟，与其他军士长们一起抽烟观景。“这才是在大海上的感觉嘛！”他微笑着对我说。天气并不算糟糕，“本福德”号也与陆地保持着足够的距离，只是泛着泡沫的海水在摇晃着军舰。快乐的航程已经结束，在新加坡时的宿醉也已过去。舰体的摇晃颠簸逐渐加强，就连洗澡都需要要杂技一般的技巧。椅子和其他物件被弹力绳固定着。水兵们都回到了各自的工作岗位，一种安静而沉闷的情绪开始蔓延。水面战训练、防空战训练、通信演习、尿检、南中国海和菲律宾群岛间航向修正……各种琐事都需要处理。这些人身上的压力从来不会消失。

第二天临近黄昏，我们离开南中国海，准备通过加里曼丹岛北端和菲律宾巴拉望岛之间的巴拉巴克海峡（Balabac Strait）。不过，在进入海峡之前，需要再次进行航行横向补给，以补充20万加仑燃油。“希洛”号、“肖普”号和“林肯”号航母同样需要补充燃料，“林肯”号航母将要接收的是80万加仑航空燃油，以供舰上的战斗机和预警机使用。此次在南中国海上执行补给任务的“巨型加油站”是“蒂珀卡努”号补给舰。这是一艘600英尺长的超级油船。补给场面蔚为壮观，“希洛”号巡洋舰和“本福德”号驱逐舰各自位于“蒂珀卡努”号两侧，燃油管线越过起伏的海面与之相连。“肖普”号驱逐舰和“林肯”号航母紧随其后，就像排队等候加油的车辆一般。

通过巴拉巴克海峡之后，编队来到了苏禄海，航行在菲律宾群岛的诸岛之间。西北向是巴拉望岛，东北向是中菲律宾群岛，棉兰老岛和苏禄群岛分别位于东向和东南向——我曾在那里跟陆军特种部队共同度过了一年半的时光。甲板上的轻机枪战位时刻有人值守，因为这里是阿布沙耶夫组织等恐怖组织的巢穴。“科尔”号遇袭事件给人们留下了难以磨灭的记忆，正如一位参与过反恐行动的士官所说的，“恐怖分子们需要做的，就是抱起突击步枪，朝我们的雷达阵列倾泻子弹，这会给我们造成严重的破坏，足以暂时瘫痪我们的整套作战系统”。的确如此，驱逐舰无遮无拦的舰岛构造无力应对非常规战争。“本福德”号就像是一套打了无数补丁的陈旧软件。

事实上，美国海军正处在一个岔路口上，而且不得不同时朝两个不同的方向走。第一个方向，可视之为水面巷战，需要引入滨海战斗的概念，建立绿水作战能力，以在菲律宾南部和印度尼西亚群岛等地保护受恐怖分子威胁的海岸线——为此目标，美国海军正在建造一些全新的小型快速作战舰艇。第二个方向与前一个方向截然不同，在全球军事环境日渐紧张的前提下，随着中国海军的强势崛起，加之中国台湾海峡和朝鲜半岛的紧张局势，类于二战时期的海上决战依然有可能发生，而各种先进的导弹和电子技术还会加快战争节奏、增强战争烈度。因此，离开海啸灾区之后，“本福德”号上的军官和水兵们立刻投入了繁忙的战斗训练之中。

进入巴拉巴克海峡当天的战斗训练非常典型。设定的训练场景为：中国大陆（橙方）和中国台湾（蓝方）双方在台湾海峡南部发生海空对抗，游弋在附近地区的“林肯”号航母战斗群（“本福德”号包括在内）被卷入其中。情势的不明以及各方的误判，更加增强了战场的混乱程度，就像一位军官所说的，到底是谁在跟谁打难以预料。演习假想中国大陆对中国台湾的战舰发动了导弹饱和攻击，而这些导弹的飞行轨道也近乎直指美军航母打击群的所在。因此，美国战机击沉了一艘对方舰艇，这又导致中方向“本福德”号发起攻击。

训练在“本福德”号的作战信息中心进行，战术行动官是总导演。虽然一切行动都是通过耳机和计算机键盘执行的，作战信息中心依然笼罩着一种极度紧张的氛围，因为任何一项错误决定都会致使战舰被导弹命中，造成灾难性后果。为了防止计算机屏幕爆裂，作战信息中心的程序员们都身穿阻燃服、佩戴防护手套。这里的紧张气氛堪比一架发生了严重机械故障的飞机，机长必须尽可能保持镇定并与副驾驶有效协同，才能解除危机。您或许会以为这种演习不过是一场游戏，但它却能给人们带来一种几近真实的感觉。就像一位军士长后来说的，“心都提到嗓子眼儿了”；作战信息中心的紧张气氛可见一斑。

在演习中，一切事物皆以代码和首字母缩写指代，目的是用尽可能短的词句传达尽可能多的信息。海军作战包含五大维度：空中、海面、水下、打击（Strike）和电子战。每个维度在作战信息中心都对应着一个专门的指挥官（或称“值班指挥员”），这些人负责向战术行动官反馈情报，或者请求后者给出一些自己（以及预编程序的计算机系统）无法给出的判断。对于战术行动官而言，除了从5位值班指挥员那里获取纵向信息之外，还要与战斗群中的其他舰艇进行横向交流，并与本舰负责损管的值班军官保持沟通。留给战术行动官做决定的时间并非以分钟计算，而是以秒计量的。要成为一名战术行动官，只能在具备相应天赋的基础上以突飞猛进的方式学习，就像学习一门外语一样；战术行动官不仅培养不易，“留住”也不易——这些人通常在二十八九岁或者三十出头的时候就已经升为中层军官了。

战术行动官的职责非常复杂，何时可以开火、何时不能开火，有专门的法律规定：这揭示了“新冷战”的微妙之处。因此，战术行动官同时还要遵照霍恩贝克舰长的某些（非战斗性）决定，这在二战时期那种全面的海上大决战中是不必要的。这就像是强迫管弦乐团每数秒钟变换一次曲目一样。这样做的目的，与其说是攻击性的，倒不如说是欺骗性的，即引诱对方首先开火，以期赢得政治上的主动，避免于己不利的舆论冲击。

当日的战术行动官是来自马萨诸塞州韦尔弗利特市、毕业于安纳波利斯海军学院的斯科特·威尔伯上尉。演习结束之后，他对我说："有时候我从值班指挥员那里得不到足够的信息，有时候我又得到了太多信息。这活儿全在于如何沟通。识别威胁并使之与严格的交战规则匹配是最难的，因为你的决定事关他人的生命。"

"战术行动官的沟通工作出现任何瑕疵都是致命的，就这么简单。"另外一名上尉强调道。

坚守军士长的荣誉

第二天早晨，我们抵达苏禄海另外一侧，进入菲律宾群岛腹地，航行在棉兰老岛与稍小一点的内格罗斯岛（Negros）之间。平静的海面犹如轻柔的锦缎，海豚在战舰右舷自由嬉戏。随后，我们在保和海（Bohol Sea）遭遇了大雾天气。这个航母战斗群进入位于莱特湾（Leyte Gulf）门户处的苏里高海峡之后，雾气变得越发浓厚了。莱特岛上陡峭的群山在雾中若隐若现，看上去就像是水墨画一般。一阵不安从心头掠过，我仿佛穿越时空回到了从前。舰桥上的所有人都深知莱特湾的意义，舰长还通过大喇叭向所有舰员做了讲解。

1944年10月20日，两年半之前经由科雷希多岛撤离菲律宾的道格拉斯·麦克阿瑟上将正是在莱特湾兑现了他重返菲律宾的诺言。那一天，麦克阿瑟将军从一艘登陆艇上下来，踏着没膝的海水，走上了莱特湾海滩。这或许是二战期间最著名的一幅画面。发生在莱特湾和苏里高海峡（Surigao Strait）的战役，标志着盟军首次在涵盖菲律宾群岛、台澎诸岛、冲绳诸岛以及日本本土四岛的日本帝国内防御圈上撕开个口子。1944年10—12月，莱特湾及其周边区域上演了一场近距离搏杀，海面、海滩以及丛林覆盖的群山都成了双方争夺的战场。美军伤亡15584人，其中阵亡3504人；日军近9万人阵亡。从莱特岛出发，美军紧接着攻占了菲律宾群岛的主岛——吕宋岛。

“林肯”号航母战斗群此刻正驶过一片埋葬了众多美军和日军水兵的海上坟场。在那场二战期间最后的海上大决战中，共有8艘美国军舰和28艘日本军舰沉没于苏里高海峡及其毗邻海域。未来的海战战场上，再也不会有军舰重蹈当年那些铁皮巨舰的覆辙了。前方数英里处，依稀可见“希洛”号巡洋舰和“林肯”号航母庞大的轮廓，这个航母战斗群似乎正在以一种肃穆的仪仗祭奠这片海上坟场。

菲律宾群岛渐渐消失在我们身后。编队驶入了浩瀚的太平洋，“本福德”号开始摇晃颠簸起来。菲律宾群岛与马里亚纳群岛之间的海域被称为菲律宾海。我们很快进入了这处深达2万英尺的海域，海上巨浪滔天，时而如白色雪山，时而如深邃峡谷，一直保持着七级海况。你能真切地感受到舰体的剧烈晃动。不过，如名称所体现的，与大西洋相比，太平洋还是相对平静一些。在大西洋上航行的舰船，食堂经常空无一人，因为大多数船员不是呕吐不止就是卧床不起了。

越过马里亚纳群岛，太平洋真正变成了一片只见雷鸣电闪、浩渺难辨、广阔无际的水域，少数几处岛礁除外，完全杳无人迹。与菲律宾海不同，这片海域没有具体的名称。马里亚纳群岛和夏威夷之间的距离超过 3000 英里，这里才是真正的太平洋，以坐落在海底的中太平洋海山群为标志。这片海区的“地形地貌”只能以深度计来评判。当“本福德”号航经马里亚纳海沟时，舰上仪器测出当地海底深度超过 7 英里。

夜间在舰桥值守尤其令人焦躁不安：螺旋状的海浪敲打在艏楼上，人的头发以及舰面的任何角落都结满了盐晶。这一夜在舰桥上值守的，是与我共住一间舱室、来自新罕布什尔州科尔布鲁克的西弗尔·李安德（Zephyr Riendeau）少尉。李安德是个肤色黝黑、性格热情的年轻军官，曾在费城德雷克塞尔大学拿到工程学专业学位。我见过他连续值夜两晚之后，在黎明前跌跌撞撞摸进住舱的样子。那两天他都是整晚在舰桥值守的，而白天除了繁忙的工作安排，还要应付数次“甲板谋杀”——由军官随机提问技术问题，督促答题者做好参加测试的准备。没错，海军军官队伍是一个由众多积极向上的人组成的群体，他们对自己的要求极其严格，相互之间也竞争激烈，简直称得上是穿军装的常春藤联盟。有一段时间，李安德少尉几乎没有时间睡觉。

“你这么干到底图什么？”我问道。

“我原本可以去杜邦公司之类的企业找一份薪水不错的工作，每天晚上按时回家睡觉。但人总想活得更有意义，”他坦言道，“每当凌晨3点钟我即将累倒在舰桥上的时候，我都会想到军士长们的退役仪式，我仿佛听得见那伴着响亮钟声的宣誓——‘别人睡觉的时候，你还要继续站岗’。”

军官退役时也会举行类似的仪式。但从某种角度上说，对那些军士长们而言，退役就是卷铺盖回家的同义词。毕竟，退役军官可以得到许多荣誉和补偿金，而军士长们得到的只有水兵之间的同袍情谊及其带来的荣耀——当年康拉德笔下歌颂的那种荣耀。

当钟声响起之时，退役的军士长们会走在两排舷侧仪仗队（由和他们一样的普通水兵组成）中间。一面折叠起来的美国国旗在仪仗队成员手中依次传递，最后交给退役的军士长。这一切都会被他的妻儿看在眼里。接下来，水兵们会朗诵一首名叫《古老的荣光》的诗：

我曾经被泥土玷污，被烈火灼透，
也曾在我出力重夺自由的国度，被撕扯践踏、弃置街头。
但我并未因此感到苦痛，因为我是不可战胜的……

接下来是简短的演讲。最后，人们会朗诵一首《守夜》。

二十年来，

有位水兵一直在守夜。

当我们在住舱里安度良宵时。

这位水兵正在守夜。他已经整整守夜二十年。

正因为他在守夜，

我们，我们的家人，我们的父老乡亲，

才能尽享每一个幸福的夜。

因为我们知道，

有位水兵正在守夜……

接着，钟声将最后一次响起——自从 16 世纪初西班牙、荷兰、法国和英国海军纵横大洋开始，这一直是高级军官或者地方大员登舰或者上岸的信号。这最后的钟声，标志着退伍的军士长们终于可以带着荣耀，彻底结束守夜的职责。这是水兵们看见军士长们落泪的唯一时刻。

从马里亚纳群岛到夏威夷珍珠港海军基地，我们整整航行了 10 天。但由于 2 月 20 日（星期天）那天实际上是度过了 2 个昼夜（我们在一天深夜越过了国际日期变更线，将时钟回拨了 23 个小时），所以这段航程显得更长了一些。舰队接下来将继续前往圣迭戈，而我将在夏威夷与之告别。在舰桥上的舰员看来，航经威克岛时偶遇的那群海鸥为平淡乏味的海上旅程增添了一抹亮色。除此之外，就只有无休无止的航行横向补给、口头测验、消防演习和排障操演了。我曾经无意间听到一位甲板水兵向军士长抱怨："最近3天我只睡了2个小时！"有一次，消防演习的内容是燃料泄漏在轮机舱内，情势危急，电力被演习导演切断，我们不得不顶着40摄氏度的高温，摸黑在狭窄的通道上蹒跚而行。我在演习中扮演来自航母的损管评估员，乘坐直升机登上"本福德"号，负责为舰上损管评估员的表现打分。一位真正来自航母的评估员对我说："如果你觉得我们太看重细枝末节，那你就说对了！"此时，一股怀乡气氛开始弥漫开来：为期5个月的海上部署就要结束了，终于能和配偶或者恋人见面了，谁还能睡得着呢？

浩渺的太平洋似乎没有尽头，常常一连几天只能看到泛着泡沫的海面和高达8英尺的涌浪。在这段航程之中，你的床垫简直成了蹦床；前一秒舰艏还没在水中，后一秒却被抛到海面上方一两层楼的高度。"这颗蓝色星球的大部分表面都是汹涌起伏的汪洋大海"——了解这个常识是一回事，亲身感受是另外一回事。舰艇经常以25节的速度迎风航行，舰桥侧翼的相对风速往往高达40节。所以，尽管海上日出、南十字星（Southern Cross）于凌晨2点慢慢爬上地平线的情景蔚为壮观，在甲板上待着依然是一种痛苦的体验。

前往夏威夷的途中，另一艘"尼米兹"级航空母舰——"卡尔·文森"号，及其带领的打击群擦肩而过。在环太平洋地区，美国海军每时每刻都保持着强大的存在。

第 4 章

刺青怪客：我所见过的最有动力的人

在“休斯敦”号核潜艇上的见闻

作为一支进攻型的潜望型海军代表，“休斯敦”号核潜艇是美国国家安全最为关键的基石之一。它不仅起到搜集情报的作用，更是应对中国潜艇快速崛起的利器。同时，作为一个不断复制自我的有机整体，“休斯敦”号更能远离媒体雷达，神出鬼没在大洋深处，执行国家真正的战略意图。在这艘由“刺青数学怪客”操作的核钢铁怪兽上，精英至上使得毫不起眼的水兵也能成为明星。

这一次，我计划搭乘一艘核动力攻击型潜艇跨越太平洋。

我此次选定的报道方向，与前一年春天身在伊拉克时的情况似乎完全不同，但事实并非如此。只要这个地球上还有人类，战争就不会停止；随时间改变的只是战争形态而已。在前一年伊拉克费卢杰地区的战斗中，我见识了未来战争的形态。尽管人类的军事科技已有了巨大的进步，步兵的作用仍然非常重要，有时还是必不可少的——他们只能以手中的枪和刺刀与敌人展开巷战。不过，未来战争与以往战争确有不同：激烈的战斗被简化成了抽象的数学运算，空间局限在相当的程度上被超越了，所谓的天时、地利不再有意义，有意义的只有电子通信及其背后的人类直觉。

城市巷战和潜艇部署这两种战斗形态的重要性同时提升并不奇怪：无论过去，还是将来。

对此，21 世纪的战场人员渐稀是其中一种解释。与过去那种在一个狭小的区域内大量集中步兵或水面战舰的战争样式（工业时代常见的陆海战斗形态）不同，如今的战斗人员经常以极小的编制规模藏身于城市、丛林、沙漠之中以及近海海面之下，甚至大洋深处。今天，这个地球的任何角落都是潜在的战场。杀死敌人很简单，难题在于如何发现敌人，因为他们既有可能混迹于集市之中，也有可能遁形于声波传播及折射条件无可捉摸的海洋某处。

“水下怪兽”——太平洋的弹道导弹核潜艇

由此，情报搜集的极端重要性就凸显出来了。在这个“流氓国家”和跨国恐怖势力有能力预测卫星运行轨迹从而规避侦测的时代，任何军事装备都不如水中的潜艇更适于刺探情报。只需在水面上布设一部天线设备，潜艇上的人员就能监听陆地上的手机通信。冷战期间，美国潜艇在靠近苏联海岸线的地方搜集到了电子数据，成为美国刺探情报的主要手段。通过在海底电话电缆上安装窃听器，潜艇能比空中的卫星更有效地获取敌方的通信内容。核动力潜艇的出现，为此类行动提供了极大的便利：它拥有近乎无穷的动力储备，可以在水下持续停留数月之久。由于核反应堆解决了潜艇的动力问题，食物储备成为限制其水下续航时间的唯一因素。

至冷战结束时，美国的核动力攻击型潜艇已对苏联及其盟国执行过 2000 次以上的情报刺探任务。在这些任务中，最重要的莫过于追踪苏联的弹道导弹核潜艇，这些水下怪兽长逾 300 英尺，配备20枚弹道导弹，每枚导弹携带10个核弹头。谢里·桑塔格（Sherry Sontag）和克里斯托弗·德鲁（Christopher Drew）曾在《豪赌：美国潜艇间谍行动秘史》（*Blind Man's Bluff: The Untold Story of American Submarine Espionage*）中写道，当艾森豪威尔总统因为害怕触怒赫鲁晓夫，“只是勉强同意”派遣U-2侦察机飞越苏联领空时，美国海军的潜艇指挥官们“便已确信，撇开国际法的繁文缛节，深入苏联领海是他们的职责所在”了。这些家伙很少遭遇道德或者政治层面的质疑，“在他们看来，对话和外交手腕不过是相关当事双方用来掩饰真实意图的幌子而已”。在冷战时代，两大阵营之间最激烈的对抗就发生在海面之下。

冷战结束之后，美军潜艇主要在伊朗和朝鲜等国附近海域游弋。美国潜艇也协助执行针对伊拉克的经济制裁，并且通过海上封锁杜绝武器流入波斯尼亚（Bosnia）和海地（Haiti）。第一次海湾战争期间，美军潜艇向伊拉克发射了巡航导弹，后来又分别于1997年和1998年故伎重演。1995年，美军潜艇用巡航导弹打击了波斯尼亚境内的塞尔维亚人目标；1999年的科索沃战争期间，有1/4的“战斧”巡航导弹是从潜艇上发射的。2003年的“伊拉克自由”行动期间，潜艇更是包办了1/3的巡航导弹打击任务，第一枚“战斧”导弹是常驻珍珠港海军基地的“夏恩”号核动力潜艇发射的。1998年美国针对苏丹疑似化学武器生产基地和阿富汗恐怖分子训练营的导弹袭击，也都是从潜艇上发起的。

目前，中国海军正着手潜出太平洋，这就必然遭遇尚不愿离开亚洲沿海大陆架海域的美国海空力量。中国人在发展柴电潜艇和核动力潜艇方面的投资，是其建立蓝水海军雄心的最突出迹象。中国正在谋求以导弹及潜艇为重点的海军军力局部提升——而非涵盖航母和其他水面舰艇在内的全面提升，与美国海军达成某种意义上的均势。据粗略统计，如果不考虑性能因素，中国的潜艇部队在某种程度上已经超越了美军。在中国海军拥有的70余艘潜艇中，大部分都采用了过时的俄式设计，但这些潜艇在南中国海、东海和黄海依然不失为一种危险武器，上述海域“海床高低不平，背景噪声大，水流速度快，且水温分层差异明显”，这使得对潜搜索变得异常困难。所以，中国海军未来也许有能力向美国或其某个盟国发动一场难以应对的袭击。

由于中国军力的崛起，为满足太平洋地区美国海军对潜艇力量的需要，原先部署在美国东海岸的美国潜艇部队正经由北极和巴拿马运河向太平洋调动。“（对于美军潜艇部队而言）冷战时代的任务是在深海大洋当中发现苏联潜艇，并保持将其击沉的能力。”即将卸任的太平洋舰队潜艇部队指挥官保罗·沙利文少将说，“而现在，由于某些国家的潜艇力量不断提升（诸如中国，尽管他并未言明），我们的重点正由大西洋转向太平洋，因为那些国家的潜艇严重威胁了美国的安全。”“与以前在大洋深处执行任务不同，”他接着说，“如今我们不得不置身于满是捕鱼船队的浅海海域。”

沙利文少将来自马萨诸塞州，曾经就读于美国海军军官学校，他是在珍珠港举行的指挥权交接仪式上发表离任演说时讲这番话的。接替他的是毕业于得克萨斯大学埃尔帕索分校的杰弗里·卡西亚斯少将。尽管此类仪式每天都在美军各单位发生，却总是令人心潮澎湃。这一回尤其如此。我回到夏威夷后的第一天，就参加了此次仪式。

“帕萨迪纳”号核动力攻击型潜艇上临时搭起了一个木质讲台，上面装饰着红白蓝三色彩旗；讲台下方站满了身穿军礼服和白色夏季制服的潜艇艇员；穿着五颜六色的夏威夷衬衫的退役军官和水兵也带着家眷前来观礼，他们集聚在“塞拉九号”（Sierra nine）直码头的一座帐篷中。“夏恩”号潜艇停靠在我们身后，在它旁边的是“亚拉巴马”号弹道导弹核潜艇。200码外，隔着淡蓝色的海水，停泊着4艘“阿利·伯克”级驱逐舰。钟声敲响，一支海军乐团奏响了前奏曲《鼓号齐鸣》。彩旗装点的“弗兰克·凯布尔”号潜艇母舰上打响了礼炮。从学生普遍抗议政府的越战时代到为阿富汗和伊拉克带去民主的最近几年，沙利文等发言者追忆了这几十年间潜艇勇士们的英雄事迹。

仪式结束之时，在牧师的祝祷声中，人们向两位将军及其妻子献上鲜花。这场仪式是一个大家庭的聚会，前来参加的人们大多彼此相识。女宾们大多模样漂亮，但神情严峻。当丈夫在大洋深处执行秘密任务之时，这些女人已经习惯了数周甚至数月独守空房的日子。冷战期间，每逢潜艇返回码头，艇员的妻子们都会提前一天接到电话——这是她们所能期盼到的唯一预先通知。这与水面舰队的模式大相径庭。

单一“有机体”——“休斯敦”号核潜艇

第二天，我登上了“休斯敦”号核潜艇。“休斯敦”号是24艘“洛杉矶”级核动力攻击型潜艇（SSN）之一，体型不如弹道导弹核潜艇（SSBN）那么庞大。攻击型核潜艇负责搜集各种情报、猎杀俄罗斯潜艇等老对手、对抗中国潜艇之类的新敌人、为航母打击群护航、投送特种作战分队、发射远程导弹等任务，是保障美国国家安全最为关键的武器之一。美国海军的核动力攻击型潜艇大多以美国城市命名，但也有部分例外。“休斯敦”号潜艇于1982年加入现役。在它之前已有2艘美国海军水面舰艇使用过“休斯敦”这个名号：其一是曾经4次用作富兰克林·罗斯福总统的官方座舰的“休斯敦”号重型巡洋舰，后于1942年2月在爪哇岛海战中被日军击沉；其二是1943年入役的“休斯敦”号轻型巡洋舰，在1944年的菲律宾海海战中表现出色。

眼下这艘“休斯敦”号，是第一艘以“休斯敦”命名的潜艇。该艇建造耗资超过10亿美元，设计最高航速逾25节，最大潜深超过800英尺。“休斯敦”号（片中虚构艇名为“达拉斯”号）曾在电影《猎杀“红色十月”号》中接近剧情高潮之时的一次紧急上浮而名声大噪：影片中的该艇让水柜瞬间充满高压气体，排出海水，以30度角猛地跃出水面，展现出其优良性能。

“休斯敦”号核动力攻击型潜艇宽33英尺，长360英尺。不过，依据规定我无法进入潜艇前半部，所以感觉它并没有那么庞大。艇上的核反应堆和推进系统位于尾段，由于我不具备相应的安全许可，也无法前去参观。我在艇上采访的这段时间里，该艇共有 17 名军官和 130 名水兵，大致相当于“本福德”号舰员的半数。但在空间方面，这艘潜艇远远不及驱逐舰的一半。“休斯敦”号艇员的平均年龄为 26 岁。与水面舰队不同，这里没有女兵。与驱逐舰上的同行相比，潜艇艇员的履历要求更高一些。

我登艇之后，“休斯敦”号随即出港，在夏威夷群岛西部海域开始了为期 2 天的鱼雷发射演习。接着，它从中太平洋出发，潜航近 4000 英里抵达位于关岛的母港。关岛是前沿部署的第 15 潜艇分队的母港。除“休斯敦”号之外，该潜艇分队还拥有另外 2 艘核动力攻击型潜艇“科珀斯克里斯蒂”号和“旧金山”号。“旧金山”号最近遭遇了一次近乎毁灭性的水下碰撞事故。事故发生在关岛东南部，当时潜艇撞上了一座海图上没有标注的海底山，1 名艇员死亡、23 人受伤。我将在“休斯敦”号上与数名事故发生时正在“旧金山”号潜艇上的艇员会面。

这次潜艇之旅将带我跨越中太平洋，从一个热带群岛来到另一个热带群岛，途中经过了中太平洋海盆，以及高出海底 9500 英尺的中太平洋海山群。不过，美国海军将这片大洋称作北太平洋，因为关岛和夏威夷皆位于赤道以北。我将要在水下待上总共 2 周时间。

登艇之初的几个小时里，我的感觉与之前数次军中插队时类似——令人迷惑的新环境，加上同样令人迷惑但我必须逐一辨明的制服和面孔。同时，一切又与之前的经历大不相同。我在伊拉克采访的海军陆战队步兵代表着美军文化的一个极端，而核动力攻击型潜艇上的艇员们则代表着另一个极端。当然，我也发现了两者之间的相似之处：都是极端主义者，有着一种确确实实的自大情结，不惧承受极端的“感觉剥夺”（Sensory Deprivation）体验。

与海军陆战队队员们一样，潜艇艇员对他们所属兵种的历史抱有一种非常个人化的体认。1900 年，美国海军第一艘潜艇入役。这艘名为“霍兰”号的潜艇，是设计师约翰·霍兰（John p. Holland）在弗吉尼亚州弗农山庄（Mount Vernon）附近的海域试航之后，以 16 万美元的价格卖给美国海军的。就像陆战队员们每年 11 月都会以一场盛大的舞会来庆祝海军陆战队成立日一样，每年 4 月潜艇兵也会举行各种活动，缅怀那些在巡弋中永生的先烈。

不过，我刚刚说过，这段水下之旅依然与我之前的经历很不一样。乍一看去，夏威夷的潜艇码头似乎空无一物，待我走到近处，才注意到“休斯敦”号的指挥塔围壳和只露出水面 1/3 的艇体。这艘潜艇的涂装为深灰色，艇身外部铺设着硬质橡胶消声瓦。与驱逐舰码头不同，潜艇码头上没有多少游逛的闲人。主要原因在于，潜艇的部署属于高保密级别事务。迎接我的是“休斯敦”号潜艇艇长、来自密歇根州格罗斯伊尔岛（Grosse Ile）的约翰·扎瓦迪尔中校和来自特拉华州纽瓦克的副艇长布莱恩·戴维斯少校。

潜艇上的军衔体系与“本福德”号驱逐舰上完全一样，但艇员们的个性气质却与驱逐舰舰员大不一样。刚一见面我就发现，一头蓬松的亮红色短发、如少年般活泼的扎瓦迪尔艇长比“本福德”号驱逐舰的唐纳德·霍恩贝克舰长健谈得多；副艇长布莱恩·戴维斯也不像“本福德”号驱逐舰的戴夫·邓恩那样盛气凌人。潜艇上的人员编制和舱室空间都更小一些，因而艇上环境也不像水面战舰那样严肃。潜艇上没有白天和夜晚的概念（只有煎培根肉的香气提醒大家已到早晨），所以没有设置所谓的起床号角。此外，包括正、副艇长在内的所有艇员都身穿一种被扎瓦迪尔艇长称作勇士蓝工装的制服。

在“休斯敦”号潜艇上，除了军官和军士长们身上的卡其色腰带，艇员着装再无卡其色元素，白色军礼服一类的更是不见踪影。即使是进港之时亦是如此。前一日指挥权交接仪式的浮华已然褪去。“休斯敦”号潜艇的最高指挥官与麾下的水兵们之间的距离，远比“本福德”号驱逐舰上更近。自打我身背行囊走进这艘潜艇，我就明显地感觉到了这一点：如果说驱逐舰是一处男女水兵都有、自成一体的文明体系，核动力攻击型潜艇就是一个单一的有机体：就像一个不断复制自我的个体。

这种患难与共的团队精神，不仅源于日复一日地近距离相处，更是所有人都在精神层面与外部世界相隔绝的结果：潜艇乘员的与外界联系相关管理比水面战舰更加严苛。潜艇上有太多东西是艇员们不能在家人和朋友面前提及的，这是由他们高度保密的工作性质决定的。

与驱逐舰上的空间相比，潜艇里的空间仿佛是压缩到前者的几分之一。“本福德”号驱逐舰上的军官住舱和通道到处都是低悬的管线，让人感觉逼仄不堪；但跟潜艇相比，真的要宽敞很多。我被安排住进了戴维斯少校的住舱，其大小在艇上排名第二，但也只及“本福德”号副舰长住舱的1/4大小。洗手池和桌子都折叠嵌入墙壁。塑料质垃圾篓只有2英寸宽。戴维斯副艇长堆放整齐的纸质文件几乎遮住了铺着蓝色垫子的全部地板，唯一的椅子上也码放着其他笔记本。这里的空间比大学宿舍小得多，身处其中的人却要完成多得多的作业；那些前程远大的大学生们毕业后都会积极寻求更加私密的个人生活空间，潜艇上的艇员们却做出了截然相反的选择。

在潜艇上，这样的住舱已经是非常奢侈了。其他军官都挤在一个单间卧舱之中，这里的床位呈上下铺设置，每个床位之间的垂直距离不过两英尺。床位一侧的墙壁上挂着塞满脏衣服的帆布包，进一步“压缩”他们本就有限的空间。相形之下，普通水兵的住舱更加拥挤。130名水兵对应96个床位，许多人只能选择轮流睡觉；由于艇上实行18小时轮换工作制，所以这也不是什么问题。当某名水兵“享受”6小时睡眠时，其他人都在值勤。有些人就睡在鱼雷舱里，床位与鱼雷滑轨交错在一起，这儿的灯光终日不熄。

起航之前，我在艇上的军官室吃了午餐。“休斯敦”号潜艇的军官室与“本福德”号驱逐舰的军官室格局几乎完全一样，只是尺寸小了许多，我几乎能闻到墙上防火板的味道。“本福德”号驱逐舰的军官室里悬挂着爱迪生·本福德的肖像，这里悬挂的则是“休斯敦”号的艇徽。徽章上有美国国旗和得克萨斯州州旗的图案，还有用拉丁文书写的“时刻保持警觉” （Always Vigilant）字样。军官们挤坐在一起，调侃桌边某位毕业于弗吉尼亚军事学院的家伙，一直说着所谓弗吉尼亚军事学院远超美国海军军官学校以及其他更高学府之类的玩笑话

在一位20世纪初的平民看来，军队总有一种令人肃然起敬的气质。在这个无论年轻的服务生还是年长的企业高管，都坚持以颇显正式的姓氏称呼陌生人的年代，但在“休斯敦”号潜艇的军官室里，你不仅可以听到年轻军官们由衷的欢笑声，还可以听到诸如“艇长”“副艇长”“巴特斯先生”“墨菲先生”“勒吉特先生”一类称谓。

容不得任何异味的“净土”

将细微之处的区别累积起来就是惊天巨变。“本福德”号驱逐舰上的军官以严谨的科学态度给我留下了深刻的印象，他们向我揭示了如何以“无关男子气概”的方式进行战争。但在这里，男子气概的重要性却被极度放大了；透过种种细微之处，我见识了一群气质截然不同的军官：他们的神情如此专注、严谨，给人一种学术怪客的感觉。

这并不令人惊讶，因为除艇长以外，这里的军官大多不过二十多岁或者三十出头，而他们所掌握的既是一艘布满武器和监听设备的潜艇，也是一座快速移动的水下核电站。与空军飞行员一

样，潜艇兵的工作也完全容不得任何失误。在水下数百英尺处工作，其感受与乘坐航天飞机游历太空不无相似之处。“肛门滞留型人格”（Anal Retentiveness，一种心理学理论，指循规蹈矩、谨小慎微的人格倾向，与肛门排泄型人格相对应。——译者注）是潜艇兵们在水下生存的不二法门。但是，若想了解这种人格属性，单靠长期密切接触过程中的旁观是不够的。“这感觉就像是回到了七年级，”一位水兵如是说，“如果你干了蠢事，战友们定会让你永生难忘。”

在水面战舰上生活，就像是到了一处只有海水和钢铁的净土，与沙尘漫天的中东沙漠和淤泥遍地的热带雨林相比尤为如此。而与水面战舰相比，潜艇内部的洁净程度更胜一筹，甚至给人一种被清洁剂浸泡过的感觉，因为如此幽闭的环境容不得任何异味。潜艇兵们经常洗澡，所有艇上垃圾都会被一台机器压缩回收，并系上重物沉入海底。水槽每次使用之后都要擦拭干净。艇上的军官是我在美军中所见最挑剔的。这艘潜艇上的军士长们也比“本福德”号驱逐舰上的那位黑人兄弟更加注重细节：这些身上带着刺青的家伙，数学和科学成绩都非常出色，否则根本无法上潜艇服役。潜艇是一件必须极度注意保养维护的装备。但与那些自主行动的突击队员和水面战舰成员不同，潜艇兵的任何行动都由指挥部严格掌控。

核动力攻击型潜艇上的军士长休息室不过是一张配备了计算机显示屏，可供观看电影的桌子而已。由于空间实在太小，这里没有食物供应。吃东西时，军士长们与其他士官和实习水手一起挤在紧挨着军官室的住舱甲板之中（人称“长角牛咖啡馆”）。由于核动力攻击型潜艇上的所有艇员在生活、工作以及用餐之时，彼此距离都不过咫尺，因而军官、士官和普通水兵之间并不像水面战舰上那样存在巨大鸿沟。除了军官室和临近过道地面上铺设的蓝色地毯和地砖，潜艇上的“军官属地”并没有太多的含义。

艇员之间另外一条情感纽带在于，“休斯敦”号上除军需官以外的所有军官、130 名水兵中的 70 名，都毕业于“核动力学校”——即设在南卡罗来纳州查尔斯顿的美国海军核动力训练学校。在那里，学员们每天都要在蒸笼般的环境下待上 6 个小时，接受工程学、化学、数学、反应堆物理学、流体与热力学等方面的培训，艰难的测验一个接一个。我登上的是一座钢铁修道院，这里的艇员是我见过的最热情、最有动力的人。

以来自佐治亚州费耶特维尔的安东尼·威廉姆斯中尉为例，他在反应堆舱担任化学放射助理。尽管威廉姆斯的家族从 1685 年起每一代都有人在英美军中效力，但他敏锐、精确的言谈让人感觉他更像是一位学者而非现役军人。他父亲曾是一位空军飞行员，兄长则在陆军服役。我与威廉姆斯中尉有过一次关于美国民主政治未来前景的讨论。通过这次交流，我发现他是一个富有激情、思维活跃的家伙。他对美国的民主政治深感忧虑，但这并未影响他对美国本身的关注。仿佛这个国度是他的孩子一样，他愿意以身报国。午餐时，艇员们在一起说着“湿式传输检查”“消磁”“热释光剂量测定”以及其他许多我闻所未闻的专业术语。

看到我一头雾水的样子，威廉姆斯从壁橱里拿出一本操作手册，向我解释了部分基本术语：

- 混合层深度：海洋之中的一种深度区间，通常始于海平面以下 200~30 英尺处。在该深度区间，穿透海水的阳光至此消弭殆尽，所以水温较低且相对恒定。由于此处水压更大、水分子连接性更强，便于声波传播，因而非常有利于声呐信号传输。海水中分布着多个混合层，但该名词通常指最接近海面的冷水层。“休斯敦”号此次关岛之行的大部分时段，都将在这个位于海平面以下数百英尺的水层航行。
- 温跃：指的是水温随着水深增大而逐渐下降的速率，在图上以倾斜曲线表示。温跃曲线变平，则表明潜艇进入了混合层。
- 声呐盲区（Baffles）：潜艇在水下航行时，艇艉处形成的 120 度锥形水流区域。在声呐盲区范围内，螺旋推进器打水（也就是潜艇兵所说的“螺旋”）发出的激流噪音除外，声呐兵听不到任何其他声音信号。由于声呐要靠听来获取信息，这片区域就成了一个危险声呐盲区。

授课快要结束时，威廉姆斯中尉以潜艇兵的专业视角，对冷战和全球反恐战争时期在潜艇运用方面的区别进行了一番论述。冷战期间的潜艇主要在北极地区活动，那里有深度较浅且分布均匀的混合层。对潜艇兵而言，要在北极海域确定混合层并不困难，但犬牙交错的冰山以及接近融化或者半融化状态的冰块都会对声呐探测带来不可预知的影响；而在反恐战争期间，由于潜艇主要在热带海域活动，并不存在冰山影响声呐探测的问题，但由于阳光和风向的变化较为多样，混合层的分布也更深且更加复杂了。

从夏威夷到关岛：4000 英里水下旅程

“休斯敦”号就要启航离港了。吃过午饭、听过授课之后，我穿上一身救生衣，沿着一串阶梯爬到了 20 英尺高的指挥塔围壳顶端——当潜艇在水面航行时，这里便相当于它的舰桥。我爬出围壳，将救生衣上的锁环扣在一处门闩上，站在潜艇的最高处。包括艇长、艇上总值日官和舰桥指挥官在内，这片狭窄而拥挤的区域里一共站着 6 位身穿蓝色连身制服的艇员。面积很小的围壳顶端安装着 2 部潜望镜、一大堆天线和计算机显示屏，还有 1 挺自卫的 MK-43 中型机枪以及一部为艇内泵送新鲜空气的换气装置。这些设备都安装在一个传动装置之上，在潜艇下潜之前，既可人工拆除，也可借助液压系统收回围壳内部。

在我所站位置下方，从指挥塔围壳中部两侧各伸出一条巨大的翼面——“围壳舵”（Fairwater Plane）。通过调整它们的角度，潜艇可以在水下进行紧急上升和下降机动。艇体艉部远端面积较小的舵面，可以帮助潜艇更加精准地调整航行角度和深度。潜艇的操作与飞机非常类似。纵贯艇艏至艇艉的水柜中填充海水，以达到中性浮力状态；艇员们操作艇身上的各个舵面——包括围壳舵和尾舵（stern plane），潜艇几乎可以朝任意方向航行。

“本舰起锚出航。”站在我身边的扎瓦迪尔艇长发布命令。“得令，长官。”舰上总值日官回应道。身穿蓝色制服、外套绿马甲的艇员们在艇壳上方列队，系缆随之松脱；星条旗从艇艉旗杆上降下，在我头顶数英寸处的围壳旗杆上升了起来，变成了这艘潜艇的艇旗。当此之时，一艘拖船将我们拖离了“横滨”橡胶护舷。

“休斯敦”号从4艘“阿利·伯克”级驱逐舰和“帕萨迪纳”号核动力攻击型潜艇旁边经过。前一天的那场交接仪式正是在“帕萨迪纳”号潜艇上举行的。随后，“休斯敦”号在霍斯皮特尔角（Hospital Point）附近转向外海，艇上的汽笛如雾角般鸣响起来。艇艏在碧绿的海面上激起了一道道密集的水波。

即便是之前在驱逐舰的舰桥上的经历，也无法和置身潜艇围壳顶端的感受相比：我的双脚悬在围壳边缘之外，整个人单靠救生衣上的锁环固定，才不至于滑入海中。潜艇航速逐渐提高，周围的海水慢慢从绿色变为蓝绿色，再变为深蓝色，我内心的震撼也越发强烈。浪花朝潜艇顶部的我们涌来，只有围壳顶部和围壳舵还是干的。

海水裹挟了泡沫，流过整个艇壳，距离我们越来越近了。舰上总值日官点燃一支香烟，我则斜靠在潜望塔上，聆听着脚下不足20英尺处的海浪咆哮，享受着美妙的阳光。希卡姆空军基地的居民区里，两个孩子跟着他们的母亲，站在海岸上的沙滩边缘。看到我们巡行而过，他们举起手中小小的星条旗，使劲挥舞。

离开珍珠港及其附近水域之后，机动航行（Maneuvering Watch）阶段就此结束，“休斯敦”号进入了海上航行（at--sea watch）阶段。艇长解开连着艇体的救生衣锁环，下到控制室；接下来，这间舱室将担负起舰桥的职责。在这里，舰上总值日官和舰桥指挥官的职责将由其他人接掌。顺着梯子往下爬的时候，我的脑袋碰上了旋转的雷达阵列，鲜血顿时染红了整件衣服。当我走进盥洗室冲洗血迹的时候，一位水兵打趣道：“您刚刚登艇，就有航海故事可讲了。”

从指挥塔围壳下到艇体内部，我刚才那种游客般的欢愉被各种数字化设备营造出的抽象氛围一扫而光。我发觉自己已然从碧蓝的热带海洋来到了一个死气沉沉的、到处都是电子操作面板和开关的灰暗世界。这里遍布海沫绿的管道、缆绳和闪着红光的LED显示屏。潜艇内部的氛围是一成不变的，“69（华氏）度和荧光灯，”一位军士长如此概括。军官室以及部分过道墙上的“富美家”防火板，大概就是艇上最奢华的东西了。

看着艇上工业时代风格的灰色和海沫绿，一位水兵评价道：“是啊，这潜艇的内部装潢肯定不是玛莎·斯图尔特（Martha stewart，美国女性财富人物，在室内装饰方面颇有造诣——译者注）操刀的。”“要问潜艇上的生活是啥样的？”望着那些像意大利面一样缠绕着的管线在阴暗得令人绝望的舱室里四处蔓延，另外一位水兵夸张地说，“就像是一连几星期被困在高中的锅炉房里。”

住舱甲板区里，水兵们已经在为艇上测验和其他资格测试做准备了：毕竟此次出海将持续整整 2 个星期。我发现艇上到处都有红色和黄色标记，提醒大家某扇舱门或者过道里的某个区段有辐射危险。美国海军极端注重水兵的防辐射保护。美国海军有过数十年在潜艇和航空母舰上运行总共几十台核反应堆（2 倍于美国境内的核电站）的经验——从来没有发生过任何事故。

此刻被当作舰桥使用的控制室，看上去就像是放大版的 B-52 驾驶舱；那些深灰色的控制设备看上去如同二战时期的古董一般老旧，运用的却是最新、最尖端的科技成果。舵手负责操作方向舵和围壳舵；坐在他左侧的家伙相当于副驾驶，负责掌控艇尾的升降舵；副驾驶身旁是值班军士长，负责全艇通信和水柜的抽排水工作；坐在三人身后的是值班潜水官，全权掌控潜艇在水下的姿势。他们的目标是达到并保持规定深度。潜艇航行时的水深由舰桥指挥官决定，舵手或者导航员负责为他提供参考信息。再加上坐在一旁的武器操作官和声呐技师，整个控制室就是潜艇的心脏。

艇员们正在为下潜做着最后的准备，包括围壳系索检查、液压与通风系统测试，以及降下第一部潜望镜。进入潜航状态的最后一刻，“休斯敦”号的速度明显下降，艇身的摇晃程度远超相同海况下的驱逐舰。我感觉自己可能要晕船了：众所周知，潜艇是以能在水下稳定航行为中心设计的，在海面上则是一个极不稳定的平台。

“下潜！下潜！”进入潜航状态的指令已经下达了。我们以负

5 度角潜入 35 英尺的深度。这时，另外一部潜望镜也降了下来。我能听到水流经过某部水听器时发出的嘶嘶声。接着，艇身的倾斜角达到负 15 度，我的身体也跟着向前倾斜。“休斯敦”号又下潜了 400 英尺。摆脱海面波浪的影响之后，艇身不再摇晃，正要晕船的我也顿时恢复正常。现在我只有一种微弱的下坠感，仿佛自己正在一台缓缓下降的电梯之中。此刻的潜艇安静而平和。“深潜的感觉真不错。”不知是谁说了这么一句，就像是在低声自语。

航速已经提升到 24 节。这时，艇员们必须稳住围壳舵，单以面积更小的尾舵调整航向。这完全是出于确保安全的考虑：当潜艇在水下高速航行之时，如果面积较大的舵面出现大角度意外动作，可能会使潜艇急速下沉至极限深度，潜艇外壳将被强大的水压挤扁。

从夏威夷到关岛之间将近 4000 英里的航程，我们大概会一直待在水下。这是一次奇妙的水下之旅，也是一次完全意义上的例行公事——潜艇开展此类长程持续潜航早就不是新鲜事了。潜艇“鹦鹉螺”号的内莫船长（儒勒·凡尔纳 1870 年发表的科幻小说《海底两万里》中的人物）曾经说过，“海洋便是一切。整个地球表面有 7 成被海洋覆盖……这是一片真正辽阔的旷野”。美国的第一艘核动力潜艇也被命名为“鹦鹉螺”号。凡尔纳笔下那艘想象当中的“鹦鹉螺”号抵达了南极洲，而美国海军的“鹦鹉螺”号于 1958 年潜航穿越了北极。凡尔纳当年那部科幻名作让孩子们如痴如醉，同时也奠定了潜艇生活的基本元素，即：潜艇是一处神圣的水下方舟，尽管空间局促，却集合了人类进步的全部要素。潜艇内部承载着食物、安全和宁静祥和以及一处藏有12000部人类最伟大书籍的图书馆（至少在凡尔纳笔下的“鹦鹉螺”号上是这样的），而潜艇外部只有黑暗而高压的海水，仿佛无边无际的宇宙空间。

精英至上的潜艇法则

事实上，美国海军每一艘潜艇上都有一个庞大的“图书馆”，里面藏着各类技术手册。潜艇内部随处可见技术手册，艇员们会时不时地拿来翻看。如果一艘驱逐舰遇到紧急机械故障，可以召唤附近航母上的专业技师，请他们乘直升机前来支援，而身处大洋深处的潜艇兵们只能依靠自己，这些厚厚的技术手册就是他们的《圣经》。

我们此刻正航行在《海底两万里》中提到的“鹦鹉螺”号航线以北的海域。书中的内莫船长从夏威夷出发，往南经过法属波利尼西亚，再向西穿越大洋洲，最后抵达澳大利亚和新几内亚之间的托雷斯海峡。我们的目的地则是托雷斯海峡正北方向的马里亚纳群岛。

潜艇对于每一寸空间的精细利用，又一次让我惊叹不已。医务官的办公室居然设在声呐浮标及反鱼雷武器发射器所在的位置，密如丛林的管线几乎凑到了他的鼻尖；各种保险丝盒、温度仪器和声呐发射机之间，摆着一部孤零零的脚踏车式健身器；技术指南密密麻麻地塞在墙上的浅洞里，以便随时取阅；数百听堆放在住舱甲板的罐头食品被艇员当长凳使用，只要不是在煮饭，炊事兵们都会手脚并用擦洗这里的每一个角落和缝隙。艇上每天都有 147 名成员进进出出，却经常一连数周得不到一点新鲜空气，所以清洁是一项长期任务。

艇员们每天工作 18 个小时，完全没有黑夜和白天的概念。与这些以不需要休息为荣的人待在一起，我产生了一种特权感。工作之余，他们的消遣方式不过是在床位上看看色情书刊、在艇艉吸食烟草、看电影、玩纸牌，或者干脆凑在一块儿闲谈。

正如我在“本福德”号上所了解到的，美国海军其实有着十足的内陆渊源。许多水兵都出身美国中西部的内陆和大平原地区，从小见惯了一望无际的玉米、大豆和小麦田，心中却悄悄有了蓝色大海的梦。来自内布拉斯加州奥本的机械军士长杰夫·梅恩海特，脑袋光亮、身材粗壮，留着一撮胡子，性格热情开朗，是一位典型的海军高级士官。他和手下的 9 名水兵负责维修除核反应堆之外所有艇上的设施：无论是古怪的将氢原子转化为水蒸气和从空气中分离二氧化碳的设备，还是常见的洗衣机和烘衣机等。梅恩海特军士长掌管着许许多多的锅炉、发电机、泵机和阀门。每次检查，他都要在猫行道一般的狭窄过道里挤来挤去。他曾说过，“这艘艇上连着管子的东西，基本上都归我管”。

由于艇上随时有大小故障发生，他们几无任何闲暇。梅恩海特军士长的父亲曾经在陆军服役，姐姐正在空军中效力，而他的叔叔们都是海军陆战队队员。尽管美国军队是一支完全由志愿者组成的武装力量，但要想否认其中存在等级制度，唯一的办法就是对位于军队“基部”的男男女女的生活故事视而不见。梅恩海特本人的生活故事就很多：诸如，足够全体艇员使用一周、专门应对紧急情况的氧气被如何储存在艇身艏艉的压力罐里，如何用胺清除舱内空气中的二氧化碳——在艇上闻不出什么，一旦离开潜艇回到家中，艇员们就会发现所有的衣物都散发着化学药剂的气味。为丈夫的衣衫除味是艇员妻子的一项额外任务。

来自蒙大拿州里奇市的电子技师戈登·伯泽，也是一位来自大平原地区的农家孩子。这位军士长的手里永远端着一杯咖啡。他已经在潜艇上度过了14个年头，曾经以无线电通信兵的身份随艇在北极圈内海域执勤数月，还去过北极点。“当年我23岁，已经结婚成家，却没有找到合适的工作。于是，我先去见了海军征兵人员，然后才说服我妻子同意我参军。这艘潜艇上的人数比我老家总人口的一半还多。在潜艇部队服役的经历真是让我大开眼界。”

有一位军士长来自密苏里州的开普吉拉多，他骄傲地对我说，著名脱口秀主持人拉什·林博（Rush limbaugh）是他的同乡。他打算在潜艇部队服役满20年后再回家乡。这位军士长的继父曾经在马里亚纳群岛中的天宁岛为陆军航空队效力：分别丢在广岛和长崎的两枚原子弹——“胖子”和“小男孩”，当年就是由他们运去的。

来自犹他州弗纳尔的二等电子技术士官凯尔·马歇尔·利姆，是我在潜艇刚刚起航时就认识的一位艇员。他今年23岁，与“休斯敦”号同龄。利姆非常热心，有时甚至显得有些轻率，说话时的语调听上去很天真。他也有亲戚在军中其他部门服役。他告诉我，他之所以加入海军，既是出于提升社会地位的考虑，也是出于对9·11事件的义愤。“我们都是生活在这个三维数字世界里的可怜小怪，”利姆说，“这不仅是因为我们很多时间都在这么小的一个水下空间待着，还因为在这里很难与外界取得联系。即使与其他舰艇上的水兵相比，我们与外界隔绝的程度也高很多。”

利姆士官是一位摩门教徒，也是“休斯敦”号潜艇上折中学派（eclectic services）的领头人。跟艇上的新教徒和天主教徒一样，他也会在每周日上午进行礼拜。他解释说，究其本质，折中学派是一种“新异教”运动，结合了古斯堪的那维亚信仰、德鲁伊教派、巫术和其他异教信仰。有时候，他们还会引入一些佛教元素以及一些被利姆称为孤独苦修精神的成分。我曾听驻伊拉克的海军陆战队成员和“本福德”号上的水兵们说起过有关“新异教”的事，但直到登上这艘潜艇，我才与其有了第一次接触。利姆告诉我，他会在长官面前坚持捍卫自己的信仰，直到它获得官方认可；就海军当局来讲，这个决定是明智的，因为艇上只有7位成员抱有此种信仰，而且他们无论如何不会形成某种破坏性的青年结社。对利姆等人的信仰，长官们既要容忍，又不能过于放任。“我们不杀牲祭祀，也不膜拜恶魔，”利姆说，“我从来不碰毒品。我们只是站成一圈，洒洒盐水，我们只向自然界祈福。我们信奉的道德准则是只要不危害他人，尽可随心所欲。”

如果说“本福德”号驱逐舰是一处不断摇晃的空间，“休斯敦”号潜艇就是它的压缩版，无论是紧张程度还是拥挤程度都远胜前者；人们不免担心这儿会发生残暴的等级压迫，若不是这里有如此铁腕——以至于几乎无须明言，甚至暗示也不用——的纪律。潜艇上的法则就是纯粹的精英主义：只要做出了成绩，即使是最低级别的水兵也可以趾高气扬。

在这远离了人类文明的大洋深处与 147 位年轻男子厮混在一起，丝毫没有人身安全方面的忧虑，这份奢侈的安全感让我想到了它的反面：在太平洋上的某处封闭的小世界里，人类像野兽一样行事，强者及被侮辱与被损害较少者按照一种清晰的层级制度肆意凌虐弱者及被侮辱与被损害较多者。这正是杰克·伦敦的名作《海狼》塑造的世界：一位向往自由的富有、书呆子气的学者在一起海难中被一艘猎捕海豹的帆船救起，由此备受“原始至极、仿佛出生在人类未开化之前”的船长的恐吓和奴役，但也由于船长的影响在 35 岁那年找回了属于自己的男子气概。《海狼》这部小说的人物塑造有失轻巧，其性格也因此稍显僵硬、夸张，以文学的评判标准来看是不够精致的。但是，只要你花上一些时间近距离接触那些充满活力的年轻人——诸如这艘潜艇上的这些未经花花世界玷污的艇员们，你会发现，杰克·伦敦的描写是真正贴近现实的：他对人类社会的理解，远超那些将他视为自学成才者的人们。

“休斯敦”号潜艇上的这种几乎无须明言的铁律，与它的军士长关系极大。斯科特·韦弗指挥军士长来自邻近佛罗里达州与佐治亚州分界处的费南迪纳比奇。时年50岁的他自1979年加入海军后，几乎是一直在潜艇上工作，经常在北太平洋中追踪苏联弹道导弹核潜艇以及其他类型的苏联潜艇。在整个海军中，潜艇军士长是一个具有独特魅力的岗位，更甚于水面战舰上的军士长。确实如此，与“本福德”号驱逐舰上的克拉多克军士长相比，韦弗军士长的权威体现得更加隐晦。如果说前者是位居高临下的上级，后者则更像是一位家长或者你不想让他失望的某位高中时代的老师或考官。这位军士长留着一头灰发，戴一副金属圆框眼镜，给人的感觉是优雅精致而非率直粗鲁。他是一位狂热的背包客，曾经遍游奥林匹克山脉和喀斯喀特山脉（几十年来，华盛顿州一直是美国海军的潜艇中心）。在斯科特·韦弗看来，高山上的空气实是他25年水下工作的解毒剂。

“我祖父曾经是一名水兵，在一艘巡洋舰上服役，我父亲曾在陆军的游骑兵部队效力。但我祖父更擅长讲述往事，我知道他那些关于穿越台风区的传奇故事不无夸张，但我还是如痴如醉。我继承了他的名字，所以我也加入了海军，成了一名声呐兵。”潜艇的军士长负责向艇员家属宣布死讯、了解哪位艇员的妻子生病住院了、制订吸烟和水手上岸规则、编排值班表、监督艇上卫生状况，还负责潜艇的降噪等事务。除此之外，他每天都要挤出2个小时来做文书工作。其他艇员每天都有固定的睡眠时间，他只能抽空小憩。与所有军士长一样，韦弗军士长也有绝对接受不了的事：他无法忍受水兵们不刮胡子，以及双手抄兜。

“基础工作已经完成了，”首日航程接近尾声时，扎瓦迪尔艇长在军官室里对艇上军官和高级士官们说，“但我要说的是，我们目前的表现不算很好。我们还要在导航、声呐分析、鱼雷攻击、水下布雷、舱室降噪等方面做得更好。”让潜艇在风大浪急的天气里保持潜望镜深度并稳定航行状态，以向艇内泵送新鲜空气，是“休斯敦”号过去几周的训练重点，此后则会成为一项日常事项。这艘潜艇刚刚在干船坞接受过一次历时3年的大修，其中包括耗费2亿美元为反应堆重新填充核燃料，前不久才重返大海。核动力潜艇反应堆的寿命周期为33年，但投入使用20年后需要重新填充一次核燃料。2亿美元的成本是合理的，因为一艘新建核动力攻击型潜艇的造价可达14亿美元，即使是柴电潜艇的造价也高达8亿美元。在“休斯敦”号潜艇重新进行持续作战部署之前，艇员们需要做的就是充分磨砺、尽量提升它的战斗性能。这就意味着，从第二天早晨开始，艇上就要开始一个又一个的演练。如艇长所说，“我们正在进行春训，以便为常规赛季做好准备。”他承受着巨大的压力：作为一艘前沿部署的潜艇，“休斯敦”号的训练和实战任务都比那些停留在本土和夏威夷的潜艇更频繁，因为它的任务就是在海上积极活动。

由于近身格斗必须要有强健的体魄，人们往往一眼就能看出海军陆战队将领们的与众不同。潜艇指挥官却没有独特的外形特征，如果非要为他们界定一个特征，那也断不会是勇猛刚毅。不过，成为一名核潜艇指挥官的必要条件，仍然足以吓倒平民世界里最具野心的家伙。皮肤白净的约翰·扎瓦迪尔已经40岁了，看上去却非常年轻。他的性格开朗，面对极端状态也从不慌乱。

有时候，强大领导力的作用方式很简单。扎瓦迪尔就是一个典型代表。由于其令人愉悦的性情，他可以始终直言不讳，对方却不会有被冒犯的感觉。

来自媒体的威慑力

对潜艇战的未来，扎瓦迪尔有以下两点看法：与以往较多地是在冷水区部署不同，今后在暖水区的部署会更多一些；此外，潜艇还将承担更多的特种作战部队输送任务。刚刚过去的100年是以航母打击群为中心的时代，而未来的海战则会更加注重各种军力的乘积：更接近敌手、更迅速地进出战场，在敌国海岸线搜集情报，出其不意地击沉敌舰，甚至是在敌手做出有效反应之前予以吓阻。一言以蔽之，未来海战的胜算全在于"谋求"战场空间。无论是压制朝鲜，还是在印度尼西亚群岛上的偏远地带消灭小股恐怖分子这一类不太引人注目的作战行动，潜艇都是适用的。

事实上，能够在夜间向目标海岸输送海豹突击队的潜艇和能在土质跑道上垂直起降、具备空中受油能力的V-22"鱼鹰"倾转旋翼机，是美军绕开外交许可、不使用驻外基地直接投送力量的两种代表性装备：有了它们，美军可以在新闻媒体或东道国不知情的状况下搜集情报、消灭"坏人"。伴随海军陆战队和陆军特种部队对第三世界国家军队的培训，这些硬件装备有助于遏止21世纪初的主要安全问题：在不需要大规模军事介入、不用背上沉重负担的前提下（就像在阿富汗和伊拉克那样），在某个遥远的目标区域改造当地的政治现状。大规模的军事介入过于招摇，很容易造成一种需要全球媒体“批准”的被动局面。相较于坦克、B-52轰炸机、航空母舰和驱逐舰等各种招摇无比的武器装备，潜艇可以做到完全不留痕迹。

媒体的活动越猖獗，军队通过秘密行动捞取的成果越多。20世纪60年代末，正值美国国内的反战抗议浪潮达到顶点的时期，此时美国潜艇对苏联海域的渗透也达到一个前所未有的高度，但丝毫没有引起媒体的重点关注。由于潜艇部队游离在媒体“雷达”的搜索范围之外，其神秘程度堪比中情局和国家安全局。潜艇部队的存在，可以让一位自由派总统在公开场合承认多边主义，然后在私底下确立基于单边主义的外交政策。潜艇部队的动向，体现的是一个国家真正的战略意图。

“拥抱艰辛”（Embrace the Suck）是我多年以来一直在听闻的一则美军信条。这句话的意思是，无论是在真实的战场环境下，还是严苛的模拟训练中，都要忍受行动部署所带来的肉体上的极度不适。所谓艰辛，不仅指沙尘、污秽、昆虫、炎热和严寒，还指日常生活的不便，诸如没有像样的床以及用来展开地图或者吃饭的桌椅。具体到潜艇，水兵们称其为“盛人的密封管子”，艰辛是指极度狭窄的空间以及与同性在一个狭窄不堪的过道里挤进挤出。你必须弯身爬进铺位，你的脑袋才不会碰到上铺的家伙；你必须与其他许多军官或水兵共用一间狭窄的卫生间或浴室；你必须轻手轻脚地绕着各种堆在地板上的东西走，艇上可没有专门的储存空间。登艇之后的第一个夜晚，我感到非常不适应。不过，随着在艇上待的时间越来越长，我对空间大小的感觉也入乡随俗了，曾经让我感觉极度狭小的住舱和过道，竟慢慢变得跟“本福德”号驱逐舰上的住舱和过道相差无几了。

对潜艇兵的“艰辛”，我的体验不过是九牛一毛。来自阿肯色州卡利恩的厨师奥蒂斯·海因斯却有过在水下不间断航行 4 个月而不浮出水面呼吸新鲜空气的经历。1995—2002 年，海恩斯军士长曾经在著名的“鲟鱼”级间谍潜艇“鲷鱼”号上服役，其间随该艇一起荣获 6 次海军集体嘉奖、1 次总统集体嘉奖。在 120 天的水下航行期间，除了制订 3 餐计划，储藏食物是他最重要的职责。成堆的食品罐头存放在各处过道中，包括各个铺位间的地板。地板因此“上升”了不少，艇员的脑袋与本来就很低的天花板之间距离更近了。用不了多久，天花板上的螺丝就会沾满脏兮兮的头发和皮肤碎屑。“成箱的罐头被逐渐拆开，情况更加糟糕了，因为水兵们不得不蹒跚着从零散的罐头盒上走过。”底舱堆满了蛋类和马铃薯，咖啡则被装入帆布袋中，挂在天花板上。在艇上任何地方，想要站直身体几乎是不可能的事。海恩斯军士长告诉我：“我在潜艇上干这些工作已经 18 年了，遇到这种情况，任谁也想不出更好的办法。”

太平洋上紧张激烈的鱼雷战演习

扎瓦迪尔艇长在控制室宣布：“我们现在遭遇了带宽跟踪问

题，该地区存在敌人。”他的意思是，本艇声呐正在搜索一艘敌对的核动力攻击型潜艇。“休斯敦”号正在400英尺深度巡航；执行搜索任务的时候，潜艇绝对不能处在潜望镜深度：哪怕潜望镜只在海面上稍稍露出，镜片反射光线也可能被敌方捕捉到。其实，此刻并不存在什么敌方核动力攻击型潜艇，而是夏威夷群岛西端考爱岛上的海军巴金沙滩导弹靶场在为“休斯敦”号模拟敌军鱼雷攻击的状况。这个巴金沙滩导弹靶场，就是我去年秋天探访过的那个地方。

“过滤杂波”扎瓦迪尔发出另一道命令。以一条上千英尺长的缆绳拖在艇艉的拖曳线列阵声呐，是“休斯敦”号的千里眼和顺风耳。不过，由于此种声呐可以接收来自各个方向的信号，声呐兵很难精确识别敌方潜艇的声呐信号来自何方。所谓过滤杂波，就是借助蛇形机动让拖曳线列阵声呐依次指向不同的方向，以便声纳兵利用三角定位法确定敌艇的位置。对拖曳线列阵声呐接收到的频率进行分析之后，就能算出敌艇的运动轨迹。接下来便可进入“火控程序”，即用鱼雷击沉对方。（考虑到当今世界的权势转移，此次演习的假想敌——一个特定的国家，它是谁只是一个纯粹的逻辑问题；但这恰恰是一个我无权确认的问题。）

扎瓦迪尔闭上双眼，再次下达命令：“左满舵175度。”他是基于西南方217度发现敌方核动力攻击型潜艇的情报发出这一指令的。他希望将两艇之间的距离从9000码拉近到7000码，同时转到对手后方40度的位置。经过2个小时的耐心追踪，敌方潜艇的运动路线终于一览无余，“休斯敦”号进入火控程序，准备从距离对手7000码的位置以295度开火。艇上的鱼雷是“智能型”的，可以依靠自身的制导装置精确靠近目标。但艇员们还是需要尽力降低攻击过程中的不确定性：即将击发的鱼雷装填在艇艏左侧的发射管中，艇长希望以右舷迎向敌人，以用“休斯敦”号自身的声呐信号为发射出去的鱼雷提供掩护。这样的话，待敌方声纳兵发现我方鱼雷接近时，其潜艇已经来不及做出规避动作了。

我听到“休斯敦”号的鱼雷发射管发出一声闷响，片刻之后，巴金沙滩导弹靶场传来了好消息。扎瓦迪尔艇长宣布：“我们刚刚将敌人……送到了海底，还不错。”这时，艇员们又开始谈天说笑了，紧张气氛瞬间散去。

演习期间，副艇长戴维斯少校的任务难度最大。他必须通过头戴式受话器同时与声呐组、战斗控制系统值班人员以及武器官进行三方通话，戴维斯少校并不能指挥所有值勤人员。每一位执勤人员都承担着不同的职责，有的专门负责估算鱼雷的弹道，有的专门负责追踪周围海域的其他物体，以防鱼雷制导系统搞错目标。意见冲突时有发生，而副艇长要做的就是综合各方不同意见，快速发出指令。

戴维斯沉静、谨慎，是典型的海军军官，与我在“本福德”号驱逐舰上遇见的一些军官类似。他在高中时代就喜欢数学和科学，并且认为读全日制大学过于平淡，于是考进了安纳波利斯美国海军军官学校。他在海军军官学校迷上了潜艇。他对核物理学感兴趣，正如他曾经说过的，“一俟潜艇出海，它就比其他水面舰艇更贴近战争”。从艇艏的鱼雷到艇艉的反应堆，戴维斯时刻关注着潜艇上的每一个技术问题，他必须在各位初级军官和军士长之前发现问题。

完成鱼雷发射演习之后，我们启程驶往关岛。此刻，我们正航行在一条既定的“水下高速公路”（又称“潜艇州际公路”）上。关岛处在4个时区以外，但由于它地处国际日期变更线的另外一侧，所以在时间上比夏威夷早20个小时。扎瓦迪尔艇长并未采取每航行一段距离调整一次时钟的老办法，而是将艇上时钟一次性调整到关岛时间。所以，当我们还在火奴鲁鲁附近航行时，尽管夏威夷时间是4月23日（星期六），“休斯敦”号上的艇员们已经进入4月24日（星期日）了。这没关系，因为水下生活并没有白天和黑夜之分。只要你愿意，可以按照时区的时间生活。弹道导弹核潜艇上的艇员，无论身在任何海域，均采用不受日夜交替影响的格林尼治标准时间。由于星期六和星期天合成了一天，所以副艇长必须将宗教仪式从日程表上删去，无论新教徒、天主教徒还是“折中学派”信徒，都要取消礼拜。

与之前在驱逐舰上的情况类似，在这次乘潜艇横跨大洋的旅程中，突如其来的演习总是如影随形。“鱼雷舱轻微冒烟！”广播声一出，警笛般的警报声响彻全艇。控制室里，值班人员都戴上了紧急呼吸器——一种袜子状的面罩，可以从头顶一直罩到肩膀处，装有过滤器和呼吸管，可接驳艇上各处氧气管。霎时间，值班人员用力呼吸的嘶嘶声充满了整个控制室。与此同时，舵手操纵潜艇从水下485英尺快速上升至150英尺处。在大多数紧急情况下，潜艇都必须保持在一个随时快速浮出水面的深度。

我冲下两组舷梯，来到鱼雷舱中，小心翼翼不让头顶撞到天花板，靠在一旁观察艇员们的行动。一开始，该舱室里只有演习“导演组”的成员，他们头戴红色棒球帽，手中拿着秒表。很快，一群头戴紧急呼吸器的艇员拖着高压水管冲了进来，跟在他们后面的是其他身穿防火服的消防员——每个人都身背氧气管、头戴防护面罩，用手里的热成像装置找寻烟雾之中的起火点。从“导演组”的秒表记录看来，此次应急反应的速度低于平均水平。艇长和副艇长都不满意，因为有位水兵在打开舱门时没有使用木桩，而是抄起了一把斧子。斧子是用导电材料制成的，他的行为非常危险。只有在敌军有可能缴获本艇、艇员们不得不毁坏艇上仪器设备的时候，才可能用到斧子。“以后谁再用斧子或者撬棍，就到我房间来做俯卧撑。”艇长面带微笑又极严肃地说。

艇员们还会一次又一次地重复这些操练。潜艇生活给他们留下最多回忆的，也许就是大家坐在满满当当的住舱甲板里，一边吃东西，一边抱怨、争吵、交流航海故事。但是，一旦火警响起，所有艇员的行动立刻一致了：踢开塑料长凳、推开住舱的铺位，冲过通道和舱门，赶到值守的岗位上；一路上，他们必须尽量低头以免碰到天花板上的螺丝帽和管路，同时还要戴好紧急呼吸器。

有一次演习的内容是应对反应堆冷却水泄露，“受沾染”的水兵立刻接受了艇上“最昂贵”的医疗处理：2 片阿司匹林，外加 1 杯咖啡——两者共同作用可以利尿，帮助“受沾染”水兵将毒素排出体外。在另外一次演习中，艇员们要向救生舱注入 700

加仑海水，以使其内部压力与艇外保持一致，然后打开舱门，让艇员们身穿增压服、4 人 1 组快速浮到水面。鱼雷及水雷操演同样必不可少。“休斯敦”号上共装有 4 只鱼雷发射管，艇内总共可以容纳 26 枚 MK-48 先进能力重型鱼雷和 MK-67 主动式水雷。所有鱼雷和水雷都存放在庞大的钢铁平台上，通过液压装置进行垂直和水平移动。将武器运输到位之后，用推送装置将其装入发射管中，关闭舱内管闩，向管内注水平衡压力。一位水兵将操作规程大声读出，其他水兵开始进行另外一组复杂操作，打开艇身外部的发射管口，将武器发射出去。人们在电影里看到的鱼雷发射场景，通常是水兵们将鱼雷塞进发射管。但真实情况是，推送装置需要借助涂有润滑脂的轨道，才能将鱼雷静默无声地送入发射管。整个过程缓慢无比，更为其平添了几分危险意味。鱼雷发射时的气压非常之大，无论身在潜艇前半部的哪个位置，你都会感觉自己的耳膜就要爆裂一般。

鱼雷发射操作者之一是坐在浅灰色控制台前面的二级鱼雷士官凯文·马洛里。这位 35 岁的老兵来自俄勒冈州的库斯湾，之前曾经在潜艇部队工作过 10 年，9·11 事件发生之后又决定重新加入海军。我问过他：“再次进入潜艇部队值得吗？”他回答道：“也值，也不值。”他在这里的薪水，仅仅相当于民间工作时期的 1/3，而且经常一连几个月见不到妻子。

我是在早晨 6 点钟的早餐时间碰到马洛里的。住舱甲板里播放着说唱音乐，炊事兵们在忙着擦洗甲板，当时马洛里正与另外一名水兵聊着能不能在艇上私藏高尔夫球杆的玩笑话。当潜艇在水下500英尺深处绕圈之时，或许大家可以在通道里过过一杆进洞的瘾。艇员们进进出出，喧闹不已，有人是来吃饭的，有人则是要去值班。明明是早餐时间，却给人一种正午时分的感觉。

每天清晨和黄昏，我们都会上升到潜望镜深度，将天线伸到水面以上4英尺的高度，以接收秘密数据链传来的信息。完成这些动作之后，我们会迅速重新进入深潜状态。在4月底的一次潜望镜深度航行期间，我看到波涛起伏的海面被月光涂上了一层“变化万千、令人迷幻的灰色”。用杰克·伦敦的话说，黯淡的光线“变幻不止，其间夹杂着数不清的暗影和色彩，仿佛阳光之下的绸缎”。夜里，我俯卧在铺位上（因为没有足够的空间供我坐起），读着杰克·伦敦的《海狼》。尽管已经52岁了，但我觉得自己的内心依然年轻。原因不仅在于这些随军游历的经历，也与我会时不时带上这本30多年前就读过的简装本小说有关。在它的陪伴下，我曾乘着火车穿越土耳其和伊朗，也曾搭着汽车轮渡周游希腊诸岛。几十年后重读《海狼》，让我恍然有了一种回溯往昔的感觉。

每逢清晨的潜望镜深度航行期间，我都会去欣赏黎明时那湛蓝的海水，有时候还能看到商船远远地在海天交接处一闪而过。黎明时分的海面清湛得令人精神为之一振，却又隐约觉得不太真实，或许是因为那里只比我所在的这个冷冰、呈灰色的控制室高出50英尺而已。在潜艇上透过潜望镜观望海景，就像是在水面舰艇的外层甲板上享受阳光和海风。

你也可以走进声呐舱，聆听海洋生物的声响：鲸鱼和海豚的浅唱低吟以一串点状光斑的形式出现在计算机显示屏之上，与标示了拖网渔船的粗大而浓重的光斑形成鲜明的对照。

在潜艇上，人对外界的感觉是间接的，中间隔着这种或那种仪器，但也因而显得更加珍贵、更能激发人的想象。反应堆处于临界状态，全速前进时，偶尔会听到有人这样说。你能感受到螺旋推进器打水引发的阵阵颤动，随之而来的，仿佛你的后背受到了一股向前的推力。这时，你才意识到，潜艇正在水面以下 500 英尺处以超过 25 节的速度刺透绵绵不绝的阻力——在这个深度，艇体表面每平方英寸承受的水压相当于让一个 220 磅的大块头坐到你的大拇指上。水面战舰全速前进之时，会在舰艉激起数层楼高的白色浪花，这个航速已经相当于汽车以 80 英里时速在高速公路上狂奔。但“休斯敦”号的航速更快，考虑到它所承受的水压，驱逐舰的燃气涡轮发动机慢得就像蜗牛的蠕动。

这艘潜艇可以以相当的航速连续航行数年而不用减速，同时维持艇上灯光、计算机和各种机械装置的运行，并满足艇员洗热水澡的需求。它所使用的反应堆每 20 年才需要重新填充一次燃料。很明显，核动力的妙处不胜枚举。

随时准备战斗的“潜望镜海军”

在一堆嘶嘶作响的通风口、信号储存设备和为声呐换能器提供有效功率的发射机之间的狭小空间里，我看到三级声呐士官、来自得克萨斯州伍德兰兹的史蒂夫·斯彭斯正蹲在地上，在一个笔记本上记录着一些什么，为艇上的一次设备损管测试做准备。斯彭斯很早就知道自己会参军，只是不知道会被分配到哪个军种。“我能感到自己内心深处的冲动，就像我的父亲一样；他是一个石油钻井工程师，他一直都觉得自己应该去做位浸信会传教士。”在高中时代，斯彭斯曾经参加过美国空军的少年后备役军官培训项目，但高中毕业后他决定加入海军。在他看来，这是因为海军的征兵人员对高等教育机会阐述得更加细致。

斯彭斯曾经是“旧金山”号核动力攻击型潜艇上的艇员。那艘潜艇和“休斯敦”号一样，也隶属于关岛基地的一支潜艇分队。1月8号，“旧金山”号在关岛东南方向350英里处以25节的航速在水下500英尺处潜航。正当斯彭斯在潜艇中层一处过道里等待领取食物时，潜艇左舷10度撞上了一座海底山。一声巨响、艇身一阵抖动之后，他摔倒在地上，脑袋磕破了，眼镜也不知去向；艇上警报大作。尽管自己也是头破血流、疼痛难忍，斯彭斯却发现自己竟然在帮助那些伤势更重的战友。

我接触过的另外一位来自“旧金山”号潜艇的艇员也有类似的经历。他当时正在轮机舱的一个隔间里，忽然被脚下隆起的地板顶了出去。重新镇定下来之后，他跑进住舱甲板——那里很快就成了一个战地医院，到处都是血迹、天花板上挂满了静脉滴注药包。

事故发生时，“旧金山”号潜艇正在穿越萨塔瓦尔环礁附近的加罗林群岛，朝南边的澳大利亚方向驶去。尽管这是一条既定的潜艇航线，但海图却出现了误标。事后证实，“旧金山”号使用的海图并未以不同色彩标注该处海域的海水深度——以绿色和浅蓝色表示浅水区，这些地方时常会有浅滩或者暗礁。“休斯敦”号领航员米克尔·墨菲上尉给我解释过，在绘制水底地形图时，海图上的线条不过是依照基本的制图规则描绘而成的，不一定是水深探测结果的真实体现。事实上，大洋海底有很多地方的地形依然是个谜，尚需人们以测绘陆地地形的精度进一步勘测。然而，由于太平洋比大西洋更深，且在冷战期间也并非兵家必争之地，所以美国海军对其海底地形地貌的关注程度也相对较低。

“旧金山”号撞上的海底山是一处从水下陡然隆起的峭壁，而浅滩遍布、海图标示含糊的加罗林群岛同样让艇员们提心吊胆。此时此刻，艏壳破损的“旧金山”号正躺在关岛的某处干船坞中接受大修。

有了“旧金山”号的前车之鉴，毕业于杜克大学预备军官培训项目的墨菲上尉必须谨慎行事。在我们眼下所在的这条既定的潜艇航线上，他又发现了一处可疑区域，位于威克岛以北的东经162度。那里有一些非常陡峭的海底山，还有一处浅滩和一处环礁：有的海图对此或许有所标注，有的海图可能完全没有相关记录。墨菲并不认为太平洋司令部总部选定的航线就绝对安全。因此，在“休斯敦”号航行于该区域的几个小时当中，经过艇长的批准，墨菲将最大下潜深度限定为150英尺，航速稳定在10节左右。他还加强了领航团队，让更多人加入导航组，并要求一名水兵使用声呐测深仪不间断地监视水深状况，每5分钟记录一次。

操作团队的声呐测深仪最初并未发现任何异常，但数小时后，他们在马里亚纳群岛以东200英里处遇到了情况——依海图所示，这里有一座高至海面之下2641英寻（1英寻约等于1.829米。——译者注）的海底山，测深仪却提示那是一座高至海面之下1173英寻的极陡峭的海底山，这两个数字相差8808英尺。在这片海底火山活跃的海域，海底地形不仅鲜为人知，而且很不稳定。

美国海军日渐重视航道密集区浅水地带的非传统行动，水下导航的问题也变得日益重要。即使是美军潜艇部队，在某些方面也很头疼。毕竟，这与冷战时期的深水行动大为不同。当年与苏联弹道导弹核潜艇之间的猫鼠游戏，让美国的潜艇兵们成了近距离追踪的专家，他们可以很娴熟地在前者艇艉的挡板区中隐匿自身行踪。

在浅水地带活动，还需要更高超的潜望镜操作技巧。潜艇作战的目标就是保持自身隐匿，所以从理论上讲必须尽可能缩短将潜望镜伸出海面的时间。这就是说，潜艇兵们要充分利用这段时间，将观测精确细化到每一秒。美国海军使用潜望镜的技巧，很多都来自荷兰、瑞典、澳大利亚等装备了用于近海巡逻的柴电潜艇的盟国海军。

上升到潜望镜深度前，潜艇需要转入“看穿挡板区状态”，也就是观察艇艉螺旋桨造成的120度声呐盲区。随后，潜望镜（“独眼女士”）会升出海面，由艇上总值日官进行三次“8秒观察”，环顾周围360度的情况，然后进行对空搜索。与此同时，在潜艇再次快速下潜之前，还会通过专用数据链总线上传、接收一系列以密码和明码传递的信息。

还有一项技术被称为“浸镜”（Dip Scope）：事先通过声呐系统确定一艘水面舰船的方位，在潜望镜深度对之用潜望镜拍摄之后，迅速回到工作深度；基于对方的航速和航向，计算应该在何时重新上浮至潜望镜深度，以保持持续监视。

另一方面，潜望镜升出海面的时间越久，艇员通过各种电子侦察手段获取的情报就越多——诸如敌舰的雷达反射特征。事实上，美军潜艇部队的自我定位即是潜望镜海军，意即不怵长时间在潜望镜深度停留，尽可能地搜集情报而不被敌方发现的强势、积极的海军部队。

这是冷战传统的一部分，当年的美国潜艇经常以潜望镜深度徘徊于北极圈内的苏联海域。在潜艇兵们看来，冷战带给他们的惊险和荣耀堪与二战相比。考虑到 20 世纪 90 年代美军潜艇在巴尔干半岛和波斯湾地区的一系列行动中的重要作用，他们有理由认定自己是一个常年处于战斗状态的兵种。

潜艇上服役是一种生活方式

“在潜艇上服役不是一份工作，而是一种生活方式。”来自盐湖城的军士长安东尼·马斯塔斯如是说道。他属于艇上神态严肃的成员之一，我在登艇之后的最初几个小时便注意到了他。他的表情告诉你，他脑子里想的事情很多。马斯塔斯军士长是西班牙裔美国人，但从小在一个白人中产阶级摩门教信徒集聚的环境中长大。“我很小就知道什么是种族歧视了，”他对我说，“但在潜艇上，任何人都不能表现出一丁点种族或民族歧视的倾向，在这个小社区里，大家必须互相倚靠。”越南战争期间，马斯塔斯军士长的很多亲人都去了越南战场。他高中毕业后参军，在陆军第13炮兵团服役。但陆军并不能满足他的要求，他觉得那里的生活不够刺激。两年后，他加入了海军。但马斯塔斯并不知道在一个军种服役的人加入另外一个军种是违法的。因此他触犯了这条戒律，还为此坐了几天牢。如今，他已经在潜艇上工作了21年，游遍东方诸国、中东的波斯湾和北极圈以北的极寒地带，还去过许多美国军方不承认其曾涉足的地方。1999年，他在海上待了310天。按照他的说法：“潜艇兵的妻子一定得是坚强的女人。”

“上学那会，我和那些不怎么学习就能考出好成绩的学生不一样，”他继续说道，“学校生活让我备受煎熬。”现在的马斯塔斯已经是潜艇上轮机舱的部长了，是核反应堆舱段的关键人物，手下掌管着60名水兵。“让一名水兵变得愿意遵从命令很容易，因为他就生活在这艘潜艇上，哪里都去不了。一切都在你的掌控之下。”

“从现在开始的以后几个月，我们将会执行各种实战任务，艇员们的生活将变得更加紧张、更守纪律，”他继续说道，“海湾战争期间，在我们射出第一枚‘战斧’导弹后，我发现艇上最软蛋的家伙也都变成勇士了。这会儿，我们还处在将‘休斯敦’号从游艇变成战舰的过程当中：这是一个化茧成蝶的过程，等到这艘艇真正装满武器弹药，等到甲板上的一丁点儿响声都可能泄露我们位置的时候，它才真的成为一艘潜艇。嘿嘿，你是不是觉得艇上气氛已经很严肃？咱们往后再瞧吧。”

深入军士长们的“领地”之后，我对马斯塔斯的了解更深了一层。军士长住舱位于艇身上部。我爬过一堆管线、将身子缩成一团才钻到这里，刚一起身就差点撞到鼻子——距离我脸颊 2 英寸的地方就是一组阀门。尽管费尽周折，但我感觉还是值得的。因为我听到了军士长们关于普通士官个人问题的一番讨论。当这些水兵中的楷模服役期满时，是什么吸引他们继续延长服役期限？他们如何驾驭那些头脑灵活却愤世嫉俗、年轻气盛且野心勃勃的水兵？暴饮暴食的水兵会有什么下场？他们能否劝说其放弃不良习惯？艇上一切事务，你都能在这里听到，但你见不到恃强凌弱、尔虞我诈。

“就算士官们不打算延长服役期，我们也有责任帮他们为重返社会做好准备。”韦弗总军士长说。他提到了另外一艘艇上的某位水兵——那人从小由祖父抚养成人，从海军退役时，是灰头土脸离开部队的。几个月之后，他的祖父—— 一位以从军生涯为荣的老水兵，打来电话，说他的孙子退役之后一直没回家。老人向韦弗打听，问他知不知道孙子去了哪里。第二年，有人在华盛顿州塔科马市看到了那个退役水兵，他成了一个无家可归的流浪汉。韦弗之所以讲这个故事，是因为他对某些水兵的前途深感忧虑。

军士长们进行这番讨论之时，“休斯敦”号正在以测试深度航经马里亚纳海沟——这里水深逾 2. 8 万英尺，我们以负 30 度角潜入到800英尺深处。洋底和海面之间，矗立着世界第二高峰“K2”。我们就航行在“K2”之巅与海面之间。

水下潜航2周后，一片陆地出现在潜望镜视野之中：那是罗塔岛，位于关岛以北，是马里亚纳群岛的一部分。“休斯敦”号从两座岛屿之间穿过，然后调头南下进入菲律宾海，并升上水面。舱门打开，我爬上围壳顶端。眼前灿烂的阳光仿佛是我此生所见最明亮的。球形的艇艏在海面上激起层层美丽的涟漪。大海就在身下，我感觉自己仿佛站在世界之巅。关岛西北角高耸的崖壁拱卫着安德森空军基地，就在正横方向10英里处。潮湿而炽热的空气扑面而来，让人有将要窒息的感觉，这与夏威夷海风的清爽完全不同。我知道，中太平洋已经远在数千英里之外了。

与我一起站在围壳顶端的，是当天的艇上总值日官、反应堆舱轮机长迈克尔·勒吉特少校。他极其机智敏捷、认真尽责，就连眼神都比常人更加明亮，所以副艇长让他独自担此重任，监督尉官们的工作。完成“休斯敦”号上的任务之后，勒吉特也将升任副艇长。无论是二战还是越战期间，他的家族都有人在军中效力。勒吉特本人的经历与许多潜艇兵并无二致：他希望体验一种比读大学更刺激的生活，尽管这里的生活空间比大学宿舍拥挤得多，但他并不在意。他一共报考了3所军校，最终被安纳波利斯美国海军军官学校录取。后来，他又在加州大学伯克利分校拿到了工程学硕士学位；据他所说，伯克利分校的“理科和工科学生占据校园北半部，过着与南半部校园的文科生完全不同的生活”。

“你为何决定来当潜艇兵呢？”我问道。

“因为我知道，我应该与军中最聪明的军士们一起工作。”他列举了马斯塔斯、梅恩海特以及其他许多军士长的名字，他对这些人的欣赏溢于言表。勒吉特和他的妻子最近在关岛上购置了一套房子，还打算购入一艘 50 英尺长的帆船。他们打算以后就在美国的这个海外领地养老，这儿有大量的美国军人家庭。

很快，“休斯敦”号驶过了 61 年前海军陆战队为重夺关岛与日军血战过的阿桑海滩。随后，潜艇调头朝东边的海岸驶去。一阵大风袭来，吹得我身旁的星条旗猎猎作响，手中的记事本差点掉进海里。潜艇绕过西班牙角，进入阿普拉港海军基地。我终于看到了干船坞里那艘被撞坏的“旧金山”号。

一艘拖船靠到“休斯敦”号舷侧，第 15 前沿部署潜艇分队司令官、来自艾奥瓦州奥德贝尔特的布拉德·格尔克上校率领几名指挥部成员登上了“休斯敦”号。之后，我们立刻掉头重新出海。这位司令官此次登艇，意在视察翌日早晨的两场作战演习。

这次水雷战演习规模不小。根据演习安排，“休斯敦”号要在阿普拉港周围布设 18 枚防御水雷。布雷过程中，艇员必须分外小心，以免被 2 艘敌舰（1 艘导弹驱逐舰和 1 艘柴电潜艇）侦知，我们的任务是对港内的军事设施实施渗透。当晚，有不少尉官和军士长来到军官室里做战情简报。艇上的气氛明显紧张起来。

在格尔克司令官的现场督导下，扎瓦迪尔艇长向正在做简报的属下们提出了尖锐的问题：真的有必要开启声呐测深仪吗？为什么要向敌方柴电潜艇暴露这多余的声呐信号？一位尉官回答称声呐测深仪可在高频段工作，敌方潜艇无法接收那种频率的信号。艇长又问，为何本艇要在港外以左舷而非右舷对敌？这个问题意在测试某位军士长的作战常识。那位军士长答道，因为艇艉拖曳的声呐阵列在潜艇右满舵时有可能会被螺旋推进器缠住。问答如此继续进行。

由于演习导演组提前设定了系统故障等各种极端状况，在“休斯敦”号上的艇员们看来，鱼雷发射和水雷布设都非常困难。按照格尔克司令官的说法，整个计划就是要让演习更加复杂、更加难以应对，目的是让艇员们执行真实作战任务时变得更加从容。毕竟，这些艇员有可能开赴战场，就像20世纪50~80年代的美军潜艇部队那样，只是很少有人意识到这一点罢了。

早晨的演习开始了。一会儿是鱼雷哑火，一会儿是水雷失灵……头戴红帽的演习组微笑着掌控一切。艇员们则在默默地、坚持不懈地处置各种装备故障。当天的午饭被暂时取消。为了更好地观察水雷布设行动，我低着身子爬进鱼雷舱，衣服上沾满了绿色的润滑油。回到住舱甲板，一名炊事兵递给我一些清洁剂，让我擦掉那些绿油油的东西。此时，又传来一阵警报：“水雷卡在鱼雷发射管内，有毒气体泄漏，所有人立刻返回岗位！”水兵们纷纷跳过桌子、跳下铺位、窜出厕所，同时戴上紧急呼吸器。这又是一次预先设定好的演习。

后来，我居然真的在控制室里的几台计算机上看到了得克萨斯长角牛的图片。扎瓦迪尔艇长对我说，等艇员们能够更加熟练地应对这些演习，真正出去执行任务并胜利归来之时，他打算把这些图片贴在“休斯敦”号的围壳顶端。

第 5 章

北约参差不齐的南部边陲

挺进阿尔及利亚

当美军凭借欧洲司令部向非洲投送力量时，阿尔及利亚的历史经验加之其饱受恐怖主义之害，使其成为美国反恐的天然盟友。在美国最优秀的陆军特种部队第 10 作战群指导下，“M4”与“AK-47”在沙漠战场上的激烈较量将两军军事合作推向高峰。

然而，伴随美国的城市化，作为欧洲移民孤胆开拓精神在北美大陆上最后的传承者，那些性格坚毅的陆军特种部队骨干所代表的勇士精神还能维持多久？

离开西太平洋上的关岛，我来到了欧洲中部。德国的斯图加特是美军欧洲司令部总部的驻地。太平洋或许是 21 世纪初期的一个新兴庞大军事舞台，但正如我去年夏天在尼日尔的所见，凭借欧洲司令部这条长臂，美军正在以一种不露声色的方式向非洲投送力量，这与美国干涉伊拉克的情况截然不同。

欧洲司令部设在斯图加特帕奇兵营（Patch barracks）。该基地坐落在黑森林山脉边缘处的一处山坡上，桦树和橡树掩映之下，是美丽的红顶建筑。帕奇兵营建于 1936—1937 年，当时驻扎于此的是参与过纳粹德国对波兰和法国入侵的德国国防军第 7 装甲团。

冷战期间，当我第一次造访西德之时，这里的美军基地看上去与德国的自然环境完全融为一体。如今，在这个最终实现了统一、繁荣、祥和并因此盛行反战主义的国度里，美国士兵的身影反倒显得突兀，他们似乎是昔时的遗迹。20 世纪 70 年代初，驻守西德美国士兵会骄傲地宣称，自己的使命是守卫东道国的黑色土地。时隔30多年之后，德国变成美军固定的“临时”落脚点，这里的人民对美军心怀（政治层面的）敌意，而美军的行动重心也开始向德国的临近地区转移：先是巴尔干半岛，接着是高加索地区，现在又转向了干旱缺水的撒哈拉以南非洲的穆斯林地区。如果说美军指挥官并没有对欧洲完全视而不见，那通常是为了寻找这里是否存在恐怖分子的滋生地。

“警察国家” 体制下的反恐战争

柏林墙倒塌16年后，一度被北约视为防御重点的德国，似乎正逐渐变成一个中立国。反倒是阿尔及利亚这个曾经的不结盟运动——表面宣称中立，实际上对美国怀有敌意的国际组织——主要成员国，逐渐与美国建立起了近乎盟友的关系。此时，阿尔及利亚政府正致力于在一片面积相当于3个半得克萨斯州的庞大区域内清剿叛乱分子，活脱脱是一场微缩版的全球反恐战争。2005年夏天，当德国的左翼政府在打击国内外恐怖主义势力方面表现得不负责任之时，正致力于让本国从几十年的激进主义毒害中走出来的阿尔及利亚政府却为美军提供了一系列情报。

由于阿尔及利亚和美国都希望遏制“基地”组织在非洲萨赫勒地区日渐壮大的分支机构，所以美军欧洲司令部向那里调派、部署了一支陆军特种部队的A类特战分队。与海军陆战队队员去年夏天在尼日尔的任务——对一支连级规模的东道国部队进行基本性训练——有所不同，陆军特种部队的A类特战分队此次执行的并非美国国务院主导的安全援助任务，而是美国国防部主导的联合协同训练演习（Joint Combined Exercise for Training）任务。两者在官方组织者层面的区别非常关键：后者暗示出美国和阿尔及利亚两国军方之间的对等关系。之所以如此，不仅是因为阿尔及利亚军队远比尼日尔军队先进，更是因为美阿两国军方在清剿叛乱分子方面互有学习、借鉴之必要。

阿尔及利亚军队竭力追杀、瓦解的这支极端主义组织专于大量绑架平民，甚至将人质割喉。与菲律宾的极端主义组织“阿布沙耶夫”类似，阿尔及利亚极端主义组织的骨干曾在前9·11时代的阿富汗恐怖主义营地受训，因而行事暴虐。阿尔及利亚政府在反恐事务中表现出了高度的天赋和长久的耐性：精心安排特工逐渐渗入恐怖组织的内核，一点都不急功近利。阿尔及利亚会策略性地采取睁一只眼闭一只眼的措施，然后续之以极其无情的打击。于是，该国境内的叛乱分子从2.7万人骤然下降到1500人。阿尔及利亚政府之所以能在反恐方面取得如此成就，与该国民众对警察国家体制的宽容密不可分：这是一种思想开明、更容易打交道、比任何同类体制更关心经济发展的警察国家体制。它给美国军方留下了深刻的印象。

然而，可以想见的是，依然逍遥法外的叛乱分子正是铁了心与政府对抗到底的强硬派。原有的极端主义分子（Armed Islamic Group，GIA）已经融入了“萨拉菲斯特”组织——美国海军陆战队去年夏天在尼日尔的打击目标。按照美国军方的说法，“萨拉菲斯特”恐怖分子的触角正在伸向近海离岸地带，目标是某些约束无力的非洲萨赫勒地区国家和某些“约束过度”的欧洲国家。

萨赫勒地区的“萨拉菲斯特”恐怖分子正在由南到北施加影响，意在阿拉伯人（居住区更靠近地中海）和经济状况较差、肤色更黑的沙漠部族（如贩卖烟草、毒品、武器和人口的图阿雷格人）之间制造隔阂。“萨拉菲斯特”组织所依附的正是图阿雷格人。如今，马里北部已经成为“萨拉菲斯特”恐怖分子们的首选避难所，而尼日尔依然是他们往来通行的一处主要门户。按照美军欧洲司令部一位军官的说法，当华盛顿的人被云游的巴基斯坦伊斯兰传教士和沙特阿拉伯是一切罪恶之源一类的东西搞得晕头转向时，欧洲司令部的军人们并未人云亦云。他们关注的是伊斯兰宗教狂热与社区自助自治之间纷繁复杂、纠缠不清的关联：前者正以一种“普救天下”的姿态，在一些世界上最贫穷的国家落地生根。

一位来自欧洲司令部的消息人士表示：“和平主义者主导的欧洲诸国政府只关注非洲的社会重建，但那是一个长期的过程。想在撒哈拉沙漠里行船，你必须先倒进去很多水。”在此期间，首先需要做的，就是立刻清剿那些叛乱分子，以顺利推进这一极其缓慢的进程。与此同时，“萨拉菲斯特”恐怖分子业已加入由持有欧洲护照的北非移民主导的恐怖组织。另外一位消息人士称：“忘掉那些金发碧眼的瑞典人吧。欧洲的新面孔是那些肤色较深、姓名杂糅的家伙，凭借手上的欧洲护照，他们可以轻易混入美国境内。如今向我们发动攻击的恐怖分子，都来自令我们意想不到的地方。”

缘此之故，我来到了这座森林环绕的德国要塞，曾经不可一世的纳粹装甲部队早已灰飞烟灭。如今，驻扎于此的美国军官们正焦躁不安地谈论着撒哈拉沙漠南部边缘萨赫勒地区那些行踪诡秘、包着头巾的部族成员及其对欧洲城市劳动阶层的渗透。无论“萨拉菲斯特”恐怖主义势力多么危险，有一点是明确的：只要欧洲心脏地带没有发生大规模恐怖袭击（严重到迫使德国民众重新普遍接受美军来此驻扎），在可预见的未来，这些“要塞”就将再次遭到废弃，直到另一支军队前来接掌。

就像一位将军对我说过的，“我希望能将美军转移部署到阿尔卑斯山以南或以东，诸如突尼斯或者摩洛哥。总之我想离开这里”。2008 年诞生的非洲司令部终将取代欧洲司令部的地位，只会加速美军离开德国的进程。

第 10 特种作战大队

帕奇兵营附近的班策兵营（Panzer Kaserne），曾经是埃尔温·隆美尔麾下第 8 装甲团的驻地。营区内的卵石路曾在二战期间被坦克碾过。房梁上有几个老鹰巢穴。我依稀看到墙壁上有斑驳不清的“α”字符标记。如今，这里驻扎着前沿部署的美国陆军第 10 特种作战大队第 1 营。

第 10 特种作战大队是美国陆军最早的特种部队之一，1952 年组建于北卡罗来纳州的布拉格堡，是美国战略情报局（OSS）遗产的继承者之一。刚组建时，第 10 特种作战大队在人员配置方面向东欧移民倾斜，欧洲也是其一直以来的主要任务区。冷战之初，该部曾积极开展针对苏联的颠覆行动。近年来，这支总部设在科罗拉多州卡森堡（Fort Carson）的部队，主要忙于应对巴尔干半岛和高加索地区的局势。

根据我在拉丁美洲、菲律宾和阿富汗的见闻，针对不同的任务地区，特种作战大队各有独特的行事方式。就第10特种作战大队而言，由于主要是在欧洲执行任务，与其他特种作战大队（诸如负责西班牙语的拉丁美洲地区、需要执行更多体力任务的第7特种作战大队）相比，他们更强调行动的正规性和策略性，至少军官和大多数高级士官需要做到这一点。如果说潜艇兵是身带刺青的数学怪客，那第10特种作战大队的军官们就更像是身带刺青的品酒师。

不过，在第10特种作战大队第1营某连A类特战分队看来，阿尔及利亚眼下只是一片崭新的异域。A类特战分队指挥官、来自俄亥俄州坎顿市的迈克尔·阿德里扬上尉今年29岁，兼有德国和匈牙利血统，是一位高大魁梧的黑发青年。别看他一副天真无邪的模样，却有着令我汗颜的旺盛求知欲。阿德里扬是东欧裔美国军人世家出身，在家庭农场里长大。他曾祖父曾在奥匈帝国的军队中服役，父亲是一位越战老兵。阿德里扬从小就读天主教学校，1998年从南卡罗来纳州查尔斯顿的要塞军校（the Citadel）毕业，是该校最后一届全男生班级的毕业生之一。

“我是一个喜欢感怀历史的人，”我俩在班策兵营初见面时，他这样说，“美国南方的军事传统很吸引我。要塞军校在学术方面赶不上西点军校，但那里格外注重增进学生的身体耐受能力。在那学习的经历，为我进入陆军游骑兵学校打下了坚实的基础。”后来，阿德里扬随第 10 山地师参与了美军在波斯尼亚地区的民事行动。那段经历让他了解到，如果不能跟当地人一起痛饮梅子白兰地，不懂东欧地区的语言，不了解当地的历史，“就无法顺遂地执行任务。常规部队就搞不定，所以我加入了特种部队”。

参观一下阿德里扬上尉位于斯瓦比亚（Swabian）小镇莱昂贝格的公寓，你就能对他有所了解。房间里没有电视，却堆满了大量有关哈布斯堡王朝的历史文献以及一些军事战术类书籍。和一些二战时期的军用刺刀陈列在一起的，是从奥匈帝国二元君主时代到俄国临时政府时期的各种纸币。一幅神圣罗马帝国的地图悬挂在墙上，旁边是约翰·韦恩（John Wayne）的肖像；他床头的桌案上还摆着一卷古希腊史书。阿德里扬是一位狂热的枪械收藏者，他拥有 40 支枪。总之，迈克尔·阿德里扬是一位典型的第 10 特种作战大队分队指挥官，既是历史谜、又是典型的好老弟（性格随和的美国南方人，尤指美国南方朴实敦厚的白人农民。——译者注）。

阿德里扬带领的这支 11 人 A 类特战分队，将是 1962 年阿尔及利亚独立之后前来执行军事任务的第一支美国部队，也是自 1942 年盟军登陆北非之后，美军在此地区最重要的一次部署。“我们的目的就是握手、微笑，多喝奶茶，同当地高级军官建立友谊。阿德里扬及其手下是我们最棒的业务员。我们没法不喜欢他。”三级准尉比尔·冈特如此评价。冈特准尉也隶属第 10 特种作战群第 1 营，他来自弗吉尼亚州罗阿诺克，是个精力过人的家伙，熟谙数门中欧和斯拉夫语言。

美国陆军特种部队（又称“绿色贝雷帽”）应邀进入阿尔及利亚这件事，以朴实无华的方式证明了美国的“自由”思想在苏联及其第三世界盟国的胜利。20 世纪 70 到 80 年代初，我第一次造访阿尔及利亚首都阿尔及尔之时，这座新艺术风格建筑与地中海沿岸风光辉映成趣的城市正是第三世界激进主义思潮的中心之一，同时期的阿拉伯民族主义思潮中心则是叙利亚首都大马士革。

阿尔及利亚的“堕落” 之路

直至 19 世纪末，阿尔及利亚和叙利亚都还只是模糊的地理概念。这些地名在当地部族居民眼中并无特定含义，反而是对欧洲旅行者更有意义。由于阿尔及利亚和叙利亚两国的国界都是在 20 世纪中叶依据民族国家的区隔划定的——与种族的地域分布多有违逆之处，这就为反对这些遗患重重的人工疆界的极端主义者、普世说意识形态提供了滋生的土壤。事后看来，源自阿尔及尔和大马士革的反西方论调，对当地岌岌可危的局势也是一种必要的缓和。阿尔及利亚和叙利亚都宣称奉行不结盟政策，实质上却成了苏联影响地区事务的工具。

阿尔及利亚之所以会确立秘密警察体制（政府铁腕掌控经济、严重背离阿拉伯民族的经商传统），可溯源于此前该国经历过血腥的反殖民抗争：1954—1962 年的阿尔及利亚独立战争中，100 万穆斯林丧生，同样数量的法国移民后代纷纷逃离本地。从战争废墟中生长起来的阿拉伯政治架构既偏执又乖张，同时又占据着一个专属亚非新生国家的独特道德地位。然而，无论阿尔及利亚政府的道德和意识形态如何纯粹，“这个国家当时由军方势力主导”都是一个不容忽视的事实。

1975 年，联合国大会通过了《犹太复国主义就是种族主义》的决议。阿尔及尔方面是此项决议的推手之一。这一事件体现了铁面领袖胡阿里·布迈丁（Houari Boumediene）领导下的阿尔及利亚在全世界范围内施展外交影响的全盛时期，布迈丁本人也成了 20 世纪 70 年代全球媒体的热捧对象。不得不说一句，正是胡阿里·布迈丁在阿尔及利亚建立起了免费教育和免费医疗的制度，并推动了该国中产阶层的形成。布迈丁死于 1978 年，有传言说他是遭人下毒致死；还有一种说法是，他在莫斯科治疗一种罕见癌症的时候，苏联对其照料不周。在 1980 年和 1981 年，阿尔及利亚再次引发全球媒体的关注：该国在美国卡特政府和伊朗激进政权之间充当中间人，促成美国人质于罗纳德·里根就职典礼开始前夕最终获释。“不过，阿尔及利亚人之所以能帮上忙，”一位美国国务院官员对我解释道，“只是因为他们是那帮恶人的朋友。”从那时起，阿尔及利亚走上了一条堕落之路——其国内局势的动荡、演进与同时期的苏联极为相似。

与苏联一样，阿尔及利亚也是一个幅员辽阔、地形多样的国家。该国北起地中海、南至撒哈拉沙漠深处，居民不仅有阿拉伯人，还有桀骜不驯的柏柏尔人和图阿雷格人。摩洛哥、突尼斯和埃及等国所享有的那种社会安定和政治宁和，本是历史悠久的地中海南岸文明的自然产物，但阿尔及利亚和利比亚这两个激进的北非国家，却成了政府治理不力的代表。

我上次造访阿尔及尔是在 1982 年，那次恰逢该国政府革命热情的最后一次迸发。当时，这座满是锻铁阳台和耀眼白墙的美丽城市已经涌入了数十万来自一日车程之外的沙漠地带的人们。10 年之后，正当苏联土崩瓦解之时，阿尔及利亚爆发了一场宗教起义，部分原因在于政府奉行的社会主义和世俗主义政策，直接导火索则在于军方强制取消了第二轮选举投票（因为根据第一轮投票结果，阿尔及利亚很可能会建立一个伊朗式政教合一政权）。人们发现，本国政府只是军方所扶持的一个世俗的、意识形态化的空想，这个拥有 3250 万人口的国家陷入了彻底的混乱，超过 10 万人被杀。至 20 世纪 90 年代末，变得更加温和、舍弃了大量激进主义主张的阿尔及利亚政府终于恢复了对大部分国土的控制，持续推进的民主化进程也在一定程度上增强了其当政的合法性。这是一项伟大的壮举，引起了西方国家军方的密切关注。

用法国人的方法搞定北非

我随阿德里扬上尉的 A 类特战分队先遣人员（由阿德里扬上尉及其副官组成）前往阿尔及利亚的当天，美国陆军特种部队另外 6 支 A 类特战分队也从斯图加特启程，前往非洲萨赫勒地区展开扇形部署：他们的目标分别是毛里塔尼亚、马里、尼日尔和乍得。

他们将接替去年夏天以来在那里执行训练任务的陆军特种部队和海军陆战队，参加此项计划的还有2支分别来自罗马尼亚和德国的特种部队。尽管德国左翼政府让人失望，但欧洲司令部并未放弃与德国军方的合作，而罗马尼亚军队一直都在寻求此类机会。整体负责该项计划的是（多国）联合特别行动特遣队（C-JSOTF），该单位的初衷是让各非洲国家的军方精英在美军欧洲司令部的协调下开展联合行动并共享信息，其总部设在非洲大陆最西端的塞内加尔共和国首都达喀尔。当年跨海而来的欧洲帝国主义者，就是在达喀尔上岸，开始征服非洲内陆。

19世纪中叶，法国人成功地将塞内加尔（Senegal）开辟为一处进取撒哈拉沙漠的基地，由此造就了如今众多西非国家的疲弱架构，而美国军方想要做的，就是对此加以夯实、加固。

维多利亚时代（1837—1901）的探险家理查德·弗朗西斯·伯顿曾经这样写道，法国人的战略“是与阿尔及利亚人建立联系，从而将北非的财富和未来征服撒哈拉以南地区的行动关联起来，最终控制矿产资源丰富的塞内加尔以东地区”。除了不谋求任何形式的统治和征服之外，美军在此建立安全链条的战略思路与150年前的法国人并无二致。

同时，这一战略也堪比美军在太平洋地区的俾斯麦式毂辐状联盟体系。欧洲司令部目前在达喀尔和马里首都巴马科（Bamako）部署连级作战单位，意在为未来向该地区派出更小规模的特种部队小组、对域内各国的本土部队开展特种行动训练做好准备。由于大多数西非国家此前基本没有自己的特种军事单位，所以它们的军人很容易接受美国士官的塑造。为了进一步降低渗透难度，美军还将在这些国家开展诸如“民众医疗行动计划”（Medical Civil Action Programs，MEDCAPS）、“兽医医疗行动计划”（Veterinary Civil Action Programs，VETCAPS）一类的人道主义行动。因此，如今的帝国主义已经从征服一切逐渐转变成为质朴的、无利可图的，就像繁复奢华的油画变成了精简的现代派画作。

本质上，这其实是北约向非洲南部扩展势力的方式。永久性军事基地已经不再是必需，美军只需要借助承包商，在东道国建立并不动声色地运用所有权属于后者的合作安全点（Security Location）即可。

美阿军事合作

阿德里扬上尉、他的副官和我首先抵达了阿尔及尔：与我 20 多年前的印象相比，这座城市面积更大、更灰暗了，因为城中出现了更多不施粉黛的水泥建筑。不过，阿尔及尔依然不失为一座动人的建筑名城，尤其是它的港口地带。美国驻阿大使馆堪称安达卢西亚式宏伟豪宅的典范，不加修剪的花园更为其增添了迷人的气质——只可惜府邸周围环绕着高墙和蛇腹形铁丝网。从外面望去，我们开会、居住的使馆建筑更像是监狱。不过，在经历了多年安全封锁之后，大使已经允许下属去城里活动并将其家属接回阿尔及尔。毕竟这里的内战已经结束了。

第二天，我们告别了美丽的地中海沿岸，乘飞机飞往位于阿尔及利亚南部的塔曼拉塞特省——那里是真正的非洲。飞机落地时天色已晚，在柏油跑道上迎接我们的是一群阿尔及利亚陆军的校官。其中一位是我的旧相识，他曾以交换生的身份到位于堪萨斯州莱文沃思堡的美国陆军指挥与参谋学院留学，我会定期去那里演讲。此人是来自阿尔及利亚北部重镇苏格艾赫拉斯（临近突尼斯边界，奥古斯丁童年时代的家乡）的卜拉欣·古阿斯米亚。卜拉欣少校是阿尔及利亚陆军特种部队第 41 连指挥官，他的部队便是阿德里扬上尉的 A 类特战分队的训练对象。与我接下来的几天还将结识的其他阿尔及利亚军官一样，卜拉欣也曾在得克萨斯州圣安东尼奥城外的拉克兰空军基地（Lackland Air Force Base）的美国国防语言学院（Defense Language Institute）学习英语。在赴莱文沃思堡深造前，他还参加了布拉格堡的“特种兵资格科目”的学习。与家人们一起辗转于各个美军基地、驾车赴迪士尼乐园度假的经历，让这些阿拉伯军官比不少美国人还了解美国南方和南部平原。

很快，一支由丰田“陆巡”越野车组成的车队载着我们住进了一处富有地中海情调的军方招待所；这在一定程度上指明：图阿雷格人才是撒哈拉沙漠地带的主宰，阿尔及利亚军人不过是陌生来客。正如我接下来即将感受到的，政府在此处并没有多少权威。无论去哪里，我们都要搭乘全副武装的车队。作为一个国家，阿尔及利亚的真实疆域仅限于遥远的北方。

一次消夜期间，众位阿尔及利亚军官、阿德里扬上尉、来自纽约皇后区的二级准尉奥兰多·达梅利奥一面享受着4道大菜，一面闲聊，很快就谈到了与双方合作有关的话题：诸如恋童癖、爱慕虚荣的空军飞行员、如何控制从马里和尼日尔向阿尔及利亚以及从墨西哥向美国的经济移民趋势、打击与消灭恐怖分子的必要性……甚至还有俄罗斯姑娘的美貌等。阿尔及利亚陆军至今还在使用冷战时期得到的俄式装备，有些军官还访问过莫斯科，而美国的达梅利奥二级准尉则娶了一位他在德国邂逅的俄罗斯女子。

美阿两国特种作战部队之间未来进一步深入合作的前景，也是他们谈话的主题之一。我们还提到了19世纪美国大陆“印第安人战争”和眼下“反恐战争”之间在战术层面的相似性，因为在场的阿尔及利亚军官中有两位不仅曾在莱文沃思堡留学，还曾到亚利桑那州的华楚卡堡（Fort Huachuca）深造——那里正是19世纪80年代平定杰罗尼莫叛乱的美国骑兵部队的总部所在地。

阿尔及利亚军官们与两位美国军人相处融洽（我原以为他们会抱有戒心），让人不禁想起1989年后罗马尼亚和匈牙利人第一次接触美军时的友好和热情。我还想到了利比亚，几十年来第一批踏上该国领土的美国游客受到了当地友好民众的夹道欢迎。冷战时代阿尔及利亚和利比亚政府鼓吹的反美激进论调不过是一层脆弱的外壳，并不被统治阶层以外普通民众接受。

阿尔及利亚的历史经验，使之尤其乐意与美国军方建立联系。该国官员们觉得当年的帝国主义侵略者是法国，而非美国。此外，阿尔及利亚军队耗时 10 年之久，刚刚打赢了一场此前看来毫无胜算的战争，击败了一股反叛势力，而且几乎没有依赖包括阿拉伯兄弟国家在内的任何外部力量的帮助。一位阿尔及利亚上校告诉我，9·11 事件发生之前，我们就已经得知恐怖分子已经从欧洲引入新的战术和装备，但 20 世纪 90 年代的时候没人会听我们的。

第二天早晨，驻扎在该地区的阿尔及利亚军队为阿德里扬上尉和达梅利奥准尉举行了一场欢迎仪式，大家享用了数不清的杏仁、奶茶和果汁。阿德里扬对他不懂法语和阿拉伯语表示歉意。他对坐在沙发上的军官们坦言，这次任务本来是要交给第 3 特种作战大队第 3 营负责的，那支部队有不少通晓法语和阿拉伯语的能人，但该部已被调往阿富汗。事实上，伊拉克和阿富汗战场对于有效维持民主制度的需要远甚于其他任何地方，即便是与阿尔及利亚军队开展合作这样具有开拓性历史意义的任务也要为其让路。不过，既然巴尔干半岛已经尘埃落定（尽管这和平还比较脆弱），阿德里扬正在考虑如何为第 10 特种作战大队在非洲开辟一片天地，他还计划招募 1~2 名通晓阿拉伯语的人。

他概述了一下未来几周的计划安排——其中包括接洽一批欧洲司令部高官访问塔曼拉塞特省，然后由达梅利奥准尉补充了一些细节。作为一位优秀的特种部队准尉，从西班牙到阿塞拜疆执行过无数训练任务的奥兰多·达梅利奥是一个低调的家伙，看上去更像是一位学校教师，而非特种部队队员。他喜欢与人悄声耳语，默默地做些幕后工作。

这之后，我们赶去机场，等待另外 9 名 A 类特战分队队员及其押运的车辆、装备和武器弹药等。路上，我观察了一下塔曼拉塞特地区的地形风貌：此地位于阿哈加尔山脉脚下，平均海拔 5280 英尺，蜿蜒、黝黑、高耸的阿哈加尔山脉有撒哈拉沙漠中的阿尔卑斯山之称。长 1200 英里的撒哈拉高速公路自此处开始，直通遥远的阿尔及尔，地图上没有标注的商路网络通向四面八方，连接着马里、尼日尔和利比亚等周边国家。尽管阿尔及利亚和尼日尔两国之间的边境线还在南方 200 英里之外，但我感觉几内亚湾和地中海仿佛近在咫尺。

塔曼拉塞特并不是一片绿洲，水是从附近的蓄水层中引过来的。这里看不到一棵枣椰树，只有一些松树和桉树装点着一处殖民时代兴建起来的居民村落。荒凉的街道两旁是阿拉伯和非洲风格的水泥平房，这里的居民主要是图阿雷格人，也有少量的非洲黑人。阿尔及利亚人将图阿雷格人称为“蓝人”，因为后者穿着靛蓝色的长袍，也喜欢用靛蓝色颜料涂抹皮肤。这些骑着骆驼、头巾如钢盔般遮住半个面颊的沙漠勇士，就像尼日尔人一样，让我又一次想起了中世纪挂毯。塔曼拉塞特就是图阿雷格人的都城，他们掌控着这里的一切。在他们看来，政府对于西部地区的过度干预是非法之举，而他们所在的这片政府力有不逮的区域才是真正的乐土。图阿雷格人对沙漠了如指掌，在沙漠里，一位图阿雷格向导比任何全球卫星定位设备都更可靠。

一架庞大的美军 C-17“环球霸王”运输机呼啸着降落在跑

道之上。飞机的后舱门缓缓滑开，一辆辆“悍马”军车驶了出来，后面紧跟着阿德里扬手下那些身穿淡褐色沙漠迷彩的 A 类特战分队队员，一个个活像身材高大的农家小伙。不过，弹药并未同机运抵；在更多文件签署完毕之前，法国人暂不允许运送弹药的美军运输机飞越其领空。“其他欧洲国家也是这样对我们，”达梅利奥准尉对我说，“这就是我们想要离开的原因。”

车队开始了深入西北、需要耗费 1 个小时的沙漠之旅。起初，车队经过了一处新建的军事基地，这是凯洛格布朗路特公司（KBR）专为阿尔及利亚军方修建的。英国历史学家阿利斯泰尔·霍恩（Alistair Horne）曾对阿尔及利亚做过这样一番描绘：“这里地域辽阔、风光壮美，充满各种意外、野蛮和艰辛；你很难找到恰当的词汇来描述这个国家。”我们正处在撒哈拉沙漠中心，这里是阿尔及利亚国内一切不稳定因素的策源地，在可预见的未来还会成为欧洲社会不安局势的源头。塔曼拉塞特是撒哈拉以南的非洲人向德法等欧洲国家偷渡的首要路径。许多移民在这里受阻，为了获得继续前行的盘缠，便堕落成了走私客和卖淫者。阿尔及利亚半数的艾滋病感染病例集中在塔曼拉塞特地区。

透过滚滚沙尘，我看到了干燥皲裂的孤峰、台地、矿渣山，它们犹如无法解读的符咒，似乎自古以来就是如此。笔直挺立的山峰峰顶相隔遥远，漫无边际的沙漠因此扭曲成一片微白的空间：除了被风吹成道道“漩涡”的杏仁色细沙，再无他物。一位阿尔及利亚军官说，其中一处台地让他想到了一个景象：一个图阿雷格人仰面躺在地上，双臂伸开。我们在途中的一口水井旁看到了一个骑着骆驼的图阿雷格人，沙漠里的这口井只是以一块石头标记。卜拉欣少校评论称，图阿雷格人尊奉“KISS”原则。我是从驻吉布提的海军陆战队队员那里第一次听到这个缩写词的，即“简单至上，白痴（Keep it Simple，Stupid）”

这支由丰田“陆巡”越野车和“悍马”军车组成的车队，现在已经离开硬质路面，继续朝沙漠深处驶去。这里的沙砾像是混杂着香烟灰烬的火山渣。15 分钟之后，我们来到一片由绿色尖顶帆布帐篷组成的营地，这就是我们接下来几周的住处了。车队抵达之时已近黄昏，天空中有了云的遮蔽，气温却依然高达 40 摄氏度。一边是地球上最广阔的海洋，一边是世界上最庞大的沙漠，短短一年之间，我竟体验了两种截然不同的极端环境。毕竟，大规模的兵力投送本身就意味着“超越”广阔的空间，有时候还是不宜居的空间。

先于我们提前赶到营地的是 103 名（4 个排）阿尔及利亚军人。他们隶属于阿尔及利亚陆军特种部队 41 连，即 11 名美国陆军特种部队 A 类特战分队成员的训练对象。阿尔及利亚军人身上深绿色与栗色相间的制服与美军身上的沙漠迷彩形成了强烈反差。第二天早晨，美国的星条旗和阿尔及利亚那绿白色各半的星月旗在营地中并排升起：这是自 1942 年“火炬行动”期间美军横扫马格里布之后，星条旗首次在这个国家的军营中升起。

第 23 号作战特遣队

A 类特战分队队员和我开始安顿下来，逐渐适应了汗水浸渍行军床、黏在身上的感觉，这感觉将陪伴我们度过接下来的20天。A类特战分队的通信专家、来自罗德岛米德尔顿的士官詹姆斯·刘易斯的情绪有些低落：他的通信器材罢工了。“陆军就不能造出一些不会发生故障的无线电设备吗？”他抱怨道。这引发了大家的一场讨论：美国军队如今越来越依赖各种科技设备，识读地图、用指北针辨明方向一类的基本功已被士兵们忘到九霄云外了。通信器材故障并不是唯一的问题。另外一位A类特战分队队员表示，“我的电脑出了问题，我只能把CD唱片里的音乐都转录到随身播放器上”。不过，单兵口粮里的草莓味速溶奶昔还是非常美味的。有些人突然说：“那小妞真是够正。”于是，话题又转到男女关系上来了：“我娶了个文绉绉的自由派小妞，但我打算带她回北卡罗来纳州，教她射击，让她变成一个标准的共和党。”坐在帐篷各处的A类特战分队队员都点头表示赞许。

就这么漫无边际地闲聊着，但大家也谈到了组建家庭、为人父母一类的严肃话题。“我家由我妻子说了算，这一点我承认。不跟她商量，我不会做出重大决定。”说这番话的是A类特战分队爆破工程师、来自威斯康星州马什菲尔德的麦克·萨尔茨韦德尔一级中士，这家伙是队中第一人高马大的。“尽管我不愿意承认，”他继续说，“但我其实就是一头‘可爱熊’。”所有人都表示，最讨厌那种在孩子参加体育比赛时穿着西装去观战，一旦孩子表现不好就大声呵斥的父亲。“阿尔法023”（这支队伍的官方代号）的大部分成员都当爸爸了，而且都有过真真切切的战争经历，无论言语是否粗俗，其心智是成熟的。

现在帐篷里的温度已经高达42摄氏度了，似乎附近的火山岩都要迸裂开来一般。每个人都汗流浃背，之前在阿尔及利亚部队食堂里吃过的洋葱的气味也顺着汗液淌了出来。达梅利奥准尉在写字板上写道：“今天真是热得要死。”从撒哈拉沙漠吹来的风从门帘缝隙钻进来，带着一股腐败的气味。阿尔及利亚人已经为A类特战分队架好了4顶帐篷，但将行军床和各种设备搬进帐篷还是让队员们累得够呛，所以，大家一直没停止闲扯。

由于编制规模很小，美军特种部队A类特战分队队员之间的关系都非常亲密。与海军舰队、海军陆战队和陆军常规作战部队不同，陆军特种部队的官兵均以教名互称，或者干脆就叫伙计。比如，“嗨，伙计，看见我的‘哥木哈根’（口嚼烟草）在哪儿吗？”即使是阿德里扬上尉和达梅利奥准尉，也分别被叫作“麦克”和“奥兰多”。（与海军陆战队或者舰艇部队不同的另外一点是，陆军特种部队官兵之间从不称“长官”。）这就是陆军特种部队不愿意女人加入的主要原因。女人加入特种部队，就意味着要为她们准备单独的居所，难免会削弱士气，这是客观原因。一支特种部队，要么是一个密不可分的有机整体，要么什么都不是。特种部队的官兵们坚信，礼貌待人、禁绝脏话、不能随意闲扯这些准则有损他们的勇士气概。

“弹药明天就到了，我们的欢乐时光也就到了。”A类特战分队领队、来自新罕布什尔州斯普林菲尔德的肯·布彻军士长说。队中的武器专家、来自明尼斯达州圣保罗的迈克尔·海尔上士则打趣道：“不希望枪不离身的士兵都应该告老还乡，只可惜到处都是这种兵。”“每个美国人都至少应该拥有 5 支枪。”有人回应道。更多人点头表示赞同。

军士长布彻拥有 38 支枪。大家都赞同一点：报纸上报导的小孩子拿他父亲的枪把别人打死了，那一定是因为父亲把枪藏在橱子里，警告孩子永远别碰那玩意——老爸既然这样说了，孩子当然更想把枪拿出来过过瘾了！在这种父亲看来，枪并不是拿来使用的，只是他炫耀男子气概的摆设。除了一两个人，这些军士家中都有日常用枪，而且他们都教过儿女如何安全用枪。“我儿子还太小，不能打真枪，”肯·布彻解释道，“但每次将玩具手枪交给我之前，他都知道要先关上保险。”

已在陆军中服役 17 年的肯·布彻，曾在 73 个国家执行过人道主义和紧急军事任务。他曾被达特茅斯学院录取，最终却决定参军入伍，之后从未觉得遗憾，他甚至不想去佐治亚州本宁堡的预备军官学校深造。他曾在伊拉克北部与反对萨达姆政权的库尔德人并肩作战。后来，他又在将近 10 年的时间里走遍南斯拉夫全境，审问当地政客和嫌疑战争犯，为国际安全部队中的罗马尼亚和匈牙利军队提供帮助，为来访的各国政府首脑提供安保服务等。1997 年，他曾在分崩离析的扎伊尔（即后来的刚果）执行任务，2004 年的时候又去了动荡中的利比里亚。他曾两次亲身经历塞拉利昂内乱，还曾担任阿塞拜疆政府的灾害应变顾问。2001 年，他在阿富汗东部城镇斯宾伯达克（Spinboldak）为“联合直接攻击炸弹”（JDAM）指示目标，在亚美尼亚为地震重建工作提供帮助，还曾以骑马和驾乘雪地车的方式穿越加拿大西北部……

总之，哈里森·福特也会羡慕他的丰富经历。参与这些行动之前，他曾经在冷战的最后阶段在德国守卫“潘兴”Ⅱ核导弹。由于长期的（橄榄球）密集争球和跳伞活动，布彻的肌肉看上去有些变形。这个留着一头金色短发的男人，说话时候总是保持着一种率直、坦诚的新罕布什尔乡村气质，让人想到诗人罗伯特·弗罗斯特（Robert Frost）。他简练的说话习惯更增强了这份气质，他让我的脑海里浮现出昔日缄默而坚韧的以色列基布兹（kibbutznik，基布兹是一种以色列的集体社区。以色列政府规定：基布兹是一个供人定居的组织，它是在所有物全体所有制的基础上，将成员组织起来的集体社会，没有私人财产。它的宗旨是在生产、消费和教育等一切领域实行自己动手、平等与合作。——译者注）成员的形象。布彻，一个真正拥抱艰辛的人。

进入沙漠之后的第一个黄昏缓缓降临，一缕清风将温度降到了 30 多摄氏度。大家开始玩沙滩排球。这次比赛并非以美国人对阵阿尔及利亚人，而是引入了另外一种富有团队精神、能够让大家在无意间建立信任关系的混合编组分队方式。比赛结束后，我步行来到一处露出地表的石坡。眼前无边无际、暴风横行的沙海，犹如万里之外的太平洋。陪我一同出来散步的是队中的医务官、来自克利夫兰的巴克·威尔福德上士和阿尔及利亚受训部队的军需官、与卜拉欣少校一样来自苏格艾赫拉斯的哈比·阿克米上尉。我们三人彼此尚不熟悉，此行正好相互交流一番。

尤其是巴克·威尔福德，他是个性情中人。这家伙身材魁梧、脑袋硕大，总是习惯性地点头称是、习惯性地露出笑容，仿佛永远没有烦恼。他的全名叫巴克·艾利·亚瑟·罗伊·威尔福德，参军入伍是为了筹措读完圣经学院的学费。他的右肩上文着头戴荆冠的耶稣基督，右大腿上文了一只犹大之狮，左腿胫骨位置还着一个基督教圣灵节十字架。随部队部署在本宁堡期间，他曾在佐治亚州哥伦布市做过街头传教士。他拥有 27 支枪，也是一名活跃的共济会会员。巴克是一名基督新教神召会（Assembly of God）信徒，但他曾对我说过，“我与过去的我不一样了，以前的我很堕落”。他如今已经成家，和单身时不一样，他已经戒掉了饮酒、抽烟和骂人等不良习惯，银行存款更多了，还有了一个孩子。“噢，我的主啊!”是我从他嘴里听到过的最出格的话。加入陆军特种部队之前，巴克曾在游骑兵部队服役，参与过 1993 年 10 月 3 日至 4 日的索马里摩加迪沙血战——当时共有 19 名美国士兵丧生，后来整个事件因名为《黑鹰坠落》（*Black hawk down*）的书和电影而广为人知。尽管如此，巴克对索马里人并不记恨，他是个善良的家伙。

与膀大腰圆的巴克相比，哈比卜·阿克米上尉则颇显短小精悍。如果说巴克是个安静而随和的人，阿克米则像有说不完的话。他是个典型的中东男人，他的热情和殷勤有时甚至会让人感觉有些过火。不过，即便是在一天中最炽热难耐的时段，他依然表现得机敏异常、不知疲倦。从他身上，我仿佛看到了 2100 年前努米底亚国王朱古达麾下大军在如今的突（尼斯）阿（尔及利亚）边境地带那些光秃秃的山顶和草原上与罗马军团鏖战的情景。他的自豪态度掩盖了他的缺点，所以你很难将他想象成一位平民。不过，巴克对此并不介意。他很欣赏阿克米，就好像他能跟他遇到的所有阿尔及利亚人交上朋友一样——他一句阿拉伯语也不会。我想，如果当年朱古达军中的将士都能像巴克这样，那他或许能不声不响地征服整个世界。

沙漠逐渐揭开了它的面纱，而我们也慢慢适应了在帐篷100码之外蝎子和蜘蛛猖獗的卫生间方便的生活。我们在满是飞蛾和草蜢的水槽里洗脸、浣衣，在活像热带瘟疫隔离病房的帐篷里度过汗流浃背的下午，每顿饭后还要在阿尔及利亚人的食堂里自己动手洗涮餐具和食盘。像阿尔及利亚军人一样生活，有助于打破彼此之间的藩篱。

M-4与AK-47：沙漠战场上的比拼

完成2英里晨跑、用过早餐之后，美国A类特战分队队员向东道国的士兵们展示了他们的装备。去年夏天，驻尼日尔的海军陆战队只携带了M-16步枪和基本的通信、医疗设备。这有利于在海军陆战队队员们与穷国军队的士兵之间建立某种情感纽带，让后者觉得不需要昂贵的先进装备也可以成为优秀的军人。但阿尔及利亚军队的装备比尼日尔军队先进不少，希望与美国伙伴之间建立更牢固、深刻的合作关系：这次装备展示更刺激了他们追赶先进的欲望。

A类特战分队队员装备了短小轻便的M-4卡宾枪，该枪枪身配有导轨系统，可安装最新型的EoTech全息衍射瞄具和可在夜间召唤近距离空中支援的 PEQ-2 红外激光指示器。此外，他们还拥有防弹眼镜、防弹衣、手枪挂索、背包水袋、多频带队内无线电台（MBITR）、各型号的霰弹枪和机枪。此外他们还装备着各类医疗器材，足以满足局部切除、插管、气管切开、枪伤清创等小型手术的需要：这些都是巴克·威尔福德和队内另外一位医务官凯文·卡尔森上士的拿手绝活。

装备多了也是一件麻烦事，每位特种部队成员都需要背负 50 磅的武器装备和网络设备，外加一个装满东西后重达 90 磅的帆布背包。每次我向美军士兵问起他们要背负多少重量时，得到的答案总是“太沉了”。特种作战部队的装备正逐渐朝信息化的方向发展，每年都会有让大兵们感觉不可或缺的新玩意出现。不过，背负这么多东西确实会严重影响他们的作战效率。

A 类特战分队队员已经意识到这个问题，这正是他们另一场闲谈的话题。抵达之后的最初几天，有两件事让美国士兵们惊讶不已：一是阿尔及利亚人少得可怜的装备；二是他们优秀的军人素养。在这个沙漠地带执行反恐任务的阿尔及利亚士兵，可能只会携带一支俄式 AK-47 步枪、不多的一点儿饮用水和食物（通常是枣椰）。他们没有防弹衣，当然也不会因为多余的重量所累从而减慢脚步。事实上，在如此炎热的气候中，防弹衣几乎是毫无用处的额外负担。任务刚开始的日子里，身负沉重装备的美军特种部队不但未能发挥其拒敌于千里之外的技术优势，反而被那些身穿深色伪装服、头戴丛林帽的阿尔及利亚军人惊得目瞪口呆：即使是在白天最炎热的时候，后者依然可以在山峦之间跳上跃下，抱着步枪在沙地里闪转腾挪，蹿过燃烧的轮胎，娴熟地投掷飞刀……更重要的是，他们在沙漠中不需要像美国人那样大量饮水。

在20世纪90年代的平叛战争中得到了充分磨炼的阿尔及利亚军队，显然要比我见过的其他第三世界国家军队优秀。在首个完整训练日，阿尔及利亚人拼得很厉害。训练很快变成了一场意志力的较量：面对无遮无拦的沙漠酷热，看谁先“投降”。最终，在40摄氏度以上的高温下坚持了整整8个小时之后，两支部队都选择了鸣金收兵：收拾好剩下的子弹，结束当天的射击训练。

“耶稣基督啊，太热了！”面对40多摄氏度的高温，一个美国士兵对另外一个人说道。不过他这句话更像是在开玩笑，而不是在抱怨。武器装备专家麦克·海尔说：“情况还不是太糟，因为我们没准还得去训练其他非洲国家的军队。阿尔及利亚人很上进，他们追求一流。”

这里的训练之所以吸引我，是因为其层级更高，并非海军陆战队在尼日尔传授的那些简单技能。不过，首日训练的内容还是基本的步枪及手枪射击技术。试过美军配备了导轨系统的M-4卡宾枪之后，阿尔及利亚人对它的轻巧和精准留下了深刻的印象。但是，与阿尔及利亚人使用的AK-47步枪相比，M-4卡宾枪的维护颇为不便。AK-47步枪是一种操作更简单、容错度更大的枪械，即使在泥水里浸泡过也能使用。这又一次说明，美国人面对任何挑战时都想寻找技术层面的解决方案，而阿尔及利亚人却证明：在21世纪初的沙漠战场上，若能更多地用脑子、更多地发掘内心的力量，即使是装备简单也可以取得胜利。

从训练开始到结束，营地附近的快门声不绝于耳。阿尔及利亚的士兵们在用拍立得相机记录这一情景，以和亲友们分享。此外，随军记者们也在采写阿尔及利亚陆军的训练任务。

第二天的训练持续时间更长，美军装备的比利时 FN MAG 7.62mm 口径通用机枪射击训练一直在持续。弹药匮乏的阿尔及利亚军人对美军特种部队提供的近乎无限的射击机会非常满意。下午 3 点之后，美国士兵开始演示换枪动作：先以 M-4 卡宾枪射击，紧接着以快速动作换 9mm 口径“贝雷塔”手枪。与自身装备的俄式“马卡洛夫”手枪相比，阿尔及利亚人更喜欢意大利产“贝雷塔”手枪，因为它的弹夹中可以容纳 15 发子弹，远超前者的 10 发弹容量。

“射击的时候，你的瞄准目标只有两个：要么是敌人的躯干，要么什么都不是！”A 类特战分队某成员对一名阿尔及利亚军人说。过了一会，看到阿尔及利亚人取得了巨大的进步，他又称赞道：“钢制防弹衣都会被你打成比基尼。”用过阿军装备的俄制“德拉贡诺夫”狙击步枪之后，他对这种武器赞不绝口：“等我回到美国南方的家中，我也买上一支。”

天黑之前我们回到了营地，被烈日炙烤了一整天的天空呈现出一种盐晶般的色彩。从早饭之后到现在，所有人都喝掉了 4 大瓶矿泉水。在阿军食堂吃过晚饭之后，我看着在帐篷外面来回走动，准备擦拭武器的“绿色贝雷帽”们，美国军人的艰辛又一次吸引我的目光。与我的行军床之间只隔一个人的巴克·威尔福德，在他脚边抓到了一只硕大的蝎子。帐外刚刚刮过一场短促但猛烈的风暴，此刻雨水又把沙砾变成了黏糊糊的污泥。枪油的味道混杂着臭袜子和内衣的气味，在整个营区弥漫开来。电线和通信器材在眼前盘根错节。我们能享用的唯一奢侈品，便是小卖部里出售的一种当地产汽水，由于缺少杯子，大家只能将硕大的饮料瓶传来传去，轮流喝上几口解解馋。

美国军队生活的可取之处或许就在于同伴了：这些单纯、开朗的士官无论如何也学不会算计和自私。巴克·威尔福德一直在笑，在脚下发现的那只蝎子并没有破坏他的好心情。如果你看不惯他的表现，那一定是你自己出了问题。A 类特战分队的其他成员也大都如此。是啊，这些原本可以得到更多收入和更好机遇的人们，为何甘愿在军中忍受这种生活？这些年来我东奔西走，到处报道陆军和海军陆战队，也曾见过一些富裕家庭出身、名校毕业的军人，但为数不多。

无论是陆军、海军陆战队还是海军舰队，有时候士官很像作家，他们都深爱自己的事业，升官发财并不是他们最看重的奋斗目标。面对圈子之外人际竞争激烈的环境，他们有时不免显得单纯。这支 A 类特战分队中有一个曾在海军陆战队效力，后来在美国驻某国使馆当警卫的家伙这样说道："国务院那些人表面上亲密无间，背地里却互相拆台。每次看到身边的人垮台，他们都会偷着乐。我可不想变成那样的人。"

对一家驻外使馆和救援机构而言，教育程度越高、见识越广、外语能力越强的士官作用越大，因为他们懂得不少外交官和非政府组织应当了解的事情，有时甚至比后者了解得更多。但是，由于其并不理想的成长、生活条件，也由于其行伍生活，这些士官对现实经常会有不同常人的理解。这并不是什么缺点，他们的成长经历有助于消解他们与东道国民众之间的隔阂。麦克·阿德里扬、肯·布彻、麦克·萨尔茨韦德尔和凯文·卡尔森都是在正在逐渐消失的美国南方乡村氛围中成长起来的。儿时的布彻曾在新罕布什尔州养过牛，还当过伐木工人；萨尔茨韦德尔在威斯康星州的养猪场工作；卡尔森家在艾奥瓦州有 63 英亩用来种玉米和大豆的土地。这些人在经济方面的窘迫，与受训的阿尔及利亚特种兵之间差距并不明显。有一回，在同布彻军士长一起享用北非风味的粉蒸羊肉时，卜拉欣少校道出了一句真理："最棒的士兵以前一定是农夫。"

美国陆军特种部队的中坚力量依然在于那些性格坚毅的个人英雄主义者，他们是欧洲移民的开拓精神在北美大陆上最后的传承者；在美利坚民族的历史上，这种传统始终与农耕、探险和军人气质相关联。然而，伴随着美国的城市化（Urbanization），还有随之而来的郊区化（Suburbanization），以及和最终的都市化（Ex-urbanization）进程，真不知这些军中精英身上的勇士精神还能维持多久。特种部队确实也需要进化，更多引入其他种族以及女性元素——以与当前这个民族相容、肤色混合的世界更加协调，但因此弱化其积极进取的精神，则是完全不可取的。

漫长的训练日一个接着一个。第三天，在 8 个小时的训练过程中，两国特种部队射击了火箭弹（RPG）、66mm 口径轻型反坦克武器（LAW）、84mm 口径反坦克武器（AT-4）以及“勃朗宁”M2-HB 型 12.7mm 口径重机枪。阿尔及利亚人坚持要教美国人如何使用他们装备的俄制 RPG 火箭筒，其实美军对这种武器早已烂熟于心，但出于礼貌，也装出一副虚心学习的样子。外交官们经常以行动代替言语沟通，A 类特战分队队员也懂得这种沟通方式。

M2-HB 型 12.7mm 口径重机枪的枪管很快变得过热了，不得不拆卸下来放到阴凉处冷却。由于环境温度足有 40 摄氏度以上，冷却过程可能会长达几个小时。在枪管 3 英寸之外，我的手掌已经感受到它们的炽热了。触摸这些枪管，无异于触摸火焰，所以必须带上厚重的手套方可操作。这让部分 A 类特战分队队员回想起 2003 年的“伊拉克自由”行动——如果当时将行动时间再延后数周，从春天推迟到初夏，如果美索不达米亚沙漠的温度和撒哈拉沙漠一样，美军会有怎样的遭遇呢？

“国务院的官僚们根本不明白，或者说不在乎枪管一类的细节。”说话的是詹姆斯·刘易斯上士。除了负责通信联络之外，他还是 A 类特战分队的两名狙击手之一。“他们只知道在美国士兵进展不顺的时候瞎埋怨。”

第四天，阿尔及利亚人让美国士兵学到了很多：比如该国恐怖分子使用的诡雷，以注射器引爆的简易反步兵地雷和用咖啡壶、储气罐甚至《古兰经》制成的炸弹。“那些指责我们亵渎了《古兰经》的家伙们，肯定想不到有人会将这些经书做诡雷。”巴克·威尔福德说。美国人则向阿尔及利亚特种兵们展示了如何将白色的、乳脂糖模样的 C-4 塑性炸药制成炸弹——原来这比往墙上挂照片或者煎个鸡蛋难不了多少。

关塔那摩监狱（Gitmo）以及美国军人非法虐囚（以及亵渎属于囚犯的《古兰经》）的事，一直萦绕在世人心头。在一次闲聊过程中，詹姆斯·刘易斯感叹道："为什么不报道一下，我们允许那些囚犯每天祈祷 5 次，还给他们提供不违反伊斯兰教规的食物呢？为什么不报道一下那些人在自己的国家的处境远比在狱中恶劣呢？"

1993 年，19 岁的刘易斯参军入伍。当时的他同时打着 4 份零工，依然欠债日多。刘易斯将加入陆军视为自己的"成年仪式"，他对部队的规章制度欣然接受，庆幸自己终于能养活自己了。由于不希望原地踏步，他加入了特种部队。接近 30 岁时，意识到自己无知的刘易斯突然变得分外进取了。"我发现我不能只从身边的人身上学到东西，许多其他事物也可以教我一些东西。"于是他开始了阅读，读了许多关于历史和政治的书籍。在一个酷热熬人、难以入睡的夜晚，当其他队员都在闷声打鼾时，刘易斯说，阅读让他明白了一个道理：尽管出身罗德岛工人家庭的他目光短浅，但他觉得许多高收入人群同样如此——至少在他看来，那些人只把人世当成一个享乐的游乐场。刘易斯表示，等到他从特种部队退役那天，他要的并非一个工作推荐和纪念徽章，而是一把正宗的"亚伯勒"（Yarborough）军刀。

训练开始后的第二周某日早晨 5 点钟，一场沙尘暴将大家惊醒。太阳尚未升起，天空犹如罩上了一层死亡之幕，黑暗程度甚至远超午夜。承载着阿美两国特种部队的车队沿着满是砾石的戈壁小径驶入沙漠，开进了一片粗糙崎岖、稀疏灌木点缀其间的洼地——这说明附近有地下水。

“这样的坏天气非常适合开展作战行动。”卜拉欣上尉对阿德里扬上尉和布奇军士长说。卜拉欣回忆了 1994 年他所在的部队在阿尔及尔以南打死 15 名恐怖分子的事，当时后者的藏匿之处戒备疏松，他们万万没想到政府军会冒着浓雾和降雨发动突袭。

我们首先观察了这里的地形，随后阿美两国军人开始轮流向灌木丛中的“恐怖营地”发动突袭。演习假想的目标，完美反映了阿尔及利亚境内恐怖分子据点的真实情况：炊事区、武器仓库和指挥部相互独立——以免食物的味道暴露恐怖分子的具体位置，也是为了预防所有成员被一窝端的情况。卜拉欣认为突击小组的数量越少越好：参与突袭的人数越多，指挥官对战局的掌控力就越弱，而这毕竟不是两支正规军之间的对抗。

从这时起，两国特种部队出现了意见分歧。阿尔及利亚人打算以单路纵队突入，先头尖兵配备便携式扫雷器材。而美国人则主张横向扫荡，参战队员各自注意脚下是否有爆炸物。肯·布彻对阿尔及利亚人说：“一旦与敌接火，队形必然会四散展开，所以不如一开始就把队伍散开。”当然，他并不是一个死守教条的人。“战术本身就像肛门一样，”他说，“每个人都有一个，对吧。”

阿尔及利亚特种兵们打响了装着空包弹的步枪，开始了突袭。一切看上去就像是好莱坞大片里的情景，枪声大作，很难清晰辨别枪声的方向。美国士兵对此并不感到新奇。“跟这些家伙并肩作战，我觉得不可靠，”威尔福德悄声说，“后面的人居然在朝前方队友冲锋的方向开火。如果改用实弹，他们肯定无法避免误伤自己人。”他解释道，美军在交火时奉行“伙伴同行制”——即两人一组，交替掩护前进，只有前面一人开枪射击。然而，当阿尔及利亚部队完成突袭，重新集结之时，负责双方接洽的阿德里扬上尉却朗声称赞他们“干得漂亮”。这时候，一名阿尔及利亚士兵的步枪突然走火，而且是自动连发状态。这家伙忘记关闭 AK-47 的保险了。如果美军士兵出现这种失误，即使枪里装填的是空包弹，也会被送上军事法庭。但在阿尔及利亚，这算不上什么大事。

我在其他第三世界国家军队中也发现过类似问题：弱势的士官们从来不会通过指挥体系向长官提出建议，长官们必须亲自掌控所有事务、管理每一个手下，因此导致管理混乱。与此同时，那些长官们也不愿承认自己的错误。其实，管理下士和列兵的应该是那些班排长们，也即中士和上士，而非校尉级军官。指挥权限越分散，基层作战单位的表现越好。

“你们发动突袭的时候是什么样子的？”我向巴克的搭档蒂姆·海恩斯打听。此人来自加利福尼亚州的普莱瑟维尔，是 A 类特战分队的工兵。他是个皮肤黝黑的彪形大汉，时年 25 岁，曾经在内布拉斯加打过美国大专院校橄榄球联赛。“我们攻击的时候，看上去很简单、很无聊就对了，”海恩斯说，“那种好莱坞式花架子没有任何作用。”

美军演示突袭行动之前，达梅利奥准尉做了一番战前简报："我们不用空包弹，用实弹。重点在于射击精度——发射一颗子弹，就要消灭一个敌人。"

美军 A 类特战分队分成两个战斗小组，各由几人组成。当一组在灌木丛中隐蔽之时，二组则沿着干涸的河床冲向假想中的恐怖分子据点。后者在最后隐蔽区（LCC）停了下来。突然，他们射出一片密集的弹雨，包括比利时 FN MAG 7.62mm 口径通用机枪在内的全部枪支一齐吐出了火舌。与阿尔及利亚部队那种阵形飘忽、火力分散的攻击方式不同，除了美国士兵们制造的密集火网，什么都没有了——二组不见踪影了。

再来看一组，自从演习开始之后，他们似乎一直都未露行踪。说时迟那时快，只见他们忽然从恐怖分子据点背后杀出，以标准的单兵机动战术（IMT）展开队形——两人一组，交替射击前进，所以尽管发射的是实弹，却没有人误伤。正如蒂姆·海恩斯所说的，这种战术虽然单调却很实用，操作起来并不复杂，所以很容易模仿。当恐怖分子据点中的枪靶被抬出来之后，我发现它们真的已经被打成三点式内衣的模样了。美国士兵们的枪法不可谓不精准。

阿尔及利亚的士兵们都惊得说不出话来。自从一周之前联合协同训练演习（JCET）开始以来，他们第一次意识到这支美军特种部队有多么优秀：尽管自己比美国人更适应艰苦的地形环境，但明显还有很多东西需要学习。虽然这群美国士兵很像是《南方公园》一类的卡通片或者《美国战队》和《上班一条虫》等喜剧片里的丑角，而且在发动突袭之前依然在忙着调试各种网络和通信器材，但他们的表现确实不赖。

又经过数日训练之后，阿尔及利亚人的表现也更加优秀了，他们学会了在实弹条件下应对伏击的方法。事实上，伏击恰恰是20世纪90年代阿尔及利亚政府军需要每天应对数次的情况：前一刻，一支由数辆车组成的车队还在路上正常行驶；后一刻，几声爆炸响起，硝烟弥漫开来；紧接着，就是一阵急促的枪响；再过几十秒，现场变得一片狼藉，仿佛刚刚经历的是一场持续了整整一个小时的枪战。

美军A类特战分队接下来要演示的，是一个名为“替换司机演习”的项目：演习车队的头车司机被敌方安置的简易爆炸装置炸死，另外一名士兵取代死者继续驾驶，同时应对对方伏兵的近距离突袭，带领车队离开敌人的伏击圈。同之前的情况一样，由于美军装备更好、射击精度更高，面对敌方伏击时的队形不像阿尔及利亚人那样混乱，视觉效果上也没那么壮观，效率上却因此更胜一筹。与东道国军队抛弃车辆、四散寻找隐蔽物的情况不同，美国士兵依然待在配备了顶部装甲的“悍马”军车上，以轻机枪反击伏击者，连撤退时还不忘使用烟幕弹隐藏自身的行踪。如果不得不离开车辆，美国人会随身携带轻机枪，因为单兵无法搬运12.7mm口径重机枪——一位队员会负责拆走重机枪上的扳机组件，以免其被缴获“悍马”军车的伏击者所用。这一切都是标准的操作流程。阿尔及利亚人都看呆了。

阿尔及利亚人和美国人在一场接一场的演习中互相恭维，闲暇时在一起打打排球、玩玩骨牌，双方的关系日益紧密。美国士兵开始尝试骑乘骆驼，有的人还找来阿尔及利亚理发师为自己剃头。吃过阿军单兵口粮的美国人都表示，它们比美军自己的更加可口——其实那玩意只不过是一堆法式风味的金枪鱼肉和芝士奶酪，并不比美军的咸肉好多少。有一天，所有人一起去逛了塔曼拉塞特的集市，跟贩卖小饰品的图阿雷格商人讨价还价，然后去了一家当地餐厅。店里装饰着当地出产的锦毯和战剑、各种打制铜器、一张巨幅的《蒙娜丽莎》复制品。“我还以为真正的《蒙娜丽莎》挂在巴黎呢，它居然在这儿啊！”威尔福德开着玩笑，又露出了他那招牌式灿烂笑容。

我发现，镇上那些破败不堪的咖啡馆，都只有 1/4 的上座率。光顾那些店铺的要么是图阿雷格人，要么是身穿廉价西装、做些见不得人的买卖的家伙——他们总是表情阴沉，伴着店里播放的刺耳的乐曲，眼睛仿佛在观察远方某处的动向。这场景活像一个大型公交车站。沙尘遮掩下的路面已经看不出原来的颜色。如果你是一位初来沙漠地带的旅行者，大概只有在冷气开放的小超市里尽情享受新鲜的奶酪、果汁和冰激凌能够给你带来一丝愉悦。否则，塔曼拉塞特不过是又一处令人神伤的蛮荒之地罢了。

曾经的阿尔及利亚战役

当天下午，我们与阿尔及利亚人一起，乘坐一队丰田“陆巡”越野车深入阿哈加尔高原。一路上，各种玄武岩、页岩和石灰岩高耸层叠。我们偶尔还会在史前时代的河床旁边遇见骑骆驼的图阿雷格人，他们忙着在沙洞里烤制面包。这片偏僻之地的宏伟山峦，让人不禁想到当年那位夏尔·富科尔教父，那个终极的帝国主义者、战士、传教士、语言学家，也是一个怪人。

作为现代版的奥古斯丁，夏尔·富科尔是个有些半疯的家伙，他希望以基督福音“拯救”整个撒哈拉非洲，以便逆转奥古斯丁辞世之后伊斯兰教彻底征服此地的局面。从时间上看，夏尔·富科尔生活在 19 世纪末 20 世纪初，但在精神层面上，他更像是公元 4 世纪云游埃及的拜占庭僧侣，诸如圣安东尼。富科尔 1858 年出生在斯特拉斯堡，考取圣西尔军校之前，他曾在南锡和巴黎的耶稣会学校学习。他对马格里布地区（Maghrib）的第一印象源自阿尔及利亚的塞提夫。1880 年，他作为一名年轻军官被派到那里。富科尔曾因为违反军令遭军队开除。

官复原职之后，他跟随法国陆军到了阿尔及利亚南部临近摩洛哥边境的奥兰城，参与镇压了一场当地民众发动的起义。他就是在那里对阿拉伯人产生了浓厚的兴趣。辞去军职之后，他迁到阿尔及尔潜心学习阿拉伯语和希伯来语，随后遍游摩洛哥、阿尔及利亚南部地区以及突尼斯。回到巴黎之后，他将一张锦毯裹在一件北非连帽长袍中充当睡觉时的枕头，并写成了一部游记。

此后，他过起了隐士般清苦的生活：他最初待在摩洛哥和阿尔及利亚的交界处，因为他梦想为整个摩洛哥带去“上帝的福音”；终点则是塔曼拉塞特，他于 1905 年抵达此地，住在一个芦苇搭建的小屋里。搬进一座土坯房之后，祈祷和写书就成了他生活的全部——他要为图阿雷格人所讲的“塔马切克语”（Tamachek，对应的文字称 Tifinar，即“蒂菲纳尔文”。——译者注）编制语法书和辞典。

1916 年，夏尔·富科尔被图阿雷格人所杀，行凶者受到了利比亚的塞努西部族的影响。夏尔·富科尔的行为是“帝国主义”理念的极端体现：作为孤独的个体，他斩断了自己与祖国之间的一切关联，以近乎虚无主义的方式，隐居在一片偏僻的险恶之地，却又试图在这里建立一套与他所抛弃的国家一样的道德标准。就富科尔而言，帝国主义竟成为一种逃避的途径。那晚回到帐篷，威尔福德和奥兰多戴上了他们在塔曼拉塞特购买的图阿雷格头饰，还穿上了撒哈拉长袍，向大伙吹嘘自己“颇受当地人的爱戴”。第二天夜里，在阿尔及利亚人的陪伴翻译下，美国士兵观看了两部以法语和阿拉伯语拍摄的电影——《棍棒与鸦片》（*The Sticek and the Opim*）和《阿尔及尔战役》（*The Battle of Algiers*）。这两部影片分别从农村和城市的视角，讲述了阿尔及利亚人为了独立与法国殖民者斗争的故事。作为 20 世纪 60 年代最后一批黑白影片，它们在画面水平上远逊如今的商业大片。也正因如此，才彰显出这两部影片在拍摄手法上的极大艺术感染力。它们精确地把握住了法国殖民者与阿尔及利亚阿拉伯民众之间由来已久的仇恨。电影将法国人描绘成大反派，这倒是颇得美国特种部队士兵的欢心。

在《阿尔及尔战役》中，一位年轻的阿拉伯女子平静地将一枚炸弹安放在一家挤满了法国年轻人的舞厅中，一群法国成年人又将一名被怀疑安放了炸弹的阿拉伯小男孩殴打到不省人事。事实上，真正让我震惊的是，阿尔及利亚在这两部影片诞生之后发生的那些事情。20 世纪五六十年代的屠杀与仇恨，造就了一个持续 20 多年的激进政府，毁掉了该国的经济更不用说社会安定。

如今，全体民众最关心的依然是安全条件和物质生活的改善。“年轻人已经不愿听老一辈讲述当年那场争取独立的伟大抗争了，”一位阿尔及利亚士兵对我说，“他们只想要更好的生活。”从某种程度上说，正是民众对于世俗生活的追求推动该国政府与美国发展更加紧密的关系。

在阿克米上尉看来，向我指出 20 世纪 50 年代法军镇压阿尔及利亚自由战士和 20 世纪 90 年代阿尔及利亚政府军清剿伊斯兰恐怖分子这两场战争在战术上的相似之处，并无为难之处。

他坦言，在这两场战争当中，最大的困难都是如何追踪那些隐匿在当地平民之中的游击战士。另外一位阿尔及利亚军官告诉我，他们曾经花费一个月的时间扫荡一座遍布诡雷和陷阱的村庄，就连街边那些操着奇怪口音的当地妇女都在同政府军对抗，就像 30 多年前人们反抗法军的情形一样。

沙漠中的联合训练演习

进入第 3 周（也就是训练的最后一周）之后，一股南风飘然而至，在沙漠上连着刮了 7 天。天空一片白黄，如照相银版一般。放眼望去，整个营区仿佛成了科幻电影中的某个遥远星球。

大风卷着沙尘四处飘飞，高温炎热却没有丝毫缓解。不过，由于剩余时间已经不多，训练必须继续进行。

城市地形军事行动（MOUT）“胶带标记”演习，再一次揭示了两支部队在思路上的差异。美军进入敌占房屋的方式虽然有条不紊，但似乎有违常理：数名士兵占领了那些能够相互提供火力掩护的区域，同时寻找能够掌控整个战场的位置，却忽略了某些站在他们面前的目标——因为你所看到的人并不一定是真正的敌人，你并不能确定谁会出手取你性命；阿尔及利亚人则表现得更加冲动，看到第一个人就冲了上去。他们疲于应对敌占建筑物里的诡雷和自杀式袭击者，这正是他们在20世纪90年代体验过的作战样式。他们向我们解释道，该国恐怖分子很少与政府军正面交锋，而是一交火便立刻逃窜，同时布下各种陷阱。

然而，美军的作战演示仍给阿尔及利亚人留下了深刻印象。来自威斯康星州的农家孩子、身材强壮、留着一头红发的麦克·萨尔茨韦德尔对他们说道：“一旦进入建筑内部，你们就得做到行动有序，不能被炸弹吓倒。因为我们都是特种兵。”

上午的训练结束之后，双方关于战术的争论仍在持续。阿德里扬、布彻、卜拉欣、阿克米以及其他美阿官兵在两国国旗下围站成一圈，交流彼此的经历和想法。布彻说他在萨拉热窝学会了一招，看到刚修好的路面就驾车飞速绕行过去，因为那下面很可能埋着炸弹。阿德里扬讲解了如何通过布设地雷和路障，迫使敌人按照你所设定的路线行动。卜拉欣指出，发现一座建筑物内有恐怖分子盘踞之后，首先要做的就是切断该建筑物的电源，因为恐怖分子经常以电力引爆炸弹。一位在20世纪90年代身经百战的阿尔及利亚上尉提到，隧道坑洞是该国恐怖分子青睐的逃跑方式。所有人都赞同一点：过分圆满的计划是行动成功的大敌。

阿德里扬说："当即制订一个具备70%的完善的计划，比次日再去制订个接近完美的计划更加可靠，因为前者可以让军士们利用多出来的一天对计划内容加以预演。只有在预演过程中，才能发现真实的细节问题。"大家纷纷点头表示赞同。阿克米上尉补充道："行动胜利，很多时候应该归功于火力优势；行动失败，往往是因为通信交流出了问题。"

野外训练是此次联合协同训练演习的最大亮点。演习内容是在假想的恐怖分子据点实施更为复杂的突袭作战，难度远胜于10天前的那次演习。侦查分队和突击分队都将由阿尔及利亚军人和少数美国士兵混合编组而成。突袭计划由阿方负责制定。几天之前，卜拉欣已经带领美国A类特战分队参观过位于营区以北35英里处的演习场地，向后者指出了他的部队将在演习中发起攻击的山峦。美国士兵告诉我，如果由他们来制订计划，一切都将是另外一副模样。

根据我在阿富汗南部的亲身体验，整支攻击队伍根本不可能提前进入攻击区域，只能在基地内进行反复预演，同时派出一支由2~3人的狙击小队，提前48小时藏身于目标区域附近。这些狙击手应装备摄远镜头和能够将现场及周围环境的照片发回A类特战分队本部的电子设备。不过，阿尔及利亚军队并没有这种先进装备，对于2~3人战斗小组的能力更是缺乏信心。他们的行事方式已经不能用错误来形容了，而是直接暴露了其自身的能力和弱点。诸如，为了安全通过一片道路两侧都是山峦、可能有敌军设伏地域，美军会采取一种名为掩护跃进（Bounding Overwatch）的战术：将一辆军车开到侧翼，为其他车辆提供掩护。阿尔及利亚人则不会这样做，因为这会降低车队的行进速度。他们有数千英里的沙漠地带需要巡逻，沿途到处都是这样的山间路段。

我同肯·布彻待在一起。他在演习中分属侦察组。破晓时分，我们抵达了攻击地区。阿尔及利亚人已经到了，人声鼎沸、喧闹嘈杂。“这大半夜的，他们应该悄悄潜入作战区域才对，”布彻嘀咕道，“车队到位之后，快速展开行动，从车上跳下来，进入战斗状态。”更糟糕的是，运载主攻部队的直升机降落地点距离山谷太远，如潮水般的阿尔及利亚士兵在逼近目标时又制造了太多声响，甚至还出现了3次枪支意外走火现象。

“这里到底在发生些什么？乱糟糟的。”布彻通过队内无线电对讲机抱怨道。这场混乱不堪的演习结束时，我爬上山顶，看到了美国陆军特种部队第10特种作战大队第1营的指挥官、来自田纳西州诺克斯维尔的斯科特·埃阿迪中校。他是前一晚从马里出发，经由阿尔及尔飞到这里的。这位高个子中校身上的沙漠迷彩看上去很干净（与其他所有人都不同）。A类特战分队队员聚集到他身边，向他吐露心里的抱怨。不过，他需要花更多时间，听取关于过去3周以来的训练情况的汇报：

阿尔及利亚官兵的热情非常高涨。他们已经摒弃了用“马卡洛夫”手枪单手射击的好莱坞大片式作战方式，正在学习双手持枪。现在不用提醒，他们也已经知道该如何寻找隐蔽处了。是的，在某些阿尔及利亚军官看来，这样的培训似乎有损他们的男性自尊，但其他人则像海绵一样——他们只想着如何吸收我们传授的所有知识。他们视承诺如黄金，这一点与我们到过的其他地方的人们不同。无论食物、清水、厕所还是个人安全，我们从来不用主动提出任何要求。东道国军人的身体素质令人印象深刻。他们教会了我们如何应对诡雷和如何在沙漠中生存。我们希望不久之后能再次到这里来。

汇报中提到的问题，都是第10特种作战群官兵们见怪不怪的——过去训练阿尔巴尼亚、罗马尼亚和其他一些前共产党国家的军队时，他们也曾经遭遇过类似的问题，因而并不感到特别困扰。诸如，他们深知，成功建立一套士官体系机制，需要花费多年时间、耗费大量金钱——时间用来培训能够胜任连排运作的上士和中士，而金钱则用来提高士官福利、解决他们家庭生活的后顾之忧。所以，埋怨只不过是这些美国士兵的习惯动作而已。我怀疑，任何一个陆军特种部队的A类特战分队（或者执行同样任务的海军陆战队小分队）的营房里，每晚都会充斥各种露骨的脏话和抱怨。

当晚，埃阿迪中校、阿德里扬上尉、一些阿尔及利亚军官、前来视察的高官们一边喝着奶茶和百事可乐，一边讨论着未来开展更多、更大规模的联合协同训练演习项目的可能性。一位阿尔及利亚将领有以下建议：针对撒哈拉地区的“萨拉菲斯特”武装分子，阿美两国应该开展联合军事行动；美国人不应一直待在塔曼拉塞特等阿尔及利亚边境地区，因为他们到达此处的消息很快就会传到恐怖分子那里；美军应该驻扎在诸如比斯克拉等阿尔及利亚北部城市的永久军事基地里，从那些地方出发，美军和阿军可以乘坐直升机前赴临近马里和毛里塔尼亚的地区，进行联合作战行动。一位美国军人评论道，阿尔及利亚这个国家的一大优势，便是由政府掌控媒体，这有助于保守秘密，此类作战即使不是绝密行动，也应尽量低调。

后来，在A类特战分队居住的帐篷里，美国士官们指责空军的那些混蛋到现在都没做好接他们回家的准备。“我并不是说他们一无是处……一位A类特战分队队员说道，“可每当飞经加那利群岛（Canary Islands）那样风光秀丽的地方时，他们的飞机总要发生机械故障。”接着，话题转向了陆军的上层将领和其他白痴，那些家伙不怎么关心特种兵们在战场上完成的艰巨任务，却更关心这些勇士是不是戴了一顶“违反军纪”的棒球帽。

“他们要我们到这儿之后一直把姓名牌和肩章佩戴在沙漠迷彩上，”一位A类特战分队队员越说越生气，话音里的讽刺意味也逐渐强烈起来，“等到他们在塔曼拉塞特机场搭起C-17运输机停机棚之后又该如何呢？阿尔及利亚军队里到处都是摄像机镜头，是要让半岛电视台现在就把我们的名字和面孔逐一对应起来吗？”在特种部队官兵们看来，半岛电视台的记者们就是国际恐怖分子的同义词。“陆军大佬们根本不在乎这些，”他继续说，

“只要我们在照片里别戴棒球帽就行!”

总而言之，这是一次很不错的联合协同训练演习。士官们的抱怨都是直接针对他们自己的顶头上司，而非东道国的军人。

第 6 章

廓尔喀标准

美军对尼泊尔军队的改造

在中印夹缝中随时可能崩溃的尼泊尔，纪律严明、信念坚定的尼共武装如鱼得水、战力彪悍，相比之下，种姓森严、只想赚钱的尼泊尔军队相形见绌。无论是英军的廓尔喀军团还是尼泊尔的廓尔喀勇士，并不是美国所急需，美军所需要的是有优秀的军官发挥引导作用并依靠他们展开杀戮。

修昔底德现实主义理论的真谛是，没有权威，自由也无从保证；这就是说，自由通常要由那些身穿制服、手持兵刃的军人来保证。以阿尔及利亚为例：政治和经济的自由正在那里逐渐萌芽，但其前提条件在于军队对极端叛乱分子的持续压制。在尼泊尔也是如此：尽管尼泊尔共产党（下文简称“尼共〈毛主义〉”）游击队已被击败，该国乡村地带的无政府混乱状态却依然难以得到解决；但与此同时，尼共（毛主义）武装组织在战场上暂时的偃旗息鼓，确实为解决这些问题创造了无限可能。我之前也见识过一些“国将不国”的地方，它们普遍让美军头疼不已，而尼泊尔同它们之间并不存在太大区别。

中印夹缝地带的尼共武装

尼泊尔是一个濒临崩溃的国度，其2770万国民生活在2个经济正在飞速崛起的当代地区大国——中国与印度的夹缝之中。与阿富汗非常相似，尼泊尔也是大英帝国当年的战略缓冲区，一直徘徊在落后和封闭的深渊之中。相形之下，阿富汗和尼泊尔这两个缓冲区长期拱卫的印度，却享受着后殖民地时代的发展红利。尼泊尔国内有着十数个民族/族群，各种方言土语更是多达48种，王室成了凝聚这些民族/族群的纽带。然而，这个已经统治尼泊尔200余年、信奉印度教的王室，其执政根基却在渐渐动摇。2001年，因为无法迎娶心爱之人，一位疯狂的王储做出了疯狂的举动，杀死9名王室成员后饮弹自尽。此后，尼泊尔国内的各个基于部族和种姓的封建政党开始兴风作浪。就像萨缪尔·约翰逊1775年对苏格兰的描述一样，“令这位将军心感不悦的是……该国原本就奇形怪状，被群山分割成为条条块块，除了当地原住民，外人几乎无法抵达，再加上各处山口的拱卫和各种复杂事态的干扰，王道和法度根本无法落实”。

如此令人沮丧的局势，缘起于20世纪90年代中期尼共武装组织在尼泊尔西部茂密山林里发动的叛乱。这场叛乱是共产主义思想对当地长达50年渗透的结果，直接原因则在于，此前尼泊尔政府发布了一条禁止农民继续种植主要经济作物（大麻）的命令。尼共武装组织发动的叛乱已经造成成千上万尼泊尔人丧生。2001—2003年，叛乱曾一度达到高潮；至我抵达该国之时，叛乱势力再次甚嚣尘上。

有些杀戮行为尤其令人感到毛骨悚然。有一种名曰“断肢切割”的杀戮方式，首先会砸断受害者的大部分骨骼，然后挖出双眼，割掉舌头、耳朵和鼻子，接着施以腰斩，最后焚化遗骸。尼泊尔的历史和文化当中从来未曾出现过如此野蛮的行径，这些行为通常都是由一小撮年轻的尼共分子施加在单个受害者身上的。这里的位置极度偏僻，而尼共势力本身缺乏运作管理国家的相关知识，再加上许多尼共分子都是缺乏社会经验的低种姓青年，这使得他们很容易盲目接受柬埔寨红色高棉、菲律宾阿布沙耶夫组织、秘鲁“光辉道路”、哥伦比亚毒品黑帮等极端主义组织的思想。

尼泊尔政府对乡村地带不再拥有掌控力，而那些地方却居住着该国85%的人口。除了首都加德满都以外，国家警察系统几乎无所作为。尼泊尔从来没建立过协调一致的官僚机构。尽管殖民主义为人所不齿，但它往往能为殖民地留下强大的官僚机构传统。由此看来，尼泊尔、阿富汗和也门等存在不同程度的无政府状态的国家，从来都没有真正被殖民过。

如果没有印度的参与，尼泊尔的危机将无法获得任何政治解决途径。一方面，新德里政府有一种迫在眉睫的紧张感，生怕治安状况原本就非常薄弱的印度北部边陲再出现另一个克什米尔，尤其是尼泊尔的大多数人口集中在临近尼印边境的南部特莱低地区域。诸如，如果邻居尼泊尔彻底崩溃，印度最贫穷、最混乱的比哈尔邦能否容纳难以计数的难民呢？另一方面，印度人并不反对尼泊尔保持贫穷但主权独立的状态。更重要的是，印度政坛上有不少左翼政党，他们同情尼共——因为两国边境相连互通，他们随时愿意越境去为后者提供帮助。

就在我到达尼泊尔之前几天，美国的小布什政府取消了美国陆军特种部队在尼泊尔的训练任务（与我在阿尔及利亚所见的类似）——因为贾南德拉国王没能快速推进民主化进程。具体说来，就是没有将权力交还给那些在20世纪90年代几乎将尼泊尔带入崩溃深渊的、主张封建种姓制度的政党和印度财阀。当然，这位国王在位时的笨拙和专制很难用语言形容。但是，假如他2002年没有废除政党体制、夺回大权，尼泊尔也许早就崩溃。

尼泊尔的局势简直是20年前的中美洲国家萨尔瓦多的翻版。只不过，当年的萨尔瓦多是由代表合法政府的极端右翼势力，对抗代表苏联与古巴地缘政治势力的极端左翼势力。由于当时的媒体舆论倾向于反映其中一方的暴行，美国政府就只能试着同媒体视而不见的另一方合作了。

唉！尼泊尔也是一个正与完全不按常理出牌的对手进行殊死战斗的国度。除了“平叛”，尼泊尔皇家陆军（RNA）并没有其他战争经验。这支军队内部侵犯人权的现象相当严重，其中包括许多未予解释的失踪案例。不过，许多师团都配属了人权律师。有一位上校正被软禁，另有数名少校正在接受调查，罪名都是涉嫌侵犯人权。由于官僚体制相对透明、出事可以追责，在很多联合国和人权机构看来，尼泊尔皇家陆军并非一个棘手的对象。

又是老一套的情节。因为美军要在一个权力世界里执行任务，偶尔扮扮黑脸或许可以更为有效地实施行动。

加德满都的美军少校

来自伊利诺伊州萨瓦纳市的陆军少校拉瑞·史密斯，是我在堪萨斯莱文沃思堡指挥与参谋学院的旧相识，正是他吸引我来到尼泊尔——考虑到该国引人关注的形势，我自然乐于到此一游。当初在莱文沃思堡与史密斯初见，他穿着一身制服；当我在加德满都再次遇见这个家伙时，他却蹬着牛仔裤和牛仔靴，穿着一件白色的无领长袖衫——他称这身行头为“得克萨斯印度式套装”。我们的会面地点是他住处的书房，周围摆着不少印度语、泰米尔语和乌尔都语的语法书籍。

史密斯的烟瘾很大。他在伊利诺伊州密西西比河畔的一个家庭农场长大，那里距离尤利西斯·辛普森·格兰特（Ulysses Simpson Grant）的故乡加莱纳不远。16 岁那年，史密斯曾经以交换生身份前赴西德，掌握了流利的德语。如今，这个 40 岁的老兵已经同一位出生在新德里的印度美女结婚 22 年了。两人是在伊利诺伊州弗里波特（Freeport）的海兰社区学院邂逅的。他们有一个 12 岁的女儿和一个 21 岁的儿子。史密斯的儿子也在陆军服役，正准备参加北卡罗来纳州布拉格堡的特种兵资格科目学习。

离开海兰社区学院后，史密斯进入了儿时成长地附近的洛克福德学院。他曾经对我说，1983 年 10 月，听闻美国海军陆战队在贝鲁特遭遇了自杀性爆炸袭击之后，他“当即起身离开法语课教室，径直去了当地的征兵办公室，报名加入陆军，成为一名列兵。这么做并不是因为讨厌法国文学——只是，在那种时候，它的意义不大”。

接下来的 5 年间，史密斯曾分别在驻亚拉巴马州和德国的宪兵部队服役，并升为一名士官。后来，他参加了伊利诺伊州州立大学（诺默尔）的“储备军官训练团”，毕业后晋升为少尉军衔。得克萨斯州的布莱斯堡、华盛顿州的刘易斯堡、路易斯安那州的波克堡和科罗拉多州的卡森堡都曾经留下他的足迹。经历了一系列调遣之后，史密斯被任命为某军事情报部队的指挥官。然而，过了一段时间，他决定去南亚次大陆担任驻外武官。为了实现这一目标，他用了一年时间，在弗吉尼亚州阿灵顿的外交学院学习印地语，又花了一年时间在奥斯丁的得克萨斯大学读完了南亚问题研究专业的研究生课程。

史密斯和他的妻子从得克萨斯州搬到印度南部，他在当地的一所印度陆军参谋学校学习了一年时间。在这里的学习经历给史密斯的印象是混杂：尽管来自克什米尔地区和印巴边境地区的同学有着丰富的作战经验，但印度军队依然是过分关注形式，不愿进行自我批评的。有关1962年中印边境战争的事后总结，至今依然被列为机密。在表达对军队战术和国家政策的批评之时，印度将领们总是极尽拐弯抹角之能事，为自己的言论披上一层云山雾罩的学术外衣。印度军队同样存在第三世界国家军队的常见问题，即士官阶层相对弱势，“不过是些老兵而已”。在印度军营里，普通士兵要给军官端茶倒水。作为一名曾经做过士官的军官，史密斯表示，如果他当普通士兵那会儿有军官命令他端茶倒水，他一定会朝杯里吐痰。他对我说：“想在尼泊尔等国引入真正的民主？先给皇家陆军的士官阶层充分的授权吧。那就是民主开始的地方。”

史密斯的个人履历具有典型的美国陆军特色：上岗之前必须接受经年累月的培训。我抵达尼泊尔的时候，他刚刚开始在加德满都的试水过程。

在我看来，加德满都是一个崎岖、多丛林、多山坡、遍地残垣断壁的山城，更有黛青色的群山环绕其外。8 月，加德满都的天空一半时间都有无论形状还是质地都像脏兮兮的海绵的季风云团遮蔽。这座城市人口众多，街巷里到处都是摩托车、汽车和人力车，总给人一种小城过度膨胀的不协调感。城中的杜巴广场（Durbar Square）上杂乱地分布着各种印度教和佛教寺庙，看上去很狭小——尽管这里供奉的神明数量众多，但毕竟空间有限，仔细数数还是能数过来的。

杜巴广场曾经是美国和平队（Peace Corps）志愿者们闲暇时常去的地方。自从 20 世纪 60 年代初（肯尼迪政府时期）兴起以来，和平队就一直遵循着坚守纪律、追求理想的传统。与嬉皮士运动不同，和平队几十年来从未涉入任何不法事件。至今，该组织依然备受尊崇，为美国外交队伍培养了许多新鲜人才。正如一位美国使馆工作人员所说，“尼泊尔对美国之所以重要，原因之一是这里是和平队精神遗产的传承之所”。

如今，这份精神遗产大概已经衰退到需要拯救的程度了；绝大多数和平队志愿者已经离开尼泊尔，因为加德满都周边的乡村地带已经变得非常危险，不适宜他们继续开展工作。这里给美国人，尤其是美国国际开发总署上了生动而惨痛的一堂课，与我在尼日尔所见所闻类似：包括和平队志愿者们在内，所有以平民身份前来提供援助的工作人员都被局限在首都地区。如果未来还想在这些国家实施民间援助项目，参与其中的组织至少应该是半武装化的。

来到加德满都后的第一个夜晚，我跟随史密斯参加了一场美国空军医疗救助队的聚会。来自密歇根州林登市的贾森·迪斯上尉解释道，这支由火奴鲁鲁美军太平洋司令部总部派来的9人医疗队，曾在其他20多个亚洲国家执行过救援任务。他们此行的目的是，培训尼泊尔急救和护理人员在面对从爆炸到地震等各种紧急情况时的应变能力（尼泊尔位于一处主要地震断裂带上）。来自明尼苏达州圣克劳德市的技术军士戴维·尤班克斯是一位国民警卫队士官，他个人对此次任务颇感担心，因为尼泊尔人的知识水平太低，但他的各位上司对此却不以为然。“尼泊尔的政府机构，”他说，“相互之间根本不交流。没有协作意识，根本没办法做好灾害应变工作。”尤班克斯还提到，种姓制度在尼泊尔军队的军官和士官之间筑起了一道无法沟通、无法逾越的高墙。

种姓森严的尼泊尔军队

史密斯和使馆武官处的同事们并没有以“我们能改造尼泊尔皇家陆军”一类的说法自欺，只是将希望寄托在某突击营的897名官兵身上。这个由4个步枪连组成的突击营，是按照佐治亚州本宁堡美军游骑兵部队的模式组建的。一天晚上，我去史密斯家享受了有美酒和印度咖喱美食的晚餐，并在席间见到了这支部队的两名军官，其中包括时年 30 岁、两年前便参与了该营筹建工作的阿努普·巴雅尔（Anup Phayal）上尉。

巴雅尔上尉和他的上司、时年 32 岁的苏巴什·塔帕（Subash Thapa）少校，都穿着熨烫挺直的休闲裤和马球衫。他们待人接物时的气质和对文学、政策的了解，让我不禁想到如今在常青藤联盟学校常见的外国留学生。与约旦前国王侯赛因一样，这两位军官以前都曾在英国桑德赫斯特皇家军事学院深造过。此外，巴雅尔上尉还是本宁堡游骑兵学校的毕业生，而塔帕少校则在布拉格堡参加过特种兵资格科目学习。

两人都出身军人世家。巴雅尔上尉是听着祖父的战斗故事成长起来的，他的祖父曾经作为英军中的廓尔喀突击队员赴新加坡和马来半岛作战。而塔帕少校的母系家族和父系家族，都曾连续 8 代有人在军中为官。这两位同我一起热烈讨论加缪的名剧《反抗者》（*The Rebel*）的年轻军官，都是佩戴轻型护甲、骑着新款摩托车来到史密斯家的。通过他们的品位和受教育程度可以看出，两人所具备的全球视野，连达沃斯等国际会议的与会嘉宾都鲜有能与之匹敌者。

巴雅尔上尉说：“尼泊尔军队必须打破种姓阶层之间的藩篱，为社会做出表率。”说到这里，他又补充道：“我尤其感到自豪的是，在我们突击营里，士官发挥着重要的作用。”这让我想到了史密斯之前的言论。

至于尼共武装组织，巴雅尔上尉表示：“在地形地貌方面，尼泊尔比阿富汗复杂 20 倍。我们要在近乎垂直的山地丛林里作战，眼见着敌人（尼共）就在附近的山顶上，但我们要攀爬3天才能接近他们，彼时他们早就溜了。我们需要一些直升机，有它们就足够了。不需要多么先进、昂贵的，俄制米-24武装直升机就够了。”

“有大片区域已经被尼共经营了5年之久，”他继续说，“可他们在改善民生方面比我们的政府做得还差劲。”所以，残忍已经深入那些尼共分子的骨髓当中了，非止军纪散乱的结果。“我认为，这是一个非黑即白的道德问题。”

尽管巴雅尔上尉看上去比实际要年轻，但作为连队指挥官，他已经在尼泊尔西部山区经历过数次作战行动，大腿上还曾负过伤。

由于尼泊尔皇家陆军并不善于和媒体打交道，我颇费了一番周章才获得进入尼泊尔突击营训练基地的许可。该训练基地设在苏里亚宾纳亚克（Surya Binayak），该基地位于加德满都东边一片阴暗、茂密的山麓林地之中。我从喧闹、拥挤的加德满都出发，驱车沿着蜿蜒的山间公路来到一处充满原始气息的松树、橡树林地，一些印度教寺庙点缀其间，有几个地点堪与任何高尔夫球场比肩。

这处军营漂亮得无可挑剔，官兵们精心照料着这里的一草一木，栽在铜瓮里的红色木槿花争奇斗艳。塔帕少校、巴雅尔上尉以及其他军官在一个小凉棚里欢迎我的到来。他们都穿着丛林作训迷彩服，肩章上印有交叉的廓尔喀短刀、太阳和半个月亮——这是尼泊尔军队长期以来的军衔标志。做简报时，他们使用的是标准的五角大楼式幻灯片：总体概述、内容扼要，但与美军依然存在一项明显的不同。

对第三世界国家军队在遂行平叛任务时最令人沮丧的弱点，尼泊尔皇家陆军突击营是坦然承认的，也在积极想办法应对。由于缺乏自信、军心不稳，我所见识过的此类军队（诸如哥伦比亚军队），只有在己方人数众多（至少要有连级以上）的情况下与敌人接战，才能发挥出应有的战斗力，尼泊尔人却青睐以 9 人作战小组执行任务。更重要的是，这些参加过美国陆军特种部队联合协同训练演习的突击营成员们反过来又对其他作战部队进行 21 天周期的班组战斗技能培训。正如塔帕少校所指出的，“我们培训士兵以班组为单位展开行动。连队是我们最大规模的作战单位，我们不需要那种一上战场就变得惊慌失措、只会扣住扳机疯狂射击的士兵”。

我在山峦之间爬上爬下，观看手持“柯尔特突击队员”型步枪（M-16 突击步枪的短枪管版本）的突击营成员们的实弹化机动接敌演练。参演官兵被划分成 4~5 人战斗小组，分别由班排长指挥。这些战斗小组以 360 度雪茄状队形突然发起突袭，顶着高温和潮湿冲上陡峭的山峰，用二人交替掩护的方式攻击前进，以免发生“蓝对蓝”的意外（从美军那里借来的称呼，意即“友军误伤”）。突击营成员们开火时非常冷静克制，第一枪意在吸引敌方暴露火力，随后才是连续的长点射。每个战斗小组的攻击进程，通常由士官把握。穿过山上茂密的藤蔓，我来到两位背向俯卧的士兵中间——他们的枪口都瞄准警戒方向。这些士兵如蒙古人般的脸颊上涂着绿色的迷彩条纹，沾满汗水和泥垢。他们的模样犹如佛陀一般，就连呼吸都不发出任何声响。

尽管他们堪称尼泊尔士兵的绝佳典范，但也只是些“服从”权威的小伙子——毕竟，他们与西方国家军队中的中级军官不同，极少有机会提出自己的意见；他们已经是尼泊尔皇家陆军能够培养出的最棒的士兵了。你可以向他们传播人权思想、民间事物以及灾难救援等方面的知识，进而提高他们对人权的关注，这也是突击营的军官们正不遗余力在做的事情。但是，想要做到基本或完全消除侵犯人权的现象，达到西方政府和国际社会要求的标准，却几乎是一个无法实现的目标，除非尼泊尔社会本身经过了多年的变革之后达到了一个更加尊重人权的程度。

巴雅尔上尉告诉我，“在尼泊尔军队中，只有军官们对西方文化和战术规则有比较深入的了解。军官和士兵的内心是两个不同的世界。况且，”他继续说，“这对于稳定军心、提升士气实在没什么帮助。”

自组建起至今，尼泊尔皇家陆军突击营在历次行动中已有 12 人丧生、53 人受伤。时年 21 岁的阿舒克·卡德卡中尉告诉我，在去年 4 月的一次行动中，一块弹片击中了他的脖颈。

按照他的说法，交火“总是在大家最不舒服的时刻发生：饥肠辘辘，嗓子冒火，身背 20 千克的战斗物资，队形也来不及展开。敌人的火力从山顶倾泻而下。我们要从下往上仰攻。自制爆炸装置不时炸响。当时我被配属在尖刀班里。同行的一位步枪兵和一位机枪手都受伤了。最后，有两个排赶来增援，我们得以获救。但直到空中支援到位之后，我们才拿下那个山头”。

“最糟糕的是，尽管我们装备了夜视器材，我们对战区的了解还是不如敌人。”另外一位军官对我说。接着，一位军官继续着这种令人尊敬的坦诚：“我们向村中的孩童分发巧克力，可他们却拒绝接受。尼共的宣传让他们相信，那里面有毒药。”又一位军官表示：“一位垂死的尼共伤兵告诉他的同伙，‘不要在我身上浪费子弹，还是用它们来杀死敌人吧。你们撤退之前用刀把我捅死，或者干脆闷死我也行’。”

巴雅尔上尉总结道：“皇家陆军的士兵们参军入伍的目的，是为了赴海外参加联合国维和行动，多赚些钱补贴家用，尼共武装却怀有一种慷慨赴死的精神。我们突击营成员是自愿来当特种兵的，但归根结底，我们只能通过训练的方式来建立信任和默契，只能如此。”

尼共武装组织对我来说也有吸引力，我不想在这件事上欺骗自己。与我在 20 世纪 80 年代报道过的、最终取得了胜利的厄立特里亚游击队员们一样，这些尼共武装组织也将各式各样的观点整合成他们独特的完整理论体系。在这套思想理论的指导之下，尼共武装组织展现出了强烈的纪律性和精神力量，这些正是身为皇家陆军精英特种作战力量的突击营所欠缺的。尼共组织以优秀的宣传能力和擅长发动三面人海攻击著称。记者们前去采访尼共武装，通常要比采访皇家陆军更加容易一些。与所有其他后现代时代的革命运动一样，尼共武装也非常善于利用媒体。在现代战争中，信息舆论就是另外一个维度的战场。20 世纪 90 年代，自由的经济体制加上破坏性的政党政治加剧了尼泊尔的社会不公，尼共武装正是借此得到迅猛发展。

美国军官明白，单凭皇家陆军一己之力无法恢复尼泊尔的稳定，因为政府在乡村地带毫无影响力。在尼共武装的影响下，尼泊尔乡村地区的民众很快就被驯服。虽然训练更好、装备更精的皇家陆军可能会最终解放本国的乡村地带，但只有建立起学政、路政、医疗等民事机构，才能将政府对这些地方的控制稳固下来。与菲律宾等许多其他地方一样，尼泊尔面临着同样的难题。2006 年，尼泊尔民众发动了一次起义，并成功迫使国王恢复了民主制度，但这场起义并没有解决乡村地带的无政府状态。不过，这仍然是一个良好的开端。最终稳定尼泊尔的局势，只能依靠一支西方化的武装部队对尼共武装形成持续压制，以便后者能够以建设性的姿态参与到国家的民主进程当中，而不是只图夺取权力。

最有价值的雇佣兵——廓尔喀人

想到尼泊尔的战士们，无论他们是皇家陆军还是尼共武装，我都要对廓尔喀人骁勇善战的传统进行一番思索。在我随军周游四方的过程中，曾经感受并思量过美军在训练东道国部队，并利用后者更加有效地投射美国的力量（而非 2004 年我在伊拉克所见的那种方式）时遭遇到的各种挑战。廓尔喀人从军的历史，揭示了英国殖民者当年对这片地区的统治手法。

“廓尔喀”这个词，起源于英语对尼泊尔西部的一处地名“郭尔卡”（Gorkha）的误读。这里是尼泊尔的蒙古族分支古隆（Gurung）和马加尔（Magar）两大部族的故乡，也是最早一批“廓尔喀”勇士们诞生的地方。所谓“廓尔喀人”，并非一个单一的民族。自 18 世纪初开始，英国军官们就已经在用这个词来称呼这个山地封建穷国的武士阶层了。

1814—1816 年，英国东印度公司驻孟加拉国负责人与尼泊尔人之间爆发了一场战争，这是英国人第一次与廓尔喀人正面接触。受了伤也依然保持着积极乐观态度的廓尔喀勇士给英国人留下了深刻的印象；于是，英国人逐渐与昔日的对手建立了合作关系。1857 年的印度反英大起义期间，这一关系得到了极大的巩固——廓尔喀人加入了未曾反叛的英属印度陆军，实际上相当于为英国平民提供了救助。

从那之后，廓尔喀军团在苏丹参与了英军对马赫迪起义的镇压，在中国镇压义和团运动，并于一战和二战期间分别被派往美索不达米亚和缅甸的一些地方作战。两次世界大战期间，廓尔喀人总共伤亡了数万人。除此之外，英国在马尔维纳斯群岛、巴尔干半岛和伊拉克战场上也动用了廓尔喀雇佣军。遵从纪律、精于作战是廓尔喀人的传统，而这些精神又在某些情况下融入了尼泊尔皇家陆军的文化体系，所以目前在布隆迪、刚果、海地和利比里亚都能看到尼泊尔的营级或连级维和部队的身影。

事实上，参加英国军队的廓尔喀雇佣兵，并非全部来自同一个部落，但同一个家族或家庭向来都有代代相承的从军传统。20

世纪 70 年代，在专属英国女王伊丽莎白二世的第 6 廓尔喀步枪兵营之中，竟同时出现了 46 对亲兄弟。在大不列颠帝国的历史上，无论是日不落帝国时期还是其后，廓尔喀人都是最有价值的雇佣兵——尽管偶尔会遭到污蔑，但他们始终是一支专业化的士兵群体。正如诗人霍斯曼（A. E. Housman）曾经写道：

他们的双肩扛起蓝天，
他们的双脚踩稳人间；
他们守护着上帝的弃物，
守护一切只为饷钱。

“廓尔喀人的硬骨头堪称传奇。”历史学家拜伦·法维尔（Byron Farel）曾经写道。1931 年，在印度的西北边境，一头发疯的骡子用打了铁掌的蹄子踢中了一位廓尔喀中士的脑袋，“而这位中士只是抱怨了一句头有点疼，当天晚上把一块膏药糊到了脑门上。那头骡子却瘸了”。世界上只有两样东西能让狂野的阿富汗帕坦（Pathan）勇士胆寒：一是先知穆罕默德，一是手持弯刀的廓尔喀人。法维尔写道，“任何生物都赶不上廓尔喀人飞奔下山的速度”。但这种坚毅的品格与残酷无情并不是一回事，在廓尔喀人部队中，完全看不到许多西方军队常见的欺凌和恐吓。

退役下士巴尔巴斯塔·巴斯内特，是我在加德满都采访到的最令人印象深刻的廓尔喀退役军人（参加过二战时期缅甸战役、进过日军战俘营，或随英军参加过 20 世纪 60 年代马来西亚平叛作战的老兵)。巴尔巴斯塔已经年逾古稀，时光流转让他的嗓音显得有些沙哑。他 16 岁那年就参加了英国陆军的廓尔喀步枪军团。如今，他嘴里只剩下右侧的几颗牙齿，遮阳帽下是一张干枯的浅褐色面颊。显然，这位绅士般的年迈勇者一生饱经沧桑，房间里挂着一幅伊丽莎白二世的黑白照片——他就在这里对我讲述了他的生平经历。

尽管巴尔巴斯塔已经年迈如斯，却依然拥有一身强健的肌肉，一双大手看上去很有力气。他出生在一个极端贫困的村庄，参军之前甚至连茶都没喝过。

“作为一名新兵，您当年都接受了哪些基本训练?”我问道。

“哦，我很享受那段时光。那真是一段要吃有吃要喝有喝的好日子啊。”他笑着对我说道。

接受过新兵训练之后，巴尔巴斯塔被派到英属印度的西北边境地区服役 8 个月，在那里守卫边境，抵御阿富汗帕坦人的袭扰(所谓帕坦人就是如今人们所说的普什图人，巴尔巴斯塔沿用了帕坦人这个古老的英文说法)。后来，第二次世界大战爆发前夕，他被派遣到孟买，乘船前往马来亚西北部，接受了 3 个月的丛林战训练。最终，他开始了与日军的近距离作战。

“当时您害怕吗?”我问道。

“不怕。我心里想的只有自己该做些什么和慷慨赴死。”他依然面带微笑。

与日军一支主力部队脱离接触之后，巴尔巴斯塔和其他廓尔喀雇佣兵在丛林里长途跋涉了 15 天。战争爆发之后不久，他就被抓进了日军的战俘营，过了 4 年不断被殴打、每天只能吃 200 克大米的日子，在马来亚、爪哇、苏门答腊和新几内亚等地的劳工营不断辗转，除了一条缠腰布，几乎赤身露体。他认为，是美军在广岛投下的原子弹将他从苦难中救了出来。他突然获得了食物和衣服，几周之后，新西兰部队接管了劳工营，他彻底重获自由。巴尔巴斯塔说，能为女王陛下效劳，他感到非常骄傲。

我认为，一个社会越是繁荣，就越难出现这样的人物。比起巴尔巴斯塔所在的那种文化，我们的文化更为柔和，也不那么崇尚宿命论——毕竟，我们的生存环境整体上要比他的更好一些。不过，无论是塞拉利昂还是巴尔干半岛等地方，依然需要这样的人去发挥作用。

我将这些廓尔喀老兵和当今美国陆军和海军陆战队的士兵做了一番对比，发现尽管两者存在巨大的差异，却也存在一些共通之处。我见过许多出身贫寒但能忍受艰辛、富有战斗精神的美国军人，正是这种特质拉近了他们与巴尔巴斯塔这一类垂暮英雄之间的距离。两者之间真正的区别在于他们执行任务时所面对的社会环境不同。无论在世界各地执行任务的美国勇士在多大程度上相信自己的使命，美国的统治阶层并不具备 19 世纪和 20 世纪初的欧洲贵族那么强烈的欲望。要想了解这个区别之于美国军队有何意义，尼泊尔就是一个很好的例子。

左派人士和某些孤立主义者坚持一种观点，即美军的对外军事训练活动从某种程度上说不过是在扶植独裁者。但哥伦比亚、蒙古、菲律宾、阿富汗、肯尼亚、尼日尔、泰国、阿尔及利亚等我到过的（以及即将探访的）国家的军队，都有一个共同点：他们都是国际公认的民主国家，只是不太完美罢了。并不是美国在向这些国家强推军事援助，而是它们向美国人提出了这样的请求。如果它们不是民主国家，此类任务根本得不到美国国会的批准。

但是，自2002年政党制度被国王中止之后，尼泊尔就已经不在此类国家行列了。不过，史密斯少校与其他一些军官依然坚信，暂停对尼泊尔皇家陆军的援助（原因是该国军中存在侵犯人权的现象和尼泊尔的民主进程停滞不前），只会让尼共武装的力量进一步壮大，进而使尼泊尔建立稳定的民主制度的希望变得更加渺茫。但美国国务院和国会并不赞同这种观点，小布什政府内部的一些人也持相同观点。这种分歧实属诚实的政策争论，无论如何，其结果是我的尼泊尔之行适逢美国停止军事援助。反倒是中国人向尼泊尔皇家陆军增加了100万美元的援助——对尼泊尔人而言，这笔钱足够用上好一阵子了。北京方面刚刚邀请尼泊尔国防部长访华，紧接着又对国王发出了邀约。不得不说，相较于之前的大英帝国以及其他大多数世界强国而言，如今的美利坚帝国看上去既孱弱又踌躇。

拉瑞·史密斯之所以来到尼泊尔，是打算复制汤姆·威廉在蒙古的工作，但他同时也担心自己很快会丢掉饭碗。2006年，激愤的民众剥夺了国王的权力，将尼泊尔重新推回民主之路，美国也重新恢复了军事援助——此前承诺的数千件防弹衣被从仓库里取出，由美国国防大学（华盛顿）转交给前去接收的尼泊尔军官，并帮助尼泊尔陆军突击营获得了来自一所士官学院的资助。但对2005年的拉瑞·史密斯而言，这一切都是遥不可及的未来之物。

与此同时，在美国暂停军援的这段倒霉日子里，为了见证一段英军廓尔喀雇佣兵的传奇，史密斯和我造访了加德满都西边的博卡拉（Pokhara）。飞机只用了半个小时就飞抵目的地。我们不能驾车或者乘坐巴士，因为所经之路或被尼共武装控制，或在其威慑范围之内。

博卡拉位于一处潮湿的峡谷之中，喜马拉雅山脉安纳普尔纳峰熠熠生辉的晶莹雪峰在这里投下了一片如薄纱般的阴影。不过，每年这个时候萦绕在此的季风云团，加上阴森茂密的绿色植被，让人感觉仿佛整片地区都被沥青浸透了。水牛在几乎被苔藓完全覆盖的黑色残墙断壁间漫步，远处则是枝叶滴露的香蕉树。政府设施和建筑由准军事组织负责守卫，周围还环绕着蛇腹形刀刺网。尽管这座城镇被视为是安全的所在，空气中却依然透着一丝国家即将崩溃的气息。

80岁高龄的英国陆军退役上校约翰·菲利普·克罗斯，在他位于博卡拉的宅院接待了我们。这位老人戴着一顶遮阳帽、一副墨镜，打着精致的领结，穿着一身熨烫平整的短衣短裤，一双羊毛袜几乎提到了膝盖位置。我发现，他的膝关节皮肤粗黑，看上去很有力量。这些年来，他已经在尼泊尔山区徒步行走了1万英里。如今，由于白内障的影响，他已经几乎失去了全部视力，却依然每天坚持步行12英里。克罗斯上校是1943年4月2日参军入伍的。“D 日之后两天”，也就是 1944 年 6 月 8 日，他登上了开往孟买的运兵船。从那之后，他再也没有离开亚洲，只是偶尔短期返回英国探访。

他在军中的第一次难忘体验，是出海前往孟买之前一位军医官关于性的一番简介。那人的话令他颇感惊愕。当时，那位军医官一本正经地说道：“别忘了，女人可以给你生孩子，想要开心就玩弄男童。想要真正爽一把，就跟山羊上床吧！”第二次世界大战结束之际，克罗斯上校被调到了驻扎达兰萨拉（Dharamsala）的第 1 廓尔喀步枪营第 1 连。他在此开始了自己一生的事业。

从那里出发，克罗斯曾经去缅甸与日军作战并对后者进行缴械，去交趾支那（越南）镇压过越盟（Viet minh，即越南独立联盟战线），还担任过西萨旺 · 瓦达纳国王下台之前英国驻老挝王国的最后一任武官——在老挝工作期间，他实际上是美国大使馆追踪“巴特寮”（Pathe t Lao，1950 年成立的老挝左翼民族主义组织。——译者注）的耳目（对英国大使，克罗斯揶揄道，不过是个旅伴而已）。后来，他来到尼泊尔西部，成为英军廓尔喀雇佣军团的招兵人员。这以后的年月里，他参加了空降婆罗洲，镇压当地共产党起义的行动，还在马来半岛对美军开展丛林战培训。“有个英国广播公司（BBC）记者——那是个混蛋，指责我是在教人如何施虐。”总而言之，他在丛林里整整待了 10 年，常常背负着与受训者们同样重量的装备。用他的话说，那是“一种令人愉快的生活方式”。他通晓法语，还会讲 9 门亚洲语言。

克罗斯上校是一位坚定的独身主义者，他解释说，这是由于

“暴躁和胆怯”。他的书房里摆满了各种破旧的书籍，还有不少勋章和廓尔喀弯刀，每一件物什都承载着一段记忆。只可惜，由于他的住处没有空调设备，这些东西都遭到了湿热天气的损害。他睡在隔壁房间的一张极尽简朴的床上。这又是一位献身昔日大英帝国的老兵——克罗斯上校为他的祖国奉献了自己的青春年华，他在吉卜林的名作《基姆》（*Kim*）发表之前就已投身廓尔喀部队。

克罗斯创作了一些颇值一读的以非常规战争和喜马拉雅山区历史为主题的书籍（即便故事本身并不吸引人）。他是一位少数派，属于大英帝国传统精神的远方支脉，从个人成就角度而言，堪与同样是退役军人和旅行作家的帕特里克·利·弗莫尔（Patrick Leigh Fermor）比肩。这两人都有徒步旅行的习惯：弗莫尔走遍了欧洲大陆，而克罗斯上校穿越的则是尼泊尔的国土。

“19世纪末的那种战争从未停止过，”克罗斯上校吟咏道，“只不过在核武器震慑之下的冷战时期被遮蔽了几十年而已。如今，你们美国人必须学会如何驾驭这种战争；你们需要掌握的只有两件事：一是对军事生活的敬畏，二是誓言的神圣。这是一场观众极少，却需要演员拼尽全力的演出。忘掉所谓的‘糖衣炮弹’和军营合作社分发的安全套吧，”他继续说道，“除非你们知道自己终有一死，否则是打不好仗的。这么说有点极端，但的确是军旅生活的铁律。”

“现在你们见见真正的廓尔喀人吧，”克罗斯一边说，一边指了指布迪曼·古隆，后者身材健硕、肌肉发达，是他的侍从，也是他最疼爱的养子，过去 28 年间一直跟在他身边。“他是个饥饿的农民，手持弯刀随时准备饕餮一番。世上没有比廓尔喀人更棒的人了。我曾经把这些尼泊尔西部的山民派到新加坡充当警察，他们从未让我失望过。这些承袭了蒙古血统的家伙没那么容易送命。在野战炮兵派不上用场的山地作战中，来自平原地区的人们根本打不过这些人——关于这一点，克劳塞维茨是有过长篇论述的。”

“不得已的从属手段”

这番话体现了尼泊尔皇家陆军的不利境地——尽管克罗斯上校非常谨慎，并未表露出任何明确的政治态度，但他的住地周边对尼泊尔皇家陆军来说依然称得上是一片危险之地。尼共武装组织藏匿在附近的山区，而政府军暴露在街巷之间。事实上，那些尼共武装所在的，正是克罗斯几十年前招募雇佣兵的强悍的山地部落，而尼泊尔政府军来自平原地区——他们无法动用野战炮兵，否则会造成大量平民伤亡，引发国际组织的抗议。更糟糕的是，对军队生活的敬畏和誓言的神圣增强了尼共武装组织的战斗力和士气，而皇家陆军的士兵们却只把当兵看作一种领薪水的职业。我所探访过的突击营士兵尽管是尼泊尔军中的出类拔萃之辈，却被国内和国际政治局势所累。2005 年的尼泊尔其实与克罗斯上校当年工作过的老挝有相似之处：都是国王治下的纯粹的陆地国家，都要对付反叛的武装。

当我就伊拉克战争问起他的看法时，克罗斯说：“不要加入那种给敌人擦屁股的军队。参军入伍就是要去杀戮，或者被杀。作为军人，首先是要有足够的幽默感。”

克罗斯上校是个颇为冷酷，甚至有些乖戾的人，这一点与弗莫尔完全不同。他现在已经近乎失明，住在一个被他的祖国抛弃的偏僻之地。不过，无论多么乖戾，他讲述某些事实的时候依然展现出了无可争议的逻辑性。战争的本质依然是杀戮。这在战争的旁观者看来是不言而喻的，而那些实际遂行战争任务的军人，尤其在那些训练军人的军人看来，却并非如此。诸如，在公开场合宣扬海军陆战队队员们多么热爱杀戮自然会遭人白眼，但杀戮却是“皮领子”们天天挂在嘴边的口头禅。

讲到特种部队，克罗斯上校说，“他们本质上都是内向型人格，喜欢独处。执行任务时，他们会给人一种生龙活虎的假象，内心深处却像布谷鸟一样充满悲戚”。没错，特种部队的官兵就是这样。

美国永远不会，也不应该培养像廓尔喀勇士那样的士兵和克罗斯上校这样的军官。美军需要做的，是在开明、自由主义的军官的统帅下，充分发挥作为不得已的从属手段的战争的作用，在必要之时不忘杀戮。抱有极端政治观点的人认为美国军队是喜欢在全球各地管闲事的倚强凌弱者，但驻扎范围如此之广的美军，一直是极为克制的。据我迄今为止的观察，除了在海上，美国军队一直深受国际和国内政治局势的影响和牵制。

第 7 章

部族黑手党

“斯特瑞克”旅见闻

重建阶段源源不断的“输血”、此起彼伏的恐怖主义、逊尼派与什叶派的长期对立，无政府状态下强加的民主并没有改变美军占领下的伊拉克处境。在此背景下挺进摩苏尔的“斯特瑞克”旅，不仅要训练伊拉克新兵对抗恐怖分子，更要适应战事转向政事的变化，处理更多的非传统民间事务，维护后萨达姆时代伊拉克的稳定。对于与美国在地缘上并不那么亲密的伊拉克，这样做是否值得？

当我探访世界各地的美国军队之时，无论是在非洲沙漠、太平洋还是喜马拉雅山麓，伊拉克局势总会被人们提起。2004 年春天，我曾经跟随海军陆战队第 5 团第 1 营奔赴伊拉克，由陆路从科威特抵达“逊尼派三角”地带，花了数周时间观摩了治安与维稳行动以及后来发生的第一次费卢杰之战。18 个月后的今天，我决定与一支美国陆军常规部队一同深入伊拉克北部重镇——摩苏尔，它是尼尼微省的省会，临近美索不达米亚沙漠旁边的库尔德斯坦群山。那里是第 172“斯特瑞克”旅的责任区。没错，该部正是我去年秋天在阿拉斯加理查森堡和韦恩赖特堡探访过的“北极之狼”。

难忘的摩苏尔之旅

前往摩苏尔的旅程依然是从前那种起大早赶晚集的恼人状态。我大半夜就离开了科威特的酒店，来到某空军基地，在一只属于凯洛格布朗路特公司的船运集装箱外等了一宿。直到天边放亮，前往巴格达的C-130运输机才准备升空。飞机起飞前的最后一刻，凯洛格布朗路特公司的一位职员才慢条斯理地把我的护照交还给我。那家伙居然满脸轻松地说："因为取你的护照，我一整晚没吃上饭（这座基地昼夜提供伙食），我够倒霉的吧？"C-130运输机晃晃悠悠地钻进美索不达米亚平原中部那尘土飞扬、令人窒息的天空。我在机舱里无聊地摆弄着防弹衣和背包——直到这时我才得知，即使到了巴格达国际机场，我也无法直接乘直升机前往摩苏尔。我必须先赶往驻伊美军的神经中枢——国际区（或称"绿区"），去那儿补办一份媒体记者证。2004年的时候，我跟随海军陆战队从陆路进入伊拉克，当时并不需要办理此类证件。

这就意味着，我还要在巴格达机场的"畜棚"里等上16个小时，然后搭乘半夜开往"绿区"的"犀牛车"（一种加装了厚重装甲的囚车）。这儿的安全形势真的这么悲观吗？美国军方和国务院是不是有些太过偏执了？与我同行的乘客都是来自各国（包括菲律宾和科索沃）的合同工，个个打着瞌睡。这些人的工作原本是主要由伊拉克人承担的，但出于安全考虑，美国承包商只好雇用非阿拉伯人。我不禁想到了几十年前：那时候美国石油大亨们就已经开始雇用菲律宾人等非阿拉伯人前去沙特工作，以色列人也以非阿拉伯人替换巴勒斯坦工人。美国人和以色列人的做法，分别恶化了他们与阿拉伯人及巴勒斯坦人的关系。

为防止遭袭，机场与"绿区"之间的地域建起了一条由水泥隔离墙拱卫的如隧道般的安全走廊。进入“绿区”之后，在萨达姆时代建造的融入苏俄风格的巴比伦式建筑的映衬之下，水泥高墙构成的迷宫立刻变得相形见绌了。与所有面临某种威胁的封闭式社区一样，“绿区”并非一颗楔进叛乱地区的钉子，只是通过加强美国使馆及其周边地区的安全措施，使之成为一座要塞。有了足够的水泥和私人保镖，大概任何人都可以营造安全的假象。

从“绿区”返回巴格达国际机场，我终于可以搭乘美国陆军的“黑鹰”直升机了。这玩意儿跟“犀牛车”一样，都是两处安全区之间的通勤工具，这让人不禁有了一种乘坐航天飞机穿梭于天地之间的感觉。“黑鹰”直升机在距离地面数百英尺的空中高速飞行，两名机枪手随时保持警戒。

坐在机舱中，我瞥见了最新版的摩加迪沙炼狱：街道上遍布碎裂的煤渣空心砖，路旁的棕榈树枝叶上满是尘土，吱嘎作响的破旧汽车和熙熙攘攘的商贩。

为了赶第二天早晨飞往摩苏尔的C-130运输机，我在巴格达机场又度过了一个不眠之夜。与巴格达大不相同，摩苏尔刚刚下过第一场秋雨，空气既湿润又清爽，远处的高原就像是雕塑一般。尽管摩苏尔的海拔只有数百英尺，却足够让我摆脱美索不达米亚沙漠上那种令人窒息的沙尘。这里到处生长着松树、冷杉和柏树，给人一种身在安纳托利亚高原的感觉。除了烤肉摊，我还看到有小贩在出售各种土耳其产的商品，从发电机到水果汁无所不包。机场附近有一片由马苏德·巴尔扎尼领导的库尔德“自由战士”（Pesh Merga）架设的路障。

与叙利亚的阿勒颇一样，摩苏尔也是一座历史悠久的商旅城市，其出现和兴旺远在20世纪才开始兴起的“（单一）民族国家”之前，民族国家正是驻伊美军尽力维系的——以避免一场全面内战的爆发。摩苏尔与叙利亚、土耳其和伊朗等国的城市之间有古老的商路相连。就连这里的方言都融入了库尔德和叙利亚的元素。摩苏尔生活着一群为数众多的迦勒底人，即由聂斯托利派（景教）改奉天主教的基督徒。长期以来，这座拥有210万人口的城市一直是天主教传教士的活动中心。中世纪时期的摩苏尔曾是塞尔柱突厥人的领地，后来被波斯人占领，奥斯曼突厥人崛起之后又将其纳入疆域之内。在摩苏尔逐渐凋敝的老城区中，既有奥斯曼突厥时代的宏伟城墙，也有12世纪塞尔柱王朝时期的优雅灰泥尖塔，这显示出该城多样的历史传承。1926年，因石油而富裕起来的摩苏尔脱离土耳其，加入了新生的伊拉克——从那时起，一个由什叶派和逊尼派阿拉伯人建立的国度，接纳了包括库尔德人、土库曼人和亚述人在内的，占全国人口1/4的非阿拉伯族群。摩苏尔体现了伊拉克立国不稳的两大根源：民族矛盾和教派斗争，正是这两个原因促使这个国家建立了最严苛、残暴的独裁政体。

摩苏尔承袭尼尼微古城的原址，横亘底格里斯河两岸，但这里如今已经变成一片如砂纸般的贫瘠之地，目之所及，只有一些石质松脆的山峦和一些菜地分布在一条穿城而过的河流两岸。这座亚述旧都曾经是《圣经》所述古以色列的死敌。公元前7世纪初，正是亚述暴君西拿基立（Sennacherib）摧毁了古巴比伦，包围了圣城耶路撒冷，促使先知以赛亚向希伯来国王希西家（Hezekiah）进言，劝其向神祈祷以求解脱。最终，西拿基立的军队撤离了耶路撒冷。提到古城尼尼微，人们还会想到希伯来先知约拿（阿拉伯人称其为 Nebi Yunus）的故事：从一条大鱼腹中被呕吐出来，他回到了陆地，劝诫人们以粗布为衣、撒灰于顶以求神的宽恕。

公元前 612 年，亚述王朝亡于米堤亚人（Medes）之手。按照历史学家阿诺德·汤因比（Arnold Toynbee）的说法，亚述王朝的灭亡堪称历史上所有军事强权中最为彻底的崩溃。作为人类历史上最可怕的战争机器之一，亚述王朝曾经统治近东地区长达几个世纪。但就在其灭亡仅 200 年之后，经过此地的古希腊将军色诺芬却对“亚述”这个名字闻所未闻。用汤因比的话来说，军事实力无比强大的亚述王朝是“一具身穿重铠的死尸”：这让人不禁想到了叙利亚、巴基斯坦以及 2003 年之前萨达姆·侯赛因治下的伊拉克等过度军事化、过度中央集权国家。若要为近东地区的历史寻找一个主题，国家政权的频繁更迭和边界的多变都是备选。

终结混乱的应对方案——美国陆军旅级改革

我抵达摩苏尔之时恰逢一轮全国大选结束，并将在另一轮大选开始之前离开：前者选出了制定临时宪法草案的委员会，后者则将决出各政党在议会中的席位。上一轮大选期间，摩苏尔地区的投票率超过80%，这是自10个月前（2005年1月）那次选举以来伊拉克全国各选区投票率的最高水平。尽管安全形势依然脆弱，但摩苏尔毕竟是开创了一种成功的安全模式。这一切都要归功于最近刚刚调离该地区的一支“斯特瑞克”旅，即第25步兵师（司令部设在华盛顿州刘易斯堡）第1旅。

2004年9月，有着“枪骑兵”称号的第25师第1旅被派到摩苏尔驻防。当时的摩苏尔及其周边地区是一片暴力横行的禁区，发生过数千起反叛袭击事件，更不用说各种简易爆炸装置造成的1000余起爆炸事件了。当地的警察系统几遭废弃，警力从1万人锐减至300人。然而，截至第25师第1旅撤离此地一年的这个时间点，仅迫击炮袭击一项就从每月300起下降为10起。这是一项非常重要的指标，因为自我2004年春天抵达伊拉克以来，这个国家给我留下的最深刻的印象之一便是接连不断的爆炸声。其他形式的叛乱行为也呈大幅度下降的态势，如今，就连国际媒体的记者们也很少在有关伊拉克的报道中提到摩苏尔了：这表明他们最近数月并未来此地采访。

摩苏尔地区的警力如今已经恢复到9000人水平，警察局的数量也增至24个。更为重要的是，之前几乎从不举报叛乱行为的当地民众，现在每月向警方提供400余条相关情报。

第25师第1旅所解决的乱局是我长期以来的关注点。近12年前，我就曾经在《大西洋月刊》上发表过一篇题为《乱世将临》（The coming Anarchy）的文章，就第三世界国家在民族教派纷争、人口及环境压力、战争和犯罪等乱象的影响下出现制度失败的情况做了一番论述。我认为，摩苏尔可作为这些国家和地区解决此类应对措施的范例。

第25师第1旅“枪骑兵”在摩苏尔地区维稳方面的暂时成功，得益于美国陆军的旅级部队改革。美国陆军曾被陆军特种部队称为“大陆军”（Big Army）。他们说得没错，传统“大陆军”的组织架构过多地体现了“大而全”的工业时代特征。美国陆军现下的改革很大程度上着眼于对旅级作战单位的重视上。旅级部队的规模仅相当于师级部队的1/3或1/2，更不必说与庞大的军级部队相比了。因此，旅级部队的指挥不那么官僚了，也没有数量过多的校官。旅级部队的规模可以依照具体的战场态势灵活调整。突出旅级部队的作用，是一种面向更为混乱的非常规安全问题的解决方案。在接受这种变革方面，军方走在国务院前面。美军对旅级作战部队的重视，首先要归功于美国陆军前参谋长埃里克·新关（Eric Shinseki），其次是彼得·斯库梅克（Petere Schoomaker）。

新型装备的投入使用也非常重要。就美国陆军的旅级改革而言，“斯特瑞克”装甲车发挥了关键作用。这种战车在前线的尉官和营指挥所的校级军官之间建立了交流的渠道。“斯特瑞克”装甲车的附加安全装备可有效减少简易爆炸装置和自杀式爆炸造成的人员伤亡；依托其无须重新补充燃料即可长距离行驶的能力和车载FBCB2计算机系统，（Force Battle Command for Brigade and Battalion，是旅及旅以下作战指挥系统的缩写。）尉官和士官可以充分感知战场势态，大范围搜索最新情报，有效提高一线作战部队的独立行动能力，从而在战斗过程中变得更加自主。“大陆军”引入“斯特瑞克”装甲车，并非是要使其与特种部队形成二取其一的竞争关系，而是要在实际战场层面提供一个与传统特种部队平行的选项。这将给特种部队带来一些压力，促使其进一步创新作战样式。

由于扁平化的情报共享架构，“斯特瑞克”旅的战场自主性得到进一步的提高。引入此种情报共享架构，正是美国陆军另外一项推广范围相对较小的改革项目。如今，直接指挥前线作战的尉官们，已经逐渐不再倚赖传统的垂直指挥体系从营级指挥部获得信息，而是越来越倾向于通过电子邮件网络，以同级共享的方式从其他低级军官、友军指挥所甚至直接从伊拉克反政府武装那儿获取情报。在作战过程中，前线指挥官并不一定要与营级指挥部的中校和少校们交流。

去年 3 月的一个夜晚，在没有请示任何上级的情况下，一名尉官仅凭从伊拉克线人那儿得到的情报，几个小时之内在摩苏尔发动了 6 次突袭，将某叛军据点 20 名成员中的 14 名抓捕归案，同时缴获了大量武器和数辆车辆。另一个晚上，有情报称叛军头目阿布·祖拜尔（本名穆罕默德·苏丹·萨利赫）计划刺杀摩苏尔地区的一名警察局长，美军某连连长据此制订了一个以告密者为诱饵的抓捕计划。这位连长借助无人侦察机掌握了阿布·祖拜尔的行踪，发起行动打死了阿布·祖拜尔和另外两名当地叛军头目。

诸如此类的成功案例，并不代表伊拉克已经万事安好。它们的意义在于，即使整体安全形势很恶劣，单个性的创新也可能骤然提高部队的作战水平。

这些案例还表明，要想结束混乱，首先就得结束无政府状态。无论是否民主政体，武力必须由国家垄断。所谓国家垄断武力即是消灭或逮捕某些特定人物。“你必须抱着一种跟黑道帮派打交道的心态来做这件事。”说这话的是菲利普·曼上尉。这位时年 32 岁的情报官来自加利福尼亚州的安蒂奥克，毕业于弗雷斯诺州立大学。“摩苏尔有大批无业青年，只靠贩毒和绑票为生。高涨的物价和惨淡的就业形势使参加叛乱成为一个合算的选择。将叛乱变成一个毫无吸引力的行当，确保那些并未受到极端宗教意识形态毒害的人远离叛乱很重要。”事实上，每次冲进一处被荡平的叛军据点，美国士兵都会发现不少淫秽制品。“所以我们引入了一种黑道帮派式解决方法，”曼上尉接着说，“如果我们有人在‘巴勒斯坦’（这里所说的‘巴勒斯坦’是指摩苏尔东南部一个由伊拉克前政权将领影响之下的、支持伊拉克反政府武装的退役军人居住区）遭到枪击，我们会包围整个地区，挨家挨户搜查，每一次都是如此。我们不断这么做，直到这里的民众对此感到厌倦，开始为我们提供帮助为止。我们传递出来的信息是：‘我们不会让步，也不会离开，还是跟我们合作吧’。”

“这是一个强行压制的过程。你必须尝试各种有力的行动，最终实现我们所期盼的那种稳固掌控的局面——基本消除暴力反叛现象，然后才能腾出手来做重建的工作。即使是对恶人，也不要过度杀伐。不经过社会、经济的发展，单以正义的暴力彻底消弭邪恶的暴力是个不切实际的目标。”

在一个地域广阔而我方战斗人员相对较少、杀敌容易寻敌困难的非常规战场之上，必须向下级军官和士官放权，让他们即时获取重要情报并据此展开行动。以曼上尉为例，他既可以直接从军方最高层获得指示，也可以直接通过指挥链向上传达自己侦知的情报。

多年来，在亚利桑那州华楚卡堡的美国陆军情报中心和学校，年轻的情报官们一直在学习如何接受并整理各方面的战斗情报并据此形成一份简报。在一个人员与装备云集、组织有序的常规战场上，这种情报搜集、整理模式是行之有效的。但现在，正如曼上尉所说的，“我的战场即是有着 45 万人口的摩苏尔市，我的任务是找到百十名可以在战场内外自由进出的叛乱分子。我所面临的压力是，我要像一位侦探那样亲自调查有关犯罪分子的第一手情报，而不是等着间谍卫星等战略侦察手段按照师、旅、团、营的顺序从上往下向我传递情报。”

战事转政事：美军多兵种“趋同”化

来到摩苏尔之后，我感受到的真正的转变首先在于美国军人自身。越是深入一线步兵部队，你越能感受到他们的荣誉、智慧和士气，从来都是如此。我曾在巴格达国际机场遇到一位脾气不太好的年轻女兵，她的任务是掌握各种交通信息，但这位当时正在阅读简装本小说的女士却极不耐烦地告诉我，她不知道前往摩苏尔的飞机何时起飞；此刻，我身处一处战术作战中心，同处一室的是一群士官和中低级军官，这些人的“战时神情”揭示了他们是多么的恪尽职守。

这些军人当中有的留着海军陆战队式锅盖头发型，有的则留着莫霍克式发型——他们更有可能是陆军人员。与陆军不同，美国海军陆战队是一支规模相对较小的精英部队。不同的军种和部队给人的印象很不一样：即便是在一线部队，陆军的列兵和士官也常常有人心不在焉，而海军陆战队则很少这种情况发生。这从陆军的等级体系之中可见一斑：文职人员所受训练不同、岗位不同，也因此受一线战斗人员的轻视。但在那些每天在基地周边地区执行任务的陆军军官和士官们看来，自己与海军陆战队、陆军特种部队之间基本不存在什么差异。

陆军部队与海军陆战队之间的另一个相似之处在于，前者最近也用像素迷彩服替换了原来的沙漠迷彩。与海军陆战队队员们一样，陆军的新制服也显得更空了，因为他们也不在衣领旁边继续佩戴技能徽章（Skill Badges）了。这揭示出美军朝着各军兵种“趋同”的方向又迈进了一小步，陆军特种部队、海军陆战队与普通军人之间的差异正在逐渐消弭，至少在一线官兵中是如此。海军陆战队所有成员（包括厨师和文职人员）一直将自己视为战士，这种缓慢而坚定的身份改革进程正在陆军中发挥更为显著的作用。现在，美国士兵脖子上都多了一枚“狗牌”，除了个人身份信息以外，还有一条勇士精神宣言：“任务第一，勇夺胜利，永不……”

这处墙上钉着“圣迭戈闪电队”啦啦队海报的战术作战中心属于第23步兵团（团部设在阿拉斯加州安克雷奇郊外的理查森堡）第4营。第23团第4营是第172独立步兵旅下属的4支营级作战单位之一，素有“战斧”之称。该营由3个步兵连组成，代号分别是“阿帕奇”“黑鹰”和“科曼奇”。由于陆军骑兵部队曾经在19世纪的时候大放异彩，所以美国陆军对“印第安人战争”时期的纪念更甚于海军陆战队。第23团第4营的徽章上有印第安人战争、菲律宾起义、二战、越战等该部经历过的战事。这支“斯特瑞克”旅下属作战支援营的箴言是彻罗基族印第安人所推崇的“奥帕西”（Opahey），意为“这是一个慷慨赴死的好日子”。

第23团第4营的指挥官是来自肯塔基州路易斯维尔的约翰·诺里斯中校。这位曾经在海军陆战队当过士官的矮个子壮汉，儿时曾在肯塔基的赛马场上卖过柠檬果汁。入伍后不久，他被调到了陆军，参加了路易斯维尔大学的候补军官培训课程。自去年夏天接替成功完成任务的第25师第1旅进驻摩苏尔起到现在，他这个营在行动中只有12人负伤，无人阵亡。他们的作战任务主要是为去年10月的伊拉克大选工作保驾护航。

诺里斯中校告诉我，从那时候开始，“我们每天都要执行大概23次巡逻任务，有时乘车，有时徒步，从未遭受过攻击。这些巡逻行动并非消极守成性质的，我们到处排查隐患。我们根据情报展开行动，并擒获目标。这里并没有太多仗可打。这里的人们需要面对的主要是政治和发展方面的问题”。

来到摩苏尔的最初几天，我一直跟在诺里斯中校身边，看他督促那些曾经相互敌对的当地官员恢复关系。这一类的非常规安全任务以前由陆军特种部队来承担，但随着摩苏尔的难题逐渐由战事转向政事，普通作战部队的军官们发现自己正越来越多地承担起那些曾在布拉格堡参加过特种兵资格科目的家伙们的职责。与此同时，他们还要承担类似19世纪英法殖民军队当中的行政官员的职责。

一开始，我们来到摩苏尔南部的哈曼·阿里尔（Hamman-Al-Alil），会见了当地的知名人士。我们首先需要驱车向东，去底格里斯河对岸与一家重新开张的伊拉克电视台的记者会合，他们准备报道这次会面。坐在“斯特瑞克”装甲车宽敞的车厢里，我通过热成像仪观赏了底格里斯河的风光，透过通气孔尽情呼吸着河边的清新空气。不久之后，我们进入了一处污水横流的拆车厂，几个月前这里还是一处叛乱分子的巢穴。

孩童们挥舞着抗议标语，追在“斯特瑞克”车队后面。那家电视台已经竖起了一座高达500英尺的全新发射塔，另有一座还在建造之中，资金由多方筹集得来。河流对岸的山峦之巅矗立着一座清真寺，俯瞰石块和水泥砌成的摩苏尔城，先知约拿的陵寝就在那座清真寺中。

复杂的伊拉克重建任务

我们所行驶的道路，最初是由第101空降师铺设的，由于被叛乱分子的简易爆炸装置搞得千疮百孔，后来由美军雇佣的伊拉克承包商重新铺过。其实，冷酷无情也是一种对抗混乱的手段，尤其是在面对不良倾向之时。如果说外国势力对于历经数十年混乱和贪腐困扰的非洲加以援助和思想渗透都是合理的，那为什么多年以来在伊拉克搞些民用项目建设就要面对这诸多困难呢？

“斯特瑞克”车队继续前行。底格里斯河畔有许多灰棕色的圆形山峦，田野上遍地都是甜瓜和向日葵。小岛和长满芦苇的沙洲将河水分割，形成了一片水网。极富辨识度的景色让这里颇有些“地标”的感觉。我看到许多砖房的屋顶都安装着卫星电视接收器，这是后萨达姆时代伊拉克民众的标志性生活细节之一。

叛乱分子曾经将哈曼·阿里尔这座拥有 2 万人口的市镇变成另外一处禁行区，他们摧毁了当地的政府机构，杀死市长的侄子，将其头颅斩下来送到市长的办公桌上。美军以及美军培训并装备的伊拉克新军及警察部队数次扫荡之后，终结了这一局面。现在，城里建起了新的诊所和警察局，新的政府大楼也已接近竣工。诺里斯中校计划在底格里斯河上建造一座通向哈曼·阿里尔市的桥梁，以解燃眉之急。

不过，这座市镇目前看上去依然破败不堪：到处是凄凉景象，街道上堆满垃圾、肮脏泥泞，一切都亟待并不稳固的“稳定局势”开花结果。戴着传统头巾和金边纹章的市政府工作人员恳请诺里斯中校在基础设施建设方面提供更多的帮助。看来觉得这座市镇糟糕透顶的不只是我，他们也一样。这些官员的态度很坦诚：“如果你们能够支付工程款项，我们将提供 24 小时的安全保障和充足的劳动力。”他们之所以敢做出安全承诺，仰仗的是在此地占据主导地位的贾布利（Jabouri）部落的势力。该部落已经决定与美国人合作对抗叛乱分子，这便是美军连续数月展现决心的结果。事实上，该市新任警察局长哈立德·侯赛因·哈姆达尼与萨达姆的儿子乌代和库赛的贴身护卫来自同一个哈姆达尼部落。如今，该部落也已开始与美军合作。

市镇上的问题比城市里的容易解决。在乡村地区，人与人之间彼此熟悉。此外，诸多部落群体都有可能成为帮助对抗叛乱分子的力量：与新生的民主政府不同，部落的权威是当地民众能够亲身感受到的。

哈曼·阿里尔市市长哈里夫走上前来。尽管他面有倦色，但一看到我们，就立刻摆出一副仿佛不知疲倦的表情。他看上去像是萨达姆时代那种老气横秋的政客，留着一头乱发。他掏出一份愿望清单，开始读给我们听：“这里曾经有一座古桥，但到萨达姆时期就已经不存在了。这座桥应当重修，美国人做出过这一类承诺……”他的嗓音既单调又沉闷，就这么念了半天。

诺里斯中校表示，援助将以军民协同省级重建队（PRT）的形式进行。“美军将继续驻扎此地，我们会为援助项目提供帮助。我们不会过早离开。”

“印沙安拉（如蒙神佑）。”当地官员们齐声应道。

整个会面期间，我一直坐在两位市政府工作人员之间：一位是3名兄弟皆死于叛军之手的穆罕默德·纳吉姆·沙卡拉，另一位是曾经两次遇袭的哈米斯·穆罕默德·贾欣。后者撩开袍子，向我展示了子弹在他臀部和下腹部留下的伤痕。

“当地民众有一些喜欢我们，但也有些人讨厌我们，因为我们意外杀死了他们的亲人，”诺里斯中校会后压低声音说，“还有些人希望我们尽早撤走。但每当我们荡平一处恐怖分子巢穴，从某种程度上为一方民众重建正常秩序时，人们都会走上街头表示感谢。我们目前面临的一大问题，是日复一日地针对医生和律师等专业人士的绑架行为，这种案件并不会引起媒体的关注，却能让叛乱分子获得不少现金。”美国军官都认为，在伊拉克这样一个有着 2600 万人口的国家，每天发生一起数十人死亡的汽车炸弹爆炸事件，尽管会给许多个人和家庭带去痛苦，却依然是可以容忍的。最让他们担心的是伊拉克中产阶级的出走和随机犯罪。“但是，如果我们能够保证伊拉克的第三次全国大选顺利进行，防止叛乱分子造成重大的破坏事件，我们就算赢了。”诺里斯对此颇有信心。

当然，从组织者的角度来看，第三次伊拉克全国大选的确顺利结束了。但由于投票者完全依照教派来选择参选者，想要真正建立一个团结的联合政府，还需要再花数月时间，所以伊拉克将暂时重回混乱状态。诺里斯没能预见到这一点，他对大选的前景预判，体现了一种乐观情绪（这是他胜任工作的保证）。事实上，正是后来在伊拉克上演的民主乱局，导致第 23 团第 4 营于翌年（2006 年）夏天从摩苏尔调往巴格达，应对首都地区不断上升的暴力犯罪态势。

返回战术作战行动中心的途中，我在“斯特瑞克”装甲车里与道格·梅里特少校进行了一番对话。此人来自宾夕法尼亚州的韦南戈，是第23团第4营的助理行动官（Assistant Operations Officer）。他从小在临近俄亥俄州和纽约州的宾夕法尼亚乡村地带长大，养过马，也做过建筑工人。他之所以参军入伍，是为了筹措大学学费。如今，梅里特的家在阿拉斯加州，是个不折不扣的打猎迷和徒步爱好者。“从不同的角度看风景，总能看到令人惊叹的画面，”他对我说道，“蓝天、大地……我从来不拍照片，因为那样会让我失去它们。我的意思是，让我无法闭眼回忆那些美景。这些美丽的风光都记在我的脑子里。拍照片只会让我忘掉它们。”

梅里特说，有一次他和同伴一起在阿拉斯加徒步旅行，忽然昏了过去。后来他才知道，尽管他只有30多岁，却患有不稳定性心绞痛，心脏动脉已经堵塞了90%。他通过手术在心脏里安放了4个支架，从此完全康复，还参加了安克雷奇的马拉松赛。“我当时一度担心自己会没有机会来伊拉克执行任务。不过现在我来了，还带着朋友那把上过越南战场的卡巴军刀呢。”

我从来都不觉得这些故事是陈芝麻烂谷子。我在一线部队见到的军人，无论是陆军士兵还是海军陆战队员，几乎都有过相同的经历。即便有时候这类故事显得有些“老生常谈”，我依然愿意欣然聆听。通常，只有经过不断重复，我们才能了解或者感受到真实的东西。

依赖美国金援的民主进程

如果说哈曼·阿里尔市拥有的是相对平静的环境和一些基建开发项目，那尼姆鲁德就只有相对的平静了。这是因为此地刚刚恢复平静——这不仅是美国军队和伊拉克新军发起持续的清剿行动的结果，哈里夫市长在诺里斯中校的协助下与尼姆鲁德当地势力之间达成的政治交易也发挥了作用。交易内容包括一项非正式的权力分享方案，即尼姆鲁德市市长、库尔德人艾哈迈德·奥比德·伊萨要与本地警察局局长萨利姆·萨利赫·米沙尔·尼达分享权力。其实伊萨与萨利姆之间充满憎恨。伊萨市长看上去像是一位坦率但毫无经验的现代派民主人士，萨利姆局长却有恶棍之名。在经历了 2004 年的叛乱高潮之后，重建尼姆鲁德地区的秩序需要萨利姆局长掌握实权。直到最近，诺里斯中校才开始限制他的权力，以便让伊萨市长重新主政。

又是经典的政治学理论。遽然的权力更迭往往会造成糟糕的后果。从苏共独裁体制走向西方议会式民主之后，快速改掉坏习惯的俄罗斯却陷入一片混乱。而佛朗哥、萨拉查、卡埃塔诺等人统治下的伊比利亚半岛却从铁腕独裁统治逐渐转向温和政治，于是西班牙和葡萄牙成功迎来了民主体制。哈佛大学教授塞缪尔·亨廷顿的《变化社会中的政治秩序》（*Political Order in Changing Societies*），一直以来都被视为 20 世纪最重要的政治学著作之一，原因就在于它首先提出了这样一条原则：政治制度之间的真正区别并非是否民主，而是有的制度下的政府机构力量强大，而有的制度下的政府机构力量相对弱小。

诺里斯中校并未读过亨廷顿40年前的那本著作，也没有参与过华盛顿方面的有关向其他国家强迫输出民主价值观的讨论。他只具备基本的政治常识。他相信自己的观察，认为萨利姆局长或许并不是一个恶人，只是曾经为特定的目的服务过而已。与2003年美军入侵伊拉克时那些掌控伊拉克全局的前政府高官相比，萨利姆算不上一个非常危险的角色。所以，此人可以充当一个过渡角色，为合法的伊萨市长最终登场搭建舞台。美军入侵伊拉克是必要的，但同时也导致该国政治状况崩溃至乡村水平；重新稳定伊拉克的局势，首先意味着要逆转这一趋势。2004年驻扎逊尼派三角地带的海军陆战队对此颇有心得：尽管当时新生的民主政府已经粉墨登场，海军陆战队依然需要在暗地里同部落酋长们做交易。

此外，当地人的性格与社会形态也发挥着不可或缺的作用，书本知识和通常的政策讨论对此无法提供指导。诺里斯中校以及第172独立步兵旅的其他军官们曾经发出呼吁，号召人们暂且支持萨利姆局长。这一立场源于他们对萨利姆性格的解读：此人尽管生性暴戾，但也很有能力，且值得托付。哈里夫市长也支持这一判断。这与向中级官员过多放权并无关系，而是对当地专家的信任：这正是几十年来美国涉外部门一直在大力推广的行动方式。该原则同样适用于驻外美军。

诺里斯中校表示："尼姆鲁德最终还是需要一位像伊萨市长

这样的政治家来管理，因为这里杂居着阿拉伯人、土库曼人、库尔德人和基督教徒。哈里夫市长那样更具硬汉品质的人则更适于管理哈曼·阿里尔，因为那里的民族构成更为单一。”

有关尼姆鲁德的地区安全会晤在一座建于公元5世纪的修道院召开。修道院的墙壁上装饰着异教风格的古希腊式灰泥浮雕、阿拉姆式书法作品以及让人想起亚述人和赫提人的早期教会浮雕，这是早期的基督信仰源头和伊拉克北部文化融合的见证。无论是哈里夫市长、伊萨市长、萨利姆局长还是参与此次安全会晤的其他人士，关注的都是新政府在治理方面遇到的困难。

留着莫霍克式发型、身穿像素迷彩的诺里斯中校，坐在方方正正的红色沙发之上，左右两侧分别是哈里夫市长和伊萨市长。这位美军中校首先发言，他先用一两分钟时间表达了他对参与这次会晤的荣幸，然后谈到了他对伊拉克自由民主前景的展望以及美国政府愿意全力以赴帮助伊拉克人民实现这一目标的“迫切”愿望。他的身上透着一股权力和权威的味道，但这并非是由于他的一身戎装，而是他言语之中的那份自信：没有任何不安或者局促，也没有任何讽刺的意味。诺里斯并不是一个沉默寡语的人，提出不同意见之时也不会给人云山雾罩的感觉。他相信自己的判断，并且完全依其行事。尽管单纯盲目的信任是一种危险的举动，但没有信任也就无法形成行动力。消除无政府状态，是接下来的事，需要找出深层次的根源性问题。一开始，必须先重新建立权威。

这是我第一次与萨利姆局长谋面。无论是谁在发言，他都保持着同种专注的神情。他在谈话期间很少走神，除非谈到那些令人沮丧的内容，诸如无法以固定标准衡量的人事问题。第一轮发言时，所有人都在相互吹捧。那家重新开张的电视台报道了此次会晤。美军军官们对我说，有媒体在场之时，与会者可能会表现得不够坦率，但也可以对这些官员们做出的承诺起到一定的监督作用。

第二轮发言期间，大家都对阿布格莱布监狱最近为表达善意而释放被俘叛军分子的行为表达不满。他们指出，这只会进一步恶化本地的安全形势。接着，有关美军协助当地政府启动更多基础设施建设项目的话题又被抛了出来。一位当地知名人士表示，如果美国人承诺提供更多援助，民众会更乐于参加将于 12 月 15 日举行的大选投票。自从一支“斯特瑞克”旅于 2004 年替代第 101 空降师在此地驻防之后，大量项目所需资金也随后者一同被调走了。而这一切又反映出一个更具普遍性的问题：每次陆军或者海军陆战队的作战部队调防或轮换之后，他们驻地民众的援助都会出现中断。对伊拉克的占领，反映了美国国防部眼高手低的毛病：占领与入侵毕竟是两个不同的概念。

第三轮发言，一位官员指责另外一人贪污基建发展款项，并表示这才是真正的问题所在。当地电视台将这一切都录了下来。这会儿大家已经不再有所顾忌了。紧接着，又有人就一笔 1 万美元的现金去向提出质疑。诺里斯中校插话道：“我注意到，关于资金去向问题，三位的理解各有不同。我们要开诚布公地讨论一下，以达成一致。我们应该解决这个问题，然后继续下一项议题。”说罢，他脸上露出了坚毅的微笑。

回到战术作战中心，军官们组织了一次战情更新简报（Battle Update Brief，BUB）。在一场婚礼上，伊拉克新军的一支部队端起 AK-47 步枪一齐朝天开火以示庆祝。“起码他们不在婚礼上开枪杀人了，这就是进步。”一位军官如此评价道。美国人自身的那些逻辑在这里没什么作用。这与伊拉克新军或者新的警察队伍是否身着制服关系不大，他们在婚礼庆典上朝天鸣枪这件事本身也不重要：只要他们能在搜索叛乱分子时能有专业的表现，只要他们别学那些加油不排队的混蛋，只要能逐渐获得民众的认可，诺里斯和他的同事们就没什么可抱怨的了。但就像我慢慢开始了解到的，伊拉克安全部队的问题在于，即使以这些最基本的标准来衡量，他们的表现也并不令人满意。

恐怖主义阴云笼罩下的库尔德新军

是日恰逢感恩节，但当我们从尼姆鲁德的那次会晤回来，听完战情更新简报之后，食堂里的主餐已经结束。大家都没有抱怨。诺里斯手下的军士长、来自俄勒冈州梅普顿的丹尼斯·扎沃德斯基准时赶到体育馆，在福音派晚祷仪式上做了发言。我也前去观摩了。一同出席的还有诺里斯中校、曼上尉以及其他一些军官。

参加晚祷仪式的人们体现了令人吃惊的民族多样性。一开始，现场播放了一些福音派乡村音乐，诸如乔治·本纳德的《古老的十字架》一类的，让人不禁想起20世纪30年代罗伊·阿卡夫主导的大烟山男孩乐队的作品以及越南战争期间所谓河内希尔顿（越南战争期间，越南民主共和国用来关押战俘的一所监狱。——译者注）里的美国士兵们所唱的歌曲。有人在唱，有人在嚷。主持者诵念了一支希伯来语圣歌。军人们开始表白他们所感恩的事物。有一位军人就美国军队在伊拉克战场上的低伤亡率（“沙漠风暴”行动除外）表示感恩；另一位军人则感恩“上帝给了我们一个来伊拉克的道德理由”；还有一位军人感恩自己能与家人通过电子邮件联系，“这是父辈们在越南战场上享受不到的”。

扎沃德斯基军士长上台发言。他讲述了一些有关感恩节的轶事，其中包括91位印第安人第一次过感恩节的事情——“那是一件好事”，但后来印第安人遭到屠杀——“这是一件坏事”。随后，他又对听众们讲起，首批抵达新世界的清教徒在登陆美洲后的第一个冬天就有54%因疾病和寒冷死去。“即使作战失利之时的美军也从未有过如此高的伤亡率。可那些清教徒返回英国了吗？他们放弃了吗？”他继续说道，“没有。美利坚民族永不言弃。我们不会停息，我们不会放弃。”

翌日，基于尼姆鲁德安全局势会晤的成果，人们又在战术作战中心举行了摩苏尔地区首次行动目标会晤（Targeting Meeting）。在第23团第4营的指导下，本地的伊拉克新军和特工汇聚一堂，相互交流各自所掌握的与特定嫌犯相关的最新情报。对哪些人应该暂时忽略、哪些人应该尽快逮捕或者消灭，会上做出了决定。

此次会晤的主题是“加快进度”：利用卫星影像提供的视觉情报，更好地判定每一个嫌犯的活动轨迹，并通过军用秘密网络系统的指挥链向中央司令部司令约翰·阿比扎伊德将军（John Abizaid）汇报。两名为美军服务的翻译人员以面具遮脸，因为他们并不相信与会的某些伊拉克官员。

与会者谈论了所谓的“猫王行踪”，即不断有人声称在本地见到过恐怖分子头目阿布·穆萨布·扎卡维（Abu Musab al-Zarqawi，美军内部称其为AMZ）。这一话题之所以引起关注，是因为人们已经听腻了各种有关扎卡维行踪的虚假或过时的报告。有趣的是，某些报告称，尽管扎卡维是公认的伪装高手，却并不总是以伪装面目示人。他依然留着修剪整齐的胡须，有时还会悠闲地乘车出行。此人厚颜无耻而又非常自信，看上去或许有些自暴自弃，也可能是对美国人的追捕能力嗤之以鼻。发现他的行踪似乎并不难，难的是得到线人的消息以及快速做出反应。当然，就在2006年6月，扎卡维还是被美军找到并干掉了。

从会上讨论的一系列案例看来，武装叛乱属于家族产业：父亲、儿子再加上叔伯，往往构成一个叛乱组织的核心。这一类组织往往还有其他犯罪记录。新的嫌疑叛乱分子中最受与会者关注的，要属一位女性自杀式爆炸分子，如果再不实施抓捕，她大概就要发动袭击了。那是一个时尚的年轻女性，是被第25师第1旅击毙的叛军头目阿布·祖拜尔的第二个妻子，她与许多叙利亚极端分子有联系，并用这些人提供的资金建起属于她自己的叛乱组织。由于哈曼·阿里尔市的警察局长曾为击毙阿布·祖拜尔的行动提供过情报，所以该市便成了这个女魔头的袭击目标。“我几天之内可以获得她的照片。”一位伊拉克特工许诺。

该特工非常活跃，他调查到的情报总是非常有价值。接下来，他将与第23团第4营的军官们私下会面，就会上提到的语焉不详的信息做一番详细说明。诺里斯中校希望能鼓励伊拉克人彼此之间积极合作，但他也不是傻子。会议室里大概有一两个害群之马，他并不信任他们。如果把一切都公开和盘托出，就愚蠢至极了。

该次会议的另一项显而易见的成果是，所有人都意识到：对一个恐怖网络，如果一味镇压，反而很难将其彻底摧毁；该网络的各个组成部分会化整为零，再伺机整合重组，遂行级别较低的破坏行动。取得安全形势方面的重大进展，并不一定意味着获得彻底的胜利，也可以是持续的低烈度压制。就像在哥伦比亚那样，美军成功打破了贩毒武装集中抱团的状态，迫使其分散成小股逃往临近的委内瑞拉、厄瓜多尔和巴拿马等国。走遍世界各地，我很少看到有美军士兵会因为没有一网打尽而气馁。这再次体现了那种简单的美德：不断努力、坚持不懈。美国的军人以及救援人员都具备这种品质。

翌日上午，我跟随“阿帕奇”连的一支由3辆战车组成的小队出发，开展了一次持续7个小时的巡逻。除了战车被人用自动武器打中了几枪、抓捕了一些私自贩卖汽油（其利润有可能被用来资助叛乱武装）的不法奸商之外，车队再没遇到其他状况。武装分子用突击步枪发动的袭击甚至让士兵们着实士气高涨了一会儿。一位中士说："在这儿部署简直是毫无意义。我们在伊拉克战争最后阶段所经历的跟这里完全不同，那时候我们一直有仗打。"摩苏尔城东部入口，数不清的汽车正在等候搜查，这表明伊拉克新军正在履行职责。"干得不错！"指挥车队的中尉说。一位专业军士正在"斯特瑞克"装甲车里阅读一部路易斯·拉穆尔（Louis Dearborn l'amour）的小说。巡逻的平淡无奇表明这里的安全形势正在取得进展。

这支美军巡逻小队跳下战车，与伊拉克新军一起步行巡逻。这些伊拉克士兵实在是令人印象深刻。他们的战术作战中心的整洁有序与第23团第4营不分伯仲，墙上贴着任务流程表，玻璃桌面下方安装着卫星地图系统。他们看起来非常强壮，他们从白色皮卡上跳下来，对巡逻地域的各处角落依次展开、交替掩护，战术水准丝毫不亚于美军同行。当一位伊拉克军人准备登上楼梯，搜查一座可疑建筑的二楼之时，另外一名士官提醒他："别一个人干，叫个战友一起上去。"这是正确的行动规程。

只有一个问题，这些军人都是库尔德人。他们的战术作战中心悬挂着库尔德领袖马苏德·巴尔扎尼的照片。待到美军撤走、伊拉克政府军实力虚弱之时，这些武装力量会否一直忠于伊拉克政府呢？美军现在是否正在助长某些人眼中的卑躬奉承的库尔德人将实际控制线推进到底格里斯河一线（摩苏尔的东部边界也因此塌陷）？"库尔德斯坦"的日渐成型是否构成一种逼迫逊尼派阿拉伯人建设性地参与伊拉克的和解与重建政治进程的手段呢？

在美国军事训练组看来，这支伊拉克新军部队的实际战斗力几近垫底水平。对此我感到很惊讶。问及个中缘由，得到的答案是该部队的军官体系建设还停留在营以下的层级。尽管排级单位在实际作战中的作用比营级更重要——因为叛军武装发动的都是小股袭击和各种小偷小摸，但缺少了有组织的营级和师级部队，组建起一支全国性的武装力量是无从谈起的。如果说这支部队在组织架构上做得并不好，整个伊拉克新军的表现却超出了许多人的预期（也许是我的个人想法），至少在专业程度上进步很大。后来，我听说这支库尔德营的另外一个作战排，居然在执行搜索任务的时候出现了偷盗行为——正如一位美军上尉所说的，“他们的行为简直是太出格了！”

夹在美军与叛军之间的伊拉克平民

一位逊尼派阿拉伯店主告诉我：“每当美军与伊拉克新军一起在大街上巡逻，我们都感到既害怕又屈辱，因为我们知道这些所谓的‘伊拉克士兵’其实都是库尔德人，不是阿拉伯人。美国人对伊拉克的占领，壮大了我们的敌人。”这位年轻的店主是前萨达姆军一位将领的儿子，与我聊了足有半个多小时。他的看法具备令人颇感惊讶的客观性。他刚刚从叙利亚回来，对那里赞不绝口。“叙利亚的现状比伊拉克好得多，”他对我说道，“叙利亚处在政府的严密掌控之下，民众有安全感，可以有尊严地过日子。你们美国人认为自己给伊拉克带来了自由，事实上你们只是把乡下的那些恶棍放出来了，让他们抢劫、杀害萨达姆时代受保护的有教养的人们。”

“你父亲拥护萨达姆吗？”我试探道。

“我父亲憎恨萨达姆，”他回答，“天天在家咒骂他。可是，只要遵从一条原则——别在家里以外的地方批评政府，你就不会惹来麻烦。萨达姆掌权的时候，伊拉克有各种明确的规章制度，如今却完全乱了。我们现在已经成了夹在美军和叛军之间的人质。大家都痛恨恐怖主义，但我们比你们更加脆弱。”

“美国人应该撤走吗？”

“不，那样只会使局势更加恶化。”他告诉我，他对美军的印象还不错，前提是美军要撇开伊拉克新军，单独执行任务。不过他也承认，伊拉克的警察系统已经有所改观，摩苏尔已经不再是一年之前的那个战场了。“你们美军的士兵是守纪律的，不像伊拉克士兵那样动不动就朝天鸣枪吓唬百姓。”

“但我们需要的规章制度，”我说，“只能是自由社会的产物——我们的军队可以不断地自我反思、自我纠正。”

“不，不，”他说，“如果什叶派和库尔德人也参与选举，那种选举是好事了吗？没有自来水、下水道、电力供应和安全保障的选举，是毫无意义的。”

“那你 12 月 15 号不准备参加投票了？”

“或许会去投票吧，否则还能干什么呢？”

这家伙满是各种可以理解的矛盾心态。更令我困惑的是，另外一位店主抱着与他完全相反的观点，认为美国士兵应该一直与伊拉克新军一同巡逻。假如你将在路边与伊拉克人谈话时听到的所有观点都照单全收，你肯定会为自己之前的所作所为感到紧张。巡逻途中的军人遇到伊拉克人时最恰当的应对方式是摘下自己的太阳镜和钢盔，尽可能地直视对方的眼睛，多给他们一些尊重（尤其是面对伊拉克的老人），征求他们的建议，并不时插话表示鼓励，回答他们提出的问题时尽量不要长篇大论。面对这些几十年乃至几百年来一直被灌输顺民而非公民思想的民众，这是建立信任的唯一正确的方式。

如此行事，确实帮助美军在伊拉克民众中间建立了认同感。有个伊拉克人这样对我说，“我喜欢美国士兵。他们都是些心地善良的穷苦人。从军是他们出人头地的唯一方式。通过观察他们我就看得出来。从某种意义上说，他们和我们是一路人。他们的意图是好的，可面对如此形势他们又有什么办法呢？”

又一次跟随美国士兵们出去巡逻，我遇到了一位在学校担任校长的逊尼派阿拉伯人，他也对我提到了叙利亚，“没错，叙利亚民众不喜欢他们的政府。但他们更不喜欢你们美国人给伊拉克带来的这种“自由”。事实上，那些被伊拉克人视为“心地善良的穷苦人”的美国士兵们一直在向我灌输一种观点：他们所认识的伊拉克人对美军的占领无不满腹牢骚。一位美军上尉这样说道：“我们希望你对民众的感受能有全面的了解。”当然，无论双方的对话所传达的信息多么令人痛心，在表达自己的乐观之前，美国士兵们总会首先对发表看法的当地人表示感谢。

作为军人，不可能同时得到所有人的认可。荷枪实弹冲入民居、脏兮兮的战靴踩在主人的锦毯上，本身就没办法给人家留下好的印象；就算把糖果分发给孩童、帮他们修好被砸坏的门锁也于事无补。大多数此类行动，房间里都只有一个女人和一群孩子。美国士兵们经常会找到一支刚刚把弹夹射空的突击步枪：这非常可疑。房间里的女人知道线索吗？她一定会说自己什么都不知道，然后用手帕擦着眼泪，呆呆地盯着墙壁，仿佛眼珠子都要被吓出来了。也许她真的一无所知。也许她知道一切，但选择了隐瞒。也许嫌犯的手机和身份证就藏在她身上：只有女兵才能搜她的身，可一线作战部队当中很少有女兵。

这些难以计数却几乎毫无作用的搜查最多会迫使恐怖分子们不断逃亡、难以安寝，因为如今的叛乱武装都将武器和炸弹制造设备藏在家以外的地方。这些搜查行动虽然暂时改善了安全环境，但不是取得进展的有效方式，而且会滋生敌意。如果这种局面一直持续下去，美国人在伊拉克的遭遇难免会变得跟约旦河西岸的以色列人一样，成为众矢之的。美国人的处境甚至会更加严峻，因为心怀仇恨的当地民众并不惧怕他们。

等到那时，驻伊美军的士气也会受到重挫。就目前情况看，只要有持续战斗行动支撑，士气就会呈现高涨状态，任何有关撤军的提议都被视为失败主义论调。但是，如果目前这种小规模战斗不断、重建工作却进展缓慢的状况无限期地延续下去，勇敢的美国士兵们没准会变得满腹牢骚。

一次入室搜查期间，我向屋子里的逊尼派阿拉伯女人问及她对美军的态度。她对我说：“他们一次又一次这样做，有些人态度和蔼，有些人张嘴就骂。但他们无法制止那些时不时用子弹打穿我家厨房窗户的犯罪分子。”说完，她领我查看了被打碎的窗玻璃。

萨达姆统治时期，这种事情是不会发生的。政府实施的一切暴力行为都是隐秘的，而且情状非常可怕——人在半夜被强行带走，那些未曾受到此番待遇的人们都变得胆战心惊，不敢触犯法律。萨达姆治下的执法体制，尽管行之有效，并且达到了驯服民众的目的，却无法造就一个契约式社会。

就本质而言，美军正在做的，是在战场形势得到缓和这一来之不易的环境下，为防止可能的社会动荡构筑一座临时“堤坝”。因为建立应对犯罪的公共机制，还需要经历一个漫长的过程。只有建立了这些公共机制，才能让逊尼派阿拉伯人（他们在伊拉克的政治地位比以往任何时候都更脆弱了）看到民主的实际好处。事实上，一连 3 周，我每天至少会跟随美国士兵们出去巡逻一次。这些巡逻的典型场景便是，车队头顶上有空中警戒，我的上半身露出“斯特瑞克”装甲车顶部；放眼望去，到处都是弹痕累累的废墟和半途而废的建筑物，各种灰色和铁锈色交织着，无论路牌、路灯还是电话亭，所有物件要么严重受损、要么完全被毁。我所见到的仅有的繁荣景象只有老城附近的一处集市，其实那也不过是在勉强维持而已，完全无法创造就业岗位。

巡逻途中，我们常在各处遭到轻武器袭击，只不过并未给“斯特瑞克”装甲车造成太大伤害。一位当地的警察局长告诉我，现在街道上已经有了巡逻的伊拉克新军和警察力量，而 6 个月前根本看不到这样的景象；谋杀和绑架犯罪的案发率也呈大幅下降的态势。

“这就是我喜欢待在伊拉克的原因，这里挑战不断。”来自印第安纳州波利斯市的约翰·特纳中尉如是说道。特纳中尉是个身材魁梧、肤色白皙的家伙，一头圆寸发型几乎让人辨别不出他的金发了。如果没有听到他与伊拉克人的对话，你肯定会觉得他不过是个单纯的农家孩子。他会跟伊拉克民众谈到美国的承诺，谈到他和妹妹，谈到他那连高中都没毕业的爷爷奶奶，谈到他妹妹是美国空军军官学校的高才生，而他自己则毕业于普渡大学。

“长官，我愿意为一个并非祖国的国家（即伊拉克）献出生命，”特纳中尉对摩苏尔当地的一位前任镇长这样说，“所以，您能重新担任镇长吗？勇敢者应当挺身而出。伊拉克的财富并非石油，而是它的灿烂文明。您可以看看我们带来的重建项目，不只是听我的豪言壮语。您愿意和我一起对抗叛军吗？”这位时年31岁的中尉态度非常诚恳，“威胁你们的是那些没有工作、手上有枪的十六七岁的少年。这些重建项目会为您的街区带来就业岗位的。”

前任镇长似乎很欣赏这位美国中尉。我们坐在他家的机织地毯上背靠未经粉刷的煤渣砖墙，喝着茶水。他拒绝了特纳的诚邀。“我不能再当镇长了，他们会杀了我的。有人威胁街头的承包商，说如果他继续维修这附近的房子，就保不住小命了。如果你们美国人对重建安全环境真的这么重视，为什么还要释放阿布格莱布监狱的囚犯呢？”

特纳解释说，释放阿布格莱布监狱的囚犯是伊拉克新政府决定的。前任镇长对此并不相信。因为许多之前被羁押在阿布格莱布监狱的囚犯都是在摩苏尔地区抓获的死硬分子，这次释放削弱了驻摩苏尔美军的威信。这些摩苏尔人对阿布格莱布大赦的理解与华盛顿的政客们完全不同。

美国高层看到的是阿布格莱布监狱糟糕的人权状况，而在当地民众看来，这次大赦却显示出美军的软弱和缺乏信心。

我不禁想到了去年夏天我与一位阿尔及利亚特种部队军官之间的对话。我当时问对方，阿尔及利亚政府是如何平定该国国内叛军（却鲜见媒体报道）的。阿尔及利亚的叛乱分子可能比伊拉克的叛军还要残忍，经常神出鬼没地拦路劫车，将旅游巴士上的乘客当街斩首，使得20世纪90年代的阿尔及利亚成了全世界最危险的去处之一。更有甚者，作为一个地形崎岖、山峦遍布的国家，阿尔及利亚一直都难于治理。那位阿尔及利亚军官表示，平叛的过程非常简单：强大的政府力量，加上饱受恐怖主义袭扰之苦的民众的全力支持（当时该国民众群情激奋，精神状态与9·11事件发生后的美国民众非常相似），让阿尔及利亚军队得以消灭大量叛军，却未惊动国际媒体。平叛战争结束之后，阿尔及利亚又在国际社会的监督之下举行了选举，还吸引欧洲投资者持续回归。这个国家以令人敬畏的方式重新回到了正轨。尽管美国人也希望能在伊拉克问题上赢得一个体面的结局，却没有也无法引入类似的手段。想要在伊拉克取得类似的成功，必须采用最为严苛的折中办法。

前任镇长表示，这次会面会使他面临人身安全的威胁，还告诫特纳中尉别再来了。在乡村地带，部落可以为他提供庇护，但进了城就不行了。特纳中尉又做了一番努力，希望了解怎样的安全与政治行动可以改变这位前任镇长的心意。最终，这位长老表示：“如果选举顺利进行，一切都会有转机的。我们到时候再看吧。”

特纳中尉一面起身离开，一面说：“我还会回来的。我不会放弃的。”这一下午并非毫无成果。为了寻找这位前任镇长的住处，特纳中尉的部队在周边地区寻访了整整 3 个月。被数次误导之后，士兵们终于找到了要找的人。

伊拉克战场上的同袍之情

“我高中时不算是一个好学生，”特纳对我说，“我不大去上课。毕业之后我立马参军，加入了海岸警卫队，后来又被调到陆军，参加了普渡大学的预备军官培训项目。我父亲也是一名军人。”跟在特纳身边的下士、来自加利福尼亚州莫罗贝的科迪·托马斯·福斯特，他父亲也曾在军中效力，叔叔还参加过越南战争。福斯特下士原本可以在弗雷斯诺州立大学或俄勒冈大学的橄榄球队里担任强力后卫，但他还是决定参军。“从小到大，我耳边一直充斥着空中运输一类的术语。”这支“斯特瑞克”旅几乎所有官兵都有一个共同的特点：都是老兵的后代。

巡逻尚未结束。夜幕降临之后，我们又挨家挨户巡查了另外一个街区。这里之前曾有人用迫击炮向一座新建成的伊拉克警察局射击。最后，第5座民居有人同意与美军合作，提供了一辆汽车的相关信息，并描述了车里的人以及他们架设迫击炮的地点。下一步，我所跟随的这支部队将蹲守几天，看看能否安排狙击手等候叛乱分子再次回来寻找有利地形向警察局开炮时将其歼灭。如果美军能成功完成这次任务，另外4座民居里的人或许也会开始和我们合作。“尽管我讨厌这么说，”特纳说，“但有些时候，杀死特定人物的确是建立威信的最佳手段。”

我听说，他们必须要做的另外一件事是向那些提供了真实情报的人支付合理的报酬。这一招并不新鲜，也不令人惊讶。但这些年轻的军人正在通过各种失败和尝试，确认此种战术的有效性，所以你必须对他们抱有耐心。这就像是等待小草成长或者油漆变干的过程，尽管剧情老套，却是一个必经的过程。

达成这么一点点成功所需的大量耐心，是士兵们在自己与当地民众沟通困难时变得心有沮丧的原因之一，但这也会让士兵之间的关系变得越来越紧密。拥有这样的团队精神，再加上部队在长期执行作战任务时遭遇的伤亡和损失，往往能够让士兵们彼此结成最为深刻的同袍情谊。

还记得去年我在匡蒂科遇到的一位海军陆战队士官曾经对我讲过，每次执行完夜间突袭任务，他班里的士兵们在听完战况总结简报之前都不会上床睡觉，直到黎明时分才会洗掉身上的血迹和污泥，睡上几个小时。“就算是排长在行动结束之后对他们提出表扬，我也知道他们表现得并不理想，然后把他们骂个狗血淋头，”接着，这位士官又用一种响亮又不失深沉的语调说，“我爱我手下的战友们。一连 7 个月，他们都要忍受我的咒骂，却依然对我爱戴有加。”

2004 年过世的著名历史学家威廉·曼彻斯特（William Manchester）曾经写道，在 1945 年的冲绳岛战役期间，他和海军陆战队的战友们就因为彼此之间的爱才得以坚持战斗的。这份同袍之爱关乎荣誉，是一种神圣的情愫，直到最近几十年来才被视作男子气概。的确，当群男人在伊拉克或阿富汗前线一起相处数月，最后将要分离之时，那种感觉绝不亚于离妻别子。

弗朗西斯·斯科特·菲茨杰拉德（F. Scott fitzgerald）认为，美国军人之间的这份同袍之爱在一战期间便已消亡。不过，他在珍珠港事件发生之前一年便已辞世了。同样，威廉·曼彻斯特在《永别了，黑暗》（*Goodbye Darkness*）一书当中曾写道：他那一代人，经历过经济大萧条时期的磨难并对美利坚合众国的道德优越性抱有坚定信念的一代人，是将战斗视为一种爱的行为的最后一代美国人，但事实证明并非如此。陆军退役准将詹姆斯·谢尔顿（James e. Shelton）曾经写道，“我从未期待有生之年还能看到有十八九岁或二十出头的年轻人理解同袍之爱的真正含义，那是我在越南所经历过的战友之间相互关怀、愿意为伙伴献身的那种感情”。其实，在今天的伊拉克战场上，这样的同袍之爱依然存在。

这些与我朝夕相处的美国士兵们，一直在谈论一个当下的媒体已经没有太大兴趣报道的话题：英雄。就以来自佛罗里达州坦帕市、终年 33 岁、已婚且有 2 个孩子的保罗·雷·史密斯上士为例吧。2003 年 4 月 4 日，在巴格达机场附近的一次战斗中，为了掩护受伤的战友，他孤身一人冒着敌人猛烈的火力，以一辆装甲车上的 12.7mm 口径重机枪英勇还击，不幸中弹牺牲。死后，他被追授了美国级别最高的荣誉勋章——自 1991 年海湾战争以来再没有其他人获得过的国会荣誉勋章，由他的妻子代为领受。这是全球反恐战争开始后，第一次有美军官兵荣获国会荣誉勋章，全球媒体却只有 90 条相关报道。与此形成鲜明对比的是，各国新闻对关塔那摩监狱《古兰经》遭亵渎的报道却有 4677 条，对被送上军事法庭的阿布格莱布监狱狱卒琳迪·英格兰的报道更是多达 5159 条。尽管揭露美军的错误行径是非常有意义的，但如果这种揭露被推向极端，报道本身也会成为一种言论上的“暴政”。

战后伊拉克：脆弱的空中楼阁

借着另外一次机会，我跟随诺里斯中校一起造访了现任摩苏尔市警察局局长瓦提克·穆罕默德·阿卜杜勒·卡迪尔的办公室。我们走进房间之时，局长正与两名身穿马球衫和工装裤、佩着 9mm 口径“贝雷塔”手枪的美国人热络地交谈着。他坐在一张硕大的木桌后面，面前的电视正播放着古老的阿拉伯语黑白电影，但声音已经被关掉了。桌上的烟灰缸已经被烟蒂和灰烬填满。在这空旷房间的一头，一位副官似乎正在打盹。那两个身着便装的美国人都是私人承包商，在美国国内做过侦探，似乎还有些军方背景。有 17 名伊拉克警察涉嫌参与了一个恐怖团伙，被控犯有绑架、殴打和肢解等罪状。

“别担心，如果这些家伙行为不端，我会把他们都抓起来。”局长说道。

“我需要的是证据，”其中一名美国承包商有些恼怒激动地说道，“我听到的都是些传言，我相信它们并非空穴来风。但如果要想把案子办了，我需要目击证人。我发现美国标准并不适用于此，我们也在按照你们的规矩办事，但我必须对得起自己的良心才行。”

“别担心，我们会办好的。”

“我希望能将这个团伙的头目与其他成员隔离开来，”美国承包商继续说道，“我希望能够单独分别审判所有成员。我需要这样的权限。”

“我们会让意志最薄弱的家伙先开口认罪的。”局长说。

“不要刑讯逼供，”美国承包商提醒，“那您打算什么时候逮捕他们?”

“很快。”

终于，这位和前任相比有明显进步的局长大人决定立即软禁全部 17 名嫌犯，并向美国人开放他们所需的权限。美国承包商们希望能尽快行动，但同时强调要在正义的道德框架之内行事。局长曾经担心这次行动会造成负面的政治和部落影响，所以之前并不想马上采取行动，但现在他已经不那么担心将那些嫌犯拘捕归案之后该如何处置的问题了。

在这个腐败而粗糙的民主体制之下，警察职业是一项重大的挑战。第三世界国家的警察，工作时候通常就是看看电视、喝喝茶、打打盹、再喝喝茶，到日子了领薪水。这些国家的警察与交通协管员没多大区别。无论是在今日的墨西哥还是萨达姆时代的伊拉克，公民想要警官为自己做任何事情都必须事先行贿。无论是否腐败、专制，那些有着悠久的恩庇政治传统的国家或许可以继续存在下去，但新生的后萨达姆时代伊拉克不行。当然，伊拉克现在的警察系统还是有一些亮点的。以哈曼·阿里尔镇警察局长哈立德·侯赛因为例，他曾被叛乱分子刺伤，还遭遇过叛乱分子的炸弹袭击，他的弟弟还死在叛军手上。在第23团第4营的官兵们看来，他是一个决心与叛乱分子战斗的人，他甚至建立了一个有关当地恶人的详尽档案。即便身处一个令人沮丧的环境之中，依然可以找到并利用诸如哈立德·侯赛因这样的群众力量。

我花了15分钟乘坐一架“黑鹰”直升机向南飞赴位于西盖亚拉（Qayyarah）的前沿行动基地（FOB）。一路上都有叛乱分子用轻武器瞄准直升机射击，而机舱侧窗的机枪手则不时以短促的连射还击。这让人颇感心烦意乱。飞机降落之后，我发现自己来到了第11野战炮兵团第4营的地盘，该部也属于第172独立步兵旅。有“北极惊雷”之称的第11团第4营是一支忙碌的部队。尽管该营在伊拉克的大部分任务都是步兵的活计，诸如督导伊拉克新军的组建、为底格里斯河畔的21座新建的警察局提供培训等，但官兵们在夜间依然要对营里装备的155mm口径榴弹炮进行维护保养。

初来乍到的我随第11团第4营的官兵一起来到了奥姆·马希

尔镇（Omal-Mahir），这里是杰夫·弗格森上尉的责任区。31岁的弗格森上尉来自密西西比州哥伦布市，毕业于密西西比州立大学。这片沙漠地带宛如一张一眼看不到边的纸板，举目望去黄沙漫天。到处都是新的建筑项目，还有崭新的塑料咖啡椅和卫星接收天线点缀其间。路边的孩童向美国士兵们伸着大拇指。这里的街道也比摩苏尔更加干净，这是因为有一部分本地青年参加了弗格森上尉倡导的垃圾转移项目。伊拉克新军和警察部队的定期设卡检查，也推动了安全形势的好转。我上一次（2004年）到访伊拉克时，城市的安全水平还赶不上乡村地区。当然，乡村地区对于国家整体形势的影响力本身就比较低。

抵达奥姆·马希尔镇之后，我看到许多美国军人、部落长老以及一些伊拉克青少年聚集在一片种着一些夹竹桃的草地上，他们坐在被美军士兵称作山羊包袱的东方式地毯上，就着手撕面包享用烤肉大餐。由第11团第4营负责培训的一支伊拉克新军部队的指挥官阿里·阿塔拉·毛拉·贾布利将军，正在向人群发表演说。美国士兵们将头盔和防弹衣脱下，放在了“悍马”车里，又将武器杵在墙边，将自己的安全托付给了伊拉克士兵。

“那些没有工作的人们终将成为恶魔的奴仆。”阿里将军一边说着，边朝我们这个方向（尤其是弗格森上尉）示意。接下来，他详细介绍了一些年轻人因为失业而前往北方城市摩苏尔参加叛军的事例。

“我们这里已经好几个月太平无事了，投资在哪里？”面对阿里将军的这个问题，美国军人无言以对——他们与伊拉克人一样失望。即便是在安全区，你也看不到任何平民救济和私人投资的迹象。美国士兵们承认，当初他们有钱摧毁伊拉克的道路，如今却没钱重修；他们也承认，支离破碎、石砾满地的道路更适合叛军埋设简易爆炸装置。

这一切都让人感觉荒诞不经。伊拉克社会能否重建稳定，很可能决定小布什的历史评价。然而，即使在奥姆·马希尔这个已经重获安全的地方，也因为缺乏资金而无法实现“重建稳定”的关键一环——保障就业。

2004 年的伊拉克是一处混乱的破败之地，到了 2005 年底，美军将这里建成了一座脆弱的空中楼阁，原本计划以木料和混凝土进一步加固，如今却演变成了需要大量外部输血的糟糕局面。伊拉克所需外部援助的种类如此之多、规模如此之大，即便是美军这支逐渐适应非常规民间事务的军队也无力提供。在我看来，华盛顿方面的官方声明与我亲眼看到的情况是两回事，这座空中楼阁怕是快要崩溃了。

阿里的发言得到了一位镇长的支持。这位将军接下来提到，近期该地区的恐怖主义出现了回潮的态势，需要各方提高警惕。之前，阿里将军曾经以和镇长们展开宗教思想论辩和追捕、剿灭反叛分子相结合的方式（剿抚结合、安民为主）赢得了当地居民的敬畏；并以不穿防弹衣的方式适时展现自己的自信和无畏。

阿里将军将一摞钞票递给一个小男孩，因为后者曾向他报告两个人把摩托车停在路边，然后挖洞埋了什么东西——后来发现，那是恐怖分子在埋设简易爆炸装置。“看看这些钞票，”他一边说，一边将手中的一沓钞票扬了扬，“如果有谁及时报告了恐怖分子的行踪，或者一枪打爆他的脑袋，这些钞票就是他的。何乐而不为呢?”与特纳中尉一样，这里没有人会为是否应该杀死某些特定的人争吵。

当晚，我随第11团第4营的指挥官斯科特·维斯特纳中校一道去拜访了一位镇长。维斯特纳中校来自费城，曾经是西点军校橄榄球队的近端锋。这位镇长治下的市镇最近开始表现出一些不太友好的倾向：美军士兵路过时，孩子们的欢呼声越来越少，而成年人的仇视目光却越来越多。镇长为我们准备了一顿丰盛的晚宴。当被问到他身边的人是否也有这种不友好倾向时，他微笑着表示否认。随后，镇长借故离开了一会儿。他的一位下属无意间向维斯特纳中校提到，当地民众正在逐渐失去耐心。因为无论购买轧棉机还是建立养鸡场等都需要资金支持，但他们却没能在这方面看到任何进展。维斯特纳掏出一个专门配发美国陆军和海军陆战队的绿色布面野外工作笔记簿，将这些都记了下来。但他也说不准自己能否筹到资金。最新出炉的《国家战略：为了伊拉克战争的胜利》（*National Strategy for Victory in Iraq*）不过是纸上谈兵，让一个美军营级指挥官去筹钱的困难则是实实在在的。

“我们军人冲锋陷阵、搞定各种小问题理所应当，可负责解决大问题的国务院和美国国际开发署到底在干些什么?”一位美国陆军少校向我抱怨。2005年12月7日，小布什总统在对全体美国人民发表演说时，针对摩苏尔地区提出了一系列详细的计划。这些计划有的已经完成，有些仍在实施当中。然而，与摩苏尔面积广大的市区和郊区相比，这些单项计划显得微不足道。除了鼓励民众从勉强维持运转的伊拉克政府寻求帮助之外，这些美军营级指挥官简直别无他法。美国人原本应当将权力和责任真正移交给伊拉克人，但在伊拉克人看来，由于历史的原因，权力给他们留下的印象并不是规范和合法，而是残暴，也即利用权威来为自己谋取私利或者残酷地惩罚别人。

不过，我认为还有一些事情是美军可以做的。诸如，我发现驻伊美国陆军并没有像我在蒙古、菲律宾、肯尼亚、吉布提等地方所见到的那样，为本地民众引入民事医疗活动计划。其实，就建立和增进美军与驻在国民众的关系以及为未来行动拓展情报来源而言，任何措施都不如治病救人有效。

只要美军依然打算凭借一己之力拯救伊拉克、结束该国的无政府状态，那就得继续跟政客和社会显要们品茶聊天；也就是说，军官们必须走出基地，找理由与当地人会晤。作为一名常规炮兵部队的指挥官，维斯特纳对我讲起了他与 13 名镇长一同用餐的经历。“所有人排队洗手时，我向他们递了毛巾（在伊拉克文化中这是非常礼貌的表现）。我听说，这样做比发动好几次清剿行动都管用。”消灭叛军是必要的，但与当地人建立良好的关系更加重要。“我 99%的时间都用在与当地人交流上，”一位少校如是说道，“我懒得调动护卫、申请书面批准，我一有机会就走出基地，与当地人会晤。”

事实上，尽管“绿色贝雷帽”们还在固执地强调直接参战的男子气概，但驻伊拉克的美国陆军常规部队已经被迫转型，成了典型的非常规安全任务执行者。各“斯特瑞克”营的军衔等级架构正逐渐向特种部队那种以士官为主体的方向转变，因为营级部队本身并未受到影响，但其地位的提升致使士官数量大幅增加，与我曾经探访过的陆军特种部队 A 类特战分队非常相似。

当我跟随维斯特纳中校回到第 11 团第 4 营的战术作战中心时，已近午夜时分。虽然他还要去写军官评估报告，直到凌晨才能休息，且第二天又要去忙着会见伊拉克新军指挥官和各地的镇长，但他依然显得精神百倍。维斯特纳是个乐于交际的家伙，我简直无法想象他会有精神萎靡或者不开心的时候。他告诉我：“即便要花上 10 年时间，我们也要取得胜利。”他所指的大概是小布什发动的战争，这场战争也许是一个巨大的错误，但维斯特纳对此并不介意。“媒体往往为我们这些军人感到惋惜，但我不想过那种四平八稳的生活。我们的军队里现在有很多志愿者，有人注意到了吗？我是一名战士，战斗是我的职责。我以及其他美国军人怎么会只想着撤离伊拉克呢？”

我想到了 18 个月前我与海军陆战队（第 1 师）第 5 团第 1 营指挥官布伦南·伯恩中校之间的一番对话。当时，伯恩中校也有相同的表述。我俩进行那次对话之时，第一次费卢杰战役尚未打响，阿布格莱布虐囚丑闻还没被曝光，许多有关伊拉克的令人心灰意冷的负面消息也没有被报道出来。这些军官一直都抱有坚定的意志。只要后方不出岔子，他们是可以取得胜利的。毕竟自 2004 年以来，他们已经取得了一些进展。尽管这些进展并不大，甚至有些昙花一现，但这并不能抹杀这些进展的真实性。

深陷伊拉克战争泥淖的美军

我的下一个探访目标是“疯马”前沿行动基地，该基地得名于曾经驻扎于此的第 101 空降师。“疯马”基地位于西盖亚拉沙漠东侧，背靠库尔德群山，临近公元前 331 年亚历山大大帝击败波斯大流士三世的高加米拉战场。古战场如今已经被黄沙湮没，了无痕迹。现在驻扎于此的是来自北方的伊拉克新军第 1 营，美军留守人员只有一些军官和教官。不过，与摩苏尔的情况一样，这支伊拉克新军部队几乎是由清一色的库尔德人组成，营区飘扬着的是库尔德旗帜，墙壁上悬挂的是库尔德领导人巴尔扎尼的照片。

尽管该营责任区的人口构成是库尔德人和逊尼派阿拉伯人各占一半，但在库尔德族指挥官霍加尔·沙拉西丁·阿卜杜勒中校的指挥下，这里的暴力事件发生率已经得到了有效控制。霍加尔中校每次走访村庄，都会有大量逊尼派阿拉伯酋长出来迎接他、赞美他，并且坦率地提出抱怨——这表明双方之间已经建立起了一种诚实、健康的关系。

我跟随霍加尔和维斯特纳两位中校，来到位于底格里斯河谷的塔尔阿西尔村（Tal Ashir），拜会当地的部落酋长。此次访问与前几次很不一样，向我集中展现了美军在伊拉克所面临的挑战。

刚到村中，美国人便摘掉头盔、脱掉防弹衣，将它们留在了车上。维斯特纳中校与为首的酋长友好地牵手，这也是尊重和友谊的体现。村中的长者头戴红白相间的头巾，站成两排迎接我们。旁边的餐桌上已经摆好了肥腻的羊肉、鸡肉和手撕面包。

为首的酋长说："感谢真主将你们派来。你们对我们的关照让我们心中充满欢喜。但请恕我冒昧地说一句，我们村中没有通电。而且，尽管我们沿河而居，却没有自来水可用。我们希望你们能提供帮助，让我们的生活恢复到前政权时代的水平。"

事实上，就在数日之前，塔尔阿西尔村还是通电的。村民们说，村里的电缆被阿里将军手下的士兵们割走了——维斯特纳中校对此并不相信。村民们又提出了许多理论和借口，比如输电线无法承担周围新增村庄的使用负荷、其他村庄应该掐电以保证塔尔阿西尔村用电等。有位长者说，本地父母官应该替换，因为他不能将自己的意志强加给贾布利部落，但这个塔尔阿西尔村其实是萨巴维部落的聚居地方。伊拉克新军的库尔德族营长霍加尔中校诚恳地说："请不要把这些分歧上升到部落斗争的高度。"按照另外一种猜测，当地一个名叫谢赫·侯赛因·阿卜杜勒·阿齐兹·哈迈德·纳伊夫的激进派领导人也与断电事件有涉。此人所在的政党正在谋划打着反美的旗号参加即将举行的大选，而他本人则已经掌握了一家当地电视台的控制权。

这原本是一次简单的断电事件，也许只是一个最为平常不过的技术故障，却在附近这些村庄用电需求暴增的影响下，发酵成一场充斥着分裂思想和猜忌心理的政治海啸。塔尔阿西尔村的民众认为，最好是由美国军官而不是库尔德人来解决这个问题。塔尔阿西尔村的局势（而非某一次政治选举）更能反映后萨达姆时代的伊拉克现实。

每到一处，我们都要脱掉防弹衣，因为当地的部族或者酋长都表示会保证我们的安全。这是典型的黑手党式规矩：千百年来，全世界许多地方都在以这种方式构建并维持对抗无政府状态的有效制度。前政权统治下的伊拉克就是以这种严密的“部族黑手党”为基础建立的，萨达姆和他的儿子们居于整个体系的顶端。奉行这种体制的代价是高昂的：在部族势力直接或间接的参与下，萨达姆时期的伊拉克曾发生过残酷的杀戮行为，受害者数量甚至超过了前南斯拉夫独裁者米洛舍维奇实施的种族屠杀。但如今，无论谁赢得选举，这个国家都是以美国的方式在运作。

小布什政府误以为选举即政府权威。选举是一个以日计量的进程性事件，而政府权威则是指需要较长的时间去建立的、对国家的合法掌控。多年以来，出于对无政府状态的担心，我曾撰文对西方国家过度热衷推行其民主意识形态的行为发出过警告。不过，我支持美军入侵伊拉克——萨达姆的政权实在是太过残暴，远远超越了通常意义上的独裁，致使当年的伊拉克陷入了一种披着暴政外衣的无政府状态。有些人认为，推翻萨达姆政权会导致某些严重的后果：他们的观点应该得到重视，因为有些后果已经表现出来了。另一方面，也有人认为，无论美军在伊拉克领土上如何作为，那些严重的后果无法避免——即便美国人派来更多的军队，即便美军为伊拉克带来了非常多的变化，这种占领都将以失败告终；这是一种极端的宿命论观点，我不敢苟同。世界上没有什么是注定的。不过，假如美军想要克服某种更可怕的潜在风险，就必须为每一个阶段制订更加细致、周详的行动计划。同时，既然美军在大多数地方部署小规模部队的目标是为了预防全面介入的必要性，一旦此类介入成为必需，那在相应地点部署部队的规模还是越大越好。

虽然军人们期望以走出军营接触民众的方式，为这个国家争取稳定和安宁，但究竟有多少军人真正这样去做，依然令人心生疑惑。驻伊美军大概有 15 万人，只有极少一部分人曾经和伊拉克人有过直接交流。回到第 23 团第 4 营（“战斧”营）驻守的摩苏尔马雷兹前沿行动基地之后，我在宽敞的餐厅里同来自路易斯安那州亚历山德里亚市的布拉德·韦洛塔上尉一起共进午餐。我们发现，算上全部后勤部队和私人承包商，该基地总共容纳了约 3000 人，每天却至多有 200 人敢进入摩苏尔城。为了给这 3000 人提供生活服务，基地铺设了暖气网络、接入了互联网，餐厅里还提供螃蟹、龙虾、牛排和冰激凌等。该营共辖 3 个步兵连，其中一个便归韦洛塔上尉指挥。他在伊拉克的最大愿望便是经常到基地外面去看看，只可惜这可能会招来叛军的冷枪或简易爆炸装置袭击。他对我讲起了被派往伊叙边境作战的海军陆战队——那些家伙夜晚也只能身穿全套护具在野外和衣而眠，摆成一个 360 度的警戒圈，而不是龟缩在前沿行动基地当中（维持基地运转会耗费战斗部队相当多的人力）。他们没有冰激凌、没有互联网，除了睡袋和军用口粮再无其他。

当然，韦洛塔上尉也说，海军陆战队队员们作战时所需要的燃料、弹药、器材和军用口粮等还是离不开类似马雷兹这样的前沿行动基地来保障。但这揭示了一个事实：驻伊美军也许可以缩减规模，同时并不影响战斗力。每天享用龙虾、牛排和冰激凌，这是冷战时期驻西德美军的享乐心态。驻伊美军需要的是一种战斗心态。精简基地意味着更多的人员将被派遣至防区之外，基地之内的舒适生活正在逐渐消磨指挥官们的战斗意志，他们不愿带领部队到远离基地的地方去执行任务。陆军为振奋士气而提升官兵的生活水平与军中正在尽力倡导的新时代“战士精神”之间，存在无法否认的矛盾。

2004年春夏，我曾经在逊尼派三角地带和撒哈拉以南非洲探访海军陆战队，每天靠军用口粮过活。那段经历让我明白了一个道理：生活条件越恶劣，部队的精神面貌反而越好，至少短期之内如此。在战场上，官兵们是为眼前而活；在基地里享受珍馐美味，他们反而会不思进取。

不过，陆军上层似乎有不一样的想法。他们计划通过将前沿行动基地整合、升级成为超级前沿行动基地的方式来缩减部队规模，从而在维持现有生活质量的前提下降低后勤服务成本。依稀想来，所谓的超级前沿行动基地，很可能会成为那种遍布欧洲和土耳其的“汉堡王式基地”。同时，陆军还计划通过向伊拉克本国武装力量移交部分地区的军事指挥权的方式来减少美军基地，降低伊拉克人对美国人的依赖程度。

从某种意义上说，陆军上层的做法是正确的。在伊拉克，任何高效的后勤物流都是无法实现的。只要大规模削减驻伊美军规模，必然会使走出基地的人数进一步下降。整合、升级后的超级前沿行动基地固然可以压缩各地后勤部队的人数，但驻伊美军的后勤物流其实主要是由平民承包商在运作的。

21 世纪初，在伊拉克的美国人当中，来自凯洛格布朗路特公司等承包商的平民雇员在数量上几乎和美国士兵不相上下。为美军提供龙虾、冰激凌的并非众多身穿迷彩服的美军人员，而是凯洛格布朗路特公司。美军的后勤补给的外包程度已经相当高了，很难在“斯特瑞克”旅等战斗部队不缩编的情况下单纯削减后勤供应。

就这样，这次（2005 年末）在伊拉克探访的时间越长，我对驻伊美军堪称谨慎、周密的缩编进程也越发敏感了。我所见到的美军校级军官们都很自信，认为伊拉克新军和警察力量足以填补驻伊美军缩编之后留下的空档。但那些和我打过交道的军士长和士官们却普遍不这么看。“先生，相信我，”率部与伊拉克新军的一个小队协同完成了 3 个小时的巡逻任务之后，一位士官长如是说道，“如果我们撤了，他们再也不会去巡逻这片街区了。他们肯定不会再走出基地一步。”有一次，在搜索一座预定为投票站的学校时，一位伊拉克指挥官坚称他的部下可以在学校外面扎营过夜。同行的美国上尉一直在劝他别这么干。有一位士官悄悄说：“还是老一套，他们只想蹲下来防御，却不明白进攻才是最好的防御。”至于伊拉克警察，他们比伊拉克新军更不自信。我从美军官兵那里听到的对伊拉克警察最宽容的评价，来自一位尉官：“有些警队还不错，其他的简直跟 1985 年前后的纽约警察一样，完全就是摆设。”

成为一块事实上的殖民地，这是我对未来几年的伊拉克所能做出的最好的预期；届时或许会有上万名美军官兵依然留在这里，分散在不同的政府部门以及军队和警察力量当中，在幕后为这个国家的安全架构提供支撑。这与 20 世纪初的菲律宾非常相似：先是被美军入侵，然后是持续不断的平叛作战。如果有人现在去探访巴尔干和高加索地区，他会发现有不少美国军官或者私人承包商在一些国家的防务部门和军中任职；只不过他们都非常低调，因而从来没有激起过什么政治波澜。

然而，美国在伊拉克还远没有走到这一步。

重塑美国政坛希望的军人政治家

美军入侵伊拉克留下的另外一份遗产，或许在于美国全球领导地位的未来。一天下午，一群尉官和士官依照营部指示，为摩苏尔地区即将举行的选举制订计划，而我观摩了整个过程：为确保选举顺利进行，他们需要准备流动投票车，为投票点配备嗅探犬，负责投票过程的安全保卫，直到选举委员会完成计票工作。基本上，伊拉克新军和警察力量负责前台唱戏，而这些美军官兵则在幕后把控全程。我以为，或许有人想要预测美国未来的当政者是谁，他大抵就在这间会议室、在伊拉克吧。

第 172 独立步兵旅的指挥官、来自缅因州肯纳邦克的迈克尔·希尔兹上校与我一起查看一幅摩苏尔地区的地图。每说到一个地方，他嘴里说的并不是那些 40 来岁的中校营长，而是二十八九或者三十出头的尉级连排长：他认识麾下的每一位尉官，并称他们为“士兵政治家”。如此称谓的确实至名归。

我曾经自问，其他年轻人如何才能与这些军官竞争未来美国的领袖职位呢？这些年轻军官不仅具备二战老兵和越战老兵那种战场经历，还具备政务领导人所必需的治理和民事技能。在某种程度上，他们在伊拉克所经历的，是美军历史上前所未有的。在美国，对想要从政的人来说，退伍军人身份往往是一项巨大的优势。未来几十年，这一优势将表现得更为明显，因为参加过全球反恐战争的老兵们具备实践、发展民主的丰富经验。

这样的人为数不少。驻伊美军的某位年轻上尉是伊拉克某村镇的实际首脑，此类专题报道在报纸上已是老生常谈了。选民们喜欢阅读此类传奇故事，而这些年轻军人同曾经在波斯尼亚、科索沃和阿富汗工作过的老兵们一样，完全可以将一线作战的勇士精神和为国家利益服务的理想主义精神结合起来，使之成为自己未来参加选战的资本。国家建设，他们已经实践过了，至少是尝试过了，并且具备为此制订详尽的行动步骤的经验。在制订计划的过程中，他们眼中没有失败的选项。

由于此类实际经验，一旦这些年轻军官未来成为美国的领袖，他们将对“向完全没有民主经验的国家强行推广民主体制”抱有极度怀疑的态度。不过，在所有事实都呈现出来之前，他们或许仍会被那些一遭遇困境就想着退缩的家伙（指孤立主义者）看成是敌人。他们在战场上得到的经验是要做国际主义者当中的实用主义者，而非传统意义上的孤立主义者。他们不相信天花乱坠的理论，除非这些理论经得住现实的考验。这种独特的倾向，会使美国的两党政策都趋于中间化，正因如此，这些年轻军官承载着重塑美国政坛的希望。

美索不达米亚平原该何去何从?

我对伊拉克最后的印象是宏伟的哈特拉（Hatra）古城遗迹。某一天，我与一群美军士兵来到该遗迹。公元前7世纪，人们在尼尼微的废墟上建起了哈特拉城，并于公元2—3世纪发展到顶峰时期。这座古城坐落在摩苏尔西南方的沙漠之中。我们在这儿没有看到游客，也没看到任何围栏和售票点，宛如维多利亚时代等待探险家们发现的宝藏一般。事实上，古城遗址上唯一一处有关20世纪的印记就是刻在各处城砖上的萨达姆名字缩写；此时此刻，萨达姆俨然是一位远古时代的暴君。

作为丝绸之路上的贸易与文化中心，哈特拉城曾经繁盛一时。其建筑融汇了亚述、古希腊、帕提亚和罗马等多种风格，为早期的伊斯兰建筑奠定了基础。其实，这片遗址为伊拉克的未来指明了一条最佳方向：在由诸多弱小的、刚刚结束“现代民族国家式暴君统治”、仍在经历体制崩溃的非中央集权国家组成的中东地区，伊拉克完全可以像古代的哈特拉那样，成为东西方之间交流沟通的十字路口。在未来的几十年间，摩苏尔和阿勒颇等城市除了向巴格达和大马士革等大都会靠拢，还将与土耳其和伊朗等他国城市建立紧密联系，而它们本身也会越走越近（就像过去一样）。显然，随着古老的商路以一种不同的方式实现复兴，这些国家之间的边界也将不再重要。在当年的奥斯曼帝国版图上，巴尔干半岛的发展程度就高于美索不达米亚平原，如今又率先开始了这个新的征程。在美索不达米亚平原推动这一转变进程，必然耗时更久、代价更高、麻烦也更多，但我们期待长期的努力能够结出硕果。这 100 年以来，除了奥斯曼帝国崩塌（1922 年）、以色列立国（1948 年）和伊朗伊斯兰革命（1979 年），再没有其他人和事比小布什出兵伊拉克（2003 年）更能震撼中东了。

第 8 章

可靠的“飞行劳工”

深入亚太的美国空军 A-10 攻击机中队

作为一支区别传统军种、无所不在的军事力量，空军充当了美国全球布局的急先锋。以 A-10 攻击中队为代表的空中管制者，无论是在伊拉克和阿富汗战场，还是在如今的环太平洋地区，抑或是在空军逐渐转向天军的时代背景下，这群信仰坚定、驾驶“飞行大炮”的“肉身勇士”，依旧是美国空军最原始的精神代表，是低空战场上最勇敢的战士。

离开伊拉克之后，我返回太平洋探访美国空军部队。这是我第5次来到环太平洋地区，也是我3年之内第7次造访美军太平洋司令部，此前的我从未以西装革履的形象出现在这里。我觉得，在这样一个全世界都将环太平洋地区视作经济大发展代名词的时代，我这样一个穿着工装裤的家伙，跟众多包裹着最新款职业套装的男男女女一起乘坐商务航班飞越太平洋，可谓格格不入。而我之所以会不合时宜地出现在太平洋上空的航班，是因为伴随着远东地区的经济蓬勃发展，这里的军力发展也异乎寻常。

与我同机的乘客似乎对军事并不感兴趣。在亚洲媒体的绝大部分版面上，都充满了各种有关贸易、金融以及印度和中国等新兴大国的消息。20世纪90年代，我在世界各地参加过的各种会议都将大把时间给了政治和经济议题；每次讲到军事议题，也不过是请一两位退役将领简短发表一下看法而已。在当前时代，美国、欧洲和亚洲的大多数精英人士都对各自国家的军队所知甚少，更不必说同那些穿军装的人进行实质性的接触了。单就学术层面而言，精英们或许已经意识到亚洲地区军事变革的重大意义，尤其是这种变革与中国台湾、朝鲜等区域热点之间的关联。然而，从了解日常生活和活生生的当事人的角度来评估实情，是人类的天性。想要观察贸易和技术是如何改变亚洲的，你并不需要去探访所谓的富人群体，因为这种改变四处可见，报摊上的每一份报纸都在宣传。但是，本地区的军事现状却并不容易看清楚，因为它隐藏在一张由军事基地和海外部署的舰艇、飞机组成的屏风之后。

亚洲战场的“飞虎队”——A-10攻击机中队

我计划与驻韩国乌山空军基地（Osan air base）的第25战术战斗机中队汇合，然后与该中队一同飞往泰国皇家空军呵叻空军基地（Korat AFB）参加“天虎”（Cope Tiger）演习。这项由美国、泰国和新加坡联合举行的年度演习已有13年历史，其外交意义同军事意义一样重要，亦与应对中国相关。从地缘战略的角度来看，中国的北、东和西南三个方向皆有实力相对强大的国家（俄、日、韩、印）牵制。对于中国而言，实现其战略雄心最容易的缺口，就是东南亚这些相对弱小的国家。

在东南亚，中国正在借助一种新的峰会体制影响该地区贸易，与泰国和菲律宾这两个美国的长期盟友建立双边军事合作关系，为缅甸的军事独裁政权提供庇护，与印度尼西亚开启战略伙伴关系，以各种方式向新加坡施加压力，并以贸易作为离间美国与澳大利亚关系的楔子。不断壮大的曼谷华人商圈甚至计划在泰国的克拉地峡开凿一条运河，使安达曼海与泰国湾、南中国海直接相连。中国军方不仅着眼于中国台湾，还将菲律宾视为向太平洋深处投射力量的潜在的前进基地。曾有一位美国空军中将对我说：“中国人正逐渐使菲律宾人在经济上日益依赖自己，这将给我们带来麻烦。”

“天虎”演习的目的并非遏制中国在亚洲地区的政治和经济发展，而是为了维持稳定的地区“均势”。但是，考虑到中国正在崛起，我们认为，这样的演习是有必要的。

然而，本年度的参演美军兵力减少了一半。驻在阿拉斯加州安克雷奇埃尔门多夫空军基地（Elmendorf Afb）的一个 F-15“鹰”战斗机中队原本计划参与，在太平洋地区前沿部署的海军陆战队 F-18“大黄蜂”战斗机也曾打算参演，但由于泰国东北部经济状况不佳，两支部队都取消了参演计划：官方解释是航空燃油价格上升导致资金紧缺，真给人一种可怜兮兮的感觉。实际上，真正原因在于伊拉克局势，只是没人愿意公开承认罢了。

因此，第 25 战术战斗机中队成了本年度参演的唯一一支美军喷气式战斗机部队。泰国人和新加坡人不高兴了，尤其是因为第 25 战斗机中队的 A-10 攻击机与他们的 F-16 战斗机、F-5 歼击机无法完美协同。如果美国人在“天虎”演习中降低参与的情况成为常态，这将意味着北京方面又取得胜利，证明美国脆弱的虚拟帝国只适合进行小规模战争和部署，无法应对大规模的事件。

2004年底，我曾经乘坐各种交通工具遍游太平洋地区的各处美军基地和部署点，这是我初次与美国空军近距离接触。现在，我将与这些飞行员们相处数周。有着“阿萨姆雪橇”之称的第25战术战斗机中队正是我要探访的目标。该部于1942年第一次投入实战，从英属印度的阿萨姆起飞，经“驼峰航线”飞赴缅甸北部轰炸日军。朝鲜战争期间，第25战斗机中队驾驶F-80“流星”战斗机经历了诸多空中战役；到了越南战争期间，该部换装了F4“鬼怪”式战斗机。自1982年起，第25战斗机中队一直装备A-10“雷电Ⅱ”攻击机，人称“疣猪”，因为这些飞机常在尘土飞扬的近地面空域猎杀目标。在阿富汗和伊拉克为陆军特种部队提供近距离空中掩护的也是A-10攻击机。3年前，我曾在阿富汗巴格拉姆空军基地的跑道上看到过这种战斗机。

从1975年开始，A-10攻击机便一直扮演着类似二战亚洲战场上“飞虎队”的角色。该型军机设计之初，是为了在德国的富尔达河谷恶劣的气候环境下使用的，那里低垂的云层为贴地飞行打击敌方坦克目标提供了便利。A-10攻击机略带上反角、形似巧克力棒的机翼，为其带来了稳定的飞行特性。

与反恐等非常规战争时代的各种最新式喷气式战斗机相比，A-10攻击机已经颇显老旧。这种皮糙肉厚的攻击机单价只有1000万美元，只相当于大多数喷气式战斗机的1/3，采购1架F-22“猛禽”战斗机的价格可以购买20架A-10攻击机。陆军特种部队比空军上层更青睐A-10攻击机，因为空军上层人物通常都是战斗机飞行员出身，对A-10攻击机素来有偏见。不过，看到

A-10 攻击机在阿富汗和伊拉克的卓越表现之后，那些天之骄子们也在改变观点。

A-10 攻击机速度不快，也没有采用多少高精尖技术，而这正是它的优势所在。A-10 攻击机飞行员经常驾机在战场上空冒着地面火力闲逛，所以有着真切的战场态势感知。一位 A-10 飞行员曾经这样对我说："我们能够以地面部队指挥官的视角观察整个战场，对此我们非常自豪。"陆军特种部队将空军的 A-10 飞行员视为真正的勇士。与空军其他部队相比，A-10 飞行员们对联合作战和陆军的理解显然更胜一筹。

A-10 飞行员是特种部队文化在空中的践行者。有一次，两名 A-10 飞行员因为太过贴近地面飞行而被长官训斥。之后，另外一名飞行员找到我，对我说起了那位长官，"那家伙以前是飞 B-1'枪骑兵'战略轰炸机的，根本不知道什么叫低空飞行"。他接着说："我们的文化是，宁可事后求原谅，不能事前等批准。这是我们完成任务的唯一方式。"

如果朝鲜半岛发生地面战争，第 25 战斗机中队的 A-10 飞行员们将赶赴前线提供最抵近的空中火力支持。过去，他们就像是栽种在朝韩非军事区旁边的橡树。对于该部而言，"天虎"演习是一次里程碑式转折，这是他们第一次在韩国以外的地方参与训练。

让这支 A-10 中队离开朝鲜半岛，哪怕只是几周时间，也是一个艰难的抉择。整个决策过程最后惊动了五角大楼。数年来，为迎合韩国民众的反美情绪，韩国政府一直在逐步强化对 A-10

攻击机训练架次的限制。这已经成了一场游戏。事先了解到美军此类飞行部队的部署期通常只有 1 年，韩国方面会持续延迟批准其起飞训练的请求，直到新的部队到来，重新开始这样的循环。与此同时，韩国政府又宣称：为了保卫国土，愿意为美国空军提供一切所需。将第 25 战术战斗机中队派往泰国东北部开展训练，既是因为这里空域限制较少，也是因为美国空军打算吓唬韩国人，公开向首尔方面传达如下信息：如果韩国无法满足要求，我们就无法继续为其提供庇护。

无所不在的美国空军

第一次在空军部队留驻采访，我必须好好熟悉一下这个军种的官僚等级体系。例如，比空军下士高一级的是参谋军士（也就是空军中士），空军并不存在普通士官，也没有准尉。其他军兵种的军士长，在空军的对应军衔是一级军士长。与陆军的营、团、师和海军的分舰队、航母打击群等部队不同，空军的部队体制从低到高分别是中队、联队和航空队。平均每个中队装备 50 架飞机，后勤、维修、医疗、行政等部门包括在内，总人数为 500～1000。通常由 3 个中队组成 1 个联队，每个联队官兵数量从 1200 到 5000 不等。联队是航空队的下辖作战单位。从本质上说，航空队是负责一片广大地域的空战指挥总部。第 25 战斗机中队所属的第 7 航空队下辖 2 个联队，分别是驻群山（Kunsan）基地的第 8 战斗机联队（代号“群狼”）和驻乌山（Osan）基地的第51战斗机联队（代号“野马”）。与陆军不同，美国空军各部队的昵称并非来自印第安人战争。

驻守乌山基地、距离朝韩军事分界线仅48英里的第51战斗机联队，是美国空军在全世界最靠前沿部署的、长期驻扎的飞行联队。该联队麾下只有2个中队，一个是装备F-16战斗机的第36战斗机中队，另一个便是我即将探访的装备A-10攻击机的第25战斗机中队。

这些军阶术语之所以意义重大，在于它们体现了空军的军种特性，空军军官们也一直强调这一点。尽管美国空军是二战之后才从陆军中分离出来的，但与其他军兵种相比，空军与海军更相似。空军和海军都可以被认为是陆军和海军陆战队的运输体系。事实上，五角大楼麾下的四大军种之间存在一条深刻的分界线：一边是空军和海军，另一边是陆军和海军陆战队。前两者对于技术的依赖程度要远甚于后两者。除了海军的海豹突击队一类的明显特例，海军和空军的官兵通常并不像陆军和海军陆战队成员那样膀大腰圆。与陆军和海军陆战队的兄弟们相比，海军和空军官兵的自我定位更多的在于掌握了各种相关军事技术，而不是能做多少俯卧撑或者拥有多少支枪。在一般人的第一印象中，陆军和海军陆战队的官兵比海军和空军官兵更像战士，更具传统意义上的军人气概。

因为海军和空军并不亲身攻城略地，所以人们通常觉得他们在气质上会比其他军兵种更加民主。我之前提到过，在执行一国的外交政策这个问题上，海军具备相对于陆军的独特之处。海军舰队和空军只需非常有限的一点空间即可投射力量，而陆军则必须对目标地域实施全面占领。与海军舰队相比，空军速度更快，控制区域更广，所以更有必要在全球范围实现更为协调的集中化部署。因此，空军（以及将在21世纪稍晚时候出现的天军）能否像海军那样展示政治温和，还有待观察。由于海军舰队赶到某地总是需要花费相当的时间，所以该军种影响外交进程的方式是相对和缓的催促，而不是使之中断、取而代之。

近期我对落基山脉脚下的科罗拉多州斯普林斯市（保守的新教福音派重镇）郊外的美国空军军官学校（Air Force Academy）进行了一番探访，发现该校氛围与那些位于东海岸的军事院校差异巨大。与西点军校和美国海军军官学校相比，美国空军军官学校的建筑风格更加疏远、简练，也更具科技感。由于与世隔绝的地理位置、来自临近城市的新教福音派的影响以及大量的科技课程，该校学员可能面临养成独裁心态的危险。但是，当我对该校在校学员和毕业生们有了个体层面的了解之后，我发现这种危险只存在于理论层面。军校牧师确实在向学员们强调信仰的重要性，这是意料之中的事：倘若一个学员的内心深处没有某种坚定的信仰，他或她是无法熬过4年艰苦的学习生涯的。

1947年，经美国国会批准，美国空军（USAF）正式成立。在成为一个独立军种之前，美国空军的前身——美国陆军航空队（USAAF）主要是从战术层面参与地面作战；而诸如掩护海战、保护海上航线以及滨海地区作战等战略性任务，则由海军航空兵的飞行联队执行。不过，莫说后来的越南战争和伊拉克战争，单是朝鲜战争便充分展现了这个新生军种的价值：美国空军与海军航空兵一起，对将共产党人逼回到谈判桌上发挥了至关重要的作用。时至21世纪之初，美国空军已经发展成为美军向全世界投送力量的有效途径。美国空军每年都要在全球210个国家和地区中的182个执行部署任务，与65个国家开展联合演习，参与处理98次人道主义危机。如今，美国空军是美国在20个国家开展维和行动的核心。他们辨明了波斯尼亚和科索沃的万人坑，是巴尔干和伊拉克战场上不可或缺的力量。美国空军还掌控着700枚军事卫星，监控范围涵盖整个地球表面。尽管建军历史不长，且缺少海军陆战队那种“部落传统”，美国空军依然堪称一支无所不在的军事力量。

放眼太平洋，如果说美国海军正在全力应对中国不断扩充的潜艇部队，美国空军的目标则在于应对中国空军在米格-29和苏-30等第四代战斗机（俄制标准，按照美标划为第三代）的指数式增长和地对空导弹的两位数增长。这使得美国空军的基地部署面临更多复杂因素的挑战。即便从关岛出发，美军战斗机也需要飞行3~4个小时才能抵达中国台湾海峡、朝鲜半岛和冲绳等地区，并需耗费大量燃油，这对空中加油机的需求提出了极高的要求。因此，美国人有必要在泰国、菲律宾和日本等地部署战斗机。这就意味着，美国应该与这些国家建立更为紧密的关系并充分了解各处机场的具体环境——深入当地的私人承包商们在这方面作用极大。一位军官评论道：“无论支付何种报酬，都不足以回报这些家伙。”

美国空军需要一种更强烈的远征的心态。来自宾夕法尼亚州托马斯维尔的杰夫·勒沃上校告诉我："这需要在每一个地方都找到落脚点，派遣保护部队以及与某个国家建立密切的关系。比方说，如果我们需要在斯里兰卡的科伦坡降落，抵达之后应该和谁接洽？那里的机场条件如何？驾机飞行本身没什么难的，真正的难度都着落在后勤保障上。对美国空军而言，之前的印尼海啸就像是一次大规模演习。"他接着说："我们获得了一个深入印尼诸多偏僻地带的机会，这在从前是无法想象的。我们从国务院得到了帮印度尼西亚维修 C-130 运输机的资金。接下来，我们应当与印度尼西亚军方展开联合演习，就像'天虎'、'对抗台风'(Cope Taufan)、'对抗印度'（Cope India）等演习一样。从战术上说，这是该太平洋战区美国空军（PACAF）出力的时候了。"

作为一支技术型的武装力量，与美军其他军兵种一样，美国空军所面临的前所未有的根本性挑战还在于如何"融入驻在国"。

戒备森严的韩国乌山空军基地

乌山空军基地位于韩国首尔以南 25 英里处。1950 年 6 月，朝鲜人民军攻入朝鲜半岛南部，美军首次（同年 7 月初）与朝鲜军队遭遇并为"收复"韩国集结部队的地点就是乌山。还是在乌山，美军开始反击朝鲜北方于 1951 年 1 月对南方发动的第二次攻势，这一次的对手是中国人民志愿军。驱车进入基地时，我看到不少三角栅栏和防爆隔离装置，这是我第一次在不需要对抗恐怖分子的地方看到这些东西。之所以备下这些物件，是为了在朝鲜再次向韩国发动进攻之时，防御朝鲜人民军特种部队的渗透和破坏。

我在韩国只待了一天，因为第25战斗机中队第二天便将飞往泰国参加“天虎”演习，途中会经过冲绳的嘉手纳空军基地。部队会在凌晨2点45分集合，早晨8点起飞前往嘉手纳基地。行动之前，第25战斗机中队内部就如何填写韩国海关的出境卡做了一番简单的讲解。“记住，国籍一栏要填‘美国’，而不是‘黑人’或者‘白人’。”空军对这些问题的讲解简洁而直接。

我与4位士兵在通宵营业的蛋糕店里熬过了黎明前的几个小时。这4个人是负责随队维修的地勤组成员，都是白人，分别来自宾夕法尼亚州东北部、爱达荷州西北部、内布拉斯加州中部和佐治亚州南部。从内布拉斯加州和佐治亚州来的两个家伙，从小在家庭农场长大，为了逃离家庭、学一门手艺而加入空军。其中一个士兵讲到了让他怀乡的一个地方——阿拉斯加州埃尔门多夫空军基地外面的树林：在那里，人们可以脱下衣服装进塑料袋，赤身裸体地跳进冰川融水汇聚而成的溪流，借助塑料袋的浮力凫渡到对岸去猎熊；那些溪水可以直接饮用，完全不必担心会因此沾染上海狸热（一种极严重的腹泻症，通常由饮用不洁水源导致）。“我为什么要加入空军？在阿拉斯加生活，还有别的职业能维持生计吗？”

无论是在潜艇上、水面战舰上还是在“斯特瑞克”装甲车里，我遇到的军人身上都有着明显的美国乡村气质，他们对于阿拉斯加的热爱溢于言表，将其视为美国最后的荒原。一次又一次地从美国军人身上发现这种气质，让我这个旁观者颇感震撼。平淡之中见奇崛，让人们对于平时难得一见的气质有了更为客观的了解。

演习前夜：空军飞行员的信仰

共有6架A-10攻击机和1架KC-10空中加油机参与此次“天虎”演习。我随飞行保养组乘KC-10抵达嘉手纳基地。KC-10空中加油机基于DC-10客机改造而成。自1981年服役以来，KC-10空中加油机便与B-52战略轰炸机、C-130运输机一样，成了美国空军的中流砥柱。1999年的“盟军”行动（Operation Allied Force）期间，KC-10总共执行了409次空中加油任务，为北约联军将塞尔维亚军队逼出科索沃立下了汗马功劳。从乌山基地飞往西南方向冲绳嘉手纳基地用了2个小时，途中KC-10为同行的A-10补充了燃油。我背向飞机飞行方向，坐在KC-10的观察席上，观察了整个加/受油过程。

这次空中加油极为有条不紊，看上去让人颇感无趣，但这并不能忽视飞行员们精湛的技术。透过面前的大窗，我看到一架又一架A-10攻击机依次靠过来补充燃油，仿佛东中国海上空正在上演一场木偶戏。KC-10机组成员必须随时调整输油套管上附加小翼的角度，以对抗1.4万英尺高空的强劲气流。接着，输油套管上内置的伸缩接口滑出，而A-10飞行员需要以210节的飞行速度巡航以与之对接。我感觉自己只要伸出手去就能触摸到受油机上的飞行员。KC-10 的输油管每分钟可以泵送 12000 磅燃油，尽管受油机的型号种类有所不同，但都只需数秒时间即可完成受油作业。

将 KC-10 的输油管接口锁入 A-10 的受油管插座，难度不亚于在惊涛骇浪之中将一艘帆船系到岸边的柱子上。来自艾奥瓦州格拉夫顿的参谋军士迈克尔·欣顿向来自圣路易斯的一等兵迈克尔·梅茨详细讲述着操作方法。有一次，KC-10 与一架 A-10 攻击机尝试了 20 次才成功，但通信系统里的沟通却丝毫没有沮丧之意，声音平静得甚至有些空洞。“稳住。”欣顿参谋军士说。梅茨操作着两根拨杆，控制庞大的输油套管缓缓与 A-10 分离。用所谓的“无线电话音”平静而镇定地说话（尤其是在危急状态之下），是男子汉气概在空军部队的体现。

终于，所有 A-10 的油箱都被加满了。一位飞行员用韩语说了一句“必胜”：这是第 25 战斗机中队的队训。飞行编队钻出如锦缎般闪着亮光的云层之后，琉球群岛和冲绳已经进入我们的视线。明天，编队将耗时 9 个小时飞往泰国，途中会进行 6 次空中加油作业。所有 A-10 都必须时刻保持满油状态，以便在遇到紧急状况之时飞往最近的友军机场，尽一切可能避免在中国大陆降落。

由于泰国的呵叻空军基地没有 K 型装载机，所以我们降落在乌塔堡的泰国皇家海军航空站，以便卸载货盘，用卡车将其运往呵叻空军基地。在乌塔堡机场，机舱门刚刚打开，我就看到了老朋友丹·格内雷特，他就是在这里负责美泰两军联络的私人承包商。他戴着一顶棒球帽，笑容满面，衣服口袋上绣着他的名字。

“你们来得正好，”他用他那镇定的嗓音对一位飞行员说道，“我们正愁无事可做呢。”仅仅两分钟，他就办妥了一切：卸完了货盘，办好了入关手续，备好了车辆，还将提款机、餐厅和娱乐场所的地点在地图上做了标注，这些足以保证美国飞行员们在泰国度过一个难忘的夜晚；期间，他甚至接听了泰国联络人的好几个电话。

2004 年 11 月我与格内雷特告别几周之后，他便接到了一条手机短信，内容是“大浪将至”。没过几天，乌塔堡机场的跑道上就停满了美军飞机。接着，海军陆战队投入了海啸救援，而丹的团队也进入了全周无休的繁忙状态。

“海军陆战队队员们守规矩吗？”

“他们在芭堤雅的酒吧里打过不少架，都是为了抢美女，其实泰国最不缺就是美女啊。看到那架海军的 C-4（Navy C-4，没有查到有 C-4 这款飞机）了吗？”格内雷特转移了话题，“我办公室里有个海军士兵，负责看守那架飞机。在各个兵种当中，唯有海军希望自己的飞机旁边始终有美国士兵看护。你知道这向泰国人传递了何种优越感吗？这等于是在说他们的安保措施做得不够好。我们美国人在不少小细节上表现得挺过分的。正是由于这些小的失误，让我们在全世界都不好混了。”格内雷特的脸上依然挂着他那标志性的笑容。

格内雷特伸手指向一位身穿便装、正在驾驶 K 型装载机的空军军士长，对我说：“那人是新来的。驻泰美国联合军事援助顾问团正在将乌塔堡打造成为一处正式的行动点。‘联顾团’那些家伙们倒是感觉啥事没有，可我却担心美国人在这里会显得过于惹眼。低调行事，宁缺毋滥——华盛顿方面永远都不明白这一点。”

我们乘着巴士颠簸了4个多钟头，才赶到了北边的呵叻空军基地。路上到处可见呈条块状杂乱分布的椰子、香蕉和木薯种植园；再生树林与加油站、罩着铁皮顶棚的集市和各式各样的佛寺夹杂相交；此外还有雾气缭绕的丘陵山峦。抵达呵叻空军基地之后，第25战斗机中队参演部队马上又召开了一次短会：

“如果你们带姑娘回酒店过夜，必须在前台登记她的名字，还要给皮条客支付500泰铢介绍费。也就是说，如果出了问题，日后可以依照书面记录找到你。等你带着那姑娘进了卧室，就别再谈论什么世界政治了。还是干点儿该干的事吧。如果你脱了她的裤子却看到了奇怪的东西……那她就不是个姑娘……你可以掏出500泰铢塞给‘她’，再把‘她’赶走。不要为这种事发生争执，否则只会伤到你的自尊，”做简报的家伙继续说，“顺便说一句，这里流行各种性传播疾病，包括艾滋病。感染这些疾病的概率非常高。所以尽量克制自己的欲望吧。国防部有规定，卖淫嫖娼是不合法的。我说的都听明白了吗？”

这时，每个美国士兵都分到了成盒的避孕套。

我跟着飞行员们来到了一家当地酒吧。成罐的红牛与成瓶的田纳西威士忌勾兑在一起：咖啡因可以提神，让你喝下更多的酒。“我们不是衣装整齐、身材完美、脚蹬乐福鞋（Loafer）或平底便鞋的 F-15‘鹰式’战斗机飞行员，”这几个家伙在我耳边嚷嚷着，“我们是不修边幅、形容懒散甚至体重超标的 A-10 攻击机飞行员，无足轻重的一帮人。”正当我们喝着手中的第二杯酒时，来自印第安纳州谢勒维尔的克里斯·普莱斯少校补充道：“如果不能发挥全部潜能的话，你就成不了飞行员，信念和信仰都是这潜能的一部分。”成为一名战士，意味着要做一名信教者。在普莱斯少校看来，不信教的人成不了真正的战士。

普莱斯身材瘦削，略显笨拙，一天到晚都在吃东西。每次做简报的时候，他的嗓音比他的身材更显枯槁。刚刚晋升少校的他颇有些意气风发。与空军中的诸多军官一样，他从来不看好莱坞大片，因为他觉得那些东西都是华而不实的。

1941 年 12 月 7 日珍珠港事件爆发时，普莱斯少校的祖父曾在瓦胡岛上担任一级军士长。他的父亲曾在海军服役，而他的兄弟也在空军效力。“我从小接受的教育就是热爱军队，”他对我说，“我想给那些在地面上作战的兄弟提供帮助。所以，驾驶 A-10 攻击机是我的不二之选。”时年 33 岁的普莱斯参加过普渡大学的后备军官训练团，后来曾在伊拉克和阿富汗驾驶 A-10 攻击机执行过战斗任务。第一次“伊拉克自由”行动期间，海军陆战队沿幼发拉底河右岸向北挺进，而陆军则负责左岸的进攻，双方在巴格达会师。“海军陆战队打起仗来思路很灵活，”普莱斯说道，“即便没有紧急任务，他们也会给我们找些应该轰炸的目标。他们总是想抢在前头，将未来一周甚至更长远的目标都提前规划出来。由于他们拥有专属的空中力量，所以在召唤空中打击方面比陆军表现得更有效率。第一次攻击活靶时，我特别紧张，生怕搞砸了，完全没时间想别的。”

“在阿富汗的那段经历，很像是一个棒球赛季，”他继续说道，“战事从4月开始，到11月初结束。阿富汗战场与伊拉克不同，A-10攻击机几乎只在城镇地区活动。需要我们提供空中支援的并非大规模部队，而是一个个特种作战小组。我们几乎成了一股快速反应力量。阿富汗与巴基斯坦接壤的边境地区……呃……”他似乎一时语塞，但眼神里依然透着威严。他向我讲述了在山脉一侧隐藏，然后飞到另一侧实施轰炸的故事，即所谓的徘徊加隐藏战术。

“地面部队一直在与敌人接火，”他说道，“有些时候我们干得实在是太努力了，甚至到了温切斯特的地步，”所谓“温切斯特”是指A-10攻击机耗尽了所有弹药，“不过，从北卡罗来纳州波普空军基地（Pope Airforce Base）调到阿富汗战场上的第75战斗机中队的战友都有比我更精彩的作战经历，表现比我好100倍。”

来自纽约皇后区里奇伍德的基思·邦瑟是一位白人中尉，长着一头红发，抹着很厚的定型水，整个人看上去活像一个肉球。他就是之前一天在空中与输油套管对接时遇到麻烦的那位飞行员，这是他第一次接受KC-10的空中加油。对他从小生活的那处街区，我有一点模糊的印象。时年29岁的邦瑟，曾经在里斯公园参加过天主教青年联盟棒球联赛。他的兄长是巡警，负责纽约布鲁克林区的贝德福德·斯泰弗森特区域。邦瑟的父亲在布鲁克林区一家钢铁厂做叉车司机，母亲在皇后区霍华德海滩的前黑手党大佬约翰·高蒂的宅邸做清洁工。“我的父母都是穷光蛋，”他对我说，“他们结婚 26 年之后才拥有属于自己的房子。”拒绝了俄克拉荷马州州立大学的保龄球奖学金后，邦瑟进入了亚利桑那州州立大学。他说自己用了 8 年时间才最终毕业。“那些去美国空军军官学校深造的家伙非常没趣，不懂得如何生活。他们过早步入正轨了，要想发掘自己的全部潜力，首先得鬼混上几年。”他半是调侃半是认真，此次与他一同驾驶 A-10 攻击机来泰国的战友当中，有接近一半是美国空军军官学校的毕业生。

9·11 事件发生时，邦瑟同父异母的兄弟死在了纽约世界贸易中心。“这就是我参军入伍的原因。我有个在空军当上校的叔叔。其实我们是远房亲戚，我从来都没和他说过话。此时，他突然成了一个对我非常重要的亲人。”邦瑟首先在亚拉巴马州的马克斯韦尔空军基地接受了军官训练，然后在志愿表第一栏里填入了“A-10 攻击机飞行员”。“这是一种不需要空气托举就能飞翔的飞机，”他就像是在做自我介绍一样，声音几乎要被酒吧里震耳欲聋的乡村音乐遮住了。第二年秋天，邦瑟的妻子即将为他生下一个孩子，而当时他即将赴阿富汗驾驶 A-10 攻击机执行任务。

每一位 A-10 攻击机飞行员，都有一个能够真实反映其个人特性的呼号：“震颤者”“公牛”“暴怒者”“突厥蛮马”“狙击手”“宾福德”……作为一名飞行员，选择呼号就像是一项仪式。战友们会将你赶出房间，根据飞行员圈子里的某些黑话为你选出一个呼号。美国空军之所以重视此类仪式，恰恰是因为建军历史较短。比如，飞行员们在佩戴帽子的时候常常会稍微压低帽顶，以纪念当年那些军帽被耳机压扁的前辈。

其他国家空军部队的飞行员们也有呼号。我所见到的一些泰国和新加坡飞行员的呼号就有“特技演员”“刺激者”“小鸡宝贝儿”等。不过，泰国和新加坡飞行员们的呼号是自己取的，而美国飞行员的呼号是战友们取的，后者不仅仅更有男子汉气概，更有些戏谑之意。“我们的呼号都挺伤自尊的，通常都是为了纪念我们搞砸的那一刻。”一位呼号为“傻猩猩”的飞行员如是说道。

“狙击手”之所以得名，是因为他初次使用 A-10 攻击机上的加特林机炮时过于紧张，只打出了一发炮弹。“突厥蛮马”是希腊人后裔。“震颤者”平时不声不响，喝了酒之后却像是变了个人。“粉碎者”曾经在丹麦一家酒吧被绊倒，把一台电视撞翻在地，显像管炸裂。“OLE”是一个缩写词，因为那家伙疯狂迷恋“猫王”（Obsessive Love for Elvis）。“陀螺仪”曾在一次任务中指责导航人员搞错了他的空中方位，但其实是他自己搞错了。“TEX”与得克萨斯州毫无瓜葛，而是代表一个对于男人而言非常尴尬丢脸的事件——按照“TEX”本人的说法，“这呼号足以让你在酒吧里泡到辣妹，但也可以让那些了解个中原委的战友们笑你无能”。

来自佐治亚州开罗的布兰登·凯利上尉的呼号是“除尘器”，因为他那有着一半印第安人血统的妻子每天都要打他屁股。凯利上尉告诉我，他所在的大家族当初曾经在改装赛车界和私酒酿造业界颇有名望，还有不少人在警察系统工作。“从南北内战到越南战争，我们家一直都是军人世家。说起为国效劳的自豪感，我们可一点儿都不缺。”看得出来，他说得有些夸张。

“关键是为国效劳的自豪感，”他重复道，“我一直觉得自己应该参军入伍。里根总统去世的时候我哭了。我知道，能驾驶 A-10 攻击机我非常幸运；我也知道，当我在外执行任务的时候，我老婆付出了多大的牺牲。”第 25 战斗机中队指挥官、来自佛罗里达州维洛海滩的斯科特·凯恩中校宣称，美国空军的“无私服务”（service before self）信条并非一个虚伪的概念，而是这些 A-10 飞行员每日都在践行的准则。凯恩中校的父亲曾是新罕布什尔州康涅狄格河谷的一名农家孩子，朝鲜战争期间加入了空军，后来晋升为军官，并在越南战争期间执行过 258 次飞行作战任务。凯恩中校毕业于佐治亚理工学院电气工程专业，却发现平民生活太过平淡。“我父亲从来不曾强迫我加入空军，”他对我说，“我是自愿入伍的。”

在其他军兵种，执行作战任务的大多是普通士兵，而空军却主要由军官（飞行员）来对敌方目标发动攻击。在陆军或者海军陆战队那种动辄上千人的作战部队里，通常只配备 10 名左右的军官，其中只有 4~5 名是连级指挥员。军官在步兵部队中非常稀缺，他们需要率领成群的普通士兵遂行战斗任务。正常情况下，在战场上不会出现一群军官集中并肩作战的情况。但空军与此非常不一样，因为飞行员本身往往就是上尉或者中尉，偶尔还会有少校或者少尉。每个中队的指挥官都是中校军衔。

在空军中，军官阶层的作用比其他军种更加重要。在陆军和海军陆战队一线作战部队的最高军衔是上尉；而在空军，由于中队指挥官自己也要驾驶战斗机升空作战，所以中校才是一线部队的最高指挥官。由于这些“飞行中校”有时需要在天上通过副官发布命令，所以军衔在空军显得并不那么重要。你在空军飞行员无线电对话中听到“TEX”“除尘器”或者“老兄”等的频率远超“长官”一类的敬语。

在第25战斗机中队的全体军官当中，凯利是我所知最勇敢的一位。这并不是因为他在空中立下过赫赫战功，而是因为他在地面上的表现。为了了解该如何更好地支援地面部队的战斗，A-10攻击机的飞行员们常常扮演空军前进引导员的角色，与陆军地面部队融为一体，提供近距离空中支援。在阿富汗执行完A-10攻击机对地攻击任务之后，凯利被调往伊拉克，成了巴格达以南地区的一位空军前进引导员。2003年秋天，他同陆军的一支狙击分队混在一起，住在幼发拉底河边的一座废弃发电站中，靠军用口粮和冷水淋浴过活，每晚都会遭到炮击袭扰。

“一枚火箭弹（RPG）从我头顶呼啸而过，我身后有位老兄被简易爆炸装置炸伤，另外一位战友对指挥官说，‘长官，他们在向我们射击。’后者回答说，‘没错，大家可以自由还击。’诸如此类的情况简直是家常便饭。有一位坐在无装甲的‘悍马’车里的专业军士被敌人打死了。我们只能对着他的战靴、步枪和头盔祭奠一番。那场景太惨了！”凯利继续说道：“我们需要的‘悍马’装甲还远在波斯尼亚，没有运来。但我认识的人都没有怨言。这是我们的职责，我们就是来作战的，为了我们的国家而战。”

经常有人劝我不要相信在酒吧听到的故事。他们说，无论那些故事是谁讲的，都不可信。我对此并不赞同。情绪、观念和态度方面的恰当渲染，比事实本身更重要。再者，谁能说我听到过的那些故事就是虚假的呢？

泰国女服务生们在周围转来转去，酒吧里的美国乡村音乐依旧震耳欲聋。凯利温和、不紧不慢地在我耳边说着，“我起初被配属给司令部设在纽约德拉姆堡（Fort Drun）的美国陆军第10山地师第32团第1营，后来又被抽调到第82空降师。”凯利明白自己作为一名空军人员被配属到这些部队的重要意义，“那就是我的使命、我的本分。我是一名为陆军服务的空军飞行员。为第10山地师提供近距离空中支援，是我一生中最具决定性意义的一段经历。我待人友善，却不得不眼见着他们遭受屠戮。当时我刚刚晋升上尉，一块儿执行任务的一名非常有战斗经验的中尉从来只称我为‘长官’。这让我心里很受触动。他后来被一个简易爆炸装置炸死了，当时刚刚结婚几个星期。”

驾驶“飞行大炮”的“肉身战士”

翌日早晨，“天虎”演习开始了。与我在哥伦比亚和菲律宾所见的那些基地类似，呵叻空军基地也是一处各方面都非常现代化的、整洁无瑕的军事设施。与美军开展联合空中演习，友军必须具备保有、驾驶喷气式战斗机所需的经济能力和技术水平。这就意味着，合作伙伴的国民应当具备较高的教育水平，其中就包括要具备良好的清洁习惯。就这一点而言，空军部队与在撒哈拉沙漠里整天以蟾蜍和蝎子为伴的海军陆战队或陆军特种部队不同。呵叻空军基地的餐厅里有味道不错的泰国美食。

如果把临离开韩国之时的那2次也计算在内，第25战斗机中队总共5次在简报会上谈及性这个话题。这一次主持简报会的是一位头发灰白的私人承包商。简报内容依然是老生常谈——酒店登记簿，皮条客的介绍费，花街柳巷那些没通过性病例检、200泰铢陪一晚的妓女，有些“姑娘”裙子里面的“奇怪东西”……在那位承包商之后登台讲话的家伙坦诚地对飞行员们说，就算是找到了能够共度良宵的姑娘，“也最好‘包裹’一下，我是说，要戴好避孕套”。

大清早的时候，飞行员们的精神面貌与昨晚酒吧里的状态完全不同。这些天之骄子昨天之所以会开怀畅饮，是因为今天他们没有飞行任务，而是要熟悉这座之前从未来过的机场。飞行部队有一条铁律：进入座舱前12小时决不允许饮用酒精饮料。

“在790英尺高度，我已经在你们的BDU密位仪上额外增加了890英尺，”来自佐治亚州纽南市的“TEX”约翰·莱绍上尉给其他飞行员做着简报，“第一天的演习内容是以180度角切入DMPI。我会为诸位标定些不错的翻滚参照物。在TDA高空，气团较为稀薄，所以你们可以轻松得到大量冲量。我们暂时还不知道 DMPI 的相关情况，你们自己去晃晃那些底盘碰碰运气吧（BDU 指的是炸弹模拟器，用于模拟即将在“天虎”演习中使用的炸弹；密位仪是一种安装在飞行员座舱抬头显示器上的观测器。按照美国标准，一个圆周分为 6300 个密位，折合每 1 度 17.5 个密位。DMPI 即期望平均弹着点。“翻滚”是说从较低高度猛然拉起，翻到山岭另外一侧对敌人发动突然袭击。TDA 是“目标指定区域”的缩写。“冲量”指的是飞行速度。“底盘”指的是被用作靶标的老式坦克和旧车。“去晃晃”就是投下炸弹攻击目标。——作者注）。”

这是门外汉们听得懂的最简单的空军简报了。喷气式战斗机飞行员的黑话包含各种俚语和技术术语，深奥程度与潜艇兵的行话不相上下。不过，对在水下活动的潜艇部队而言，打仗早就被简化成了数学计算，因为艇员们看不到目标的任何外形特征。潜艇作战已经完全变成一种脑力劳动，但战斗机飞行员们依然是一名枪手，他们必须一面驾驭飞机，一面像职业击球手那样手眼合一。他们必须依据大量瞬息万变的目标信息控制自己的胳膊和手指动作，操作手杆和武器击发按钮。所以，如果美国职业棒球大联盟明星泰德·威廉斯成为第二次世界大战和朝鲜战争期间的王牌飞行员，那一点儿都不稀奇。对 A-10 攻击机飞行员来说尤其如此：凯利认为，他们唯一的雷达其实就是自己那双“马克 1 型”肉眼了。从山脊一侧拉起翻到另外一侧，并不是一个集中精力就能做好的动作：飞行员都是靠本能完成它的。真正需要他们集中精力的是如何摧毁目标。

飞行本身并不需要占用他们太多关注。再用体育运动类比一下吧，观看冰球的观众有时会对球员的滑冰技巧深感叹服，但对球员本身而言，他们所关注的只是传球和击球。

在人类战争完全进入屏幕+鼠标时代之前，战斗机飞行员代表了“肉身战士”的最后一个阶段。A-10 攻击机飞行员则是这一群体中最强调肉身力量、对高新科技的依赖程度最低的。他们确实是步兵部队的空中延伸，他们驾驶的飞机及其科技都是 30 年前就出现了的。

“我最想做的事就是飞‘疣猪’。我小时候就喜欢玩 A-10 攻击机模型。”莱绍上尉对我说道。他刚刚给 3 位泰国飞行员做过简报，就自己不会讲泰语一事向泰国同行们表示歉意。莱绍在佐治亚州的南方浸信会氛围中长大。他母亲是一位数学老师，父亲是一名电器修理工。他母亲不允许他在家中用南方口音讲话，正是母亲让莱绍最终下定决心报考美国空军军官学校。在那里，他学习了其他各型喷气战斗机的驾驶，可它们都不是他真正喜欢的。

对此，他是这样解释的：“F-16‘战隼’在航展上表现很抢眼，但油箱太小。F-16 战斗机的空战能力固然优秀，但它一次只能攻击很少的几个地面目标。‘疣猪’的对地攻击能力则要大得多。至于 F-15C 战斗机的驾驶员，你应该听说过 A 型人格（指富有进取心、侵略性、自信心、追求成就感且容易紧张的“冲动型”人格。——译者注）吧？他们简直就是 A 型人格的超级加强版，AAA 型。F-15E‘攻击鹰’是一种双座战斗机，我却是一个离经叛道的孤胆镖客。F-18‘大黄蜂’战斗机都是海军航空兵和海军陆战队的。我之所以选择参加空军，就是因为不想上航空母舰。F-22‘猛禽’战斗机我当然喜欢，可那只不过是个人爱好而已，不能当成事业。驾驶这些飞机执行任务，回来之后的汇报总结太过理论化。驾驶 A-10 攻击机作战，要么击中目标，要么脱靶，没什么可争辩的。实际上，我驾驶的是一门能飞行的大炮，而不是一架飞机。我想给地面上的步兵提供帮助。A-10 攻击机就是这样一门会飞的大炮，一门长着翅膀的加特林机炮。”

其实，莱绍这种观点应该得到更多的重视。空军不应当将飞行当作自身使命的全部内容（起码不应该单纯以飞行为主）。空军应该强调从空中发动攻击、杀伤敌军的能力。A-10 攻击机确实是一架长了翅膀的大炮：装有 30mm 口径 7 管 GAU-8/A “复仇者”加特林机炮，射速可达 3900 发每分钟。当初，该型武器的设计师是待在酒吧的时候在餐巾纸上画出了草图。该炮安装在 A-10 攻击机前腹部，粗大的炮管位于机头位置，而炮管尾部一直延伸到了机身的中后段。

“其他飞机就像是天价的兰博基尼超级跑车，”莱绍继续说道，“而我是个来自佐治亚州的红脖子农民，我钟情的是美式‘肌肉跑车’，”他似乎是在自嘲，“‘疣猪’就像 1969 年的福特‘野马’或道奇‘袭击者’。你还可以把它比作俄罗斯人 1952 年推出的 SKS 西蒙诺夫半自动步枪。总之它是一种真正可靠的‘飞行劳工’。世界上再没有比坐在 A-10 座舱里一边用加特林机炮射击，一边闻着硝烟味更爽的了。你还记得‘沙漠风暴’期间我们在‘死亡公路’上轰击那些逃离科威特的伊拉克军队的场景吗？在位于密西西比州的哥伦布空军基地的结业仪式上，飞完了T-38教练机绝大部分科目的学员们需要当着家人的面宣布自己想飞哪种战斗机。我当时只说了一句，我要飞‘疣猪’！”

一位地勤维护组的士官说得更加简洁：“既然来空军做飞行员了，干吗不选一款皮糙肉厚、玩不爆的飞机呢？”

至关重要的“狗屎过滤器”——空军前进引导员

第一次海湾战争之后，美国空军高层曾经想要裁掉绰号“疣猪”的A-10攻击机。陆军发话了：好吧，既然你们不要，我们要了。空军很快转变了观念。这种飞机的确称不上漂亮，却能凭借坚固的身躯在敌军的防空火力网中闲逛。A-10攻击机的坚固和可靠得益于多处冗余设计：两具引擎、两套液压系统、两只尾翼……几乎所有部件都安装了两套。如果一个部件出现问题，另外一个足以帮助飞行员安全返航。两具引擎采取高位安装，机翼可以在一定程度上遮挡地面火力可能造成的损害，降低了引擎吸入异物的风险，这正是A-10攻击机可在土质跑道上起降的原因之一。

这一切因素造就了A-10攻击机的特点：虽然丑陋，却异常可靠。零部件可以左右互换，确保其在设施不全的行动点上也能轻易养护。机体自带乘员爬梯，为飞行员进入座舱提供了方便，无须飞机场站准备舷梯。A-10攻击机的飞行噪音很小，这一特点使其具备了发动突然袭击的能力。一旦油箱被子弹击中，内部的泡沫层会立即扩张，封堵弹孔，尽量将损失降到最低限度。这是一种廉价、老迈但可靠的战斗机，专为低技术时代而生，适合遂行危险的作战任务。在所有喷气式战斗机当中，A-10 攻击机就是拉迪亚德·吉卜林所说的常受命运眷顾的“朴实之人”。不过，由于这种飞机只有一个座位，无论是军中高级将领还是国防部的文职高官都无法搭乘体验，所以它很难赢得那些手握预算大权的官僚们的欢心。

第 25 战斗机中队装备的都是改进设计之后的单座空军前进引导版 A-10 攻击机（即 OA-10），这是因为该部不仅有作战的任务，还有空军前进引导的任务。“TEX”和“暴怒者”执行的就是后一种任务。

“暴怒者”是指来自纽约州尤迪卡的科林·唐纳利上尉。我与“暴怒者”见面时，他正在对两名新加坡飞行员（呼号分别是“暗黑破坏神”和“菲比小精灵”）做简报。

“你们明白‘狗屎过滤器’（Shit-Filter）这个词是什么意思吗?”唐纳利向新加坡同行提问。

“当然。”两名新加坡飞行员笑着答道。

“空军前进引导员就是‘狗屎过滤器’。我希望空军前进引导员能够分辨空中预警指挥平台（E-3 空中预警指挥机）传来的所有繁杂混乱的信息。所谓‘狗屎’包括目标信息、潜在威胁以及其他一切与任务本身并无干系的东西。空军前进引导员为其他飞行员提供战斗所需的详细信息，诸如位置、高度、目标描述、撤离路线等。我不想依赖海军陆战队和陆军特种部队提供战斗信息，因为他们总是需要我们立刻向目标开火。空军前进引导员的座机不会武装到牙齿，也不会在目标上空全力厮杀。负责空军前进引导的飞行员必须尽力节省燃料，以有余力脱离战斗，巡弋战区，等待下一波己方机群的到来。”

空军前进引导员从空中把控整个战场态势。除了大量砸过来的信息和娴熟的飞行技巧之外，他还需要随时监听3个无线电信道：一边与自己所配属的步兵或者海军陆战队作战分队联系，一边监听空中预警指挥平台上袍泽们传来的信息，同时还要掌握自己所引导的其他飞行员的动向。空军前进引导员需要按照一定的节奏和顺序对所有情况加以掌控。诸如，在分析处理战场态势时，应该遵照目标、威胁、友军、炮火、飞机许可、军械、开火限制、战斗损害的顺序。任何事情都有相应的顺序，按顺序做事才能分清主次。如“TEX”莱绍所说的：“作为一名空军前进引导员，就像是在驾车高速穿越迷雾当中的繁忙交叉口，同时还要用油彩笔在挡风玻璃上记下车牌号。”执行这项任务，飞行员一秒钟都不能紧张，更不能总是自问接下来该做些什么。只要明白你首先是在开飞机，一切就简单多了。简而言之，这就是所谓的母性任务（Motherhood）。

天空与大海类似，都是一片空白的所在，飞行员和潜艇兵可以任意绘制自己的路线图：高速通道、交叉点、暂留点。在他们看来，天空与大海虽然空白，但并不是虚无、抽象的存在。对在空中悬停，一位飞行员的解释是在某一特定空域盘旋，并紧紧盯住目标。驾驶飞机上天和搭乘潜艇下海确有相似之处：飞行员们真正在天空中翱翔的时间并不长，更多的时间被各种战前简报和战果汇报占据，还需要仔细检查各种数据和操作规程。

“TEX”和“暴怒者”都是4机飞行编队的长机飞行员，也就是负责指挥协调编队内4架飞机的“小范围空军前进引导员”。来自伊利诺伊州查塔姆的“狙击手”詹姆斯·克里施克对我解释道：“想想酒吧斗殴的场面吧。空军前进引导员就相当于到酒吧外面拨打公用电话呼救的人。等伙伴们赶来增援之后，这位带头大哥会告诉他们，台球杆可以当武器使用。”在4机编队中担任长机飞行员，远比负责一支双机编队复杂得多，因为你必须将行动空域垂直划分，以预留出足够2支双机编队脱离接触、飞离战区的空间。

在呵叻空军基地的两周时间里，我一直在飞行员宿舍和停机坪之间来回奔波。只可惜A-10攻击机只有一个座席，我无法搭乘。

我发现每架飞机的机身侧面都不止印有飞行员的姓名，专心从事保养维修工作的地勤组成员也都位列其上。这些负责维保养护引擎、液压系统和武器系统的地勤人员，每做完一件事都要签名，以便出现问题时有迹可循。因此，他们承受着巨大的压力。“我一个人几乎要承受两个人的压力，”来自宾夕法尼亚州利哈伊顿的史蒂芬·麦克多诺参谋军士对我说，“我就是团队里的小丑，所有事情都必须做到完美。如果你无法从工作中收获快乐，那你就只能忧虑致死了。”

“你为什么要参加空军呢？”

“我生父曾经在海军服役。我高中时候曾经参加过改装车比赛。我赢得比赛那一天，我的赞助人就因为肺癌去世了，他是一位空军退役老兵，曾经在C-5运输机上担任引擎机械师。他发愿要好好活着，看到我成功。我希望延续他的人生记忆。”

在停机坪上工作并不轻松。冬天，这里是寒风最凛冽的地方，到了夏天，这里又成了最热的火炉。地勤人员的常见装束是丛林迷彩裤搭配黑色T恤，烈日会将他们的脖子和胳膊晒出黝黑的印记。他们通常不能佩戴任何帽饰，因为帽子有可能被吹掉、被吸进喷气引擎。（在军队当中，除了配有扎带的头盔，在机场上佩戴其他任何帽子都是不恰当的。）第25战斗机中队共有85名官兵参加“天虎”演习，飞行员只有14人，其他的都是维修人员。

来自佐治亚州卡罗尔顿的技术军士拉里·德赖弗是个长着一张娃娃脸的大个子，左臂上文着黑色的火神图案。德赖弗已经在空军服役12年。他说话时操着南方口音，语速很快。他就像是加油站里为顾客诊断车辆故障的机械师一样，用手指着每一个零件，向我讲解A-10机翼上的武器发射机构的原理：“这是推动板，通过气压操作整个挂架。两块推动板构成一组发射滑块。当驾驶员按动发射按钮时，信号会通过电线传给发射滑块后面的撞针，气体向随动活塞施加压力，使挂架杠杆旋转。这些伸缩气体释放之后，剩余的气压进入两根管道，并在管口的引导下向下方喷出，推动发射装置，将武器施放出去。”

“A-10 攻击机是一种直截了当（Down-and-Dirty）的飞机。”他一面说着，一面用手拍着机翼，眼睛盯着机腹下方那门脏兮兮的加特林机炮。每次飞行员驾机滑向跑道，这位机工长都会在飞机经过身旁时摸一摸翼尖，为即将升空的战友祈福。

德赖弗技术军士是我至今为止在这里见到的第 5 位来自佐治亚州乡村的军人。这些人中间还有一位来自佐治亚州菲茨杰拉德的军士长以及一位来自佐治亚州开罗（与“除尘器”布兰登·凯利同乡）的参谋军士。凯利所在的县只有一所拥有数百名学生的高中，这两个来自开罗的同乡都打算在第 25 战斗机中队一直干下去。参谋军士“克利图斯”威廉·戴维斯出生在一个种植花生和棉花的农民家庭，他认为在家务农没有前途，和其他很多人一样，希望通过参军来改变命运。该中队还有不少其他的来自佐治亚州的农家小伙，只是我还没接触到罢了。

看上去单调，但这不过是表象而已，拉里·德赖弗等士官的日常工作和生活重新点燃了我的探险精神。所谓探险，是一个相对的概念。其实，我所见到过的最沮丧、最疲倦的人是那些在国际航班上享用商务舱的精英。咱们还是来说说来自爱达荷州科达伦的技术军士沃尔特·马蒂斯吧，他负责修理 A-10 攻击机的喷气引擎。我与他见面时，他正在诊断一个引擎故障。

飞行员表示，仪表显示引擎叶片转速不稳定，更换仪表的电子设备之后，问题依然如故。飞行员只能取消此次升空。马蒂斯技术军士是一个性格沉静、感情丰富的高个子。他在停机坪上踱来踱去，最终将“松下”牌军用三防笔记本电脑与飞机内部的一处接口相连。在下载机身电子处理器数据的过程中，他发现其中根本没有有关引擎转速的信号——这是不正常的，因为引擎正在怠速运转。于是，他又端着笔记本电脑钻进了座舱，通过笔记本读取引擎的实时转速，以将座舱仪表和笔记本电脑显示的数据做对比。

马蒂斯头戴耳机在座舱里工作的样子，看上去颇有些滑稽。他告诉我，即便是乘坐民航飞机，他都会晕机。笔记本电脑显示，飞机引擎的转速信息完全不着边际，一会儿是正常怠速的63%，一会儿又飙升到正常怠速的40倍。这是不可能发生的状况。马蒂斯判断机上的转速表传感器正在传出错误信号，必须予以更换。他希望这就是症结所在。拆换转速表传感器很快就可以搞定，但如果是线路出了问题，解决起来就需要耗费几个小时的时间。明天就是周末，他已经预约了骑乘大象游览瀑布的休闲项目。

马蒂斯曾经在北爱达荷学院就读。他的父亲查出肺癌之后，他没法继续读书了。作为家中唯一一个拥有驾照的人，马蒂斯必须定期开车送父亲去华盛顿州斯波坎的医院接受治疗。“从那时起我真正长大成人了。父母只要有一人生病，你就不得不严肃对待生活了。”父亲最终痊愈，而马蒂斯则决定加入空军，换一个生活环境，做一番事业。他的决定并非一时冲动的结果。他有个哥哥在海军陆战队服役，另外还有三个兄弟和一个姐姐在陆军效力。

马蒂斯先后在得克萨斯州圣安东尼奥的拉克兰空军基地和伊

利诺伊州尚佩恩的沙努特空军基地分别接受了基础训练和技术训练，然后被派往路易斯安那州什里夫波特的巴克斯代尔空军基地，负责维修 B-52H 战略轰炸机的引擎。直至 2001 年，马蒂斯已在巴克斯代尔空军基地和北卡罗来纳州费耶特维尔的波普空军基地修了 9 年引擎。他过得很开心，他认为军队生活非常充实、非常有意义。在爱达荷州报名入伍之时，他就盼望能过上这样的生活。

接着，他对我讲到了 9·11 事件、“持久自由”行动和“伊拉克自由”行动。当初接到“归队命令”时，他正和一位朋友在费耶特维尔基地的一家餐厅吃饭，上级要求他们做好随时前往伊拉克的准备。他朋友所在的中队首先开拔了。数月之后，2003 年的夏天，他也随部队进入了伊拉克。

“那个夏天我会一直记得，”他若有所思地说，“我们乘坐一架 C-130 运输机飞离科威特，在战火纷飞的伊拉克降落。有人为我们拍了照片，为我们制作进入机场停机坪工作的证件。有人给我们分发了蚊帐和帐篷。我们 9 个人在帐篷里一连住了 5 个月。一切生活用品都是免费分发的。刚到伊拉克的最初几天我既紧张又惶恐，但我为自己能参战感到欣慰。有一次，我听到一声爆炸巨响，听上去离我们的营地非常近，但那是一枚在数英里外炸响的汽车炸弹。我在伊拉克体验了各式各样的暴力。”

这些故事并不精彩。马蒂斯的经历在战地记者看来算不了什么，更别说与战斗机飞行员和前线步兵的经历相比了。这些来自战场后方的故事不值得记者在采访手记里大书特书。但在他看来，这些经历已经足够传奇了。从他讲述的语气和方式来看，帐篷里的沙尘以及整个战场环境的怪异已经让他感觉恍如隔世了。所以，他对自己到达伊拉克之后的每一丝细节都记得清清楚楚。

结束伊拉克的任务之后，马蒂斯被派到了阿富汗。在那里，他每天都要伴着隆隆的炮声入眠。“直到回家探亲，去看了一场纳斯卡房车赛之后，我才真正意识到，亲历战阵的是我和我的战友们，不是美国这个国家。”后来，他被调到了韩国，所以才有机会来泰国参与此次“天虎”演习。在他看来，这些经历简直是一番史诗般的大冒险。他说：“我从没想到自己能到这么多地方生活。”

与其他军兵种一样，在空军服役，就意味着在一个又一个基地之间不断调动。水兵和海军陆战队队员总在海岸线上活动；陆军与之相反，大部分基地都在北美大平原上，这是印第安人战争时留下的遗产；而空军比陆军更胜一筹，其本土基地大多设在保守派民众聚居区（这绝非偶然），占据着大片地广人稀的地域。例如，埃格林空军基地、廷德尔空军基地和赫伯特机场都设在北美中部时区的佛罗里达走廊（在 2000 年美国总统大选的佛罗里达州重新计票事件中，此地属于小布什的势力范围），马克斯韦尔空军基地位于亚拉巴马州的蒙哥马利，万斯空军基地位于俄克拉荷马州的伊尼德，巴克斯代尔空军基地设在路易斯安那州的什里夫波特附近，内利斯空军基地则位于内华达州的拉斯维加斯郊外：这些地方都是美国空军官兵要度过数年时光的地方（按照美国空军的传统，空军基地常以牺牲的飞行员命名。——译者注）。

当然，美国空军在特拉华州的多佛尔和加利福尼亚州的旧金山也设有全球运输枢纽，空军国民警卫队和预备役部队也在马萨诸塞州的斯普林菲尔德和康涅狄格州的哈特福德等地设有前哨基地，但这些基地并非现役战斗飞行员的领地。尽管空军人员很少离开基地，但空军基地的选址还是会在某种程度上影响其政治倾向。水兵们和海军陆战队队员也有上岸的时候，但地点不大可能是某个时尚的地域。在美国海军舰队最大的枢纽、位于弗吉尼亚州的诺福克港，你总能在酒店内部的礼品商店里买到口嚼烟草。

亲密无间的“天之骄子”

总之，虽然飞行员们总喜欢以红脖子农民自居，但他们实际上并非莽汉。此次参与演习的14名飞行员中，只有两个人喜欢口嚼烟草。除了偶尔的抱怨，他们也并不像海军陆战队员和陆军士兵们那样张嘴就骂。这些天之骄子的学习能力倾向测验（SAT）得分都很高，接近半数毕业于美国空军军官学校，身上散发着军事院校毕业生那种独有的气质——注重形象、做事认真。

飞行员的与众不同之处，在于他们彼此之间的亲密无间。用呼号相互称呼、尽量坚持美国空军的传统的做法更强化了这种亲近感。诸如，来自北卡罗来纳州落基山城的秃顶大个子“公牛”杰雷米亚·帕尔文上尉，佩戴着一个“雾人”（Misty）袖标，那是现在驻在朝鲜半岛的A-10攻击机空军前进引导员的通用呼号，意在纪念1967—1970年在越南北方和老挝上空执行此项任务的前辈。“公牛”帕尔文对我进一步解释道：越南战争期间，最危险的任务莫过于担任空军前进引导员。其他飞行员在敌军空域投下炸弹后可以尽快撤离，而空军前进引导员却必须在那里盘旋数小时，以引导空袭行动。美国空军曾经损失过大量的O-1和O-2（单发或双发慢速塞斯纳侦察机），于是开始启动一个名为“佩刀突击队”行动的项目，让飞行员驾驶性能可靠的F-100F“超佩刀”战斗机执行空军前进引导任务。这些驾驶F-100F战斗机的飞行员，每天都要在越南北方和老挝空域飞行8个小时，搜寻北越军队的车队、SA-2型地空导弹和高射炮。

“佩刀突击队”的指挥官后来被北越军队击落，在臭名昭著的“河内希尔顿”度过了数年的战俘生涯。他就是来自艾奥瓦州苏城的“巴德”乔治·E. 戴。

听“公牛”帕尔文提到“巴德”乔治·E. 戴这个名号，我心里暗暗一惊。几个月前，我曾经到过佛罗里达州的杰克逊维尔海军航空站，并有幸听到了戴向海军飞行员们发表的演说。那是一次有关于绝不屈服的演说，时有脏话点缀其间，听上去非常鼓舞人心。戴年事已高，讲话絮叨。这并非我所听到过的最伟大的演说，但海军飞行员们却都深受触动。毕竟，“巴德”乔治·E. 戴是他们的偶像。经历过一次假处决之后，戴逃脱了，为了返回南越而在丛林里独自徒步跋涉12天，却最终被抓了回去。有一回，他和其他战俘正在秘密礼拜，被北越狱卒抓了个正着，他盯着对方的枪口，高声唱起了美国国歌。

在海军航空站演说完毕之后，戴售出了一些他写的、由一家小出版社推出的《责任、荣誉、国家》（*Duty*，*Honor*，*Country*）。这部作品甚至没被亚马逊网站收录。我觉得这是对这位老兵的不公平，这部作品远比一些大型出版机构推出的很多个人回忆录更有意义。

“公牛”向我展示了一枚为越南战争期间执行空军前进引导任务的“雾人”而特制的纪念币，上面刻着戴的名字。无论新兵还是老兵，都必须随身携带这枚纪念币，这是第 25 战斗机中队的传统。越战“雾人”们的聚会经常在佛罗里达走廊举行，因为戴如今就居住在那里。每一次，第 25 战斗机中队都会派代表出席。

朝鲜战争和越南战争之于美国空军有着特别的意义，因为那是空军独立成军以来参与的头两场战争。美国飞行员们对越南战争的感受尤为强烈，因为“河内希尔顿”的许多战俘都是空军前辈。

诚然，越战老兵的回忆并非飞行员之间结成亲密情谊的唯一因素。正如我所提到的，与陆军和海军陆战队不同，空军是一支更依赖科学技术的力量，传统相对比较次要，因为科学技术的进步对空战战术的演进的影响远超其对地面部队的影响。陆军或许依然在从伯罗奔尼撒战争期间斯巴达人在普拉提亚（Plataea）取得的胜利或者拿破仑入侵俄国时的惨败中汲取经验和教训。但对于如今的空军，即使是一战期间的空战也几乎没有任何参考价值了。

空军是一支如此着眼未来的力量，以至于某些飞行员也不得不坦承，空军的生命周期有可能是各军兵种最短的，因为21世纪的某一天，传统的空军也许就会嬗变为以宇宙空间为战场的天军。

在现实生活中，除了驾机翱翔蓝天，畅饮狂欢也是将飞行员们团结在一起的纽带。他们会去脱衣舞夜总会，尽管泰国的此类商家同菲律宾境内的有所不同，大多都是些敲竹杠的黑店，但天之骄子们依然乐此不疲。在驻扎在泰国的美国空军和陆军看来，这个国家真正吸引他们的地方就在于，这里不是韩国。泰国地处热带，而韩国在眼下这个季节已经积雪遍地了。驻韩国的美军基地，都是为了应对一场从未发生的战争而设置的永久性军事据点，其工作节奏几乎与伊拉克战场一样让人几近崩溃。在那样的环境下，驻韩部队的官兵们还要严格遵守驻伊美军无须在意的愚蠢的条框制度，这引出了一个有关达尔文“适者生存”理论的矛盾：驻韩美军必须学会适应规章制度。在乌山等驻韩美军基地，即便是白天跑步锻炼也要佩戴反光带；官兵们不能到基地外面理发，以免从理发师那里传染疾病。有些A-10攻击机飞行员告诉我，与日复一日忍受折磨、演习不断、每天飞行5个架次的驻韩生涯相比，去伊拉克和阿富汗执行战斗任务不啻解脱。

“暴怒者”唐纳利总被泰国和新加坡的飞行员们拉去做简报，讲解有关近距离空中支援和战场搜救（CSAR）方面的经验，尤其是近距离空中支援——这是美国空军在阿富汗和伊拉克战场上锻炼得炉火纯青的战术。一旦地面部队发出召唤，A-10攻击机的飞行员们都会忙碌起来，自2001年秋天开始，这已经成了常态。唐纳利讲解了避免误击友军的必要步骤。“在地面部队确认之前，不要开火。你可以朝安全地域发射一枚炮弹，然后地面指挥人员就会对你发出诸如‘好了，朝弹着点东北 25 米处开火’一类的指令。你要实施交叉射击，掌握炮弹的弹着点。如果弹着点与友军的位置重叠，（正式开火之前）地面指挥人员必须在指令文本记录上签名。”

简报完成之后，泰国和新加坡飞行员们并未提出疑问。也许是因为他们很羞涩，太有礼貌太谦恭了；也许是因为有些人并不精通英文，只是习惯性地点头；也许是因为美国同行 4 年的战斗经验让他们感到敬畏，就像美国人敬畏几十年以来一直战斗不断的以色列飞行员们一样。“暴怒者”想不出个中缘由。他只知道在美国空军中，每次做完简报之后，大家都会暂时放下军衔差距，各抒己见：即使是少尉也可以对中校的观点提出质疑，甚至当面诘问。

泰国和新加坡的飞行员，与韩国和华约国家的飞行员有一些相似。他们都喜欢照本宣科，习惯于任何时候都按部就班执行上峰的详细指令。如果碰上云层过低的状况，而他们又没有做过相关的任务前简报，就会取消任务，而不是开展低空训练。一位 A-10 攻击机飞行员曾经这样对我说：“一看他们的眼神，我就知道他们在想些什么。”

美泰两国飞行员之间还存在其他问题，而这皆与语言障碍有关。美国飞行员听不懂泰国地面指挥调度人员的话，泰国人有关作战搜索与援救的简报既模糊又不完整。大规模演习更是经常出现麻烦——跑道上挤着十数架 F-16 战斗机，每隔 15 秒起飞一架，而 A-10 攻击机则是每隔 20 秒起飞一架，一旦其中一架飞机延误，现场就会变得极度混乱。每当这时就会有一位泰国飞行员嚷道："奥斯卡（泰国空军的地面塔台），奥斯卡，奥斯卡……"有时候根本无人应答。

"减少沟通障碍的唯一方式，就是多开展'天虎'这样的联合演习。"来自亚拉巴马州安尼斯顿的吉姆·特雷威克说。实质上，是这位私人承包商为美国空军组织了"天虎"演习。与乌塔堡的丹·格内雷特一样，特雷威克也是一位退役空军老兵。这个头发灰白、体重超标的家伙穿着牛仔裤和钓鱼背心，娶了一个泰国妻子，已经在这里定居了。他第一次来这个国家还是在越南战争期间。他能说简单的泰语。他告诉我，"我第一次听说泰国（Thailand）是在高中的时候，老师发音不准，念成'大腿之国'（Thigh-Land）。其实，还真是这么回事。我的意思是，老少爷们儿到了这儿都变得疯狂了。初来泰国的男人，会发现这里很像是《绿野仙踪》里的场景，只不过电影里的黑白画面变成了彩色的。我见过不少人跟结发妻子离婚，娶了他们在泰国街头结识的第一个当地姑娘。泰国可不只是帕蓬夜市和牛仔巷（这两地都是曼谷的红灯区）那么简单。"

我发现特雷威克和格内雷特很相似，也是个非常镇定沉着的家伙。他语速很慢，话音平淡，言行举止都比一般人慢半拍。"将这一切做好的诀窍是什么？"我问道。

"耐心，"他微笑着答道，近于修禅者念诵经文，"泰国人不理解我们为什么这样行事，我们也不理解他们为什么那样行事。他们做事从来不会慌乱，这种行事风格很适合他们。你在这里所能做的，最多是用稍加强调的语气重复你的要求。如果你变得怒气冲冲了，他们会干脆停下手来，无视你的存在。”

“请记住一点，”他继续说，“泰国人生活在这里。他们必须与中国等邻国搞好关系。他们需要美国军队在此部署，但他们可不想把这事儿大肆宣扬。”

特雷威克说，应该让更多的泰国军人去火奴鲁鲁参与太平洋司令部的会议，同时举办更多类似阿拉斯加“对抗雷电”（Cope Thunder）一类的联合演习，“让他们更多地了解我们的行事方式以及美国和其他盟友是怎样合作的。”他希望美国空军派遣更多的泰裔美国人到东南亚执行任务，同时强化美军自身的泰语培训。他的这一观点不无“自私”，却是正确的。他呼吁美军培养更多地了解这一地区的专业人才。我曾听到一位空军士兵在背后嘲讽特雷威克，“这家伙已经变成泰国人了”。无论如何，只要美军与泰国当地人之间发生了沟通障碍，特雷威克往往是唯一可靠的“桥梁”。

战场搜救演习的“被俘”经历

“雾人”并不是自越南战争传承至今的唯一呼号，“沙人”（Sandy）也是。如“除尘器”凯利上尉所说：“如果你遇到了一位参加过越战的老飞行员，告诉他你现在是‘沙人 4 号’，他一定会请你喝酒。如果你说你是‘沙人 1 号’，他会资助你的孩子们读完大学。”谈到越南战争期间的“沙人”，凯利有些激动。他的语速越来越快，南方口音也暴露无遗。他列举了大堆讲述越南战争期间的空战的书籍——陆军士兵和海军陆战队成员为我讲述越南战争期间的地面战场之时也曾提到过它们。这些书对英雄事迹的描述，完全可以媲美诸多有关二战的回忆录。“巴德”戴的那本回忆录即是其中之一。作为美国社会一个独特的文化群体，越战的亲历者们从一个与主流媒体不同的角度记录了那段历史。

在越南战场上以及在如今的 A-10 攻击机中队里，“沙人”扮演的角色与那些在常规轰炸任务中负责空军前进引导的“雾人”类似，只不过他们执行的是战场搜救任务。诸如，越南战争期间，当“巴德”戴这样的“雾人”被击落之后，将由“沙人 1 号”指挥营救行动，他是唯一有权与“目标”（也即跳伞逃生的飞行员）通话的人；“沙人 2 号”负责安排行动流程，协调搜救队各机之间的通信联络。“沙人”3 号和 4 号负责接应。

“天虎”演习第 2 周的预定内容是战场搜救训练。说来也怪，这一天正是 2006 年 2 月 13 日。3 年前的同一天，我正在哥伦比亚采访，3 名美国私人承包商在该国南部被毒品恐怖分子劫持。如果陆军“绿色贝雷帽”们当时没有因为所谓的外交原因而将战场搜救行动推迟 24 小时，用不了几个钟头就能将人救回，不致被恐怖分子当成人质。

在外行人看来，战场搜救演习之前的简报非常平淡无聊。简报中压根就没有提到美国飞行员被困敌境一类的内容。做简报的是来自关岛的米亚·里韦拉中尉，一位土生土长的查莫罗人。

“F-16战斗机‘别克’今晨6点遭敌击落。事发地点CT-6，敌人使用的是肩扛式‘萨姆’。僚机看到了降落地点，但‘余粮’只够备降，所以脱离战区。”（一位呼号为“别克”的F-16飞行员，在一片名为CT-6的地区被地对空导弹击落了。僚机飞行员看到了他落地的方位，但因为燃油不足只能脱离战区。泰国和新加坡的飞行员对这些暗语非常熟悉，他们对专业暗语的领悟超过了对日常英语的理解。反倒是像我这样的美国平民，对这些暗语的含义所知不多。——作者注）

里韦拉中尉继续说道：“今天的搜救口令是‘恶棍’。被困者对应字母是M，编号是1，颜色为蓝色，代号‘百威啤酒’。‘搜救行动数字加密暗语’为‘黑夜’，编号从1到9。”每当飞行员跳伞逃生之时，都会被赋予一个搜救口令、一个对应字母、一个编号和一个每天更换的颜色。被困敌区的飞行员必须复述这些信息，以便搜救人员确认目标究竟是飞行员本人，还是将其扣押后冒用无线电设备的敌军。通过用自身代号造句，被困飞行员便可以传递“有人正用枪指着我脑袋”的信息。而“搜救行动数字加密暗语”则可以让飞行员通过秘密信道将自身的全球定位坐标发送给“沙人”，同时避免被别人侦知。

“震颤者”莱尔德将在演习中扮演被击落飞行员的角色。由于这只是场演习，我得以在来自特拉华州林肯市的丹耶·萨洛下士陪同下，与莱尔德一起前往跳伞地点。作为军官，飞行员们试图通过让普通士兵加入演习的方式充分调动其积极性，而萨洛下士就是今天的幸运儿。一架新加坡军队的CH-47“奇努克”直升机将我们3人送到了位于森林当中的CT-6区域，即“震颤者”跳伞的地方。我们跳出机舱，跟随莱尔德离开了这片空地，穿过荆棘和石滩，蹚过一条浑浊的小溪，跑了10分钟之后，莱尔德看中了一处竹林，我们3个人迅速藏了进去。带着满脸的尘土，我和萨洛静静地看着莱尔德启动了AN/RRO-112型救生电台。我们暗自祈求“奇努克”的轰鸣声已经将这大片区域内的眼镜蛇和响尾蛇都吓跑了。是的，我们已经在尽量躲藏了。4名扮演敌军的联合终端攻击控制员（JTAC）正在寻找我们的踪迹：这些飞行员本身是地面搜索专家，同时被配属给地面部队，为后者提供近距离空中支援。

耳边传来各种动物和昆虫的低吼和嘶鸣。蜘蛛在我们脸上爬来爬去，尘土四处飞扬。看到2名联合终端攻击控制员正在搜索附近地域，我们一动不动地待着。这比待在小隔间里更让人感到恐惧。在竹林里躲避半个小时，就像是过了好几个钟头。可以想象，二战和越战时期被击落的飞行员们一定怕得发疯。这真是一种令人倍感耻辱的体验。

借助救生电台，莱尔德命令萨洛下士向“沙人”1号唐纳利汇报我们的坐标位置。电台复杂的操作方式让后者颇感困惑。于是，唐纳利耐心地教他，极像一位电脑专家在通过电话细致地帮助用户解决软件问题。与此同时，他还需要指挥空中的搜救飞机，向他们通报“受困者”的具体细节。唐纳利这个人有时候会既紧张又严厉，但每次在空中同时执行多重任务的时候，他都会找回真正的自我。他曾从内华达州内利斯空军基地的美国空军武器学校的航空武器指导师课程（WIC）毕业，与海军的战机武器学校（Top Gun）有异曲同工之妙，只不过学制要更长几周。不过，他从未谈及这段经历，这也是他的一贯风格。我是从其他飞行员那里得知这些的。

“敌军”（联合终端攻击控制员）一直没有找到我们，反倒是我们在被一架泰军 UH-lH“休伊”直升机接回之前，首先在空地上看到了他们。这些家伙打扮得极像“阿布沙耶夫”组织的游击队，手上擎着大刀，头上包着布巾，戴着兽牙齿项链；其中一个还曾在阿富汗-巴基斯坦边境与陆军特种部队一同执行任务。莱尔德用一面镜子反射阳光，向唐纳利那架低空飞行的 A-10 攻击机发出了引导信号。泰国空降兵从 UH-IH 直升机上跳下，用枪指着我们的脑袋，直到我们正确复述出当天的口令等信息为止。战场搜救训练就此结束。

空军飞行员的英雄主义情结

在“天虎”演习最后一天，来自伊利诺伊州布鲁明德尔的“突厥蛮马”马特·科楚克斯上尉，进行了他作为一名现役飞行员的最后一次飞行。他即将离开空军，加入空军国民警卫队。返航之后，当他从座舱里爬出之时，其他飞行员一拥而上，按照传统将他按倒在地，用胶带捆住手脚，抱着消防水龙头喷他，然后又用泰国啤酒（因为实在找不到香槟）将他全身浇了个遍。“突厥蛮马”没必要用消防水龙头清洗身上的啤酒，一场风暴席卷了整个机场，在倾盆大雨的摧残之下，所有人都滑倒在跑道上。当晚，美国飞行员们用老式的啤酒赞歌为泰国和新加坡的同行们奉献了一场精彩的表演。“我曾经打工在芝加哥，在百货商店卖货的就是我……”

飞行员们的喧哗和打闹流露出了深厚的同袍之谊，让人想起那部讲述二战期间美国陆军航空队 B-17 轰炸机飞行员故事的电影——《孟菲斯美女号》。正如在南方腹地读着赞恩·格雷的小说长大的“TEX”约翰·莱绍上尉对我说过的：“我是个守旧派。我崇敬那些并不介意自己究竟干掉了谁的老家伙。单就飞行本身而言，空军的前辈们做得更好。他们可没有全球定位设备。传统飞行与轰炸的精髓，如今再也找不到了。”

就像海军分不同兵种（水面舰队、水下舰队、海军航空兵和海豹突击队）一样，空军内部也有不同的群体。我在过去数周所见的，是一个独特的飞行员群体，他们的个性让人不禁想起二战期间的空中战士。尽管这些家伙所在的是历史并不长的美国空军，却传承了很多昔日陆军航空队的精神。乍一看去，A-10 攻击机在跑道上起飞的笨拙模样，跟当年从英国机场起飞去轰炸德国的 B-17 真有些相似之处。

与二战期间的飞行员们一样，驾驶 A-10 攻击机的飞行员们并无信仰苦闷。他们相信人间诸事皆有善恶之分。但这并不意味着他们全是保守主义者（尽管很多都是），他们也不会一个劲地指责本国政府（虽然他们时常牢骚满腹）。事实上，他们最害怕的是在行动中误伤无辜平民。也就是说，这些飞行员并不是一个愤世嫉俗的群体，他们对人生抱有一种英雄主义（近乎天真）的态度。

他们的指挥官凯恩中校，几乎完全凭着记忆引述了西奥多·罗斯福总统当年那篇向定居北美大陆的先驱者们致敬的著名演说词《竞技场上的人》（*Man in the arena*），借此总结了 A-10 攻击机飞行员的人生态度：

荣誉不属于那些批评家：那些指责强者跌倒了或者实干家如何可以做得更好的人。荣誉属于真正在竞技场上拼搏的人，属于脸颊沾满尘土、汗水和鲜血的人，属于顽强奋斗的人，属于屡败屡战但始终抱有巨大的热情和奉献精神的人；荣誉属于投身于有价值的事业的人，属于敢于追求伟大梦想，最终取得伟大成就或者虽败犹荣的人。正因为如此，他将永远不会和那些冷漠胆小而不明胜败的人同流合污。

说起“竞技场上的人”，我所结识的这些飞行员还不算是最棒的。某天后半夜，在泰国呵叻市里的一家夜总会，酒过三巡之后，一位 A-10 攻击机飞行员对我说：“你想见识见识一下最棒、货真价实的空军吗？去跟那些驾驶 F-15E‘攻击鹰’战斗机的飞行员们混一阵吧。你知道‘红旗’军演（Red flag）期间我们这帮开 A-10 攻击机的在内利斯空军基地表现如何吗？（“红旗”军演是美国空军在内华达州内利斯空军基地举行的重要的大规模演习。——作者注）我们简直是一群胖傻子。”当然，其实这些 A-10 飞行员一点都不胖，甚至有几个还很清瘦。这些话跟呼号一样，都是飞行员们自嘲的方式。

A-10 攻击机令人怀旧，但它毕竟不是空军未来的发展方向。作为一种战术装备，A-10 或许还能继续使用几十年。但我知道，美国空军最终会着眼于掌控地外空间，运用新的军事技术手段（诸如有人或无人驾驶飞行器甚至卫星）从太空攻击地面目标，无论其多么微小或具体。陆军依然不可或缺，但随着时间的推移，空天部队将执行越来越多的军事任务，其作战方式将更加灵巧，附带损害会日益降低。

应对中国崛起：美国亚太空军的行动准则

在距离 A-10 飞行员们在呵叻空军基地的营房不远处，我看到了美国空军的另外一面：一部庞大的可移动碟状卫星信号接收器，通过电缆与两辆拖车单元连接，单元内部配备了计算机阵列。这套可移动的“鹰眼”卫星地面站可以为特定区域“绘制”即时、高分辨率卫星地图，并随时传送到地球上的任何一个配备了同类设施的角落。全球反恐战争加速了“鹰眼”卫星地面站的发展：美军必须不间断地绘制阿富汗和巴基斯坦的边境地带的某些区域的地图，甚至是一座小屋的出现也不能错过。在发生重大自然灾害、地质结构出现巨大变化之时，该系统也能发挥广泛的作用；并且，该系统还可用来监控难民迁徙和棚户区的扩张。

这一技术也具有极高的商业价值，因而并不存在机密问题。也就是说，“鹰眼”卫星地面站所拍摄的一切内容都可以与非政府机构分享。与此同时，任何其他国家和组织的“鹰眼”卫星地面站都很难在短期内赶超美国空军。这是因为，一旦发生紧急状态，假如没有部队保护，没有可供移动式发电机使用的燃料、起重机以及各种军事设备等的配套，这项可用于商业领域的技术只不过是镜花水月；民间人士也无力将这样一套系统部署到某个失序区域并加以运作。

美国空军正通过向目标国提供“鹰眼”地面系统相关支持赢得间接的外交优势。从表面上看，在“天虎”演习期间部署“鹰眼”接收终端，是为了帮助飞行员们指示打击目标。事实上，美国空军还将这场演习当成展示其人道主义救援任务装备的秀场：不仅有泰国和新加坡两国的人员前来观摩，印度、澳大利亚等国的观察员也参观了“鹰眼”地面系统的拖车单元，希望未来能够利用这一技术来应对海啸灾难、监控马六甲海峡的海盗行为。在整个“天虎”演习期间，我不止一次听到美国军人说，应对中国的军事扩张离不开无形的手段（诸如与该地区诸国建立良好关系）。

回国途中，我在火奴鲁鲁停留了几日，见到了美国太平洋地区空军部队的副司令、来自得克萨斯州拉诺的劳埃德·厄特巴克少将。他告诉我：“赴印尼参与海啸救援之所以取得成功，是因为美国空军和海军已经同泰国建立了密切的合作关系，后者为美军提供了可靠的基地设施。我们同印度空军的合作关系也在快速发展，将来我们也许能够利用印度的基地参与人道主义应急行动。不久之后，浩瀚的太平洋将不再是难以逾越的阻隔，而促成这一局面的并非先进的技术，而是良好的人际关系。”

21 世纪的太平洋正在上演新的情势。与美国海军一样，美国空军也需要提升战力，以应对任何地区威胁。与此同时，美国空军还应借助灾害救援和人道主义援助等机会，建立领先于任何崛起中大国的外交优势。

不过，大国之大，并不在于对外援助的数量，而在于是否有能力和意志综合运用自身的军事、经济和政治影响并发挥“情感亲近”的作用，从而赢得邻国认同。换句话说，美国必须设法避免自己向亚太地区的国家提供了大量援助却依然不受待见，中国则巧妙地使周边国家同自己建立了依附性的政治-经济关系的局面出现。

我发现，太平洋地区美国空军的一切行动都遵循着应对中国的崛起这条未加声明的准则。当我向第 25 战斗机中队的一位飞行员问及未来是否还会发生有人驾驶飞机之间的空战时，我原本以为这位专注于对地攻击的飞行员会说“不会”。然而，他的回答却是：“去问中国人吧，他们的模仿能力非常强；由于其日益增强的经济实力，他们挑战美国的潜在可能性也越来越大。”

冷战期间，为了稳定局势，我们曾经尽力和苏联达成军事关系的缓和与透明化；如今，太平洋司令部的指挥官们也在探寻某种途径，以与中国军方建立类似于美泰和美新关系的交流合作机制。商界人士之所以能够欣然而坦然地宣扬亚洲世纪的到来，原因之一是美国军方正抱着一种建设性的悲观主义心态审视这一地区。

第 9 章

通布图，苏维埃“巨石阵”与崎岖的丛林

美国“责任型援助”典范

作为美国在全球范围内的责任型援助，不管是帮助马里稳固新生政权，还是训练曾在苏联统治下的格鲁吉亚军队，抑或是协助哥伦比亚政府军抵抗贩毒武装，似乎都收效甚微，仅有在菲律宾群岛上的反恐才勉强称得上胜利。以上四处为代表的低成本、低风险的低调行动并未取得预期效果，危机预防才是美军未来军事部署的方向，以此为基础才能缓解因中东战事造成的美军特种作战兵力紧张。

从太平洋地区回到新英格兰的家中短短 5 天之后，我再次启程前往非洲。在伊拉克可能爆发全面宗教战争的危急关头，美国军队却仍在继续之前对撒哈拉沙漠和萨赫勒地区的部署、谋划在高加索地区建立长期军事存在、扩充驻菲律宾和驻南美洲部队的规模等。这一次，我不打算按照从前的习惯对某一项行动进行深入的纵向探访，而是与一支来自英国的 3 人摄制组合作，对美军在 4 个国家开展的 4 项彼此独立的部署做一次快速的横向扫视。

硬汉气概：驻守马里的“绿色贝雷帽”

此番旅程从非洲马里的通布图（Timbuktu）地区开始。即便是在这个全球化的时代、在这个旅行者无所不到的时代，通布图也称得上是一处蛮荒的人世边缘。美国陆军特种部队的一支 A 类特战分队驻扎在一家陈旧的旅馆里，给这里带来了一种外来军队据点的气势：出入口有沙袋堆砌而成的工事，整座建筑俯瞰着沙漠，沙地上隐约可见尼日尔河支流的印迹。我拍了拍房间里的床垫，尘土顿时四处飞扬。遮天蔽日的沙尘暴经常让人们什么也看不见、听不见，耳边只有驴子的哀鸣和门板的梆梆作响。“这些驴子是用来搬运石块的，一天到晚受着那些手持棍棒的孩子们的抽打，”一位特种部队的中士对我说，“这些畜生上辈子一定是恋童癖，这是在遭报应。”每次合嘴，我都感觉牙缝里有沙子在吱嘎作响。这里的气候燥热得似乎一点即燃。

旅馆周围只有少许绿色植物，大多是苦楝树和刺槐树：奔流的尼日尔河位于通布图以南 7 英里处，这些树木的存在指示了它滋润范围的最边缘。尼日尔河非常宽阔，足以形成一套单独的小型气候系统，由于沙尘弥漫的白色天空的映照，青蓝的河水看上去有些晦暗。独木舟沿着河岸排布，远远望去犹如散落的牙签。从通布图到北边的撒哈拉沙漠，绿色的植被以及人类文明逐渐消隐，直到被沙砾完全湮没。这里可以一路直通阿尔及利亚的塔曼拉塞特地区（也即去年夏天我探访的第 10 特种作战大队某 A 类特战分队的所在），但两地之间距离遥远：远得似乎难以逾越，让人不禁想起了万里之外的太平洋。由于这里地形复杂，政府很难对来往人员实施实时监控，所以撒哈拉沙漠诸国的边境都变得无法掌控。标注在地图上的那些毫无意义的分界线，只有借助全球定位设备的帮助才能大体分清。

花费数天时间训练完马里的一支步兵连队之后，某 A 类特战分队的 5 名成员离开通布图，前去巡视临近阿尔及利亚边境的沙漠地带。他们都身着便装，衣服下面藏着 9mm 口径“贝雷塔”

手枪，丰田“陆巡”越野车的后备厢里还有几支M-4卡宾枪。来自佛罗里达州冬泉市的比尔·托里上尉毕业于西点军校，曾经在伊拉克和巴尔干半岛待过数月。他希望能会见本地的部落领袖，寻找潜在的飞机起降场，同时寻找可以开展人道主义救援行动的地点。他说：“我们希望为预防突发性恐怖事件的发生创造条件。”

马里政府对该国北部并不具备多少影响，只是与当地的图阿雷格人维持着一种暂时停火的关系。这一次，美国军队胜利达成任务目标的关键依然在于尽早尽快介入、通过小规模的行动与该国军队建立良好的合作关系，以尽量排除未来大费周章地介入的可能性。与冷战时期的情况类似，即便“萨拉菲斯特”恐怖分子的威胁是夸大其词，美军也可以利用这一借口向非洲的偏僻地带投射力量：帮助稳固新生的世俗政权，向那些被世人遗忘的地区提供援助。美军还可以像9·11事件发生后其在阿富汗等国家所做的那样，以自己所乐见的形式与当地的情报人员建立联系。

被摩洛哥人于公元16世纪末摧毁之前，通布图是一处国际化的沙漠商队枢纽。现在，这里有一些灰色的泥砖建筑、几条经过简单硬化的道路、一座收藏着中世纪时期的伊斯兰教手稿的小型博物馆以及临时搭建起来的碟状卫星信号接收器。事实上，通布图并非一处蛮荒的人世边缘，它只是与人世隔壁而居。

车队由5辆丰田“陆巡”越野车和皮卡组成，其中3辆搭载的是美国陆军特种部队，另外2辆搭载的是马里军人。我乘坐的车子由一位医务兵驾驶，这位参谋军士以一种独特的方式透露出一股典型的“绿色贝雷帽”气质。他儿时曾被一个接一个的家庭收养，最终在俄克拉荷马州的一个信奉福音派新教的乡村家庭中长大。他说，他的继父是一名警察，一个真正的男人：无论如何艰难，他始终热爱并保护着自己的家庭，但从不在外人面前高调展示英雄气概。这位参谋军士相信，这种“男人本色”必须以信仰和道德为支撑。与其他“绿色贝雷帽”一样，他对海军陆战队也一直抱有崇敬之情。除了驻扎在阿拉斯加的步兵部队，他觉得美国陆军的普通部队不值一提。他说，阿拉斯加的恶劣气候既造就了当地驻军的团结精神，也锻炼了士兵优秀的个人品质。“阿拉斯加才是真正的边陲。”他几次这样说。他不想透露真实姓名。他崇尚低调的生活方式，因为某些事情而为人所知，会令他感到困扰。

这位医务兵以及另外一辆丰田“陆巡”越野车的驾驶员、一位来自明尼苏达州乡村地区的上士武器专家，不久前都曾在伊拉克搭档执行任务。2004 年 11 月的第二次费卢杰之战期间，他们曾经为海军陆战队提供战斗协助，之后又在巴格达郊外训练伊拉克新军士兵。他们还曾经以两人情报小组的形式开展工作，粘上胡须、身着便装，与那些不敢公开与美军见面的伊拉克人私下会晤。这是危险性极高的任务，很可能遭遇埋伏和陷害：接替他们执行这项任务的两名美国士兵就丢掉了性命。

这些“绿色贝雷帽”几乎是刚刚完成在伊拉克的任务便被派到马里来了。他们也很想念万里之外的亲人，但他们还是将那些公开抱怨部署时间过长的家伙们称作“寄生虫”。他们的确是典型的特种部队士官，过去 4 年以来，我一次又一次地领略到了这些人的硬汉气概。

我们此行的目的地是阿拉万（Araouane）：尽管面积与美国的克利夫兰市不相上下，在人口上却够不上一个市镇，只是一个在地图上有所标注的、只有几口水井的居民点。信息时代催生了一种知识幻象，让人们知道了很多一无所有的地方。居住在通布图的人根本不知道阿拉万到底有没有人居住，也不知道那里的安全和卫生状况如何（假设有人居住）。阿拉万的居民有寄生虫病吗？他们戴眼镜吗？那里有正常运转的学校吗？通布图的居民们似乎也不知道有谁曾经去过阿拉万。当年，阿拉万是法国殖民者为管理毛里塔尼亚与阿尔及利亚之间的商路上的游牧民而建立起来的据点。从通布图前往阿拉万的路线同样令人困惑：根本没有路，只不过是一条条模糊的车辙而已。

我们原以为 4 个小时就能抵达阿拉万，结果走了 11 个小时。车队的平均时速始终没有超过 14 英里。一路上，我们遇到过向通布图运送食盐的驼队，还遭遇了诸如沙丘陷车、轮胎爆裂和蓄电池过热等困境，更不必说无尽的颠簸和侧滑了。车队穿过一片又一片自成体系的地域，轮胎碾压着沙砾，仿佛是在水面上漂移一般：前方一会儿是闪闪发亮、坚实致密的细沙路面，一会儿是面粉状的沙尘路面，一会儿又成了尘埃漫天、恍如月球表面的土路。车队领队、来自纽约州法尔罗卡韦的黑人军士将这段旅程称作足以让人发现自己身上的所有弱点的颠簸之旅。陪同我们的马里军车也时常受困。他们对于这片区域的熟悉程度固然远超我们，但身为来自通布图的城里人，他们也不像图阿雷格人那样适应沙漠环境。

太阳落山时，我们终于赶到阿拉万。这里已经变成一片废墟，目之所及，尽是褐黄；远处也是无穷无尽的沙坑。迎接我们的是一位头戴图阿雷格式头饰、满身沙尘的人，看上去颇有些古人之风。他说，村中父老要么去矿上工作了，要么在沙漠中贩卖食盐，只剩下妇女孩童以及像他这样的老人在此留守。马里政府在这里完全没有影响力。在建立民主体制的过程中，政客们通常会将全部援助资金投向人口稠密的马里南部，也即首都巴马科（Bamako）附近的地区，因为在那里能换得更多的选票。打家劫舍、拦路盗抢、盘剥往来的商队……总之，马里北部沙漠地区图阿雷格人的生存现状就是漂泊。所以，壮劳力的流失在这里已是常态。老人告诉我们，若是骑乘骆驼从通布图来阿拉万，要走上整整 7 天。

“这里的居民都是些什么人？”托里上尉问道。

“图阿雷格人和桑海人（Songhai），”老人回答，“外围住的是阿拉伯人。”说着，他指了指周围一望无际的沙漠。他所说的阿拉伯人，指的是那些肤色较浅、操着各种阿拉伯语方言的人。

吃过军用口粮之后，我们取出了睡袋。与我之前常吃的口粮相比，这次吃的口粮味道更好、更顶饿，热量也更高，但开吃之前的加工过程比较麻烦，因为它不具备常规军用口粮的加水自热功能。

翌日清晨，太阳升起之后，托里上尉和那位来自俄克拉荷马州、信奉福音派新教的参谋军士在一处废墟附近搭建起了一个临时眼科诊所，摆出了美国国际开发署研制的小盒装防沙护目镜。这是一种哈利·波特式的角质镜框眼镜。“绿色贝雷帽”们称其为“戴上了就别想泡妞”眼镜，因为这东西丑得可怕。

一开始，只有老年男性前来检查眼疾、领取护目镜。他们不允许特种部队的男兵与当地的女人有接触。幸运的是，我们一行人中有一位欧洲司令部派来视察的女军官，即来自科罗拉多州斯普林斯市的霍莉·希克曼少校。自从她进了诊所之后，村中的女人就像受了魔法的召唤，纷纷领着孩童们前来看诊。希克曼少校穿着宽松的便装，头戴紫色头巾，看上去就像一位和平队志愿者。那位来自明尼苏达州、刚刚从伊拉克战场调来的陆军上士正端着相机拍照，他准备制作一本相簿，等下次再来的时候分发给村民。托里上尉已经将再次造访阿拉万列入行动计划了。下一次造访，美军将为儿童带来小号护目镜、学习用具、治疗寄生虫病的药品等，以执行一个全面的民事医疗行动计划。

“我们可以在这里开展一项联合协同训练演习。”托里对我说。他的意思是，在附近建立营地，让美军部队与马里陆军开展一次为期一个月的联合训练，以强化美军的沙漠生存技能。利用这里以及遍布整个撒哈拉沙漠的其他类似据点，以小规模投入收获大量成果。与太平洋地区的情况类似，美军可以更多借助合作关系而非技术优势克服遥远距离带来的阻隔。但是，建立合作网络需要时间，很可能是一个缓慢而系统的过程，需要以各个层次的信任机制为基础。由于这些东西无法用某些量化或者具体的标准加以体现，所以也是华盛顿的国会议员和高级将领们最不感兴趣的：这些人面临着巨大的压力，做任何决定都追求立竿见影。不过，即使是用小规模的 A 类特战分队将全非洲类似阿拉万的地方覆盖一遍，其花费也只相当于一架 F-22“猛禽”战斗机的采购价格而已，所以争取这笔拨款还是很容易的。

几个小时转瞬即逝。更多的妇女和儿童排队涌入诊所。接近中午时分，那位信仰福音派新教的参谋军士（昨天曾连续开车 11 小时，夜晚只在沙地上小憩了几个小时，还要不时地警戒）依然脸带微笑，用肢体语言与病患们开着玩笑。

这边诊病忙得不亦乐乎，那边托里上尉也专门抽出 1 个小时，前去拜会村中的长者。他喝了不少奶茶，还向村里捐了 100 美元：他回去会向上头解释，说这笔钱是过夜留宿的房费。“我该跟那些上司们说些什么呢？”他夸张地说，“只是喝了一肚子奶茶，将一大群孩子变成哈利·波特的模样吗？这次行动的意义是无法衡量的。假如我们不在这里投入一点资金，早晚就会有别的坏家伙乘虚而入。”

苏联“巨石阵” 下缓慢的民主进程——格鲁吉亚

两天后，我站在一个荒凉而起伏不平的平原上，脚下是胶水一般的泥泞。这里是格鲁吉亚首都第比利斯的郊外，细雨连绵、寒风瑟瑟。我的眼前矗立着一组未曾完工的苏联时代“巨石阵”：这些以卵石和水泥为材料的建筑物建于 20 世纪 80 年代，美国海军陆战队正利用它们为格鲁吉亚军队提供城市地形军事行动（MOUT）训练。美国人扮演的伏兵向受训的格鲁吉亚军队发起攻击，烟幕弹、闪光弹和火炮模拟器一同炸响。海军陆战队有人专门扮演因受虐待而尖叫不止的平民，因为格鲁吉亚人不仅要练习如何在城区作战，还要学会如何以文明且专业的方式应对非战斗人员：无论后者怎样胡闹，都必须以礼相待。

1795年，同样是在这片荒凉的克桑尼西平原上，普鲁士军队击败了一支规模很小的格鲁吉亚武装。普军之所以入侵格鲁吉亚，是因为叶卡捷琳娜二世治下的俄国没有履行协约义务。所以，趁着俄国军队撤离格鲁吉亚的空档，普鲁士人乘虚而入。后来，普鲁士军队摧毁了第比利斯城，对这里的居民展开血腥屠杀。南面有普鲁士军队的攻击，东北方向又受到达吉斯坦人的袭扰，当时的格鲁吉亚境内的各个公国别无选择，只好接受俄国人的彻底吞并。直到苏联解体前夕的190年间，格鲁吉亚一直都在俄国人的统治之下。

并入俄国之后，格鲁吉亚的历史边界依然不断遭受侵蚀，西北边的阿塞拜疆和北边的奥塞梯纷纷清除境内的格鲁吉亚人群体，并各自建立独立国家。同时，格鲁吉亚西南部以穆斯林为主体的阿扎尔（Ajaria）崛起成为半独立的军阀割据势力；与此同时，东北方的车臣人也经由潘吉斯峡谷渗透而来。格鲁吉亚人无力自救，于是陷入一场反对分裂势力的内战之中。

苏联前外长、精于权谋的格鲁吉亚人爱德华·谢瓦尔德纳泽（Eduard Shevardnadze）出任第二任格鲁吉亚总统之后，这里终于恢复了表面上的平静，鼓吹分裂的叛乱分子也逐渐销声匿迹。然而，2003 年年末，谢瓦尔德纳泽本人也被有“玫瑰革命”之称的和平抗议行动推翻。格鲁吉亚实现全面“民主”之后，由驻斯图加特美军欧洲司令部领导、美国海军陆战队牵头的对格鲁吉亚军队训练项目也得以启动。

海军陆战队队员们的任务是帮助格鲁吉亚军队提升专业化水平，提高其稳固现有疆域的能力。将格鲁吉亚的小规模战斗人员派往伊拉克和科索沃参与作战行动，可以加快其学习进程。海军陆战队此前不久（2006 年）组建了自己的特种部队并归入美国特种作战司令部管辖，这次训练并装备格鲁吉亚军队的任务为海军陆战队特种部队未来参与对外特种部队训练项目提供了一个探路子的机会。

“几年前这里什么都没有，没有军队、没有安全部队，俄国人可以随便进入，没人可以阻止他们。”美国海军陆战队驻格鲁吉亚部队的指挥官、来自佛罗里达州兰多莱克斯的比利·麦高恩中校如是说。如今，除了海军陆战队之外，美国海军的医务兵们也在向格鲁吉亚同行传授战地救护方面的知识，还有私人承包商在培训格鲁吉亚陆军的一支侦察连。事实上，已经有格鲁吉亚的年轻军官先后赴弗吉尼亚州匡蒂科的海军陆战队军官基础训练学校（TBS）和佐治亚州本宁堡的美国陆军游骑兵学校留学了，这两所学校分别是海军陆战队和美国陆军最棒、训练最为严格的训练基地。美国现役军人很少有人有机会同时在这两所学校受训。

政治上的民主化必须伴随军事上的职业化：假如军队不以西

方模式训导和组建，谁也无法保证格鲁吉亚这样的新兴民主国家能维持多久。由此，在这里的美国人终将有何建树依然尚未可知。一方面，美国在格鲁吉亚和马里一类的国家只维持小规模的军事存在，意味着（万一美国人变得不再受欢迎了）相对较小的风险；另一方面，小规模的军事存在同时也意味着较小（甚至不足够）的影响。没错，除了巴基斯坦和埃及等例外情况，美军只向公认的民主国家提供军援，且只在提供比不提供的预期结果更优的情况下进行。但是，向格鲁吉亚提供军援的风险在于，这意味着支持某些地区的民主抗议，抗议本身固然值得尊重，但这些地区的政府机构已然失效且存在边界争端。

事实上，民主并不必然意味着社会稳定或经济增长。自我于1999年来此探访之后，第比利斯已经从一个迷人的小城发展成一个灯火更加璀璨、更加富裕的都市，酒店、餐厅和夜总会也多了起来。假如不去市中心之外的地区，你或许会将格鲁吉亚视作一个经济发展的成功范例。在第比利斯郊外，你依然可以看到当年那个崇尚强力而非法治的时代留给格鲁吉亚这个苏联前加盟共和国的印迹：这里的人们似乎更愿意戴着黑色的滑雪面罩，而不愿意西装革履出门。与从前相比，格鲁吉亚边境问题也没有多大改观。阿扎尔自治共和国的危机固然有所缓和了，南奥塞梯地区的问题却变得越发棘手。

被南奥塞梯绊住手脚的美式帝国主义

新生的民主政权往往具有民粹主义倾向。格鲁吉亚的民选总统米哈伊尔·萨卡什维利（Mikhail Saakashvili）就曾利用南奥塞梯地区的紧张局势成功转移了本国民众对国内经济困局的关注。于他而言，格鲁吉亚的分裂问题堪称是一个“富矿”。

苏联解体后，高加索地区很快冒出多股民族主义分裂势力。得到俄罗斯支持的奥塞梯人，通过一场民族清洗运动驱逐了当地的格鲁吉亚人，7 年前我曾到过南奥塞梯的首府茨欣瓦利，7 年后，这座城市并未得到发展，依然破旧如故，堪称格鲁吉亚最糟糕的地区。街上的女人们样貌迷人，男人却似乎都是恶棍和懒汉。在这片混乱之地，政治与罪恶是一对很难切割的“连体婴”。

格鲁吉亚人痛恨奥塞梯人，希望将这个自治区重新收归中央政府。与此同时，在弗拉基米尔·普京的统治下，俄罗斯帝国正尝试在北高加索地区重新确立自己的影响，并在格鲁吉亚与南奥塞梯之间的分界线上部署了维和部队：这里距美国海军陆战队训练格鲁吉亚部队的营地只有 1 个小时的车程。美国式帝国主义出于自身安全的考虑而对外用兵，结果却在世界各处热点地区被绊住手脚。

当然，我跟随美军部队到过的许多地方都存在边境不稳和叛乱的问题。在其他地方，这些问题都是由恐怖分子的活动造成的。但在格鲁吉亚，除了渗透进来的车臣极端分子之外，恐怖势力并非乱象的主要原因。实际上，美军之所以训练格鲁吉亚军队，目的是回报他们在伊拉克战场上提供的帮助，同时也是为了鼓励高加索地区的民主进程，密切格鲁吉亚与北约之间的联系。然而，格鲁吉亚并非北约东扩的下一个目标。除了第比利斯城的建筑和国内的知识分子群体之外，格鲁吉亚并没承袭所谓的“欧洲传统”。该国首都以外的地区有着浓厚的东方文化色彩。格鲁吉亚的黑社会势力相对强大，而政府机构相对孱弱，处处体现着波斯部落和俄罗斯官僚体制的影响。不过，尽管这个国家的制度依然粗糙，但至少具备了法制社会的雏形。

海军陆战队队员们很喜欢这里。格鲁吉亚的红酒口味醇厚、品质一流。在餐厅里，高档伏特加只卖 5 美元一瓶；6 道菜肴加上一瓶酒水，25 美元即可搞定。这里的女人有着深邃忧郁的眼神，又有东方贵族女性的典雅气质——她们通常想找来自西方国家的丈夫或者男友，就像 20 世纪 40 年代末到 50 年代的德国女子愿意嫁给美国士兵一样。美国将军人派遣到格鲁吉亚，必须对他们的行为有所管束。当然，与我 3 年前在菲律宾见到的情况相比，这里已经好得多了。

让这一问题变得更加棘手的是，这些海军陆战队的年轻小伙子们要在格鲁吉亚待上整整一年，而不是一个季度或者半年：很明显，他们入乡随俗娶妻生子的可能性很高。就像一位陆战队员对指挥官说的：“只要让我留在格鲁吉亚，我愿意延长服役期。”作为指挥官，麦高恩中校后来曾经向我抱怨：“参加海军陆战队可不是为了娶外国女人！”加入美国特种作战司令部之后，海军陆战队必然会承担更多的海外部署任务。我想，美军驻地调研小组筹划此类部署行动之时，肯定首先调查过当地的酒吧和夜总会了。也即，当地的女人是否友善、是否妩媚？这又是一个无形因素超越客观因素的实例。

正在重回正轨的法外之地——菲律宾群岛

离开格鲁吉亚之后，我来到了菲律宾。自 2003 年夏天我探访过棉兰老岛西南端的三宝颜市之后，针对阿布沙耶夫组织等极端叛乱势力的非常规作战行动就一直在向西南方向延伸，战事从巴西兰岛一直扩展到苏禄群岛的另外一座大岛——霍洛岛。

美国在菲律宾的表现与伊拉克截然不同。在伊拉克，美国各政府部门之间的协调失误造成的后果一目了然。在我看来，不仅美国军队，整个美国的官僚体系都像是一头工业时代的怪兽，各个机构部门的规模庞大繁杂，彼此之间却鲜有协调一致的合作。入侵伊拉克之所以取得成功，是因为它最初只是纯粹的军事行动。（至于发动这场战争到底是否一个战略失误，人们的争论还将继续下去。）然而，初期的军事行动获胜之后的占领却是一项包含民事和军事双重内容的任务。事实证明，美国人在这个问题上做得并不好。

在菲律宾，阿布沙耶夫组织等与“基地”组织有染的叛乱势力却面临美菲两国军方的持续打击，因为文官政府与军方开展了有效的合作。各部门之间能够在这件事上合作顺畅，原因有二。第一，在控制人员规模上动了脑筋。美国在菲律宾的反恐行动最初仅限于巴西兰岛，然后延伸到霍洛岛，参与反恐的政府官员和军队人员数量有限，所以来自华盛顿的干涉也相对较小。第二，美国在菲律宾留下了诸多殖民遗产，美国士兵们常常以充满怀旧意味的“P. I.”来称呼菲律宾群岛。与19世纪时遍布全球的欧洲殖民主义类似，美菲之间肇始于殖民时代的千丝万缕的联系，让两国的外交人员、救援机构和军人之间更容易达成密切合作的局面。美国驻菲律宾的外交使节，历来将派驻该国的美军视作“外交手段的一部分”，而不是与之“划清界限”。驻菲美军对这些外交人员也抱有类似的观点。就像来自南卡罗来纳州劳恩堡的吉姆·林德上校所说的：“为了做好工作，我已经被调入了美国国际开发署。”

林德上校目前是驻三宝颜市特种作战联合特遣部队（JSOTE）的指挥官。克莱姆森大学毕业的林德出身农户，曾经抱着更好地从事农业生产的目标去相关学校就读。不过，自从加入陆军以后，他再也没想过以前的目标了。林德向我讲述了军队的某些重要属性：军队是一个极端讲究层级的组织。例如，它可以将一个年少轻狂的小流氓吸收进去，在后者40岁时将其培养成一名总军士长。军队的组织架构，并不强调民主；事实上，它更像是一种独裁。那些身上散发出些许天然威严的人，在军中具有一种显而易见的优势。吉姆·林德就拥有这一优势——他那冷漠、坚毅的表情有时候颇为骇人。

这种隐约的天然威严可以充当一种直截了当的信息传递方式：当指挥官向属下传达自己的意图时，这是一种非常明显的优势。民众或许会觉得美军有关“好人”和“坏人”的表述过于幼稚、粗野，甚至令人生厌。确实，无论是美国民众还是其他国家（诸如英国）的军人，尽管同样崇尚权威，但他们并不像美军那样非黑即白地说话和行事。不过，英军的传统是已有上千年历史的海洋防御的产物，而美军的传统则有浓厚的陆军色彩：美国如今的国土疆界是在很短的时间内确立的，迄今不过150年。正由于美国人扩展陆地疆土的过程充满暴力和野蛮，美国陆军才形成如今非黑即白的表达方式。

作为一名来自南卡罗来纳州的农家汉子，吉姆·林德将这一切传统展现得淋漓尽致。林德上校简洁的语言方式非常有效率——无论与他交谈的是军人还是平民，都有这种感觉。他承担着“政客”的职责，即说服霍洛岛和巴西兰岛上的穆斯林民众接受美军。他是军中的“外交官”，甚至已经到了很少参与作战，而将大部分精力都用来发表公开演说的程度。

“我们听说陶苏格人（霍洛岛上的一个族群）会偷我们的东西，还会在我们提供援助的时候在背后捅刀子。毕竟霍洛岛曾经历过数百年的部落战争和土匪祸乱，海盗和绑票行为屡见不鲜。陶苏格人之所以要杀你，是因为……只是因为……呃，不过呢，”他接着说道，“作为一名军人，我还是很享受这种过程的。因为我身负使命，不能失败。”

他是在我俩在三宝颜市一家餐厅初次会面时说这番话的。当晚他对我讲述过的这些事，后来他又都一遍遍地给霍洛岛和巴西兰岛的民众重复。

“我必须稳占道德制高点。人们会举出阿布格莱布监狱丑闻和100年前美军屠杀菲律宾平民的事例来攻击我。我无法反驳这些事例。我会告诉他们，我手下的部队可以给他们建立学校，或者通过民事医疗行动计划为唇裂患儿整形，而那些‘阿布沙耶夫’组织的恐怖分子只能给他们送来自杀式爆炸背心。我会摆事实讲道理，因为我明白，我必须在当地民众中间建立信誉。单靠武力是赶不走发动爆炸袭击的恐怖分子的。”

2004 年冬末，当我在加利福尼亚州的彭德尔顿兵营采访即将开赴伊拉克逊尼派三角地带的海军陆战队第 1 师时，詹姆斯·N. 马蒂斯少将也向我表达过相同的观点。马蒂斯少将对我说，在海军陆战队看来，最好的耳目就是那些已经和我们建立了信任关系的当地民众。但他美好的愿景最终没能实现，并不是因为他手下的陆战队员们不愿意去争取当地民众的信任，而是由于一些战场之外的事件：海军陆战队在这些事件中的角色，只不过是美国这个整体的一个组成部分。当然，菲律宾的情况还是颇有区别的。

正如一位驻霍洛岛的陆军特种部队 A 类特战分队上尉所说的：“霍洛岛上的大多数民众从未见过任何西方人，更别说美国人了。他们的交流方式只有口头语言，没有报纸，也没有互联网。他们对于美军并无任何成见，而我们带来的是当地急需的服务，比如说健康医疗等。”

在我到达霍洛岛的 100 年以前，“黑杰克”约翰·潘兴（当时还是上尉）在平叛作战中率部打败了“摩洛人”（实际上是陶苏格人），并凭借此番战功最终成为一战时欧洲战场上美国军队的总指挥。尽管霍洛岛并未跟上现代社会的发展步伐，但岛上的民众对前来帮助他们的美国人并没有太多恶意。

美军曾于 2005 年底与 2006 年初两次登上霍洛岛，和 2002 年进驻巴西兰岛一样，都是为了开展一年一度的美菲“肩并肩”(Shoulder to Shoulder)联合演习。我听说，美国国防部的高层文官对不得不以年度演习的幌子来遮掩此类秘密进驻的做法深恶痛绝，他们也讨厌因为开展反恐战争而道歉。登上这些岛屿真正的目的在于为美军建立落脚点。联合演习这种方式更为直接，但在名义上却相对柔和，更容易被当地媒体和民众接受。

我与林德上校一道，乘坐陆军的一架C-12运输机从三宝颜市飞到了霍洛岛。透过阴沉的云层，岛上茂密的热带丛林和原始阔叶林逐渐显现出来。从空中望去，霍洛岛上的城镇不过是一片高高低低的棚屋而已。飞机落地之后，刚一走出机舱，我就闻到了一阵腐败而潮湿的气味，就像是霉菌、蛇皮和脏毛巾的气味混合在一起。除了几棵以新换旧的椰子树之外，岛上的样子大概与约翰·潘兴当年前来征讨时并无二致。林德表示：“这确实是一个艰险之地。”

与巴西兰岛相比，霍洛岛上的穆斯林民众数量更多、主导地位更明显，这里的地形也更为复杂：这一切都为滋生叛乱分子提供了便利条件。霍洛岛的确有一种不归王化趋势。要想知道个中缘由，只要看看地图就可以了。该岛位于棉兰老岛和加里曼丹岛(马来西亚所属部分)之间，在历史上曾与后者有过大量贸易往来。在西班牙殖民者到来之前，霍洛岛曾经是一个独立的苏丹国。菲律宾政府对马尼拉和吕宋岛上的其他地区都能有效管理，却始终无法有效掌控这座小岛。伊拉克的费卢杰地区之所以不从王化，部分原因是它曾经是美索不达米亚和叙利亚之间的走私通道。霍洛岛的情况与之类似，它位于菲律宾群岛与加里曼丹岛之间自古就有的走私通道上。

我在霍洛岛上待了几天，探访了几处拉姆齐·优素福（Ramzi Yusef）和拉杜兰·萨希隆（Radulan Sahiron）曾经藏身的大本营：前者于1993年策动了第一次针对世贸中心的爆炸袭击，后者则是“阿布沙耶夫”组织曾经的头目。如今这两人皆已下狱。他们留在霍洛岛上的印记证明，“阿布沙耶夫”组织等地区恐怖势力与“基地”组织等全球性恐怖组织其实是一个有机整体；正是由于其偏远，霍洛岛这一类地带才更有可能成为恐怖分子策动全球性恐怖事件的大本营。

我与那些嵌入菲律宾陆军和海军陆战队的美国陆军特种部队A类特战分队以及一支来自北卡罗来纳州布拉格堡的现役民事行动小组一起生活了几天。在霍洛岛等更靠近加里曼丹岛的偏僻岛屿上，美军还部署了一些海军陆战队工程技术单位、海军工程营和海豹突击队。作为海军陆战队仅有的两艘医院船之一，“仁慈”号（USS Mercy）正计划在这里驻泊一次。届时，美国国际开发署的援助计划将与美军的民事援助行动共同推进。每一个项目都面向两大目标群体：一个是正当服役年龄的男性，这些人有可能因为信仰而走上错误的道路；另一个是育龄女性，她们是文化变迁的载体。

来到这里的美国军人全部身穿制服，每个人的衣袖上都用粘扣带粘着红白蓝等各色旗标。这其中也包括海军陆战队队员们：要知道，这些“皮领子”们平时都是尽量避免佩戴旗标或者其他任何徽章的。林德上校命令棉兰老岛和苏禄群岛上的所有美国部队都佩戴旗标，按照他的说法，这么做的目的是为了彰显团结合作的精神以及美国人所秉持的自由理念。

一切都要以实际情况为前提。尽管美军来到菲律宾会让人想起当年的殖民历史，但由于驻扎巴西兰岛和霍洛岛的美军并未明显卷入作战行动，而是大举参与民事医疗行动计划等人道主义任务，所以他们身上的军装和旗标不仅得到了当地穆斯林民众的认可，菲律宾国家级的新闻媒体也接受了这一现实。

当然，并非所有人都对此满意。正如林德不断向我提起的，“这里并非战区，但美国人还是在流血”。他曾经公开表达了自己的担忧，霍洛岛上茂密的丛林中依然藏有叛军残余，他害怕有一天会发生简易爆炸装置爆炸事件，导致他手下的军人丧生，进而使得本国民众突然对美国军事介入这些岛屿感到紧张不安。似乎是在回应他的担忧，就在我离开霍洛岛那天，一枚炸弹在一家百货商店门口爆炸，数名民众被当场炸死，还有数量更多的人受伤。

“这里的确是一处战场。”林德手下的军士长、来自新罕布什尔州康科德的蒂姆·斯特朗对我说道。他说这番话，意在强调此番部署任务的潜在危险性。如果有人认为这种说法略显夸张倒也可以理解（毕竟从9·11事件发生之后，美国军人在菲律宾尚未发生人员伤亡事件），但正是这种将民事援助行动视为战斗的态度，让菲律宾很少发生重大恐怖袭击事件。在霍洛岛上，美国军人外出都会全副武装并穿上防弹衣。这看上去或许有些荒诞，但也因此大大降低了遭受攻击的可能。

这些潜在威胁的程度很难评估，但美国在入侵伊拉克后未能派出大量部队前去驻扎的失败经验，已经是人所共知的事实了：无可避免之时，军事介入的规模宁过勿缺。就像霍洛岛上的美军指挥官所说的，“无论如何，我一定要在用一只手握枪的前提下，用另一只手挥舞示好。我们在当地民众心目中的形象越差，就越要展现怀柔的姿态，让他们知道我们并不是一群强盗。”林德上校补充道：“我们的形象非常脆弱，我们所身负的职责以及民众对我们的信任稍有不慎就会毁掉。”

那位军士长有关身处战场的说法还有另外一层含义。所谓全球反恐战争这个概念一直为美国公众所怀疑，因为大家在电视上看到的只有伊拉克和阿富汗两个战场，而美军的海外部署却是世界性的：在那些身在海外的美国军人看来，这的确是一场全球性战争。

若想保持良好的信誉，就必须引入最严苛的交战规则（ROE）。一天晚上，我来到一处海滩上的小茅屋，这里是美军A类特战分队的住处，与菲律宾海军陆战队某分队的营房相邻。该A类特战分队的指挥官也是位样貌整洁的西点军校毕业生。为了隐匿身份，他在面对镜头时坚持佩戴圆边帽和太阳镜。此人自称“最后一批纯粹的人之一”，他在9·11事件发生之前就加入了美国陆军特种部队；按照他的说法，加入“绿色贝雷帽”当时还没有成为时尚。总之，最严苛的交战规则使这支A类特战分队变得无声无形。他们来菲律宾的任务是为菲律宾海军陆战队提供建议和协助，但按照官方说法："绿色贝雷帽"不能训练后者、不能与之一起训练，也不能与其一同执行任务。也即，不能让任何人看到美国陆军特种部队的 A 类特战分队参与了上述任何一项活动。但是，无论美国士兵在幕后做了或没做什么，近乎隐形的他们在帮助菲律宾海军陆战队建立信心这件事情上确实取得了令人印象深刻的成绩。

曾经有人说过，生命中有一半的时间都是在向外界作秀；在海外部署军队往往也是如此。与阿富汗-巴基斯坦两国边境上千英里长的法外之地（直通巴基斯坦的城市地带）不同，霍洛岛只是一座岛屿。恐怖分子有可能跳海逃走，却无法像在阿巴边境那样轻易遁形。相较于阿巴边境地区，美军凭借诸多援助计划，已经与霍洛岛上的民众建立了非常良好的关系。因此，以这支 A 类特战分队为代表的美国军队看似罕有动作，却早晚有可能获得有效的情报，将那些在逃的"阿布沙耶夫"组织头目绳之以法。

回到三宝颜市之后，我去探访了驻扎在菲律宾陆军纳瓦罗基地的特种作战联合特遣部队。我曾于 2003 年来过一次，那时的驻地只是一片简陋且阴暗的营房，给人一种不打算常驻的感觉：遍地泥泞、士兵们吃的是垃圾食品，营区里只配备了移动式厕所和简易淋浴隔间。因为美军当时的行动主要是在巴西兰岛进行，所以这支特遣部队的任务并不明确。如今特种作战联合特遣部队的驻地面积变小了，但无论是道路还是居住条件都有了明显的改善，完全是一副长期驻扎的姿态：这支特遣部队对霍洛岛上的行动的督导以及美国军方对巴西兰岛等地的介入也在进行当中。

随后，我与林德上校一同去了巴西兰岛。2003 年，美军在此行动之后，巴西兰岛进入了相对平静、安全的状态，但经济状况依然糟糕，而且隐隐透出一丝不稳定的迹象。关于美国人与马尼拉政府在此保持存在是否具备合法性，人们依然存疑。林德在巴西兰岛上走街串巷，探访了菲律宾军营、当地政府机构以及一处慈善机构，反复阐述他之前对我说过的那些话，强调美菲军方与民间援助机构合作的重要性。

如此行事颇有些作秀的味道，尤其是当我们在武装护卫的簇拥下去一家霍利比快餐店（Jollities，一家菲律宾快餐连锁店，不久前刚刚在巴西兰岛首府伊莎贝拉城开设了分店）就餐时，作秀的意味更加明显。在重装护卫之下前去吃一顿快餐的情景固然老套，但之所以如此，是为了传达一个明确的信息：2003 年之前的不稳定局势如今已经得到长足改进，就连霍利比快餐店这样的马尼拉大企业都认为来此投资并无安全之虞。巴西兰岛现在已经建起了移动通信基站、更多的沥青路面、桥梁和学校，就连农作物产量也得到提升。电力供应不足的事件偶尔会发生，因为需求量正在猛增。这固然是不均衡发展的标志，但总胜过停滞不前。

菲律宾群岛也许是 9·11 事件发生后美国军方在全世界开展行动最为成功的地区。美军在这里的成就谈不上引人注目，也谈不上辉煌，但确实为未来的持续成功奠定了基础。作为一条地缘意义非常重大的岛链，菲律宾群岛上生活着为数众多的穆斯林；这些穆斯林聚居区过去一直是法外之地，在这里成长起来的暴徒和叛乱分子显然与一些世界性的恐怖组织联系甚密。

如今，在美军的协助之下，一个合法的中央政府对这些穆斯林聚居区的影响和治理重回正轨，而这个政府又恰恰是一个“民主的”政权，是美国的盟友。

菲律宾的民主体制并不健全，在政治上还存在左右摇摆的倾向，但这种倾向并不会影响南部偏远穆斯林聚居区的发展进程。是的，在这个群岛国家，倒退的可能性仍旧存在，“阿布沙耶夫”组织至今还在策动低烈度的暴力行动，该组织于 20 世纪 90 年代初兴起之时绑架并斩首西方人质的事件还有可能再现。尽管如此，菲律宾南部的反恐进展确实要比阿富汗或者伊拉克更令人信服。

哥伦比亚政府与武装贩毒者的较量

离开菲律宾，回到美国短暂休整之后，我乘飞机来到了哥伦比亚。3 年之前，我来过这里探访执行任务的陆军特种部队。3 年之后，他们的任务仍在进行中。

在我的记忆中，波哥大是一座美丽的城市：洁净的街巷，时髦的咖啡馆，男男女女衣着艳丽，自行车车道和残疾人专用车道井然有序。但这一切并不真实：城中随处可见的还有炸弹嗅探犬、紧张兮兮的私人保镖以及近在咫尺的棚户区。哥伦比亚的国土面积 3 倍于伊拉克，人口也近乎后者的 2 倍，地形则像是丛林覆盖的阿富汗。但是，尽管驻扎在此的美国部队不过数百人，其中包括一支人数不多但意义重大的陆军特种部队；这里的安全局势却在发生实实在在的改观。

相较于2003年，如今的哥伦比亚已经变得更加安全了。如今，人们已经可以驱车从波哥大出发，去往麦德林和圣玛尔塔。而这些在3年前根本没法想象，那时这些人流量极大的交通要道上经常发生袭击事件，现在已经非常少见并被政府视为不可接受的挑衅行为了。1999年，哥伦比亚发生了3500起绑架案件，目前这一数字已猛降至600起。

2003年，陆军特种部队的一位士官和一名准尉先后对我说，如果哥伦比亚政府想要结束同贩毒武装将近40年的对抗，最好的办法是与其中某支武装势力结盟，然后击败其他武装势力。如果这个策略确实能有效减少流血和暴力事件，那么就不能说它不道德了。

事实上，就在我于2006年4月下旬抵达哥伦比亚的同一周，该国政府便宣布右翼反政府武装哥伦比亚联合自卫力量（AUC）正在解散，近3万名该组织成员已经放下武器。至此，自2002年实现停火开始，政府与该组织之间的对话进程到达了顶峰。无疑，私底下包含着许多丑恶交易，诸如联合自卫力量的某些成员获得了政府方面有关安全保障和放弃起诉的承诺。“这就是一场大规模的辩诉交易。”一位外国观察家对我说。由此，曾经不得不同时面对三股毒品武装势力的哥伦比亚政府军，如今只需要集中精力对付两股。与此同时，左翼的哥伦比亚民族解放军（ELN）也尽显颓势。所以，哥伦比亚政府真正需要着力应对的，只剩下三者之中实力最强的左翼的哥伦比亚革命武装力量

(FARC）了。打败革命武装力量是一项艰巨的任务，所以哥伦比亚总统阿尔瓦罗·乌里韦·贝莱斯（Alvaro Uribe Velez）除了尝试与另外两者合作之外，别无他选。这一策略并不灵巧，也不狡猾，施行过程自然也是非常缓慢，且随时可能出现前功尽弃的局面，却可能是唯一有成功可能的。刚才提到的那位外国观察家表示："你不能基于美国佛蒙特州的道德标准来对这里的局势提出期许。"

哥伦比亚这个拉丁美洲最古老民主国家的选民们也赞同这一点。于是，3周之后，62%的哥伦比亚民众支持乌里韦总统修改宪法中关于禁止现任总统连任的条款，开始他的第二个总统任期。

抵达波哥大之后的第一个早晨，我参加了一次在乌里韦总统办公室举行的会议，与会者是美哥两国的军方人士和政府官员。在这里，跨部门协调不仅是一国之内的协调，更是有关两个国家之间的协调。这次会议的主题与哥伦比亚与巴拿马交界处的乔科省有关，会议的主旨是如何防止革命武装力量遁入这片不久前刚被联合自卫力量放弃但政府力量又几乎无从辖制的丛林地带。政府必须在当地兴办社会服务和教育事业，派遣巡回法官并以军队伴随保护，裁定惩处该地的违法犯罪行为。乌里韦总统不想重蹈秘鲁前总统阿尔韦托·藤森（Alberto Fujimori）的覆辙。当年藤森严厉镇压了秘鲁国内极左的"光辉道路"游击队（Shining Path)，却一直没有解决被解放地区的诸多社会问题，叛乱武装因此很快重新兴起。

与会的美国军人和负责援助计划的官员们正式发言时并非全都使用西班牙语，但私底下经常说西班牙语。美国的移民文化非比寻常，因而培养出了许多对哥伦比亚等地了如指掌的地区问题专家，这的确让人印象深刻。接下来数天我将要采访的每一位美国军官和士官都能讲西班牙语，许多人还拥有西班牙姓氏。我也曾试想，美军在阿富汗和伊拉克也需要同等水平的语言专家，军方完全可以从外来移民群体中招募此类人才。

当然，美军在哥伦比亚的任务进程要简单得多。尽管哥伦比亚有大片国土处在政府的掌控之外，但其政府机构要比许多中东国家高明许多，更不用说诸如伊拉克这样的政府架构需要从零开始塑造的国家了。由于美军的协助，哥伦比亚政府的政府体系运转得更加有序。例如，来自北卡罗来纳州布拉格堡、隶属陆军常规部队的规划援助训练队（Planning Assistance Training Team）为参加此次会议的每一位哥伦比亚官员配备了一名助手，与其他所有助手一起办公，从而在该国 14 个政府部门之间建立起一种前所未有的横向合作机制。以前，这种水平的合作只在伊拉克和华盛顿存在。

由于时间有限，所以我放弃驾车，乘飞机来到了麦德林。与哥伦比亚其他地方一样，这里的地形地貌也让人颇感震撼：起伏的山峦近乎直上直下，覆盖着茂密的丛林，闪着墨绿色的幽光。这里是哥伦比亚境内武装分子最活跃的地区，仅在 2006 年的头 3 个月，就发生过上百次战斗，导致数百人丧生。1993 年，国际大毒枭巴勃罗·埃斯科瓦尔被哥伦比亚政府安全部队击毙，其麾下的麦德林贩毒集团也随之崩溃，但原来层级较低的联合自卫力量、民族解放军和革命武装力量旋即在这片濒临巴拿马达里恩沼泽（Darien Gap）地带的“可卡因走廊”崛起，填补了埃斯科瓦尔留下的空档。

如今，由于联合自卫力量的解散和民族解放军的式微，哥伦比亚陆军正在麦德林地区加大对革命武装力量的打击力度。这行动自 3 年前就已开始：位于麦德林城郊的山峦地带的大片棚户区从 20 世纪 90 年代末就成为犯罪分子掌控之下的法外之地，而政府军的主攻方向也是这里。贩毒武装在山脊线上修建了众多碉堡，又用校车等堵住山下棚户区的入口，阻挡政府军进入。由于各派武装分子相互抢夺地盘，枪战从来不断。快速绑架案件时有发生，一般在 2 个小时之内拿不到赎金，绑匪就会撕票。

自政府重新掌控麦德林地区以来，已经过去 3 年时间。我拿出一天时间，探访了世界可卡因之都：贫穷破败的 13 号公社棚户区。该棚户区散落在一个山坡上，到处都是锈迹斑斑的瓦楞铁，显得既阴暗又封闭。十二三岁的小姑娘打扮得犹如娼妇，男人们则看上去个个都是流浪汉。我观摩了哥伦比亚陆军的医疗援助项目，发现它与绿色贝雷帽的民事医疗行动计划类似。医生和牙医们提供免费医疗服务，但前来就诊的民众要花数小时排队等待。本街区的小学生们高唱着哥伦比亚的国歌。本地驻军指挥官奥斯卡·恩里克·冈萨雷斯·佩纳少将向人们宣布，军方将向本区提供社会服务——这是政府有效治理各个棚户街道的唯一途径。哥伦比亚军队附近驻扎着美国陆军第 7 特种作战大队的“绿色贝雷帽”们，每个人的制服上都佩戴着星条旗标。当然，这里的犯罪率之所以呈下降趋势，是因为有军人定期巡逻各个街巷。冈萨雷斯少将坦承，哥伦比亚政府若想巩固对该地区的控制，还需持续数年的军事行动。即便如此，至 2006 年春天，在美国陆军特种部队的帮助下，哥伦比亚政府军所取得的成绩，依然优于驻巴格达美军。

尽管推进缓慢，但毕竟还有进展。就像在菲律宾一样，美国军人迷彩服上的旗标也是为了彰显团结合作的精神以及美国人所秉持的自由理念。

第二天，我去了哥伦比亚南部，探访该国另外一处从贩毒武装组织手中夺回的领土。我先乘飞机抵达了哥伦比亚政府军的拉兰迪亚（Larandia）军事基地：2003 年，在 1 名美国私人承包商和 3 名其他人质被革命武装力量杀害后的第二天，我曾经来此采访过一次。4 名受害者当时乘坐的飞机正在一片可卡因种植区上空为即将展开的清剿行动进行测绘，却坠毁在基地外数英里处的游击队控制区。2004 年，哥伦比亚军方以一支由美国人（主要是第 7 特种作战大队的军人）任顾问的联合特遣队接替了此前驻扎在这里的一个陆军师。尽管当时还未确定其他 3 名人质的下落，但这支联合特遣队已经成功地割断了拉兰迪亚周围数百英里范围内的革命武装力量各部之间的联系。

尤其是 2004 年 4 月，哥伦比亚政府军控制了此地通向南方的可卡因运输枢纽——临近厄瓜多尔边境的佩纳斯科罗拉达斯（Penas Coloradas）。我搭乘一架哥伦比亚陆军的俄制直升机前往佩纳斯科罗拉达斯，总共花了40分钟。直升机沿着宽阔蜿蜒、水色棕黄、气势磅礴的卡古恩河向南飞行，眼前的丛林和草地逐渐平坦开阔起来，却几乎看不到人类居住的痕迹，使我不禁想起通布图以北的撒哈拉沙漠。这片地区距离首都数百英里，且有数座山脉横亘其间，与外界相连的只有一些泥泞不堪的土路。

突然，直升机开始剧烈地盘旋下降，以躲避革命武装力量地面据点的枪炮射击。直升机下降得如此之快，以至于地面上熠熠生辉的绿色枝叶似乎正朝你猛扑过来。直升机越降越低，地面上那些用绿色沙袋砌成的、犹如中世纪城堡的围墙和机关枪碉堡也变得越来越近了。在卡古恩河岸上，沙袋围墙环绕着一片高低不齐的棚屋，从天上俯瞰就像是海上的浮冰，只是更加混沌杂乱。

佩纳斯科罗拉达斯透出一股真切的战场气息：这儿有一处哥伦比亚政府军据点，驻扎着2个简编营（400名官兵），他们坚守在这茂密的丛林里，处在革命武装力量的环形包围之中。环境相对不那么险恶的拉兰迪亚军事基地，是距离这里最近的友军基地。这里曾经是一座性、酒以及快钱集聚的城镇。如今，黄金的地位已被可卡因取代。由于金钱源源不断涌入此地，革命武装力量只能以称重的方式数钱。可卡因曾为佩纳斯科罗拉达斯带来了难以计数的金钱，街头却依然难见任何基础设施，到处都是废铜烂铁和煤渣空心砖，完全是一派废墟的景象。这里的经济体系固然是极其病态而失败的，却很难被彻底打破。一座临时斗牛场的门牌上写着："要么可卡因，要么战争。"

健身房、化妆品、餐厅……各种斑驳的幌子门店随处可见。

房屋里墙壁上依然挂着家庭照片、孩子们的玩具散落一地，似乎这里的居民（由于革命武装力量的命令）是突然离开家园，进入丛林的。水汽缭绕的河流对岸，矗立着两座庞大的金属板房；革命武装力量的大毒枭之一、人称“索尼娅司令”的纳伊比·罗哈斯·瓦尔德拉玛曾经居住在那里。此人于 2005 年被引渡至美国，如今已经被关进监狱。

我在哥伦比亚探访的最后一个地方是阿劳卡省。我上一次到该省探访是在 2003 年 2 月，那时这里被视为哥伦比亚国内最危险的地区。贩毒武装常以简易爆炸装置和雷管（Cylinder Bombs）发动袭击，甚至每隔数小时就会发生一起汽车炸弹爆炸事件。在驻伊美军不得不面对各种简易爆炸装置之前，美国陆军第 7 特种作战大队就已经面临这个难题了。“绿色贝雷帽”们只有全副武装之后才会走出基地。阿劳卡省的首府阿劳卡城坐落在分隔哥伦比亚与委内瑞拉的阿劳卡河畔，城中的商店和咖啡馆曾经既破败又庸俗，外面搭着黑色塑料（材质类似垃圾袋）制成的遮阳棚。从这里出发向加勒比海沿岸输送原油的管道，经常遭到武装分子的袭击。

自 2003 年至今，这里的变化之大再怎么强调都不为过。现在，这里开起了体面的咖啡厅，店铺已经重新粉刷，街上的人流摩肩接踵，夜间也是如此。今天的阿劳卡城依然贫穷且规划不周，但绝不是过去那个“鼠穴”了。3 年前，我只能猫在装备了中型机枪的“悍马”车里，穿越城中的大街小巷。这一次，我坐在皮卡车的货斗里，同行的美军和哥军士兵仅仅携带了“贝雷塔”手枪，随行的护卫也只带了为数不多的几支突击步枪。3 年之前，我绝对不敢在城中心走下“悍马”车。这一次，我可以放心地从皮卡车上跳下，与来自休斯敦的特洛伊·特雷布恩上尉一同在街道上行走。特雷布恩告诉我：“你想去哪儿都行，咱们走着去。这里是安全的。”

上一次发生炸弹袭击，距今已有 18 个月。整个阿劳卡省从未发生过针对输油管线的袭击，过去 7 个月间，阿劳卡省只发生了 2 起汽车炸弹袭击事件和 2 起严重的简易爆炸装置袭击事件。从前阿劳卡省只有 2 座警察局在运作，如今已经建起了 8 座警察局。

这里并没有任何灵丹妙药，没有发生什么出乎意料的转变，没有一丝一毫值得新闻媒体大书特书的猛料；这里有的只是柴米油盐一类的日常琐事以及绝不放弃的精神。“绿色贝雷帽”们为哥伦比亚陆军提供了小规模分队层级的训练，提升了后者的作战能力，使其在追剿民族解放军和革命武装力量的行动中表现得更加自信，并传达了一个理念：尊重人权是平叛行动中的一大要点。与此同时，由美国国务院提供的拨款也是有隐含条件的：哥伦比亚政府军必须更加重视医疗、教育和社会项目，以争取当地民众的支持。目标很简单，让贩毒武装恐惧政府军甚于当地民众恐惧贩毒武装；让民众视政府军为朋友，而非另外一伙武装匪徒。

此外，哥伦比亚政府还从波哥大调来了独立检察官。他们的家眷不在当地，因而不惧怕贩毒武装发出的恐吓和威胁。各项发展援助物质和资金由哥伦比亚中央政府直接调度，不经当地官员之手，大大降低了贪污的可能性。当地石油工业的收入被贪腐官员收入囊中的现象也越来越少了，石油正成为阿劳卡省的主要资金来源。

不过，还有一些问题亟待解决。民族解放军的确已经陷入混乱，但革命武装力量正试图抢占前者原有的据点。河对岸的委内瑞拉总统查韦斯仍然在为这两支武装力量提供后方基地。从宏观上看，这里的出产的可卡因还在流向美国，价格也与3年之前并无二致。“我们仍在缓慢前进，”一位美国官员坦承道，“只是美国国会和公众都不喜欢‘缓慢’这个词。”

以危机预防为前提的反恐战略

在伊拉克战争那样风险极高的大规模军事干预和传统的保守孤立主义思路这两种极端选择之外，美国还在哥伦比亚、菲律宾、马里、格鲁吉亚等地开展了各种低成本、低风险的低调行动。在通布图地区执行任务的托里上尉寄希望于为预防突发性恐怖事件的发生创造条件，霍洛岛上的吉姆·林德上校也曾说过，“以（日常工作的）成果构筑御敌堡垒”；他们的意思是未来的全球反恐战争更多的是要防患于未然，而不是“森蚺行动”或第一次费卢杰战役那种大规模的军事行动。在防患于未然以外，其他能够让美军从容脱身并同时促进跨部门合作的行动模式也许存在，但我至今没有看到。

就我这4年在世界各地的见闻而言，美军大多数海外部署都并非出于好战的天性，也并非乌托邦式盲干，与美利坚民族的价值观更无抵触，而是折中办法的体现：对驻在国尽量妥协，并时刻注意反省自身的局限。数年后，大多数被美国列入合作伙伴范畴的驻在国都建立起民主体制，或者正在朝这个方向发展。这并非美国人强人所难的结果，在许多情况下（即便不是大多数），此类国家都曾经明确要求美国提供协助。尽管这些民主国家通常并不完美，有一些甚至可称糟糕，但如果美国不给它们提供帮助，依然是不负责任的行为：作为一个超级大国，美国既拥有相应的资源，也理应肩负起这样的责任。

20世纪90年代，东欧国家就曾经享受过非常相似的责任型援助：以美国为首的西方国家为其提供军事训练方面的帮助，借此帮助前华约组织中的各个卫星国铺就通往西方民主的道路。波兰、罗马尼亚等国家的军队的西方化进程，对它们的政治体制改革至关重要。

世界上的部分地区正面临着无政府状态的威胁，这一点广为人知。但是，建立国家机构的巨大成本以及相应的不稳定因素也客观存在。还有比危机预防更加明智、更具成本优势的途径吗？危机预防包括诸多方面，我所采访过的那些军事部署行动体现的是军方的努力。

所有这些部署行动的微妙之处在于，尽管并未刻意保密，却几乎都没有惊动新闻媒体。至于让航母打击群穿越诸如马六甲海峡等咽喉要道：假如美军彻底终止此类行动，国际贸易和全球化进程有可能遭遇挫折；一味盯着这些行动的瑕疵，或者将所有事情都与伊拉克战争扯到一起，就将走向孤立主义的道路。对于那些因为美军在伊拉克战场上遭遇的困境而希望重新评估美国之于世界各地的承诺的人们，我表示理解和尊重。但如果沿着这一思路继续向前推演，会导致出现隐患。正如西点军校毕业生比尔·托里在马里对我说起过的：“我确实认为，就我们部署过的大部分地方而言，我们取得了切实的成绩。”

离开阿劳卡之前，我去参观了 2003 年曾经探访过的那个美国陆军特种部队营地。当初这里驻扎着数十名“绿色贝雷帽”，如今却不过十多个人。这并不说明“绿色贝雷帽”们在这里已无用武之地，而是伊拉克和阿富汗战场要求美国投入更多的特种作战兵力。

受伊拉克和阿富汗战场的影响，面临美军特种作战部队兵员紧张局势的并不仅止哥伦比亚一国。在我所到过的许多地方（诸如阿尔及利亚、泰国和菲律宾）都存在美军装备和兵员遭抽调的情况，美军各战区司令部都被中东地区持续不断的战事吸干了血。不过，在这些国家和地区，当地军人也正在运用自己的聪明才智克服种种困难。至于伊拉克和阿富汗的反恐战争打响之初只能“屈尊”待在拉丁美洲的第 7 特种作战大队，其实很乐于将兵员以及其他资源转向中东地区。很多“绿色贝雷帽”都曾对我说过，“现在，我们当中终于有更多的人可以参加战斗了”。

第10章

大型滑翔机与锯齿回旋镖

探秘“捕食者”无人机与B-2轰炸机

作为美军“察打一体”能力的最佳体现，“捕食者”功不可没。坐在拉斯维加斯的飞行员与传感操作员的完美配合，便可对遥远的中东战场进行情报搜集和精准打击。作为替美国外交和军事开路的急先锋，承载冷战烙印的飞行员们驾驶的B-2战略轰炸机，不仅要协防盟国，更要威慑中俄等潜在对手。然而，以B-2轰炸机为代表的庞大军费支出，面对基地组织以几十万美元制造9·11事件创造出的红利时，性价比又有几何？

为了探秘美国空军在伊拉克和阿富汗上空执行的某些关键的飞行任务，我不得不乘飞机来到拉斯维加斯。我驱车路过恺撒皇宫酒店、百乐宫酒店和米高梅大酒店，最终住进一家每晚 59 美元的低端赌场旅馆。这家店里住满了身穿汗衫的大胖子和以电动轮椅代步的老人，所有人都乐此不疲地玩着老虎机，大厅里弥漫着威士忌、香烟和爆米花的气味。在距离旅馆 10 分钟车程的内利斯空军基地，我发现了数辆涂着迷彩的拖车。来自肯塔基州路易斯维尔的空军中校克里斯托弗·普兰普对我说："这辆拖车里的人负责伊拉克战场，那辆负责阿富汗战场。简言之，登上这些拖车，就等于进入了中央司令部的责任区。"

也就是说，走进这些车厢之后，你就离开了北方司令部（Northern Command）辖下的北美战区，进入了中央司令部辖下的中东战区。距离障碍就这样被克服了。

挂载导弹的“卫星”——“捕食者”无人机

这里是 MQ-1B“捕食者”（Pred）无人机的控制中心。地下和海底光缆将这些拖车（实际上是地面控制站）与位于欧洲的基站相连，后者的卫星天线负责与每一架在巴格达、阿巴边境以及其他所有任务空域飞行的“捕食者”无人机直接联系。位于伊拉克和阿富汗等地的前线机场只负责无人机的起飞与着陆回收，一切操作指令均由拉斯维加斯方面发出。

“捕食者”无人机是美军数十型无人机中最负盛名的一种。20 世纪 90 年代，该款无人机在巴尔干半岛首次参与行动。2002 年 11 月，“捕食者”无人机在也门名声大噪：它搭载的 AGM-114P 穿甲型“地狱火”导弹击中了“基地”组织头目阿布·阿里·哈里萨乘坐的汽车，后者当时正与另外 5 人一起穿越沙漠。2006 年 6 月初，在消灭伊拉克恐怖组织头目扎卡维的行动中，“捕食者”无人机也发挥了不小的作用。

说到无人机，人们通常会想到模型飞机。其实，“捕食者”无人机更像一架大型滑翔机。该机身长 27 英尺，翼展近 50 英尺，尺寸堪比塞斯纳 172“天鹰”。“捕食者”无人机的外部蒙皮几乎没有任何金属材料，所以空重（不含油、弹）仅为 1130 磅，凭借一台 4 缸引擎，滞空时间近 24 小时。这种无人机确实非常轻便，我用一只手就能将地面使用的训练机型抬起半边。由于不需要配备飞行员所需的生命保障系统和冗繁复杂的安全保障系统，

"捕食者"无人机的单价仅为420万美元，相当于一架F-22"猛禽"战斗机的1/40。单是机身下方的光学、激光以及视频观测设备的成本，便占去了420万美元的1/3。

不过，"捕食者"无人机最令人印象深刻的是其极为缓慢的飞行速度。没错，在平叛反恐作战中，需要打击的都是个体目标或者小股武装分子，而非大规模的步兵集群。就此类目标而言，慢速飞机更为适用。同时，飞行速度越慢，飞机零件的磨损越小，这也正是"捕食者"无人机几乎不需要维护保养的原因所在。该款无人机的制造过程简单快捷，真正缺乏的是负责地面控制的老练飞行员。

就像A-10攻击机或AC-130"空中炮艇"攻击机等慢速飞机一样，"捕食者"无人机尤其适用于在伊拉克境内人口密集的城市上空作战。这些飞机可以盘旋在复杂战区的上空，让飞行员充分感知战场情况，与地面上的海军陆战队和陆军特种部队指挥员们保持互信交流。但A-10攻击机或AC-130攻击机必须保持180节以上的速度才能滞空，而"捕食者"无人机只需达到73节的速度就可。其他无人机只能低空飞行，发出类似除草机或雪地摩托车的响声，而"捕食者"无人机可以在1.5万英尺的高空巡航，地面上的人既听不到它的响声，也看不到它的身影，更无从对它发动攻击。因此，"捕食者"无人机简直就是一枚无须保持预定轨道、挂载了地狱火导弹的卫星。

25年以来，我多次来伊拉克和阿富汗采访，但此番在拉斯维加斯遥望这两个国家的经历却给我留下了许多难以忘怀的印象。

每天早晨都会有一位飞行员做一番简报，这一点与我在泰国采访A-10攻击机飞行员时的情景类似，同样透着一丝紧张气氛。所有简报都是从基础知识开始的。接着，会有人提供与当天任务相关的背景情报，然后是当地的天气预报以及当天的行动暗语。墙上的挂钟同时显示3个时区的时间：伊拉克时间、阿富汗时间和格林尼治标准时间，后者即不受日夜更替影响的格林尼治标准时间，是美国空军在全世界行动时为了避免混乱而采用的时间。

远在天边的侦察与打击

那些操作“捕食者”无人机的并非控制员，而是飞行员。这些身穿飞行服的家伙们都曾有过驾驶A-10、F-15、B-1、B-52或其他飞行器的经历。他们来自空军中的不同兵种族群，彼此之间并不信任。这些家伙依然处在一个形成自身独有体系（也就是所谓的“捕食者文化”）的过程当中。普兰普中校曾是一位A-10攻击机飞行员。实际上，正是驾驶独来独往、体态笨拙、散发着低技术气息的“疣猪”的经验为飞行员们掌控高科技的“捕食者”无人机奠定了坚实的基础。这两种飞机都以攻击小型目标为主，适合在尘土飞扬的山谷中执行定点清除任务。

“想要扣动扳机干掉坏蛋，就应该来操作‘捕食者’无人机，而不是什么F-15战斗机。”一位飞行员这样对我说。空军飞行员的工作通常是以20个月为1个周期，其中16个月用来训练，4个月执行任务。但“捕食者”无人机飞行员却需要20个月连续作战。省掉了飞行训练环节，对纳税人来说是个好消息，但飞行员则需要经过一段折磨人的“视觉技能”提升期。“捕食者”无人机飞行员们了解简易爆炸装置的显著特征，能够识别干涸的河床、土坯房屋的入口、阿富汗“彩色卡车”的外观等。他们可以全天候向那些每年只有 4 个月任务期的地面部队提供情报支持。

当然，这些飞行员彻底远离了战地危险。他们枯坐在拖车之中，连飞行模拟器的感觉都享受不到。一位飞行员对我说，“捕食者”无人机这种无须操作者亲身涉险即可取敌性命的作战手段，提出了一个道德问题。没错，从科索沃的 1 万英尺高空投下炸弹也面临相似的道德困境。但有句老话是：积少成多，量变终将引起质变。

这些飞行员所承受的真正的压力在于，他们与拖车之外的一切都格格不入。内利斯空军基地与其他远离战区的空军基地一样，到处充斥着有关驾驶、着装、敬礼等内容的沉闷而严苛的要求；而在作战区域，一切都是不拘小节的，因为完成任务才是第一守则。更糟糕的是，除了基地的条条框框之外，“捕食者”无人机的飞行员们还需要面对妻子的絮叨、孩子的功课、橄榄球比赛的比分等，更不用说拉斯维加斯这座连加油站都配备了老虎机的古怪城市了。所以，说拖车内外是两个世界并不夸张。

这些飞行员们并不会用伊拉克或者阿富汗之类的国名来称呼自己工作的拖车，当然也不会使用“伊拉克自由”行动或者“持久自由”行动之类的代号。这些说法不仅仅是军方使用的简单代号，而是承载着某种含义——美国军人相信这些行动的本意是为那些国家带去自由和稳定。这些飞行员都是勇士，丝毫不亚于我采访过的最棒的海军陆战队和陆军部队的指挥官。他们不知疲倦，也从来不会沮丧气馁。

能够前来探访这些“捕食者”无人机飞行员，我算是获得了接触秘密的权限，但更高一级的机密我依然无权触及。因此，我无法欣赏他们执行高端任务，只能观摩所谓的低端任务。我登上的第一辆拖车，参与的是“持久自由”行动。我感觉自己仿佛回到了潜艇上：这里有些阴森可怕，计算机屏幕的荧光与冰冷黑暗的环境形成了鲜明的对比，这是一个灯光频闪的三维数字世界。与潜艇兵们类似，“捕食者”无人机飞行员们是依靠计算机的数学演算进行“盲飞”的。无人机机腹旋转球中的相机在他们的操控之下对侦察目标进行聚焦。所以，飞行员的态势感知完全集中到地面目标身上，无人机本身大多数时间都是遵照程序预先设定的六边形、赛马场、蝴蝶结等轨迹在飞行的。

每辆拖车里容纳一个两人小组，一位是飞行员（军官），一位是传感器操作员（通常是士官），后者负责操作机身腹部的旋转球。车内装有数台计算机显示屏，包括地图显示和观察目标特写。与其他飞机舱内的情况一样，飞行员在这里也需要使用一柄满是按钮的操纵杆。此刻，阿富汗正当夜晚，凭借红外线夜视仪，“捕食者”无人机正在观察坎大哈附近的两处土屋组成的聚居地。屏幕上的图像颜色深深浅浅，看上去很像相机底片。

不过，透过这些计算机屏幕，我似乎看到了那个似曾相识的世界：刀劈斧砍般的山麓旁长满稻子、苜蓿和印度大麻，隆起的河岸上杨树成行，还有数不清的住家院落；在晚春时分阿富汗南部的闷热与沙尘中，人们露天睡在房顶上。以我的经验判断，两个聚居地之间的夹道已经足够皮卡通行了。

飞行员与传感器操作员正等着一辆车出现，那是他们追踪的目标——至少“老板”是这么说的。这里所说的“顾客”，是一支驻扎在阿富汗的加拿大地面部队。由于“捕食者”无人机的数量不多，执行每一项任务之前都必须首先确定其重要性。通常情况下，目标的价值越高，空中监视的过程就越无趣，因为“基地”组织、塔利班或者伊拉克叛乱武装的高层非常注意作战安全，通常会长距离绕行，躲避监测。几架“捕食者”无人机有时会花费数天时间轮流监控同一片似乎毫无异动的居民聚居地。这就像一个狙击小组前去执行侦查任务一样，只不过后者还必须忍受酷热或严寒，或藏身石穴。

由于游弋在外层空间的军事卫星只能抓拍，“捕食者”无人机成了美军战术体系当中的关键一环。一旦有车辆出现，美军即可立刻使用该款无人机加以追踪，确定目标车辆可能与何人何事相关，并开展持续监控，从而牵出其他潜在目标，最后由身在美国的飞行员和传感器操作员发动袭击。“捕食者”无人机有效提升了美国军队的察打一体能力。

飞行员面前摆着两副键盘。其中最常用的是信息交流键盘，飞行员可以用它向其他参与任务的作战单位传递信息，同时向联合末端攻击引导员（JTAC，通常由海军陆战队或者陆军的参谋军士担任）发送信息，由后者指挥目标地域附近的地面部队进行侦查。

眼下正在监视两处聚居地的这架“捕食者”无人机，原有的两枚“地狱火”导弹只剩一枚了。另外一枚几个小时之前被发射出去，摧毁了聚落附近的一辆车——爆炸扬起的烟尘几乎铺满了整个屏幕画面。

坐在我身旁的飞行员说：“有时候你会忙得团团转。你需要操纵‘捕食者’前往目标地区，等待A-10攻击机一并到来，随时做好攻击准备。然后上面忽然传来命令取消任务，你只能再花几个小时监视某座房屋，看着某个家伙在夜里走到院子里解手——直到他站起身来，你甚至能通过热成像系统看到他留在地上的排泄物。”

这些飞行员和传感器操作员中，有19个是已在“捕食者”无人机中队挂职3年的英国人。整支队伍里既有现役军人，也有后备队和国民警卫队成员。登上另外一辆拖车，我仿佛寻回了伊拉克战场的氛围（拖车代号“伊拉克自由”行动）。拖车里有一名出身得克萨斯州军人家庭的非洲裔女兵，她正在操作“捕食者”无人机上的传感器监控基尔库克以西的一处大型油田。美军认为伊拉克叛乱武装可能会趁着夜色潜入油田内部，安放简易爆炸装置或更大型的炸弹。这位女兵发现了另外3辆可疑卡车，并拉近了镜头。但这些车辆并没有热辐射迹象，这表明其引擎已有数小时未曾启动。于是她将视线转向了其他地方。她说，热辐射信号可被用来判断目标物数小时前的状态，凭借这种信号，一位优秀的传感器操作员可以推导出一系列的线索。

战争迷雾里的“捕食者”

“捕食者”无人机的重要性并不在于其强大的个体能力，而在于其整合各种现有技术、放大整体战斗效能的能力。目前，“捕食者”无人机上搭载的相机并不能完全识别地面人员的面部特征。但是，通过侦听卫星截获的通信信号辨清目标人物的谈话内容之后，“捕食者”无人机就可以通过观察其肢体动作来进一步识辨其身份，确定是否加以跟踪。

当然，无人机的真正价值还在发掘之中。目前只有极少民间人士注意到了这一点：这些新的情报资源如何才能与海军陆战队连排部队或 A-10 攻击机完美融合？凭借更多身形更小的无人机，部队可以掌握敌军战线后方的情况，并由此找到应对埋伏更为安全的方式，而不是鲁莽地发起攻击。由于“捕食者”无人机可以在夜间使用红外线照射目标，A-10 飞行员们和地面部队能够借助夜视仪器发现对手的位置：这种前所未有的侦察手段有效拓展了固定翼/直升机飞行员以及步兵们的视野。

一段在我到来之前数天拍摄的有关“地狱火”导弹攻击的画面充分证明了这一点。一群陆军航空兵的直升机被召唤前去攻击阿富汗东部的一座看上去毫不起眼的建筑。大概有十几个塔利班分子逃到了一片田野中，这恰恰是美军的目的所在。直升机的攻击只不过是佯动，目的正是将塔利班分子驱赶到开阔地上，以便“捕食者”无人机用“地狱火”导弹杀死他们，同时避免伤及平民。

未来，“捕食者”无人机会挂载比“地狱火”更大更重的制导武器，同时将巡航高度提升至5万英尺，从而再不受低层天气变化的影响。不过，正如另外一位飞行员所说，由于该型无人机能够提供的情报越来越多，也有可能导致指挥高层在决策时出现混乱。“没有哪位将军愿意在未曾得到‘捕食者’观测确认的情况下攻击某个目标。于是又会出现老一套的情节，即等到证据确定无疑之后，机会也错过了。”让人颇感讽刺的是，当我们要与一个完全不想卷入战争的敌手作战时，“捕食者”无人机并不能在行动中增加机会，而是会带来更多限制。

事实上，随着观摩的作战行动逐渐增多，我对“捕食者”弱点的理解也越来越深刻了。该型无人机追踪个体目标的能力，对于弥补美军在人力情报资源上的欠缺完全是杯水车薪。一次夜间行动说明了一切。

飞行员控制着“捕食者”无人机飞越坎大哈西北方向的桑金地区，他负责的监控目标是当地的市政大楼，据说那里已被450名塔利班分子占领。一架B-1B轰炸机（除了B-2之外美国空军体型最大、技术水平最高的轰炸机）正准备从大楼上空飞过以展示实力。“捕食者”的飞行员却只看到了“一些在楼顶乘凉的家伙”：从仪器显示的数据来看，尽管当地正值午夜时分，气温却依然高达37摄氏度。

“这不过是日常生活画面，似乎并无异状，”传感器操作员汇报，“你确定咱们得到的目标区域坐标准确吗？”接着，他调转镜头观察了附近的警察局，仍旧一无所获。

飞行员通过耳麦嚷道：“都疯了吧？哪来的450名塔利班分子？他们喝多了？还派了一架B-1‘枪骑兵’轰炸机！就为了吓唬在楼顶上乘凉的这些家伙吗？”

借助屏幕图像，我看着楼顶上3个身穿长袍的家伙正在移动。我想象得出那种场景：天气炎热，他们似乎正在烹茶。包括前方的联合末端攻击引导员、拖车里的飞行员和传感器操作员以及驻扎在卡塔尔和弗吉尼亚州诺福克的兰利空军基地的图像分析专家在内，六七个人正借助最新科技手段交谈着，却没人知道前方到底发生了什么。看起来，这几个拥有极高任务权限的家伙被电子信息搞迷糊了：他们无从判断这些随时可能消失不见的裹着头巾、端着AK-47突击步枪的家伙们想要干什么。

再一次扫描该任务区域之后，“捕食者”无人机还是没有发现任何蛛丝马迹。接着，大家接到了另外一项任务，为一队运输食品和补给的卡车提供掩护。飞行员和传感器操作员仔细查看沿途每一处可能有敌军设伏的河床和谷口以及路面上那些可能埋设了简易爆炸装置的土坑。最后，上级命令“捕食者”无人机机组去寻找一辆特殊的卡车。于是，飞行员和传感器操作员只得操作“捕食者”转而观察一片有可能藏匿了数辆卡车的树林。这次的任务区域在坎大哈西边，但没人知道那辆所谓的“卡车”里藏匿了何人何物，也不知道对手有何意图。

当初去坎大哈附近探访“绿色贝雷帽”时，我曾经有过类似的经历。这样的日子，总是会以士官们发出的“鬼知道今天都干了些什么”的咆哮告终。

“哎,”普兰普中校说道,“我们参与了这些地面战斗最为激烈的阶段,结果却像别人一样被弄得一头雾水。这就是典型的战争迷雾。”

“捕食者”无人机与 A-10 攻击机代表了美国空军战术武器库中的两个极端:一种是集高科技于一身、与传统英雄主义截然相反、需要远距离遥控操作的无人机,一种是充满浪漫主义色彩、身形笨拙的攻击机。接下来我将前往关岛,感受美国空军战略武器库中的顶尖作品,即采取了飞翼式设计的 B-2“幽灵”隐形轰炸机。B-2 轰炸机看上去就像是一支凹凸不平的回旋镖,11.57 亿美元的单价让 F-22 战斗机也相形见绌。

美国在太平洋遏制中国的筹码——B-2 轰炸机

这是我两年之内第 3 次造访关岛。鉴于该岛对于美军在亚太地区的部署意义重大,我会选择到该岛采访也并非偶然。这次我赶上了“勇敢之盾”(Valiant Shield)演习,B-2 轰炸机也将在演习中粉墨登场。作为一项年度军事演习,本年度的“勇敢之盾”规模比以往大了很多,是越战之后美军在太平洋地区一次最大规模的集结。“勇敢之盾 2006”集结了“林肯”号、“里根”号和“小鹰”号三大航母战斗群(包括配属的驱逐舰、巡洋舰、护卫舰和潜艇),此外还有包括 B-2 轰炸机、海军陆战队的 F-18C、海军的 F-18E 和空军的 F-15E 在内的 295 架飞机。无论官方言辞如何，如此展示武力的意图，就在于震慑朝鲜等敌国和中国等竞争对手。与此同时，太平洋司令部还做出了邀请中国参加演习的外交姿态。在最近一次访问北京的过程中，太平洋司令部作战指挥官威廉·法伦海军上将曾邀请中方派遣代表团到关岛参加“勇敢之盾”演习。就在我开始采访B-2轰炸机中队的前一天，中国军官们已经获准从外部参观B-2了。

关岛的安德森空军基地一直都常驻一支重型轰炸机中队，靠近中国台湾和朝鲜半岛做前沿部署。2004年秋天来采访时，我曾经与来自路易斯安那州什里夫波特附近的巴克斯代尔空军基地的B-52轰炸机飞行员们一起度过了一段时光。他们都是年轻而单纯的乐天派。不过，我依然对之前未曾打过交道的B-2轰炸机飞行员感到非常好奇。不管是出于何种原因，他们都是与众不同的。

单价超过10亿美元的B-2轰炸机几乎与核动力潜艇和导弹驱逐舰等价。但是，“洛杉矶”级核潜艇必须由150名艇员驾驭，“阿利·伯克”级驱逐舰更是需要330名舰员方可运转，而B-2轰炸机却只需要2名机组成员，1名驾驶员外加1名任务指挥官。美国空军只有21架B-2轰炸机，由密苏里州堪萨斯城附近的怀特曼空军基地里的两支中队负责飞行。单从飞机价格方面考虑，美国空军没有谁肩负的责任比B-2轰炸机飞行机组更重。假如B-2轰炸机坠毁，即便是训练事故，也会成为各大媒体的头条。到我这次来采访为止（2006年春），B-2轰炸机尚没有坠毁记录。

承载冷战历史的 B-2 战机飞行员

那么，B-2 轰炸机的飞行员们究竟是些怎样的人呢?

我所采访的飞行员们隶属第 393 轰炸机中队，来自怀特曼空军基地，此番正在关岛执行为期 4 个月的前沿部署任务。从关岛出发，该中队只需不到 4 个小时即可飞抵中国台湾海峡。当年向广岛和长崎投下原子弹的便是第 393 中队的 B-29“超级堡垒”轰炸机。

事实上，该中队如今的中校指挥官正是当年在广岛上空执行原子弹轰炸任务的美国陆军航空队上校保罗·蒂贝茨的孙子，这位中校指挥官也因此有“亚拉巴马州蒙哥马利市的保罗·蒂贝茨五世”之称。毕业于美国空军军官学校的呼号为“原子核”的蒂贝茨中校年近四十，是我在关岛采访过的诸多 B-2 轰炸机飞行员之一。

同样毕业于美国空军军官学校的，还有一位来自内华达州梅斯基特、人称“成吉思汗”的吉姆·普赖斯上尉。蒂贝茨中校“原子核”的呼号是从他祖父那里继承的，普赖斯上尉得名“成吉思汗”则是因为他在阿富汗战场上的表现：他曾有一次用 28 枚 MK-82 型 500 磅非制导炸弹摧毁了整整一排可疑建筑，后来又在 2002 年初的“森蚺行动”中以集束炸弹摧毁了附近的一处恐怖分子巢穴入口。当时他驾驶的是 B-52“同温层堡垒”战略轰炸机。

“原子核”与“成吉思汗”都是在家中父辈的影响下加入空军的。

没错，真正影响了蒂贝茨的人生轨迹的，并非那个蜚声全世界的祖父，而是他名不见经传的父亲。

“我的祖父是一位真正的战士，”蒂贝茨一口南方口音，岁月流转，如今的亚拉巴马州已经渐渐听不到这种口音了，“他寡言少语、脾气粗暴，他负责组织和训练的 B-29 轰炸机机组完成了历史性的一击，终结了第二次世界大战。他亲自驾机投下第一枚原子弹的行动反映了他对真正的战士总是在最前线拼杀的信仰。不仅如此，他还具备出色的组织能力。在祖父看来，”“原子核”继续说，“任务就是一切，而这就意味着要让家人承受痛苦。他与我祖母离婚了，所以在我父亲成长的过程中，他并未尽到太多责任。我的父亲视力不好，没办法开飞机，所以去做了一名药剂师，后来加入预备役并官居上校，负责指挥一支类似陆军流动外科医院的医疗队伍。但是，我的父亲一直鼓励我加入空军；当然，他从来没有强迫过我。”

“我加入空军之后，我的祖父开始影响我的人生轨迹，使我成为一名轰炸机飞行员。当初我祖父之所以要去驾驶轰炸机，是为了把战火直接烧到敌人的头上，而驱逐机只能支持这种努力。”

“成吉思汗”普赖斯上尉的情况要更简单一些。他的父亲是科罗拉多州卡森堡的一名陆军中士，驻地距离美国空军军官学校不远。“成吉思汗”过去的愿望是驾驶喷气式战斗机参与战斗。“这听起来有点蠢，却是事实。”他的语气听上去总是给人一种非常热情的感觉。

普赖斯上尉是一名虔诚的摩门教徒，曾在拉丁美洲执行过宗教任务，能讲一口流利的西班牙语。人们断然不会将“男子气概”一类的词汇用到他以及“原子核”这样的军人身上，因为他们总是透着一股谦恭内敛的气质。身为B-2隐形战略轰炸机这种昂贵无比、堪称国宝的飞机的守护者，这些家伙本身就是万里挑一的精英，更不必说他们还接受过从B-2轰炸机上投掷核武器的训练了。当我向“原子核”问及究竟是什么特质使得他们被选中加入B-2轰炸机中队时，他告诉我，“其他人是飞扬跋扈的自我主义者，而我们是高水准的团队合作者，我们从来都不希望被人认出或者记住”。

蒂贝茨和普赖斯都是中等身材，肌肉紧绷而神情严肃。“成吉思汗”普赖斯上尉的体重只有126磅。换句话说，这些人的体态与他们安静而又崇尚技术的性格非常契合。B-2轰炸机飞行员与我所结交的那些A-10攻击机飞行员和B-52轰炸机飞行员截然不同：驾驶“疣猪”和“同温层堡垒”的家伙们总是吵吵嚷嚷、固执己见；除了中队长是中校军衔之外，其他人大部分都是上尉，偶尔还有些少校或者中尉。B-2飞行员们通常年龄更大、性格也更沉稳，少校多于上尉。攻击机和战斗机飞行员专精于忙碌而短暂的战斗任务，而B-2飞行员们更具耐心。比如说，他们常常要从怀特曼基地起飞，历经14个小时和3次空中加油，直抵科索沃。很多时候，这些飞行员们甚至连续飞行14个小时还没抵达目标上空。“原子核”和“成吉思汗”无须像战斗机飞行员那样为了躲避敌人的火力而做出 9G 大过载动作，而是以隐形遁迹的方式悄悄进入作战空域。（飞机的机动过载是指飞机的机体结构在高速飞行特别是在做各种高速、剧烈的机动动作时所能承受的最大加速度，它的单位一般是用重力加速度 G 来表示。——译者注）简言之，B-2 轰炸机飞行员们执行的都是周密详细的作战计划。

B-2 轰炸机中队营区的墙壁或者计算机屏幕上，没有任何色情图片。我看到的只有飞行员妻儿的照片。至于我听到的，则全都是有关参加社区服务或者去教堂礼拜的话语。B-2 轰炸机飞行员们很少说脏话，这一点不同于我在绝大多数前线部队所见的情况。他们的部署周期相对较长：其他机型的飞行员每两年就会在世界各地轮换，而 B-2 飞行员通常会在一个基地连续部署 5 年，这种生活方式可以让他们与家人保持更为紧密的关系。

美国空军高层大多出身战斗机飞行员（看看那些将军们就知道了），但从更深层次来说，B-2 轰炸机中队的成员们才是真正的空军飞行员。对比海军航空兵部队，我们就能看清这种为空军所独有的状态了。海军陆战队的飞行员大多执行近距离空中支援任务，舰载航空兵主要在航母甲板上做“刀尖舞者”，而空军飞行员的任务则要比前两者保守得多。在大洋上空作战的舰载航空兵，无须在意噪声控制等条条框框，所受限制相对较少。所以，舰载机飞行员们的宗旨是在天空中尽情发挥，而空军飞行员却要时刻注意各种禁忌。1947 年从陆军中独立出来成为单独军种的美国空军，其性格特征脱胎于冷战时期的战略空军司令部——后者是美国为了应对全球核战争而专门设立的核心指挥机构，负责核武器的投放。由于肩负着重大的战略责任，空军飞行员们显然要比海军同行受到更多约束。

事实上，B-2 轰炸机飞行员身上都承载着深刻的冷战烙印，并将其带入了 21 世纪。与他们待在一起，让我心中不禁暗生恐惧：未来的常规战争也许更加令人胆寒，而美军的作战对象很可能不仅仅是伊拉克或阿富汗这种低技术水平的国家。我从第 393 中队所属作战群的指挥官、来自芝加哥的罗伯特·维勒上校那里了解到了所谓的行动后果概念。正如他所阐释的："在消灭流氓国家的生化武器据点时，该如何做到确保安全、不误伤成百上千的无辜平民呢？哎，避免附带伤害唯一靠谱的方式，或许就是精确定点清除了。"

历经三次战火洗礼的 B-2 轰炸机

柏林墙倒塌后，人们最大的收获大概就是明白了一个道理：任何状况都有可能发生。按照维勒上校的说法，B-2 轰炸机是 20 世纪 80 年代的产物，目的是榨干对手的每一分血汗钱。该型飞机集美国高科技与经济实力之大成，意在刺激苏联发展类似的隐形轰炸机，从而进一步拖垮后者的国民经济。但当时很少有人意识到，这样一型装备能够发挥超越意识形态范畴的作用，更不必说它在冷战结束之后还能大出风头了。自 20 世纪 90 年代以来，B-2 轰炸机历经三次战火洗礼：科索沃战争（"联军"行动）、阿富汗战争（“持久自由”行动）和伊拉克战争（“伊拉克自由”行动）。

1999年的科索沃战争尤其值得回味，这场战争之于美国空军具有划时代的重大意义。除了大规模多机集群的“地毯式轰炸”之外，科索沃上空还出现了少量重型轰炸机与喷气式战斗机协同行动，精确摧毁目标的战例。现代空中力量需考虑的，已经不再是依靠多少架飞机才能消灭大型目标，而是一架飞机可以消灭多少个目标的问题。同时，科索沃战争也充分展现了技术在控制战争烈度方面发挥的作用。凭借B-2轰炸机这样的装备，美国总统（当时是比尔·克林顿）可以在人道主义干预行动中尽量避免殃及平民。每架B-2携带8枚炸弹，也大大降低了飞行员们的风险，因为他们无须去往靠近战区的地方做前沿部署。

至于此次参与演习行动，维勒上校说，“B-2是来传达一个信息的——‘我们要来真格的！’”他一边说，一边敲打着桌面以示强调。这位“车轮飞将”是典型的学者型空军军官，拥有工程学和战略研究双重学位，参加过三场战争，还有在欧洲担任武官的经历。他端起塑料咖啡杯喝了几口，继续滔滔不绝地发表着自己的观点。“B-2的威慑作用要大于实际的杀伤作用。任何敌手都明白，B-2可以在其发射大规模杀伤性武器之前对其发动攻击。单凭这种武器本身，我们就足以影响某些区域内国家的决策，迫使竞争对手们改变国防政策和思路。这是一种在外交、军事两个层面都能发挥作用的工具。”他所说的区域国家指的是伊朗和朝鲜，而“竞争对手”则是中国和民族主义情绪膨胀的俄罗斯。

事实上，任何飞机都无法在雷达面前完全隐匿踪迹。所谓隐形，是尽可能减少飞机本身的雷达反射面积，以便在错综复杂的雷达图像中蒙混过关。苏联设计的新老两代“萨姆”式地对空导弹及其衍生变种，在伊朗、朝鲜和中国台湾海峡中国大陆一侧构筑了强大的防空火力网。凭借极其微小的雷达反射面积，B-2 轰炸机有能力突破这些国家的空中门户，为后续的喷气式战斗机梯队开辟道路。作为科索沃战争中第一种携带“联合攻击弹药”发动攻击的飞机，B-2 执行任务时可以挂载各种 5000 磅级别的全球定位系统制导武器。

上述场景自然是有可能发生的，因为伊朗和朝鲜这样的国家正逐渐将关键设施深埋于地下——从潜艇等海上平台发射的巡航导弹缺乏击毁此类目标的穿透力。如果美国要对伊朗动武，人们一定会在报纸上读到大量有关 B-2 轰炸机的消息。即便美国永远不去打击伊朗，B-2 之类的装备也可以作为隐藏实力用于支撑强权外交。

朝鲜对这种飞机恨之入骨。同时，B-2 轰炸机和 F-22 战斗机也是防止中国军队将美军阻挡在中国台湾海峡之外的筹码。

不过，此类装备平台也存在一些问题：B-2 轰炸机的单价高达 11 亿美元，而 F-22 战斗机的单价也将近 2 亿美元。如此高昂的成本，在低价值战场环境下会对美军造成巨大的困扰。况且，即使发生上文中提到的战争场景，这些装备也有可能无法在数量上满足要求，因为美军总共只装备了 21 架 B-2 轰炸机。如果将意外故障、例行维护和定期训练等因素考虑在内，真正能够执行任务的只有 15 架左右。

同 F-22 战斗机一样，B-2 轰炸机最初之所以引起我的注意，原因在于它是一种广泛招仇恨的飞机。除了价格这一最大软肋之外，现如今有关阿富汗战场和伊拉克战场的新闻也都在强调它是一种无用的装备。新闻的一个缺陷是，由于过分追求时效性，而无法对某些事件的前景做出合理的预测。与 B-2 轰炸机中队的飞行员和地勤人员的短暂相处，让我对诸如“保卫大巴格达地区安全”一类的任务以外的领域有了更深的了解。

来自加利福尼亚州千橡市的迈克 · 鲍麦斯特可作为一个范例。此人曾在空军服役 26 年，并以军士长身份退役，现在以平民的身份为美国国防部工作。鲍麦斯特是一位典型的老好人，总是戴着一顶棒球帽，说话带着一口乡村口音。除了在安德森空军基地外面狩猎野鹿和野猪，他有时还会喝上一杯。我问他：“你为什么退役后还给政府工作，而不是去做私人承包商赚大钱？”“我不愿离开这些‘美女’，”他说的是 B-2 轰炸机，“为国防部工作，我就有机会跟这些飞机待在一起了。”

他进一步解释道：“这是一个令人骄傲的工作。我们是 B-2 轰炸机团队。我们不仅担负着悄悄踹开敌国大门的责任，而且还能执行‘斩首’任务，干掉对方的指挥中枢、核电站、化工厂、防空导弹基地……我们是真正的开路先锋，为其他后续空中作战平台扫清障碍……”

如今，军事科学技术正以无可阻挡之势向前发展：数十年以来，武器装备打击更小目标同时尽可能降低附带伤害的能力日益增强。以航空母舰为例，由于喷气式战斗机的航程增加以及空中加油技术的出现，航母最终演变成为一种战略性的武器平台。重型轰炸机同样如此，由于各类弹药的信息化水平有了长足进步，这些空中巨无霸的作用得以成倍放大。使用精确制导武器消灭流氓国家首脑等特定人物，在未来数十年，甚至数年间终将成为现实。当然，以“捕食者”为代表的无人机有可能取代B-2之类的重型轰炸机。不过，操作的高度复杂化是武器装备发展的另一个大趋势：一次联合行动往往需要调用大量相关装备。

我能理解鲍麦斯特对于B-2轰炸机的深深迷恋。的确，仅仅看上一眼，这种飞机就足以令人魂牵梦绕。步兵与海军陆战队员有一种名为勇士精神的共通之处，而海军与空军将士对军队生活的眷恋则更多地体现在技术层面：他们往往会与自己驾驭过的某级战舰或者某型飞机建立起一种亲密情感。这在B-2轰炸机团队中体现得淋漓尽致。

B-2并非一款传统飞机，如其官方说明所称，它是一种飞翼式航空器，宛如一支表面凹凸不平的灰黑色回旋镖。机身中心如气泡般的隆起的部位，是飞行员和任务指挥官的座舱。从正面看，装着暗色风挡的座舱与“黑武士”达斯·维德的面具极其相似，这使得B-2轰炸机原本就有些骇人的前脸更透出一股煞气。如果你从机头前走过，那对硕大的后掠机翼便会挡住座舱，让你产生一种飞机整体缩小的错觉，B-2轰炸机似乎变成了一条小船。飞机的外形设计非常考究，每一处细节的终极意图都是降低雷达反射面积。不过，当你来到机尾之时，172 英尺的巨大翼展便暴露无遗了，从这个角度看去，B-2 非常庞大：它的翼展几乎与 B-52“同温层堡垒”轰炸机相当，机身长度却只与 F-15“鹰式”战斗机相当。

再次观察一番，我又发现了 B-2 的另外一个突出特征：整架飞机只由两部分轮廓组成，即机翼和机翼之外的其他构件。常规结构的飞机上所有凸出于机翼表面的部件，诸如喷气发动机、铆钉、螺栓、管道、天线等，在 B-2 身上都已与表面蒙皮融为一体。4 台发动机集成于机翼内部，这种安装模式使得旁人只有靠近 B-2 才能听到一点噪音。当这种飞机接近目标时，敌方根本听不到它发出的声音。起落架舱和弹仓的挡板有着锋利的边缘，凭借气压与机身紧密贴合，为 B-2 创造出近乎平滑无缝的外表。B-2 轰炸机外表不存在一丁点弯曲和凸起，所以任何雷达几乎都无法通过回波探知它的存在。复合材料涂层与导电的金属网格相结合，为机身披上了一层从头到脚的电流隔离罩。因此，当敌方雷达照射到 B-2 机身时，雷达波会被分散吸收，而不是形成反射信号。为了保护外表涂层，地勤人员需要定期对 B-2 轰炸机进行全面的“皮肤养护”。

“佐治亚幽灵” 号飞行之旅

我被编成了“幽灵”374 号，也就是诺斯罗普·格鲁曼公司（Northrop Grumman）1989 年推出 B-2 轰炸机以来第 374 位搭乘该型号轰炸机的人，还有更多人在等待之中。21 架 B-2 轰炸机几乎都是用美国的州来命名的。我搭乘的这一架名曰“佐治亚幽灵”号。机舱内部弥漫着一股单调而清晰的、强烈的金属气息。这架 B-2 轰炸机的驾驶员，是毕业于普渡大学空军预备军官项目的“炖肉羹”贾斯廷·阿曼少校。为了给我留出乘坐空间，任务指挥官并未登机。舱门关闭后，驾驶舱空间只剩下一张行军床大小：在对科索沃或者阿富汗之类的地区进行长途奔袭时，机组成员可以轮流休息。

我将穿戴式生命保障系统上的 5 个锁扣与弹射座椅相连，然后将氧气管与通信电缆插到头盔和面罩上。阿曼少校带来了两台笔记本电脑，这会儿他正忙着比对它们与机舱里其他显示装置上的数据。这些笔记本电脑是对 B-2 轰炸机自身计算机系统的补充。别看这回旋镖模样的轰炸机模样极尽未来主义特色，它毕竟是 20 世纪 80 年代的军事技术代表，就像美军武器库中其他飞机舰船多为 20 世纪六七十年代的产物一样。这体现了军工生产流程和装备本身对于技术发展的适应性。升级内容主要在飞行软件与武器兼容方面。由于此类升级，B-2 轰炸机也可以挂载由全球定位系统或者激光制导的“灵巧武器”了。不过，尽管这两台外接的笔记本电脑让座舱具备了接受实时战场信息和进行卫星通信的能力，却也增加了飞行员的操作负担。

我后来了解到，B-2 轰炸机的设计并没有过多考虑武器编程（Weapons Programming）功能或与其他空基、海基作战平台之间的协同。

B-2 轰炸机的升降舵和方向舵以及用作尾翼的副翼都是由计算机实时操控的，飞行本身无须飞行员过多干涉。假如说 A-10 攻击机代表了美国空军的一个极端，B-2 轰炸机则实至名归地代表着另一个极端。

谈到作战平台之间的协同配合，从某种程度上说，空军与海军之间恐怕存在一定的障碍。两者之间的通信相对而言更加复杂，更不必说其他技术难题了。由于这两个军种所采用的系统彼此并不兼容，若想实现协同作战，空军和海军有很多障碍需要克服。就像一位飞行员对我说过的，这比让“苹果”和“微软”合并还难。

B-2 轰炸机是一个可以执行多种任务的学术型武器平台。阿曼少校的两个膝盖上各捆绑着一块飞行告示板，上面固定着厚厚的检查清单手册。他必须严格按照清单上的说明进行操作。

我们此番飞行的任务代号是“死亡 62 号”，而另外一架伴飞的 B-2 轰炸机则被冠以“死亡 72 号”。尽管我们这架 B-2 轰炸机的名称是“佐治亚幽灵”号，地勤人员却更喜欢称其为“黑暗天使”。在空军作战部队，没有人会为提到暴力概念而感到内疚。无论是 A-10 攻击机飞行员、攻击型核潜艇艇员、陆军精锐部队还是海军陆战队（更不必说特种部队那些家伙），军中精锐总是抱有一种走上战场的期待，这是一股存在于骨子里的嗜血冲动。地勤人员之一、来自加利福尼亚州弗里蒙特的军士长凯利·科斯托说，在怀特曼基地和迪戈加西亚环礁为即将出征的 B-2 轰炸机装弹，是他职业生涯中最愉快的时刻。

不出我所料，乘坐 B-2 轰炸机飞行的感觉，并不像搭乘战斗机那样刺激。这架轰炸机在空中爬升和转弯的姿势与民航班机几无区别。至于所谓的 G 值，我根本就没有感觉。飞机爬升至 1 万英尺后，阿曼少校打开了自动驾驶仪。不久，飞机升到了 3.2 万英尺的巡航高度，并保持每小时 450 节的航速。我们摘下了氧气面罩，阿曼少校又开始忙着为武器编写程序了。

过一会儿，我们要在塞班岛上空发射两枚导弹，外加 64 枚 500 磅重的联合攻击弹药——当然，这一切都是模拟的。座舱的屏幕上显示了这些弹药实际投放之后的效果：六角形代表联合攻击弹药，两枚一组离开弹仓。在实战中，不管这些弹药是否安装了核弹头，在显示器上看起来都是一样的六角形。

这天的天气状况良好。从 3.2 万英尺高空向下望去，星星点点的积雨云就像菲律宾海碧蓝海面上的点点微瑕。阳光照进塞班岛和天宁岛周围的海水，折射出一道道金光。这些岛屿在历史上曾经是残酷的战场，如今却犹如海上的璀璨明珠。我们的座机多次飞越天宁岛上当年供 B-29 轰炸机起降的跑道——1945 年，保罗·蒂贝茨上校驾驶“埃诺拉·盖伊”号从那里起飞，到广岛投下了原子弹。有一段时间，阿曼少校临时关闭了自动驾驶仪，让我过了一把飞行员瘾。驾驶 B-2 轰炸机的感觉跟看着仪表在海上航行差不多，我必须不断作出调整，大致对准显示器上的参照点，方能保持飞机水平（或近乎水平）飞行。实际上，传统意义上的飞行艺术已经失传了。

驾驶 B-2 轰炸机之所以如此简单，地勤人员发挥了至关重要的作用。仅仅从怀特曼基地向安德森空军基地调遣 4 架 B-2，就得部署一支由 155 人组成的维修保养团队，外加 130 部各类机械（包括干扰发射机、照明车、发电车等，个个体型庞大，需由福特卡车牵引），还有诸多其他材料和设备（包括 B-2 轰炸机所需的 170 种不同的化学材料，每一种都需要在特定的环境下保存，其废弃物处理也需审核）。维修保养人员实行 12 小时轮班制，机修车间和机库里到处都能看到他们的身影。将 B-2 轰炸机团队和相应设备运抵关岛的是 1 架 C-17 运输机和 4 架 C-5 “银河” 运输机；这两型运输机身形巨大，C-130 与之相比简直是小巫见大巫。

与 B-2 轰炸机那种缓慢细致的保养过程相比，A-10 攻击机的修理和维护简直可以用光速来形容。这让我意识到：将这样的国之重器部署在前沿，完全是一种得不偿失劳民伤财的行为。关岛的价值仅仅在于，它是美国的海外领地，是美西战争留下的遗产，是二战期间诸多海军陆战队勇士的洒血之地。

然而，一旦撤出部署在关岛的 B-2 轰炸机，等到重大危机出现之时，如果其他国家不让美军借用基地，美军将没有更好的地点用于部署该型轰炸机。其实，辽阔的美国本土有足够的空间部署 B-2 轰炸机以及其他高端战斗机，美军可以通过重点发展空中力量的办法来缩减海外陆上基地的规模和数量，从而避免在政治和文化层面造成不愉快和紧张。这就意味着，提升空中加油能力将成为美国空军未来的关键目标。

令人沮丧的巨额国防开支

维勒上校指出，类似 B-2 轰炸机和核动力攻击型潜艇这样的传统兵器，与“捕食者”无人机、特种部队特遣队和海军陆战队等作战力量并不存在本质区别。还是忘掉关于入侵伊拉克之后是否应当在其境内建立大型基地的争论吧，那很有可能并不是接下来几十年间亟待美军解决的主要问题。未来美军需要做的，主要是利用小规模的地面突击队消灭特定目标，并由突击队员召唤远方的空基与海基作战平台发动超视距打击。例如，如果与中东地区某个强大的流氓国家开战，美军或许可以减少对于 A-10 攻击机或者 AC-130 攻击机等提供的近距离空中支援的依赖，而是更加倚重 B-2 之类的高空大块头，因为特战分队可以在有限时间内从地面上展开渗透，为碉堡克星或者其他类型的大威力炸弹识别并指明目标。

“我们不能像从前那样兴师动众了，”维勒上校说，“这不单单是一个在全世界媒体面前制造负面影响的问题，更会牵涉诸多竞争对手，这些竞争对手他们早晚会逐渐掌握使用大规模杀伤性武器消灭大兵团地面部队的能力。我们不能冒那样的风险。就以蜜蜂为例，想想看蜜蜂在蜂巢中聚集然后又各自飞散的样子。那就是 21 世纪的军队形态。大量的海陆空联合作战小组，在一瞬间聚合成强大的攻击力量，完成任务后再快速分散开来。”

所以说，许多争论本身便是伪命题：常规与非常规之争，花钱发展特种部队还是多造 F-22 战斗机之争，大抵如此。真正值得关注的，是如何掌控纷繁复杂的战场要素，也就是在一次行动中将全部或多种武器和兵力整合起来。决定未来战场走向的，并不是特遣队、潜艇、“捕食者”无人机或者 B-2 轰炸机的个体能力，而是各种武器和兵力之间相互协同的能力。不过，这又引出了另外一个恼人的问题：如果保留 B-2 轰炸机确实可以同时满足美国在军事与外交两方面的需要（维勒上校对此深信不疑），即便单价 10 亿美元也无所谓，但维持美国这个庞大军事帝国的高昂成本实在是令人颇感沮丧。

正如一位前民防官员向我指出的：“看看‘基地’组织在 9·11 事件上的回报率吧。他们仅仅投入数十万美元，就让我们付出了几十亿美元的代价。B-2‘幽灵’隐形轰炸机和 F-22‘猛禽’战斗机或许有必要保留下去，但能换来怎样的‘回报率’呢？大概两成？我并不是在说我们应该追求‘基地’组织那种回报率，但如果我们还想保住超级大国的地位，就应该尽量降低投入产出比。”

第 11 章

愈演愈烈的半岛博弈

探访驻韩美军

美军在韩国的坚持驻扎不仅助后者完成了繁荣过程中的民主改良，同时将韩军训练成世界上最美国化的军队，抵挡住先军政治的朝鲜带来的威胁。伴随朝鲜的核武炫耀，半岛上的大国博弈愈演愈烈……朝韩统一的半岛更有可能投入中国怀抱，但美国大兵们仍以守卫韩国为职责。

自2002年起，我就一直在报道美军在世界各地的部署情况，其关键主题有二：一是开展全球反恐战争，二是为应对中国崛起而布局。“这是一场全球战争”，驻扎在马里、阿尔及利亚和菲律宾等国的美国军人不断提到这一点。然而，这两项新的军事任务并非崭新的任务，依然是以以往历史为基础。是的，驻伊美军已经连续战斗了4年时间，但与驻韩美军长达56年的备战状态无法相提并论。美军在朝鲜半岛上的阵亡人数，不止10倍于美索不达米亚平原。美国人可以期望未来几年内从伊拉克完全撤出，在朝鲜半岛则至今保留了3.2万人的作战部队——想想看，朝鲜战争停战协定已经签署了半个多世纪！之于美国，朝鲜半岛提供了一个理解历史、理解美国的帝国遗产的视角；更重要的是，朝鲜半岛的历史还向美国人宣示了耐心与坚持的意义。

于是，我来到了韩国。

坚持驻扎：美军在韩国的历史使命[①]

朝鲜半岛的地形崎岖、树木繁茂及其沉郁的色彩、半岛南部（全世界科技发展最迅速的国家之一）的经济活力和现代化程度让人倍感震撼。

这种情况并非历来如此。乘车从仁川机场往首尔市区的路上，我经过了昔日的城市战场。在朝鲜战争的白热化阶段，如今的韩国首都首尔（即当年的汉城）曾四度易手。

矛盾的是，即便为此付出过代价，有一些人还是希望忘记那段历史。不过，秀美壮丽的山峦地貌和独特的美食或许才是这个国家真正的魅力所在——由于受到亚洲内陆地区的深刻影响，韩国的烹饪艺术比环太平洋地区其他国家更胜一筹。在美国士兵们看来，一提到韩国，首先想到的是严寒的气候。有些人可能会以为，韩国是一个半岛国家，东西两侧的黄海和日本海必然会给它带来温和的气候。然而，每逢冬季，自西伯利亚而来的冷空气会压倒来自海洋的暖湿气流；到了夏天，占压倒性优势的则是来自太平洋的季风。因此，韩国的冬天酷寒难耐，夏天则炎热潮湿；自中国西北内陆戈壁沙漠而来的沙尘更是让人叫苦不迭。朝鲜战争时期的地面部队要面对的不仅有酷热和严寒，还有一场接一场更加可怕的无名战斗。1950 年 6 月至 1953 年 7 月，韩国军队伤

---

① 说明：鉴于朝鲜半岛一系列问题的复杂性、敏感性，编者对本章部分内容做了删节和处理，特此说明。

亡数十万人；美军伤亡 14.2 万人，其中有 3.3 万人在战斗中阵亡。按照历史学家詹姆斯·斯托克斯伯里的说法，朝鲜战争是“一场在各种难以言状却又令人恼怒的限制之下发生的军事冲突，结果亦是含混不清”。

朝鲜人民军越过三八线攻入韩国之时，恰是美国击败日本、二战终结 5 年后。正如柏林墙倒塌、冷战结束不到一年之时萨达姆·侯赛因突然出兵科威特一样，朝鲜半个多世纪之前的这个举动也让美国人感到困惑不解。

当时，极少人认识到这一点：二战结束时，由于美国占领了日本，因此自然而然地继承了确保与日本距离不远的朝鲜半岛稳定的战略责任；这就像苏联崩溃、东欧剧变，阿拉伯世界的冷战格局也随之终结后，美国将战略触角延伸到中东地区一样。

1950 年夏初朝鲜攻入韩国，此后不久，以美国为首的联合国军只用了数月时间就将金日成的部队赶回三八线以北。与 1991 年将伊拉克军队赶出科威特的第一次海湾战争类似，美国处理朝鲜半岛危机的最初方式也是“恢复原有态势”。但是，美国人随后决定深入朝鲜北方，从根本上解决朝鲜。共产党中国由此决定出兵参战，朝鲜半岛危机最终演变成一场历时近 3 年的血腥战争，直到敌对双方各自退回三八线南北两侧为止。

与伊拉克的情况类似，驻韩美军也包含相当数量的预备役部队。朝鲜战争结束之后，训练韩国军队、传授反游击队渗透战术的需求日渐上升。对此，五角大楼高层也颇有微词：在韩国一地保留大量定位模糊的美军部队会影响它在世界其他地方的存在。

朝鲜战争留给美国民众的印象，与其说是泾渭分明的正义或邪恶，不如说是关于战略布局的抽象概念。美国人对这一概念并不太感兴趣，也不大了解。哈里·杜鲁门总统以“不受欢迎总统”的形象离开了白宫。假如有人因为“伊拉克战争是一场噩梦”而选择忘记甚至罔顾大多数驻伊美军尚未撤离这一事实，那他们不应忘记，这并非美国历史上第一次发生此类悲剧了。

不过，就回望韩国历史而言，还有另外一种途径。1953 年，许多美国人怀疑亚洲人是否有能力驾驭民主政体和自由市场机制。直到 1992 年，韩国才真正建立起一个稳定的民主政府。联想到韩国在过去几十年间（尤其是独裁的朴正熙统治下的 20 世纪六七十年代）的经济改革，人们或许会得到这样一个结论：若想改变贫穷和专制，民主或许不是第一方案，而是最末的方案。当然，所谓观点，本身就是商榷的对象，但本例几乎不容辩驳：韩国之所以最终取得成功，很大一部分原因在于忍耐，即忍耐美国的政策制订者、忍耐驻韩美军、忍耐年复一年地赖在朝鲜半岛上不走的美国人。老一辈的韩国人对美国人的坚持驻扎心存感激。其实，如果没有这坚持驻扎的精神，美国也根本无法保住其超级大国的地位。

首尔市区也有一处“绿区”，即高墙拱卫的“美国城”——龙山基地（Yongsan Garrison）。这座占地 630 英亩的基地，与美国当年掌控的巴拿马运河区极其相似。基地内建有排列整齐、绿篱环绕、可举办后院烧烤的美式郊区风格的独栋房屋，是 8000 名美国军事与外交人员的驻地。我驾车路过一所高中、几个棒球场和足球场、一处高尔夫练习场、一家医院、一座大型百货商店、一家保龄球馆以及数家餐厅。南营区是龙山基地的居住区；北营区（主营区）是驻韩美军（USFK）及其附属机构的所在地，其红砖建筑是美军 1945 年从日本殖民者手中接收过来的。驻韩美军与驻伊美军还有一个相似之处：由于承担着相当沉重的军事责任，前者已经演化成为美军太平洋司令部辖属之下的一个半自主指挥机构，而后者也在事实上成为中央司令部辖属之下的一个半自主的四星级指挥机构了。

我到达韩国时，正赶上美国部队开始缩减规模。当年，美军是在韩国的未来高度不确定的情形下进驻龙山基地的。如今，他们正计划放弃这座位于首尔市区的“产业”，搬到 30 英里以外的平泽市汉弗莱斯军营（Camp Humphreys）。龙山基地的常驻人员数量将锐减至 2000 人或者更少，基本上只保留一副后勤团队的空架子，以备半岛南部遭受大规模攻击的情况下迅速扩编。不过，所谓的大规模攻击到底会不会发生并不明确。

韩国军队与美军之间的整合、协同已经达到一种史无前例的程度。尽管韩军的历史只比伊拉克新军长 50 年，但韩国的军官队伍却是全世界最美国化的。无论是军事技术方面还是训练与指挥作战方面，韩军都是一支堪与新加坡军队媲美的亚洲一流作战力量，一旦战争爆发即可遂行多种任务。韩军的特种作战部队与美国空军之间有着高度的协作能力，其空军前进引导员接受过召唤美军 A-10 攻击机提供近距离空中支援（针对某些高价值目标）和为来自怀特曼基地的 B-2 轰炸机提供激光制导的训练。无论从哪方面看，美国缩减驻韩地面部队的举动都不意味着降低美军在本地区所承担的责任的能力。的确，对于美国和环太平洋地区其他国家而言，朝鲜构成了一个独一无二的安全挑战，这使其成为除中国崛起和“基地”组织之外，21 世纪的美国必须着重关注的目标。尽管平壤的共产党政权本身是冷战的产物，但一旦出现某种重大变化，有可能预示着 21 世纪的亚洲将发生大规模的军事对抗。

极度理性的劳动党政权

在崭新的 21 世纪，或许再也没有哪个国家像朝鲜一样，维持着古老而极端的体制。从某种程度上说，朝鲜民主主义人民共和国创始人金日成的世界观，融合了列宁式“对抗加对话”（Fight-Talk，Fight-Talk）主张以及“不斗争者死”（An Organism That Does Not Always Fight Dies）的思想。平壤政府强调“领导人独断”的所谓“主体思想”，将儒家精神转换成一种控制民众的手段。

自 20 世纪中叶建立以来的几十年间，朝鲜政权一直以一种将专制和个人崇拜融为一体的方式运作着，并以各种宣传和灌输不断对这种方式进行强化。在朝鲜那个如天方夜谭般的国度里，金日成和他手下的游击队员被刻画成独立赶走日本侵略者的英雄；金日成的儿子金正日号称是在中朝边境最高的长白山上出生的，是上天派来的神祇。

其实，美国人对朝鲜政权的了解并不全面。如脱北者们所说，金日成同时也是一位具有超凡魅力、传奇性的抗日游击队领袖，深受本国民众爱戴，与阿尔巴尼亚那位很少接受盟军援助、独力领导本国民众赶走了纳粹侵略者的斯大林式统治者恩维尔·霍查（Enver Hoxha）非常相似。至于金正日，由于父亲的言传身教，他成功地集党政军大权于一身，并于20世纪90年代成功说服中美韩三国向朝鲜提供援助。金正日并非一个生性冲动的人。朝鲜有一个专门研究如何应对美韩攻击的智囊团队，认为所谓“来自美韩的攻击本身只会是美韩之于朝鲜挑衅的被动反制措施”。

在苏联长大，能讲一口流利韩语的韩国国民大学历史学教授安德烈·兰科夫表示：朝鲜政权的高层极其理性，从这个意义上讲，朝鲜劳动党政权是不同寻常的：即便是在德意志民主共和国（东德）或者勃列日涅夫治下的苏联等斯大林主义体制的国家，党内高级领导干部的子女也很少继承父母的衣钵。事实上，很多东德和苏联高官的孩子都成了作家或者先锋派艺术家，依靠父母的权势和社会关系打开自己的职业道路。朝鲜劳动党政权的高层则代代沿袭。从生物学的角度来看，这一政权具有自我延续的能力。朝鲜劳动党政权的每一代主政者都对“自由化”和半岛南北对话不感兴趣：当年德意志联邦共和国（西德）通过东方政策（Ostpolitik）逐渐融化东德的历史给他们留下了深刻的印象。

因此，当柏林墙倒塌，来自苏东集团的援助断绝17年之后，朝鲜政权依然在百折不挠、坚定不移地蹒跚前行。金正日凭着自身的努力变成一名非凡的掌舵者。在兰科夫看来，如果换一个生活环境，金正日或许能成为一名成功的好莱坞电影制作人，因为他操控宣传机器的水平非常了得。他能够继承大统，是因为他那套自金日成那里学来的朝鲜李氏王朝（1392—1910）统治策略发挥了重要的作用。

如果不是9·11事件让美国人进入了一种风声鹤唳的状态，金正日也许根本不会进入人们的视线。9·11事件之后，朝鲜方面有关导弹试射之类的“挑衅”言论成了美国政府重点关注的对象。不过，伊拉克战争的结局促使麻烦缠身的华盛顿政府也开始学会了谨言慎行，所以并不会轻易落入朝鲜劳动党政权的彀中，让后者钻了空子。

一个时代并不会在短时间内彻底终结。朝鲜的情况便是如此，这个政权依然在延续冷战时代的思维。在南北朝鲜之间的分界线上，在白鹭和丹顶鹤的鸣叫声中，我看到韩国士兵都保持着随时准备以跆拳道发动攻击的站姿，前臂青筋凸起、双拳紧紧握住，与朝鲜士兵面面相对。双方在边境线上都安排了身材最魁梧、面相最严肃的士兵。韩国这边建有328英尺高的旗杆，作为回应，朝鲜竖起了一根525英尺高的旗杆，并且升起了一面干重595磅的旗帜。板门店共同警备区北方一侧，平壤方面建有一座2层楼房，于是首尔方面就针锋相对建起了一座3层建筑。看到南方在气势上胜自己一筹，朝鲜后来又在两层楼房基础上加盖了一层。一位美国陆军士官将朝韩非军事区称作“争强好胜之地”。朝韩曾经在板门店举行过一场长达11个小时的会晤。其间，由于未能达成任何共识，双方不得不暂时进入休息如厕阶段，但没有一个人离席。这场会晤因此被调侃为“膀胱之战”。

这些史实既显得幼稚，又让人不禁深思：朝韩双方在非军事区的表现表明，虽然披着文明的外衣，人类实际上与其他动物一样，依然追求所谓的家长地位。尽管朝韩非军事区这种上纲上线的仇恨在可预见的未来有消弭的可能，但意识形态之间的对抗却永无告终之时。

朝鲜半岛上的大国争斗

日本于 1910~1945 年在朝鲜半岛实行过血腥的殖民统治，半岛民众因此怀有强烈的反日意识，所以日本最担心朝韩最终统一。朝鲜半岛民众对于日本人的仇恨，使得日本无法以军事手段参与朝韩统一进程；中国也曾有大片地区被日军侵占；在 20 世纪初，日本还曾经在海上和陆上击败过俄罗斯。因此，在朝鲜半岛局势晦暗不明的战略环境下，日本是最不受欢迎的一方力量。当然，从日本的立场来看，正因为如此，它才更应该在朝鲜半岛插上一脚。日本希望在即将动荡的朝鲜半岛扩张势力，中国和韩国则会针尖对麦芒地尽一切可能阻止日本。过去的几十年间，日本一直不愿反省自己在二战期间的种种野蛮行径，区域内各国因此对其毫无信任。因此，这些国家很可能会对美国在外交和军事层面的支持表示欢迎。

一旦动荡平定，日本的战略地位就会被严重削弱，而中国则是最终的受益者。中国是韩国最大的贸易伙伴。在图们江（位于中俄朝交界处，面向太平洋，有着良好的码头设施条件）流域，中国经济势力正在逐步强盛。一旦它在这个领域取得完全话语权，将为中国的经济实力带来强有力的支撑，以便其与美日两国展开经济战。

俄罗斯的软肋在远东地区：它无力阻止中国人对其东部地区的逐渐“渗透”即是明证。也就是说，为了守护自己在朝鲜半岛的利益，俄罗斯很可能会表现得更加好斗。朝鲜原本是苏联一手缔造的，也是俄罗斯在本地区唯一可以利用的历史遗产。在其他各方势力看来，允许俄罗斯部队进入朝鲜半岛，或许比将其拒之门外更加稳妥。

面对半岛动荡带来的经济和社会压力，韩国首当其冲。尽管没人明说，但骤然统一的朝鲜半岛对韩国而言几乎毫无好处，除非这个统一过程是在几十年里以渐进方式实现的。韩国人真正期望的，是在朝鲜某些地区以联合国托管地的名义建立若干个韩国保护地，从而使半岛南北在一段相当长的时期内继续保持机能各自独立的状态。这种渐进的方式让双方有时间对自身进行再定位，为一个真正统一的朝鲜做好准备，同时避免一切可能的伴随性乱象。

假如朝鲜半岛动荡局势出现，在半岛稳定局势的最初任务，很可能会落到美军太平洋司令部和驻韩美军身上。但是，尽管美军将会采取负责任的行动，却未必能如愿占据主导权。实际上，美国必须在提供人道主义援助的同时，领衔建立一个能够有效且迅速地稳定局势的联盟（必要情况下，还得联合彼此之间互有猜疑的国家）。能否在数周之内开展人道主义援助，可能会决定朝鲜半岛在未来数年间究竟是走向混乱还是繁荣。

从朝鲜战争到中东战场： 极具开拓精神的美军

按照首尔亚洲战略研究所分析师朴苏杰的说法，假如朝鲜半岛最终统一，也许只有一点能让东京方面略感欣慰，即统一之后的“大朝鲜”有可能成为一股制衡力量，协助日本牵制威胁更大的对手：崛起中的中国。但实际情况要复杂得多。一个充斥着反日情绪的“大朝鲜”同样可能作为关键的一环加入 21 世纪的“亚洲经济繁荣圈”：这一由中国主导的区域经济共同体远比 20 世纪三四十年代日本帝国鼓吹的“大东亚共荣圈”更有亲和力。“大朝鲜”的商人们固然不希望本国经济被中国把持，但反日情绪和延绵不绝的反美情绪可能会影响他们的抉择。随着了解朝鲜战争期间美国军人曾为韩国所做一切的老一辈人的全部故去，这一状况会变得更加严重。与德国的情况类似，美国可以通过大规模的军事存在，在朝鲜半岛促成一个自由民主的社会，但这最终只会让没有历史记忆的年轻一代心生反感。朝鲜半岛民众永远不会忘记——血腥的日俄战争之后，日本占领了整个朝鲜，美国对此表示接受；作为回报，在日本的支持下，美国又占领了菲律宾。尽管美韩之间的合作如今取得了不错的成果，但无法完全消除驻韩美军的帝国主义气息。

统一之后的“大朝鲜”与中国的关系将会如何，或许会取决于美国自身如何行动，诸如美国迫使日本承认过去的战争罪行。如果美国要在日本方面不愿就战争罪行公开忏悔的情况下继续维持与东京方面的军事同盟关系，就有可能从心理上将“大朝鲜”民众推向中国一边。如此一来，中国和“大朝鲜”这个隐形盟友与美日印的关系将会非常紧张；同时，由于中国在朝鲜半岛拥有种类繁多的经济利益，美国只能极尽审慎地平衡中国的影响。

朝鲜局势稳定之后，美国人最明智的选择或许是在朝鲜半岛保留1万左右的驻军，至少在韩国国防大学（首尔）任教的韩国陆军上校郑京勇（Chung Kyung Yung）是这么认为的。他认为，如此部署相当于摆出一个态度：面对一个军事上重新崛起的日本，美国并未抛弃朝鲜半岛。郑京勇上校强调说，维持亚洲地区的和平与繁荣的最佳手段是防止脆弱的“大朝鲜”成为中日争夺、角力的目标。更重要的是，由于美国是距离本地区各方势力最远的一国，理应被视作威胁最小、对朝鲜半岛最没有领土野心的一方。

然而，这一主张的问题在于，它很可能与韩国政客们的主张相矛盾。的确，韩国的反美情绪过于夸张了——这主要是由美欧舶来的学生运动的产物，战争结束和中产阶级的兴起都是其原因所在。韩国依然供奉着某些外国人的雕像，包括美国将军道格拉斯·麦克阿瑟和詹姆斯·范·弗利特（韩国武装部队的缔造者）。新教在韩国人的宗教信仰中占据主导地位，这是19世纪末美国传教士的功劳。毕竟在一个世纪之前，平壤曾经被誉为亚洲的耶路撒冷）。不过，除开这些令人欣慰的历史遗产，从总体上看，韩国人对美国势力的担忧与其对中国的防备不相上下，而日本和朝鲜也同样令他们心怀戒备。事实上，不少韩国人认为朝鲜劳动党政权最好继续存在下去，否则将会给韩国带来无法应对的经济危局。美军长期以来的防卫承诺，已经使得韩国发展成了一个现代化的物质社会。因此，很少有人想要改变现状。

正当美国热衷于打造一个自由民主的朝鲜半岛之时，北京方面则在试图通过基础设施投资在北方建立一个由朝鲜族中国人掌控的战略缓冲区，以应对半岛稳定之后的局势。该缓冲区的环境明显宽松得多，其成本也是北京方面能接受的。因此，从韩国普通民众的视角来看，中国人提出的解决方案或许更好一些。华盛顿方面越是在朝鲜半岛片面追求自由民主，北京方面越有可能将美国势力排除在半岛之外。哪一方的战略更加迂回、对细节的规划更到位，哪一方就是最后的赢家。

美国在朝鲜半岛问题上采取何种政策，取决于韩国人愿意为在朝鲜实现自由民主付出多大的牺牲。但牺牲并非一个能讨置身于政治自由、经济繁荣社会中的选民喜欢的词。事实上，如果说西方式民主政体的选民们有何一技之长的话，那一定是指他们能将自私之心变成合理的诉求。一党执政的中国或许比美国更了解这些选民的心态。

美国在世界范围内的整个军事战略，就是为了培育这样的自由民主社会。但每当这些社会独立成型之时，都会偏离美国原本的目标，成为美国不得不忍耐的一方。尽管存在此种不幸的矛盾，美国培育自由民主社会的使命是正义的。

离开韩国之前，我听到一位美军将领向麾下官兵们告诫道，要像前辈们那样，以为韩国人民做出牺牲自豪，不要在意韩国的年轻一代说什么。几天之后，也就是2006年7月4日，在龙山基地特种兵协会的聚餐会上，人们举起酒杯，为“无法出席者”（朝鲜战争和越南战争期间牺牲或者失踪的美军特种兵）祝祷。又过了几天，我与当初在菲律宾结识的老朋友、来自加利福尼亚州尤巴城的军士长马克·洛佩斯一同前往山峦层叠的半岛南端。路上闲聊时，我问了他一个问题：如果可以选择，他最希望出生在哪个年代？洛佩斯立刻答道：“当然是经济大萧条之前，那样的话我就能参军入伍，以战斗机飞行员的身份参加第二次世界大战和朝鲜战争了，就算到了越南战争时期，我也还足够年轻，还能上战场。”无论是洛佩斯还是我认识的其他一些美国军人，都将那三场战争看得非常神圣，而不是以“正义”“僵局”和“非正义”分别加以定义。

这一切都给我留下了深刻的印象。军人的历史记忆，是普通公众无法比拟的。换句话说，我的同龄人都认为朝鲜战争是一个污点，越南战争则是一场社会改革运动的发端。但在马克·洛佩斯这样的军人看来，与第二次世界大战一样，这两场发生在亚洲地区的冲突，或者说战争，都无关于悲剧或辉煌，而是英雄主义精神的体现。

一提到朝鲜战争，人们总能想到麦克阿瑟将军那气势磅礴的仁川登陆、美军第1骑兵师和韩国第1步兵师合力占领平壤、美国海军陆战队第 1 师在长津湖地区突破中国军队 7 个师的包围、美国海军在朝鲜半岛西海岸为韩国军队登陆提供火炮支援，以及 B-29 轰炸机飞行员们对对方后勤补给线的轰炸等。美国空军作为一个新生的军种，就是在朝鲜战场上崭露头角、一鸣惊人的。

至于越南战争，由于我认识的很多现役军人的父辈都曾是越战老兵，他们说起那段历史来也都是如数家珍。当然，那些记忆都是黑白色的：既有战术性成功也有战术性失败，既有海军陆战队与“绿色贝雷帽”协同渗透的成功也有传统陆军的无力；在传统陆军内部，既有克赖顿·艾布拉姆斯那种一战成名的将领，也有威廉·威斯特摩兰那种身败名裂的可怜虫；既有顺化战役的辉煌，也有美莱村大屠杀一类的耻辱……最值得一提的是那些战场英雄，比如曾在 1970 年试图解救美军战俘的越南“山西战俘营突袭者”，以及无数次以身犯险、深入北越境内搜寻敌方目标或己方跳伞飞行员的空军前进引导员“雾人”和“沙人”。正因为如今的美国军人对前辈们的历史了如指掌，所以才不会轻易气馁，昔日的血泪岁月给了他们无穷的力量。

洛佩斯军士长是由美国陆军第 1 特种兵群派出、以个人身份同韩国特种部队混编执行任务的 6 名士官之一。一天夜里，在首尔城中一家安静的酒吧，我与这些美国大兵谈起了一个“永恒”的话题：东道国的士官。尽管韩军的士官队伍比其他外国军队更优秀，但在座的所有人都觉得他们还未完全达到美军的标准。洛佩斯坚持认为，这是文化层面的差异。和不少美国军人一样，娶了一位韩国妻子的马克·洛佩斯，对韩国人的心灵手巧赞誉有加。他承认，韩国人在许多方面比美国人更棒。“但韩国社会等级森严，这导致韩军的士官们过于顺从他们的军官”。

显然，美国人并不奉行等级森严的社会体制，任何人都有机会发言。美国社会依然是一个具有较高流动性的、推崇开拓精神的中产阶级社会；在美国，赢得他人尊重的根本是做好自己的工作，而非社会地位或者家族荫庇。环视四周，我发现这些大兵们就是这一理念的绝佳例证。

自9·11事件发生之后，我已经结识了诸多与他们类似的美国军人。人们通常会以为，千篇一律的军装和短发或许会湮没人的个性，可我所见过的那些美国军人恰恰是以其鲜明的个性给我留下了难以磨灭的印象。当然，这样的描述大概也适用于煤矿工人、建筑工人以及渔夫，他们也有各自的制服，危险的体力劳动塑造了他们充满活力的性格。在旁人看来，军人的模样或许都差不多，但相处数日之后你会发现，他们的个性原本就丰富多彩，完全不必矫揉造作。

我希望能继续与这些军人们一起闯荡四海。但是，就某一特定领域而言，一个人体验得越多，就越容易遗忘其中的细节。如果继续随军奔波，个个鲜活的军人个体给我留下的印象或许会开始聚合，杂糅成为一个模糊的幻象。是时候结束这番旅程了。

军队是由一个个的军人集合而成，而其中的优秀者的共同特质并非服从命令、任务至上的信念，而是他们的内心始终指着一个抽象的方向：他们不由自主地朝一个难以名状的未知领域进发。伯纳德·德沃托（Bernard De Voto）曾在《决断之年：

1846》（*The Year of Decision*：1846）中引用过亨利·梭罗（Henry Thoreau）的一段文字："向东非我所愿，西行使我内心自由……不是欧洲，俄勒冈才是我的方向。"

这既无关于本土主义或者当前美欧之间的紧张关系，也无关于美国人对亚洲的渴望。其实，梭罗和德沃托所属意的是一种开拓精神，我所知道的最优秀的部队无不洋溢着满满的开拓精神：无论当时的主政者是谁、外交政策如何。正是这种精神给部署在伊拉克、阿富汗、科索沃、印度尼西亚以及其他各个地方的美国军人注入了一股积极向上的热情。这种开拓精神与征服和掠夺毫无干系。

后　记

不盲从勇士精神的民主社会

若想展望未来，必先了解现在，同时熟谙昔时经典。在世界各地周游的间歇，我一直在反复阅读公元前 5 世纪中国兵家孙武的《孙子兵法》和 19 世纪初普鲁士名将卡尔·冯·克劳塞维茨的《战争论》，并惊叹于这两部作品的浅显。浅显的并非两位军事大师的某些具体的观点，而是他们作为一个整体的思想。在与美军作战部队相处的数月时间里，我对此类“浅显”的东西也是深有感触。无论孙武还是克劳塞维茨，都对国家、主权和故土抱有无上的信念。正是出于这种信念，他们愿意奔赴沙场、为国而战。

孙武是从最高层级的战略角度来思考战争的，克劳塞维茨则更关注较为具体的战役执行层面。孙武认为，最伟大的战士讲求不战而屈人之兵；克劳塞维茨认为，只有在所有政治途径全部失效之后，才能考虑发动战争。也就是说，两位军事大师都深知战争的可怕，认定它是解决问题的最后手段，反对黩武主义。但是，毫无疑问，若有必要，他们都会毫不犹豫地投身战斗，都赞同那种充满锐气、片刻不忘传达勇士精神的政策。

孙武推崇思计如饥、讲求兵不厌诈、不受公众舆论影响、不贪功不惧辱的良将。克劳塞维茨也持类似观点。“在战争这种充满危险的事情之中，”他曾经这样写道，“由仁慈之心而生昏着是最糟糕的”。他还补充道：“杀戮如此可怕，我们对待战争必须慎之又慎；但这并不是放弃战争的借口，不要以人性、人道的名义滞钝了我们的剑锋。否则，终会有敌人执刀而来，斩下我们的臂膀。”

孙武和克劳塞维茨的理论，皆以爱国之心为基础。克劳塞维茨认为，一支军队的国家认同感，是战争中“起决定作用的道德力量”之一。西奥多·罗斯福曾经说过，每个人都是竞技场上的角逐者，“他激情四射，全心全意……即便失败了，也不屑于与那些冰冷而畏怯的灵魂为伍，后者既承受不起失败也无资格品尝胜利”。

孙武生活在2500年前的中国春秋乱世，克劳塞维茨是一名参加过拿破仑战争的“老兵”，曾在普鲁士和俄国军中效力，对抗法军。尽管孙武和克劳塞维茨都谋求“不战”，但他们也都是英勇的战士。真正超越《孙子兵法》与《战争论》这两部著作的，唯有两位作者本身的品格。我知道，通过抽象的著作去领悟战争，必然不同于直接掌握第一手材料。只有与下层军官和高级士官们朝夕相处，你才能真正理解活生生的军队和战争：这些军人的行事无不基于爱国之心。

萨缪尔·约翰逊（Samuel Johnson）说过，所谓“爱国主义是流氓无赖最后的庇护所”。约翰逊的这一论断指向的是某一群特定的“爱国者”。但这条箴言，被那些没有忠诚心和责任感的人曲解误用了：这句话确实很容易被各种心怀鬼胎且无须承担后果的家伙利用。是的，“爱国者”群体中的确有一部分是流氓无赖，但大多数“爱国者”都比“不爱国者”更值得信任。

信念之战：自杀式人体炸弹 PK 美国正义

我从一个个普通的步兵、海军陆战队队员、水兵和飞行员那里了解到，爱国主义本身与坚定的道德观之间存在一部分重叠。在我看来，康拉德笔下的两个人物是阐释坚定的道德观及其对立面的最佳范例。游历世界各地、遍访军人之后，我对孙武和克劳塞维茨的不朽著作有了更深刻的领会，而对康拉德的小说也有了更深刻的理解。

麦克惠尔船长是康拉德的短篇小说《台风》（*Typhoon*）里的主角。身为贝尔法斯特的一个杂货商之子，麦克惠尔船长是个既沉默寡言又不够机智的家伙，一天到晚郁郁寡欢。船上的大副这样形容他：“这个人似乎没什么感情……跟他交流可能比对着床柱子说话还要费劲。”麦克惠尔船长驾着蒸汽轮船“南山”号搭载着一批返家的中国苦力，朝中国海岸驶去。船上的气压计读数急剧下降，一场大风暴即将肆虐台湾海峡。船上的人们无不惊慌失措，但不包括船长。

几个小时之后，“南山”号陷入了彻底的混乱。康拉德写道，风暴本身即有瓦解一切的雷霆之力，船上的人们则因此变得各自为战：船员恐慌不已，乘客也开始骚动起来。麦克惠尔船长没有选择绕开风暴，而是驾船径直朝风眼冲去，就像一名军官率领麾下士兵钻进茂密的丛林。“一直勇敢面对，”他吼道，“这就是穿越风暴的诀窍。”这位普普通通的船长之所以能拯救他的海船，不仅是因为他有信念，更是因为他明白自己身上肩负着道德责任：他要完成航运公司交付的任务，还要对一船人负责。风暴过去了，麦克惠尔没有休息，连靴子都没顾得上脱掉：他要确保船上的每一名苦力都拿到应得的报酬。

麦克惠尔船长并不是一个聪明绝顶的人物，甚至话也说不利落。但无比坚定的信念造就了他如铁一般的可靠品性。在这样的品性面前，言辞大概是最无价值的。

无论面对台风还是经年累月的坏消息，麦克惠尔船长都毫不畏惧。我曾亲历伊拉克战场上最糟糕的阶段。我在那里见到过的军官，无论现役还是非现役，都表现出了非常坚定的信念。来自俄勒冈州梅普尔顿的军士长丹尼斯·扎沃德斯基和麦克惠尔船长一样沉默寡言。他在摩苏尔的感恩节聚会上讲述了清教徒们当年在新世界度过第一个冬天，遭受到了其他任何作战部队都无法承受的伤亡的故事。“美利坚民族不会退缩，不会放弃。”信念支撑下的坚强意志，是我有幸接触到这些优秀人士所信奉的法则之一。我说的信念，并非宗教信仰之意，因为我所结识的那些军人当中有很多是瞧不起圣经狂热者的。所谓信念，指的是麦克惠尔船长那种坚定的道德观，它与充满风险的劳动阶层生活方式密切相关。

不过，就在我离开那些军人之后，我感觉自己进入了一个马丁·德库兹的世界：到处都是自以为睿智却又无比健忘的嘲讽者。马丁·德库兹是康拉德小说《诺斯托罗莫》（*Nostromo*）中的人物。这部小说虚构了一个正在经历痛苦变革的名叫科斯塔瓦纳（Costaguana）的拉丁美洲国家。德库兹曾在法国巴黎学习法律，对文学也有涉猎，还撰写政治评论……总之，按照康拉德的描述，他是个游手好闲的花花公子。只有在面临那些可能影响到自身福祉的政治危机时，德库兹才表现得非常英勇。然而，当他发现自己独自身处科斯塔瓦纳外海一座孤岛之时，即便得到了即将获救的消息，还是绝望不已。康拉德描写道，才气逼人的德库兹记者，这位被宠坏的孩子，“无法适应独力面对困境的局面”。假如说麦克惠尔船长深夜驾船孤胆穿越台风中心的壮举让所有人都肃然起敬，德库兹则是在强大的自然力量的压迫下濒临崩溃的代名词。尽管德库兹的言谈和评论文章都辞藻华丽，当危机降临之时，他却“不相信任何事物”。

唉！在无法预知结局的雾霭和克劳塞维茨所称的摩擦（Friction）之中，怀抱信念——相信些什么事物，比纯粹的逻辑或论辩的才智更加重要。

“信念是一项意义重大的战略性要素，却常遭‘怀疑论者’和官僚政治忽略，”陆军退役中校拉尔夫·彼得斯在一篇论文中写道，“这些人即是军界的‘反动分子’。”这一提法并不新鲜。

用陀思妥耶夫斯基的话来说，上层社会的瑕疵在于“他们的正义完全基于理性”，全然没有“信念”。由于一切事物都可以合理化，人及社会的战斗、求生的意志往往被漠视。

彼得斯担心极端宗教主义者的信念会胜过我们的正义的信念。他写道，恐怖分子们并不惧怕五角大楼那备受争议的“网络中心战”，因为这些家伙只需花一丁点钱就能学会相关技术，“单凭互联网、移动电话和廉价机票就能造成某种轰动性的局面”，而无须掌握美国人的全部军事科技。彼得斯指出，尽管美国军火库中的武器价值亿兆美元，却制造不出一件比“人体炸弹”更加有效的战争工具，后者堪称“当前这个时代最具突破性的武器”。

拉迪亚德·吉卜林了解这一点。他曾在诗作《边境线上的算术》（*Arithmetic on the frontier*）中写道，尽管阿富汗东部的山麓地带到处都是自英国而来的“本土”军团，但所谓的“贱民”（即土生土长的阿富汗人）依然有机会。如今的“人体炸弹”便是吉卜林笔下的“贱民”。这种极具突破性的武器，是狂热信念的化身：虽然“信念”的内涵有别于麦克惠尔船长，但“坚定”二字是一样的。

以“圣战”为例，这种行为更注重宗教信仰维度，而非各种战略和战术层面的目标。按照法国学者伊斯兰·奥利维耶·罗伊（Islam Olivier Roy）的观点，“圣战”与其说是一种集体行为，更不如说是一种个体举动。罗伊解释道，所谓“圣战”，是“信仰者与真主之间的事务，而不是信仰者与敌人之间的对决。‘圣战’分子并不强求结果如何，此类攻击行为更强调过程，甚至有‘出风头’之嫌”。

“人体炸弹”堪称“圣战”分子当中的“精华”，而这恰恰是因为电子媒体时代为表现主义者们提供了前所未有的出风头舞台。克劳塞维茨对于战争规则的论断并不适用于这些案例，因为他的《战争论》并未考虑到现代媒体之类的因素：如今的媒体人的世俗化倾向，与“人体炸弹”的宗教狂热程度相当。由于恒久稳定的信念体系缺位，全球媒体在精神上的空虚感便部分地被仇视美国的情绪填充：美国被塑造成一个在政治和军事上遭到全世界民众和媒体厌恶的、不守规矩的现代化国家的化身，而电视媒体（也即彼得斯所说的“贪得无厌的恐怖分子的帮凶”）则成了诋毁美国军事技术的廉价渠道。

正当美国人对战争的忍耐程度逐渐降低之际，美国的对手们却在不断扩展整体战的概念，即以杀死成百上千甚至数千名平民为手段，达成摧毁数百万人的战斗意志的目标。2001 年 9 月 11 日，3000 名平民殒命的现实，也许暂时唤醒了美国这个“民主”社会的战士情怀，但在混乱的战争冲突当中，这种精神是很难维系的。在有着 2600 万人口、上百万美军曾经轮换驻扎过的伊拉克，以“人体炸弹”每天杀死数名美国人和三四十名伊拉克人，就足以摧垮 7000 英里之外美国本土民众的意志了。一个“去勇士精神”、对伤亡的忍耐力极为有限的民主社会本身是健康的，它尤其可以阻止一个国家盲目卷入战争。也即，对一个民族而言，繁荣程度越高，发动战争的难度就越大。

民族主义与普世价值交错下的勇士精神

死硬狂热的宗教信仰，一旦与世俗化的全球媒体沆瀣一气，便会成为一种低成本而高效率的战争武器。当然，民族主义算是另外一种信仰。逐渐被美利坚民族的精英人群遗忘的某种民族主义倾向，同样可能成为击败美国的力量。

学术圈中也有人与拉尔夫·彼得斯抱有同样的观点，这就是耶鲁大学政治学教授、兼任民主共和两党国防顾问的保罗·布拉肯（Paul Bracken）。他的著作《东方之火：亚洲军事力量的崛起与第二个核时代》（*Fire in the east*：*The Rise of Asian Military Power and the Second Nuclear Age*）的主题之一，便是纳粹化的民族主义。在讨论有关伊朗、印度、巴基斯坦以及亚洲大陆上的其他国家对核技术的追求时，布拉肯这样写道：

> 与民族主义之间的关联性，使得第二个核时代呈现出一种西方国家难以理解的状态。近年来，民族主义给西方国家留下的印象并不好。西方人常常将其视作一种荒谬而落后的思想，希望它能逐渐消亡。有关印度可以依据本国安全的需求自主制订对外政策的观点，几乎与美国和西欧国家当下的所有预设都格格不入。

布拉肯接着说，印度和巴基斯坦等国家成功的核武器试验，"让本国公众变得兴奋起来，毫不夸张地说，老百姓甚至走上街头，载歌载舞以示庆祝”。这些国家的民众热情拥抱了曾经恨之入骨的西方技术。按照布拉肯的说法，美国人已经忘记了：原子弹曾经是20世纪50年代的美利坚民族优越感的重要基石之一，这也许是自作自受吧。所以，“如今这些亚洲国家也表现出类似的情绪，不足为奇”。这位耶鲁大学教授补充道：“在西方国家能否在技术领域保持领先地位这个问题上，美国人犯了本末倒置的错误：军事优势一向属于那些对战争和暴力不那么挑剔、苛责的社会，而美国人忽视了这一点。”

在当前这个世界，真正能够威胁美国国家安全的，也许是美国人对自身失掉了信心，这反过来导致美国军队对科技过分依赖。在美国人看来，如何以不冒任何风险的方式消灭敌人是军事实力的一个标志；而在对手看来，这象征着美国人的软弱，甚至怯懦。

结合了老式的民族主义的、顽固的宗教信仰，在美国并未消逝，部分美国人对它的认同甚至与最为狂热的“人体炸弹”不相上下。但是，除了某些特例以外，这种认同仅限于美军最精锐的作战部队以及某些尊崇勇士精神（并常常以此自诩）的特定社会经济阶层：称不上美利坚民族的整体属性。在经济与社会层面的许多不可抗力的影响之下，作为一个整体，美国的“信仰”能力正在逐渐削弱。20世纪50年代美国人那种拥有核武器万事大吉的心态已经一去不复返了。

在最糟糕的状态下战胜艰难险阻，同时保持自信的信念，正在被那些越来越奉行普世价值的社会经济阶层人士淡忘，后者对海外饥民的同情丝毫不亚于他们对国内飓风灾民的关注。普世价值本身与信念并不矛盾，但两者绝不可混为一谈：一个人可以因为人类的苦难而泪流满面，但并不做出实际的抗争。也就是说，在信念缺位的情况下，普世价值反而会给一国的国家安全提出现实的挑战。

战士心态的缺失和普世价值的崛起，是四平八稳的西方式中产阶级民主体制的一部分。美国目前的状况就是如此。美军预备役部队急需军官，而美利坚民族的精英群体却很少有人志愿加入，美军也因此变得更加区域化和人种化了。英军士兵或许都是些社会渣滓，但领导他们的军官大多来自英国的政治阶层。美国军队的情况却并非如此。

美国人之所以参军，与军人这一职业本身关系不大，甚至也并非为了保家卫国。2006 年，普林斯顿大学只有 9 名毕业生入伍，这远远低于 1956 年时大约 400 人的水平。同年，另外一家常春藤联盟高校没有一名毕业生参军。不仅如此，美国的顶尖学府都不鼓励毕业生参军。许多美国人，尤其是学术界和知识界人士，对陆军特种部队这种作战团队抱有一种发自内心的不信任感。他们更愿意与普通的公民军队（Citizen Armies）打交道，因为后者更能代表民主体制。但除了专业的战士阶层和特种部队，上层阶级越来越不重视军人价值观的民主社会还有其他什么更好的选择吗？

“紫色勇士” 打造的国家军队

就美军作战部队本身而言，战士意识将会逐渐增强。与此同时，美军四大军种各自的独特性也将变得模糊。这是一个非常缓慢的过程，在最高层指挥体系的表现要比其他任何方面更加明显。无论是陆军的绿色、空军的蓝色还是海军的卡其色，都将逐渐向象征协同作战的紫色发展。这并不意味着各军种会最终丧失各自的文化属性，只是未来的行动无论大小，都将越来越多地体现协同作战的思想。

年复一年，美军各军种之间相互影响的程度也在逐渐深化。美国空军过去轻松愉快的集体存在方式，正逐渐向传统陆军那种朴实坚毅的风格转化，而陆军则在向海军陆战队那种小分队作战的风格演化。越来越重视小型作战舰艇，以满足濒海战斗需要的海军舰队，也在模仿海军陆战队的做法，日渐强调非常规作战，更加注重作战时的低损耗。在没有增援兵力、不抽调预备役和国民警卫队等更贴近公民社会的武装力量的前提下，未来几十年间的美军部队（至少是前线部队）中传统步兵、海军陆战队队员、水兵和飞行员的数量将会越来越少，而“紫色战士”（即胜任联合作战任务的战士。——译者注）会越来越多：这是种“行会”体系，战斗部队这个职业将以子承父业的形式得到延续。我所见到的许多军人，尤其是那些在高危险兵种服役的军人，其父母或其他亲人都曾在军中效力，这给我留下了深刻的印象。

在斯坦福大学2006年的毕业典礼上，一位海军陆战队将领（他的儿子是该届毕业生中唯一一位出身军人家庭的）说，在他做自我介绍之前，许多毕业生的家长居然从未和军人打过交道。这令他颇感震惊。

一支公民军队，是由来自社会各阶层和国内各地的兵员大致遵照匹配的原则组建起来的，但一支志愿军队却必须以来自具有战斗传统的地区的兵员为主。我所说的具有战斗传统的地区，指的是美国的南方以及邻近的中西部南方的“《圣经》带”（即基督教基要派流行的区域。——译者注）和大平原地区。海军陆战队和陆军步兵部队，尤其是陆军特种部队A类特遣队，都体现了旧时代美国南方邦联诸州（爱尔兰裔和拉丁裔移民聚居、文化上相对更加保守、经济上更加贫穷）和滨海城市民众自愿参军的传统。总而言之，从某些方面来看，如今的美军的兵源结构与二战爆发前夕的状况类似，且在程度上更胜一筹。

“最伟大的一代人”或许来自全美的各个地区，有着各式各样的生活方式。但具体到新兵营，那些身为职业军人的教官们常常带着浓烈的南方口音。他们愿意在军人岗位上奋斗30年。但是，如今来自美国南方的军人也与过去有所不同了。以2003年我在菲律宾结识的那位来自亚拉巴马州莫比尔的陆军特种部队少校罗伯特·李为例。李少校为儿子取名为“斯通沃尔”（Stonewall，意即“石墙、阻碍”）。但他本人也曾以教会志愿者的身份为堪萨斯州威奇托市的一处黑人贫民区工作。“那是我第一次与黑人接触。我的意思是，近距离接触，”他对我说，“那一年我感受颇多。我明白了一点，无论时光如何流转，老百姓都是老百姓。”罗伯特·李并不是特例。军营里的种族关系要比整个社会融洽得多：在外界看来，这已经是美国军队中的普遍现象。

然而，如此令人鼓舞的改变也伴随着另一种分裂现象的出现。我发现，不仅身处战区的士兵们彼此抱团，就连美国本土的军事基地也存在同样的情况：军人和军属们的生活圈子与临近的普通居民社群之间存在一道鸿沟，而短期轮换驻防更加剧了军人家庭与普通民众之间的割裂感。与美军部队朝夕相处数月的经历，让我感受到了一种横亘在部队编制、种族界限之上的军民鸿沟。在美国士兵看来，所谓后方更多地是指其所在的军营而非美国本身。

通常情况下，奉行自由主义的民主社会离不开保守的军队的保护，军人不像那些被保护的世界主义者那么敏感和高贵。传统的美国军队在很大程度上植根于民族国家，如今，他们面临吃力不讨好的窘境。美国人认为，美国出兵海外是为了保护海上交通线、为新生的民主国家训练军队，这等于是在为兴起当中的全球文明提供安全保护。然而，以（自己的）大众媒体、非政府组织和专业人士阶层为标志的全球文明发展得越充分，它对冒着生命危险为自己提供保护的美国军人越少信任、越少同情。

军事历史学家詹姆斯·斯托克斯伯里曾经写道，中产阶级主导的民主国家，能够打好两种战争：一种是以专业战士为主力，几乎不惊动媒体，也不怎么吸引公众视线的小规模战争；另一种是整个国家都有可能被爱国热情包围的大规模战争。近年来我探访过的美军小规模海外部署行动，都是小规模战争，国家安全部门小心翼翼在全球范围内搜集情报和发起突袭行动也在此列。

正如斯托克斯伯里所阐释的，美军的问题并不在于大规模或者小规模的战争，而是中等规模战争：拜 24 小时滚动的新闻播报所赐，公众很容易注意到这种战争，同时对战争的目标感到困惑不解。这种中等规模战争通常充满血腥气息。在普世价值观念的作用下，即便是敌方参战者的身家性命，也会受到美国民众的高度关注，甚至敌方本身都难以企及。阿布格莱布监狱丑闻展示了美国最丑恶的一面，但事实上伊拉克境内武装分子日复一日的袭击行为在野蛮程度上明显超越了阿布格莱布狱卒对囚犯的虐待。在正义对抗邪恶的大规模战争中，大后方民众会感觉自己也是战争机器的一部分，而在中小规模的战争中，他们并不会这样想。不过，在小规模战争中，后方民众是否有参与感并不重要，因为大多数人对其一无所知。在中等规模战争期间，不盲从勇士精神的民主社会展示出了它最糟糕的一面，因为公众会敏锐地注意到战争中最为丑恶的细节，却无从获得一个客观的语境去理解。

关于中等规模战争，斯托克斯伯里所举的例子是朝鲜战争，但他的观点同样适用于越南战争和伊拉克战争。按照所谓的鲍威尔学说，即曾任美军参谋长联席会议主席的科林·鲍威尔所主张的理论——美国不能在不具备确保胜利的压倒性优势和清晰战略的情况下卷入战争。或许有人会认为，这是怯懦的体现。不过，如果将鲍威尔学说视作一种避免中等规模战争（或者由于误判形势而将小规模战争演变成中等规模战争）的手段，建立一个不盲从勇士精神的民主社会的必要性倒是说得通了。

在这些战争中，如果缺乏基础广泛的战士心态，明显会造成不利局面。但是，问题在于人们无法判断怎样的小规模战争会演变成中等规模战争。20 世纪 90 年代，鲍威尔学说曾被当作支撑美国不应卷入波斯尼亚与科索沃危机的主张，但美国依然向上述地区派出了武装力量，而且冲突也并未上升到中等规模。前南斯拉夫地区局势的稳定以及北约势力范围向黑海地区的扩展，都说明美军 1995 年和 1999 年对巴尔干半岛的干预符合美国的国家利益。同时，在支持美军入侵伊拉克的新保守主义者、现实主义者和自由主义者中，几乎没有谁认为伊拉克战争会升级成一场将会持续数年时间的中等规模战争。但是，如果永远不去干涉任何地区，只保持最低限度的海外部署，或者在没有十足胜算的前提下就不盲目卷入战争，都意味着失败和全球范围内的战略收缩。如此说来鲍威尔学说并不完美。

大英帝国当初曾经通过雇佣他人来帮助自己对抗拿破仑。与其供养一支庞大而烧钱的陆上力量，英国人的选择是维持一支精锐的海军。美国人并非没有如此尝试过。美军在全世界范围内训练别国军队，目的就是帮助这些军队达到能够独当一面的水准。更有甚者，美军太平洋司令部的高官们还是军事领域的多边主义的狂热信徒。就连小布什总统也曾经尝试过联合各大国一同入侵伊拉克（尽管后来主要是英国在提供帮助）。当然，伊拉克战争也有其例外之处。美国的战争方式，对联盟的依赖性非常之高。

作为一个海洋国家，二战结束以来的60多年间，美国一直是英国皇家海军遗产的继承者。不过，在未来几十年间，美国海军很可能被迫放弃一些海上空间，因为中国和印度的海上力量正在崛起。

美国的一些非自由主义的竞争对手富有不盲从的勇士精神，这就意味着，在核威慑之外，传统的陆上作战力量也必不可少：不如此却想避免中等规模战争的美国所执行的就是绥靖主义的政策。这让我不禁想到了华盛顿美国企业研究所分析师、《英雄战略：2006年度四年防务评估报告究竟出了什么问题》（*A Strategy of Heroes*：*What's Wrong with the* 2006 *Quadrennial Defense Review*）的作者弗雷德里克·卡根。

卡根认为军队的人数规模是有实际意义的。规模庞大的军队或许并不能彻底解决“人体炸弹”的威胁，但依然有助于解决许多妨碍美国成功的麻烦。诸如，卡根指出，尽管空中力量的打击效力正在逐渐提高，但依然不能指望它们在未来战场上全面取代传统地面部队，伊拉克战争就证明了这一点。在这个问题上，他似乎与驻关岛B-2轰炸机中队指挥官罗伯特·维勒上校存在分歧。后者曾经对我说，随着时间推移，大兵团作战的可行性越来越小。

卡根这样写道，“睿智的指挥官，会制订普通军人就能遂行的作战计划”。他同时抱怨道，五角大楼那些过于注重小规模部署的规划者们，已经被单靠精英拯救一切的观念束住了手脚。当然，追求一击制胜的小规模海外部署正是我花费大把时间采访的对象。我发现，就低风险性和高胜算而言，尤其是考虑到行动的成本，这种方式是非常奏效的，因为它对语言和外交等方面的基础技能的依赖更甚于昂贵的硬件装备。这种旨在应对小规模而非中等规模战争的部署方式，可以让美国军队充分发挥自身优势。

当然，卡根的言论还是很有道理的。毕竟，他所指的并非我采访报道过的大多数行动。我探访过的应邀入驻某国的美军部队，并非像以往那样以帮助独裁政府稳定局势为目标，而是为了以西方国家的标准为新生的民主政权训练专业化军队。卡根所指的是爆发中等规模乃至大规模战争的可能性：避免此类战争的另外一个途径，即为此提前做好完备的规划。但是，卡根发现，五角大楼的战略却是唯有英雄能拯救世界；这里所谓的英雄是指我在采访过程中不断遇见的“皮领子”或者“绿色贝雷帽”，他们只担心无法去伊拉克和阿富汗参加战斗。

我尊重我所采访过的军人，但我也明白，在武装部队这个以列兵、预备役人员和国民警卫队员为主体的大千世界里，军人之所以决定入伍，往往是出于复杂的社会、经济原因，与渴望战斗本身关系并不大。上层在制定防务战略的时候，必须考虑到这一现实。在经济和社会上占据精英地位的美国人拒斥参军，还鼓励他们的子女也这样做：这并非唯一的问题。美国民众对重大事件和冲突的忍耐度非常有限，美军中除了精锐之外的普通部队亦是如此，因此美军应当保持足够数量的战略储备兵员，以确保冲突时期各部队不至疲于奔命。

卡根还认为，体现前国防部部长拉姆斯菲尔德观点的 2006

年《美国四年防务评估报告》（*Quadrennial Defense Review*）过于强调特种作战一类的行动方式的重要性，却犯下了一个根本性的错误：将未来视作现状的简单延续，同时却未能及时总结对现状的不足。

美军未来的任务将远远超越旨在打击“基地”组织一类的恐怖势力的平叛作战范畴。伊拉克等地的战场局势表明，在接下来的岁月里，五角大楼方面也许不得不征召更多数量的常规地面部队。伊朗与朝鲜不断恶化的局势以及经济强国中国在军事方面的崛起，都要求美国维持一支规模庞大、资金充裕的常规军事力量，并在现有的基础上大大提高非常规作战力量的反应速度。正如我在之前所说，常规作战与非常规作战二者取其一，是一个伪命题。这两种作战方式都是美军需要的。在许多情况下，二者之间的界限也已经模糊了。

卡根并不是主张美国向伊朗、朝鲜、俄罗斯和中国开战，也不建议单挑其中任意一个国家，或者几个国家的“联军”大打出手。他的意思是，美国应当为应对这些国家以及其他对手做好准备。宣传乐观主义不是五角大楼的责任，在美国政府决定进攻伊拉克之初，拉姆斯菲尔德就已经考虑过最糟糕的可能，并对如何争取最佳结局做了推导。但由于他对进攻阶段结束之后的军事占领做出了过于乐观的预测，因此得到了最糟糕的结局。

曾经为英国和美国政府担任国防政策顾问长达 25 年之久的科林·格雷（Colin S. Gray），曾经就乐观主义和悲观主义有过一番论述：“所谓乐观主义，就是在胜算更高的情况下出手。”格雷的著作《又一个血雨腥风的世纪》（*Another Bloody Century*）对21世纪军事冲突的样式做了一番平和而透彻的分析。与卡根一样，格雷对各国之间的竞争烈度和持久性印象深刻。他推断，这些竞争很可能在接下来的数十年间取代“基地”组织等恐怖势力，成为美国要面对的最大威胁。他所提出的例证之一，是未来亚洲大陆上很可能出现一个以中俄为核心、吸引了诸多反自由政权的反美轴心。如果真的出现此种局面、如果美国人想要保护自己，即便按照惠勒的思路，在不使用大量地面部队的前提下以空海协同、突然袭击的作战方式取得胜利，依然需要为数众多的地面部队来执行军事占领等传统任务。

由此，美国军队不仅要变得更好、更轻便、更致命，还要在许多方面做到更大、更强壮。美国防务部门避免遭遇挫折的最佳途径，就是事先将可能出现的最糟糕的结局考虑在内，因为美国所面对的敌手，并不像美军一样会因为全球性部署而精疲力竭、士气低落。尽管科技与经济的一体化会影响到每一个人，然而，一旦战争爆发，那些受影响程度较低的人将会占据心理上的优势。

全球化的进程固然在不断向前推进，但至少在未来几十年之内国家军队的重要性不会削弱。事实上，在某些情况下，国家军队会获得较之其他社会组织更充分的扩充。布拉肯提醒人们，“创造财富和开展战争的技术从来都是密切关联的”。自20世纪90年代初开始，“导弹与核武器试验……生物武器计划……化学武器”在很大程度上正是“一个繁荣的、日渐自由化的亚洲的产物”。

事实上，占据世界陆地面积 1/3 的欧亚大陆上的政治-军事版图正在快速发生变化。欧洲的军事实力正逐渐衰落。在欧洲民众眼中，各国军队并非本国领土的守护者，而是身穿统一制服的公仆。当然，一个重新复兴、更具侵略性的北约集团可以缓和这一形势。但从整体上看，欧洲更有可能要靠自己肩负起维持和平和处置灾难等重任。在欧洲各国军事实力缓缓衰退之时，从以色列到朝鲜，一系列亚洲国家已经逐渐囤积了大量核生化武器，更不要说越来越多的弹道导弹发射系统了。

若想对国家军队的未来前景做一个清晰而准确的判断，认清每一个特定国家的民间-军方关系是关键所在。我之前提到过，如今的欧洲各国平民几乎没人为本国的常备军感到自豪。但美国的情况有所不同，美国军队是美国公民自豪感的来源之一。从这个角度看，伊拉克战争与当年的越南战争并不相同。尽管美国人可能已经开始反感伊拉克战争，但他们并不讨厌驻伊美军部队。一定要说美国人对驻伊美军的态度有何变化的话，那就是美国民众越来越欣赏那些远离故土、奔赴异国的年轻人了。确切地说，虽然普通美国人与美军之间在社会关联方面已经非常疏远，但精英阶层有许多人依然对军队抱有敬畏之心。尽管美利坚民族的精英阶层不愿亲身从戎，也不愿在军方遭遇困境时展示所谓的勇士精神，但大多数人都不愿接受那些对军方的公开嘲讽。简言之，美国公众可能并不怎么买美军的账，但美军依然是一支一流的、符合公众期望的专业化军队。

美国将如何从世界霸主宝座上退下？

尽管美国军队在质量方面的优势日益明显（兵员数量方面则并非如此），但考虑到更加严苛的交战规则和亚洲诸国正在快速提升的军力，其相对实力事实上正有逐渐下降的趋势。反观亚洲（尤其是中国和印度），其武装力量一直带有浓厚的“农民军队”“寓兵于民”的色彩，对邻国也不构成实质性的威胁；由于以数字电话、卫星等为代表的国产通信技术领域的进展，亚洲大陆已经建立了货真价实的军民工业复合体。

这些国家无须像美国那样，被二战、朝鲜战争和随后历次战事留下的所谓帝国责任束缚。尽管派遣陆军特种部队和海军陆战队执行任务并不需要花费太多资金，但传统领域的作战行动以及美国空军、海军巡逻广袤的海空领域，都需要纳税人大掏腰包。以中国为代表的国家，有能力将自身打造成为在规模和实力上堪与美国媲美的强权，却无须像美国那样耗费大量资金。正如我们在朝鲜半岛所看到的，一个帝国在某地立足的程度越深，维持存在的难度和成本越高。

美国人倾向于认为，通过向全世界扩展所谓先进的民主体制，就能确保自身的安全。这种观点或许是正确的。然而，有一点也是值得深思的：美国是一个希望维持既有国际秩序的超级大国。与历史上任何一个此类国家一样，美国的实力是建立在现有国际情势的基础之上的，一旦这种既有情势发生改变，无论是民主制度得到了扩展还是被迫退却，都将威胁到美国独一无二的霸权地位。

以中国为例。不少分析人士认为，如果中国继续韬光养晦，甚至引入所谓的民主体制，它就能成为美国的盟友。很显然，这两种趋势在未来的中国都有可能出现。不仅如此，一个奉行韬光养晦政策的中国还会面临诸多内部问题；而一个逐渐走向自由的中国反倒不一定是友善的，因为其国内可能会酝酿出一股强劲的民族主义思潮，对美国构成更大程度的威胁。我的观点是，民主自由的时代将催生大量充满活力的新兴国家，（由于数量众多）这些国家不大可能占据如今天的美国一般的支配性地位。

无论是对外部世界还是美国民众，这都有可能是一件好事情。英国现在已经不再是从前那个可以呼风唤雨的世界强权了，但普通英国民众却比日不落帝国时代的前辈们过得更差。这并不是一个美国应该暂别世界领导地位几十年甚至几百年的问题，美利坚民族将要面临的挑战，是如何从世界霸主的宝座上退下来以及将为这一目标付出怎样的代价。

美国目前的帝国困局是显而易见的：美军在世界各地的驻扎，实际上恰恰体现了曾经困扰古今诸多庞大帝国的难题，只不过在形式上有所差异罢了。除了伊拉克，美军在其他地区的驻扎或许都能让美国人感到由衷的自豪。当然，享受这种自豪感与承认伊拉克战场本身糟糕的情势并不矛盾，同时我们还应当看到，所谓的美利坚帝国并非人类社会演进的自然结果。此外，赞叹美军在哥伦比亚、马里和马六甲海峡等地的部署与承认此种行动早晚会走向终结也无冲突。提前预见到自身终将走向衰落的结局并以这种态度来经营一个帝国，或许没什么不妥。帝国存在的目标并非享受权力本身，而是从头到尾走完这整个过程。

我并不主张组建一个世界政府，或者建立其他类似的体制——那将是暴君独裁的终极体现；对如何组织社会架构并加以改善，各方势力将永远争执下去。不过，正如我在本书开篇部分提到过的，美国军队将触角伸到世界各地的终极目的，应当是为渐渐兴起的全球文明化进程保驾护航；在这一进程中，所有负责任的、彼此志同道合的国家将会缔结一系列松散的国际条约。温斯顿·丘吉尔曾将美利坚合众国视作大英帝国当之无愧的继承者：一个能继承英国的未竟事业，继续传播自由的国度。在丘吉尔所展望的远景最终实现并站稳脚跟之前，美国人不能松懈。

前进的道路上依然存在各种不确定性因素，尤其是在这个全球化进程惊醒了民族主义、从地中海到太平洋的各国无不希望拥有核武器的尴尬时代。美国与中国等负责任大国（甚至是伊朗或者朝鲜等不负责任的政权）之间的紧张关系，是有希望通过谈判和对话得到解决的。但美国外交人员在谈判桌上的底气不仅取决于美国的经济实力，更源于美国派驻当地或周边地区的军事力量：包括强大的部队和先进的装备。

空军上校罗伯特·维勒是我以前在关岛结识的一名 B-2“幽灵”隐形战略轰炸机飞行员。这家伙正是真正的中间派人士喜欢的那类人，我有必要如实复述一下他的履历。维勒来自美国中西部地区，拥有威斯康星大学工程学位，后来又在海军战争学院取得了战略学研究生学位。他曾经参与过三位总统任期内的数场战争，是美国派驻欧洲安全合作组织（秘书处设在奥地利首都维也纳）代表团的高级顾问。

维勒曾经对我说，所谓衰落，指的是一个已经发展到一定程度、自身无须参与战争的社会的基本状态。这样的社会摒弃了战争这个选项，认为已经没有什么东西值得经由斗争的手段、非得付出牺牲才能取得，因此没必要改变现状。在这种状态下，历史的记忆逐渐被人们忘却，追求享乐与安逸成了全社会普遍的价值观。任何一个社会都不会主动寻求战争，但忘战则必危，时刻为战争做好准备是非常有必要的。所谓守护信仰，即是心甘情愿为其奉献：若有必要，不惜奋力一战。

如今的美利坚合众国，还远未步入衰落的境地。无论是在军方还是民间，美利坚民族至今保留着诸多优良品质。只要领袖们实言相告，将目标和尚难预料的代价阐释清楚，美国人还是很愿意在必要情况下奋力一战的。如果美国民众只是对一场旷日持久、情形糟糕的战争心生厌倦，任何人都无权对此说三道四。问题在于，美国的民心士气会走向何方？美国当前的以及未来的对手们的民心士气又将走向何方？这个问题或许会引起一番争论，但有一点是明确的：我们一定会找到答案。

致　谢

《大西洋月刊》一直在摘录我书中的章节，并向我支付稿费。为此，我要对该刊老板戴维·布拉德利表示感激，感谢他通过詹姆斯·贝内特（James bennet）将我推荐给该刊。我要感谢在我撰稿期间向我提供帮助的卡伦·墨菲和罗伯特·梅辛杰，还有本杰明·希利、贾斯汀·伊索拉、伊冯·罗绍森、伊丽莎白·谢尔本和斯科特·斯托塞尔。我的经纪人卡尔·布朗特和玛丽安·梅罗拉为我付出了很多辛劳。由凯特·梅迪娜和罗宾·洛尔维茨领衔的兰登书屋编辑团队再一次让我体验了合作的乐趣。我还要感谢审稿编辑夏洛特·格罗斯。

感谢约翰·奥林基金会、史密斯·理查森基金会与埃尔哈特基金会向我提供了慷慨的支持。我尤其要感谢奥林基金会的詹姆斯·皮雷森，感谢他20年来一直对我照顾有加。费城的外交政策研究院也向我提供了帮助，特别感谢哈维·希切曼、艾伦·卢森堡和迈克尔·诺南。

接下来，我要感谢那些帮助我接触到某些特定人物及场景，从而创作出本书核心脉络的人们：海军上校马特·布朗、陆军中校肯·科莫、海军陆战队少校蒂姆·基费、空军二级军士长查尔斯·拉梅、海军少校詹森·萨拉塔、陆军少校霍利·希克曼以及陆军中校约翰·希克曼。

衷心感谢2004—2005年在西太平洋执行秋冬部署任务的“本福德”号驱逐舰全体舰员，2005年春从夏威夷赶赴关岛的“休斯敦”号潜艇全体艇员，2005—2006年在伊拉克执行部署任务的美国陆军第172独立步兵旅（尤其是第23团第4营），驻守韩国乌山基地的美国空军第25战术战斗机中队以及来自密苏里州怀特曼空军基地、于2006年赶赴关岛部署的第393轰炸机中队。

我还要感谢陆军少校罗梅罗·阿隆索、海军军士长乔恩·阿尼斯、海军上尉查克·贝尔、海军中校杰夫·本德尔、海军上尉戴夫·本海姆、陆军中校比尔·比奇洛、陆军上尉迈克尔·布兰卡尔茨、陆军少校唐·布里杰斯、海军上尉罗伯·布里格斯、陆军上校鲍勃·布朗、陆军中将约翰·布朗三世、空军技术军士迈克尔·康菲尔德、陆军中校凯文·克拉克、空军上将戴维·戴普图拉、陆军上校杰克·迪布里埃尔、空军上校丹尼尔·多蒂、空军上尉保罗·爱德华兹、海军上将威廉·法伦、海军上将托马斯·法戈、空军技术军士詹姆斯·费舍尔、陆军中校（后备役）罗曼·方特斯、陆军少校柯克·格尔克、海军上校库里·格拉海姆、海军陆战队中将华莱士·格雷格森、陆军三级准尉比尔·冈特尔、海军陆战队上将迈克尔·哈吉、空军军士长约翰·汉考克、陆军四级准尉约翰·海伍德、陆军准将詹姆斯·希拉伊、理查德·霍恩船长、海军中校布莱恩·霍维斯、空军上校艾伦·亨特、海军少校比尔·埃尔温、空军上尉维多利亚·基根肯·库贾拉船长、空军少校丹尼斯·拉尔森、陆军少尉迈克尔·卢纳托、海军陆战队上尉丹·麦克斯维尼、空军中尉贾斯汀·麦克维、陆军中校戴夫·马科夫斯基、海军陆战队中士乔纳森·摩尔、海军中将约翰·摩根、空军上将 T. 迈克尔·莫斯利、陆军少校格伦·努涅斯、陆军三级准尉威尔基·皮特里、空军少校乔·普思卡、空军少校格伦·罗伯茨、陆军上校迈克尔·希尔兹、海军上尉约翰·辛格利、空军中校杰伊·斯图克、海军陆战队中尉埃里克·陶施、陆军中校斯科特·泰勒、陆军上尉特洛伊·特雷伯恩、陆军上校里克·托马斯、海军陆战队五级准尉理查德·汤普森、陆军上尉维克托·托雷斯、空军上将查尔斯·瓦尔德、空军军士长罗伊·瓦特森、陆军少校汤姆·韦弗、海军上校克赖顿·威尔考克斯以及陆军上校托尼·威廉姆斯。

我还要特别说明，我有幸与伦敦 3BM 电视台的一支摄制团队共度了快乐的 6 个星期，感谢华盛顿公共电视机构 WETA 的赞助。与保罗·朗、沃恩·马修斯、保罗·帕拉贡和蒂姆·普利查尔德的合作非常愉快。因此我还要对杰夫·比伯、菲尔·克雷格和戴维·威尔森表示感谢。

为我提供过帮助的朋友还有格伦维尔·贝福德、查尔斯·坎特布里、汤姆·克莱门茨、乔治·库珀、蒂姆·道格赫尔提、弥尔顿·德拉科、丹尼斯·藤井、亚当·加芬克、希特曼·古隆、劳拉·卢卡斯、凯文·鲁洛夫、詹姆斯·莫里亚蒂、莫汉·普拉塞、托马斯·莱克、萨提什·荣·夏希、普莱姆·辛格、威廉·

斯雷佩、帕特里夏·斯提格利亚尼、詹姆斯·托马斯、迈克·维克斯和 W. J. 韦斯利。

我是在美国海军军官学校任教期间完成这本书的，那是我一生中非常有益的一段经历。因此，我要感谢安纳波利斯 1960 届毕业生，是他们支持我在海军学院担任客座教授的。此外，我还要感谢学院政治科学系全体同仁的真诚友谊和慷慨帮助。

我要感谢伊丽莎白·洛克耶，她绝对是这世界上最棒的助手。最后，我要感谢我的妻子玛利亚·卡布拉尔和我的儿子迈克尔，感谢他们一直在为我祝福。

专业词汇表

ADCAP：先进作战能力。

Aegis System：宙斯盾系统。美国海军装备的一种综合型武器系统，其多功能雷达可自动探测并跟踪超过 100 个目标，同时发起导弹攻击，作用距离达 100 海里。

AK-47：一种俄制轻型突击步枪，7.62mm 口径，世界上最早的突击步枪之一（1947 年定型）。拥有良好的战场可靠性，易于操作，又因其设计者被称为“卡拉什尼科夫突击步枪”。

Alaskabarrier：一种高 12 英尺的强化水泥隔离墙。

ANZAC：澳新军团。即澳大利亚与新西兰联军。

AOR：责任区。即某一个军事单位负责的地理区域。

AT：反坦克武器。

A-Team：美国陆军特种部队 A 类特战分队。

A-10 Thunderbolt：A-10 “雷电” 攻击机。美国空军装备的一种多功能对地攻击机，由于大多数时候是在贴近地面的低空活动，所以有“疣猪” 的昵称。具备很强的战场生存能力，经常用于提供近距离空中支援。

AWACS：机载空中警戒与控制系统。

Baffles：舰船的螺旋推进器搅动水流，在附近造成一个 120 度锥形声呐探测盲区，在这片区域里声呐只能侦听到螺旋推进器引发的噪声。

Battle Space：战场及其上空。

BDU：炸弹模拟器，或指训练炸弹。

Beretta：贝雷塔手枪。9mm 口径轻型半自动手枪，自 1983 年起成为美国陆军的制式配枪。

Berthing：铺位。舰船上普通水兵的生活区域。

BIAP：巴格达国际机场。

Big Deck Carrier：直通式甲板航母。拥有广阔开放式甲板、可供传统固定翼飞机起降的舰艇。

Blast Barrier：防爆炸专用强化水泥隔离墙。

Blue on Blue：友军误击。

Blue Utilities：海军的蓝色 T 恤或者夹克衫。

Blue Water：远洋的蓝色海水。

BMC：大副。

Boom：连接飞机主要支撑结构与机尾的架构或翼梁。

Boomer：弹道导弹核潜艇。

Bosun：甲板水手长。

Bravo：美国陆军特种部队特遣队当中的武器专家。

Brevity code：暗语（简码）。

B-2 Spirit：B-2 “幽灵”战略轰炸机。美国空军多功能隐形战略轰炸机，可搭载常规武器和核武器。由于其独特设计，它可以渗透进入敌方空域而不被发现。

BUB：战情更新简报。

BUFF：Big Ugly Fat Fucker，指 B-52“同温层堡垒”。一种重型轰炸机，在越南战场上初次亮相。

CamelBack：用于盛装饮用水的小型背包。

CAS：近距离空中支援。

CENTCOM：美军中央司令部。

C-4：一种威力非常巨大的塑性炸药，便于隐藏且不易被探测到。

Chaff：发射到空中的各种长度和频率响应的金属箔条等，目的是干扰雷达信号，让敌方导弹迷失方向，从而锁定错误的目标。

Chai：阿拉伯人对于茶的称呼，也指阿拉伯奶茶。

Charlie：美国陆军特种部队特遣队中的工兵。

CIC：作战信息中心。配有大量计算机终端。

CIWS：近程防御武器系统。一套配备了雷达、计算机和转管速射炮的快速反应武器系统，美国海军的水面舰艇和潜艇上皆有配备。

CJOSTF：联合协同特种作战特遣队。由来自美国与（或）其他国家的特种部队成员组成的特遣队。

COB：潜艇水手长。美军潜艇上的高级军士，负责协助指挥官和其他军官维持艇上秩序和艇员纪律并提出建议。

Cobra Gold：“金色眼镜蛇”演习，美军太平洋司令部最大规模的年度演习，在泰国举行。

COE：行动后果。

Comrel：社区关系实践行动。

Concertina Wire：设置在篱笆围栏和围墙上方、旨在防御的蛇腹形刀刺网。

C-130：美国空军一种用于运送人员和货物的四发运输机，可将部队和物资空投至战区。

Conning Officer：海军导航军官。

CSAR：战场搜救。

CSL：合作安全点。一种前沿行动据点。

CSO：战斗系统操作官。

DCU：沙漠迷彩服。

Deconflict：在作战过程中对于友军飞行器进行甄别，以避免出现混乱或者误击现象。

Defilade：阻隔敌军视线或者火力的遮蔽物，诸如丘陵、山脊、河岸等自然屏障以及其他。

Degaussing：见“消磁”Magnetic Silencing。

Delta Barrier：三角形路障。在出入口使用的可移动式路障，可以阻止车辆闯入。

Delta Force：“三角洲”特种部队。美国陆军特种部队的精锐，直属陆军特种作战司令部。

Desertification：沙漠化过程。

DMPI：期望平均命中点。

DMZ：非军事区。

DOD：美国国防部。

Dragunov：俄制“德拉贡诺夫”狙击步枪。

Draw：浅槽型排水沟。

EAB：应急空气呼吸器。一种形状类似袜子的面罩，上面配有过滤器以及接驳潜艇上氧气供给系统的管道。

18 Delta：美国陆军特种部队医务兵。

Elevon：升降副翼。飞机上功能类似升降舵与副翼的操作面（主机翼上的可活动翼面，控制飞机的滚转与倾斜姿势）。

ESM：电子侦察措施。诸如监视敌方雷达等。

EUCOM：美军欧洲司令部。

FAC：空军前进引导员。负责在前沿战场或战场上空引导己方战斗机为地面部队提供近距离空中支援的指挥官。

Fairlead：导缆孔。用于引导舰艇上的系缆或者绳索，防止误缠或磨损的滑轮、吊钩或环形装置。

FBCB2：旅及旅以下作战指挥系统，是“斯特瑞克”战车上安装的计算机系统。

FCS：火力控制系统。用于击落或拦截敌国来袭导弹。

FOB：前沿行动据点。在特种作战行动中，设在友好区域，旨在扩展情报指挥与控制的基地，也可为训练和战术性行动提供支持。

Force Recon：美国海军陆战队侦察连。海军陆战队中的精锐部队。

Forward Operating or Operations Base：见前沿行动据点 FOB。

Full Bell：全速前进。

GPS：全球卫星定位系统。借助卫星信号确定特定接收器材位置的导航系统。

Green Zone：绿色地带。见巴格达国际区域（IZ）。

Grunt：步兵部队的士官或者列兵。

GWOT：全球反恐战争。

Harpoon Launcher："鱼叉"反舰导弹。一种由圆桶状发射器发射的舰对舰导弹。

Haversack：一种背囊。

Havildar：（印度殖民地时期英军中的）印度军士。

Hellfire Missile："地狱火"导弹。美军以直升机为载具的空对地激光制导导弹，可用于远距离攻击重型装甲车辆。

Hesco Baskets：大型金属网筐。装上沙袋之后可用来垒筑隔离墙。

High-and-Tight：圆寸发型。

HIT：人力情报小组。

HUD：抬头显示器。飞机座舱里的一种使飞行员不需要低头就能够看到重要信息的显示屏。

Humvee：军用"悍马"。美国陆军装备的多功能四轮驱动车辆。

IED：简易爆炸装置。诸如路边炸弹等。

IMT：个人战场运动战术。两人小组交替掩护前进，以免造成意外误伤。

Indigs：某国自有武装部队。

IP：伊拉克新式警察系统。

IZ：巴格达国际区域。驻伊美国最高行政和军事当局驻地，又称“绿区”。

JCET：联合协同演习训练计划。

JDAM：联合直接攻击炸弹。一种全球定位系统制导的大型空对地炸弹。

Jingle Truck：一种用于崎岖地形的四轮驱动卡车，通常贴满各种花色的贴纸，涂着华丽夸张的油漆。

JPAC：战俘及作战失踪人员联合调查司令部。职责是搜寻战场失踪人员等。

JSOTF：联合特种作战特遣队。由来自多个军兵种的特种作战部队组成，执行特定的作战任务或提供战场支援。

JTAC：联合末端攻击引导员。引导战斗机参与近距离空中支援作战以及其他空中攻击作战。

JUSMAG：美国联合军事援助顾问团。为其他国家提供军事训练和安全援助。

Kalashnikov：卡拉什尼科夫突击步枪，见 AK-47。

KC-10 Extender：KC-10 加油机，用于提高美军的空中加油能力。

Kevlar：凯夫拉尔纤维。一种坚固而轻量化的合成纤维，用于制作头盔等护具。

KISS：“简单至上，白痴”。

K-Loader：K型装货机。用于往/从飞机或码头的货物舷梯上装/卸货物。

Kuki：廓尔喀宽刃短弯刀。

Kurta：尼泊尔及其邻近国家男女穿着的无领长袖衫，通常长及膝盖上下。

LAW：66mm口径轻型反坦克武器。

Layer Depth：混合层深度。潜艇水下活动的深度，距离海面数百英尺。该深度水温较低，水压较高，可以促进声波的传播。

LCC：敌方最后隐蔽区域。

Leatherneck：“皮领子”，海军陆战队队员的别称。

LED：发光二极管。一种在特定电压下发光的半导体二极管，用于显示类电子器材。

LFE：大规模军演。

Magnetic Silencing：消磁。借助电磁线圈、永磁铁或者电流本身消除舰艇磁性特征的过程，目的是防止舰艇受到磁性水雷威胁。又称“Degaussing”。

MA1：一级纠察长。

Makarov Pistol：马卡洛夫手枪。冷战时期苏联军队装备的9mm口径制式手枪，结构紧凑，便于维护。

MARFORPAC：太平洋区美国海军陆战队。

MBITR：多频带队内/队间无线电。

MEB：海军陆战队远征旅。由一个加强步兵团、一个航空兵大队和后勤保障部队组成，比海军陆战队远征队（MEU）规模更大。

MEDCAP：民事医疗活动计划。即为驻地民众提供免费医疗救护。

MEF：海军陆战队远征军。这是海军陆战队海外部署的最大规模部队，大约编有4万名官兵。

MEU：海军陆战队远征队。是海军陆战队在海外部署时经常采用的小规模部队。

M-4：一种5.56mm口径轻型突击步枪。装备美国部分陆军部队和陆军特种作战部队，可用于近距离作战。

Mil：飞机座舱中的一种仪表（指示器）。

MOD：潜艇最大下潜深度。

MOG：机场最大飞机容量。

MIA1：“艾布拉姆斯”主战坦克。美国陆军主战坦克，海军陆战队也有装备。

MOUT：城市地形军事行动。

MPS：战时预置舰。由平民船员操作的舰船，可为三支海军陆战队远征旅提供武器装备和一个月的后勤补给。

MRE：军用口粮。

M-16：美国陆军装备的5.56mm口径突击步枪，轻便易用。

MwR：士气、福利与娱乐机构。

NCO：士官。

NGO：非政府机构。

NORTHCOM：美军北方司令部。

OEF：Operation Enduring Freedom 的缩写，“持久自由”行动。

Officer of the Deck：舰上总值日官。值日期间负责向全舰传达指挥官命令的海军军官（士官）。

OGA：其他政府机构。

OL：行动位置。

Operation Enduring Freedom：“持久自由”行动。2001 年 9·11 事件发生后，美国军方发起的反击行动，主要针对阿富汗。

Operation Iraqi Freedom-1：第一次“伊拉克自由”行动。

Operation Iraqi Freedom-2：第二次“伊拉克自由”行动。

OPSEC：行动安全。

PACAF：太平洋区美国空军。

PACOM：（美军）太平洋司令部。

Pallet：飞机上用于装卸货物的平台。

Pelican Hook：舰艇上的铰链钩。

Perisher：潜望镜操作人员。

Pillbox：用于安置机关枪和反坦克武器的小型低矮水泥掩体。

Pirogue：独木舟。

PMI：海军陆战队枪炮教官。

POP：指的是飞机从较低高度猛然拉起，翻到遮蔽物一侧，对敌人发动突然袭击。

Predator：“捕食者”无人侦察机。通过遥控操作，留空时间长达24小时，有时会挂载激光制导反坦克导弹，执行定点清除任务。

P-way：舰艇上的通道。

QMC：舵手。见quartermaster chief。

QRF：快速反应部队。

Quartermaster Chief：舵手。负责舰上舵轮和导航设备操作的士官。

Rack：美国海军对“铺位”的称呼。

RAMOD：潜艇抵达并保持预定深度。

Red Flag：“红旗”演习。美国空军的一项大型演习。

Rhino：“犀牛车”。美军在巴格达使用的配备坚固装甲的囚车。

ROE：交战规则。

ROK：大韩民国。

Ropeyarns：在舰船上跑腿打杂的。

RPG：火箭弹。

RTN：泰国皇家海军。

SAC：（美国）战略空军司令部。冷战期间（1946—1992），美国空军中负责战略轰炸机和弹道导弹核潜艇的指挥机构。

Sahel：萨赫勒地区。撒哈拉沙漠边缘一直向南延伸的部分。

SAM：“萨姆”导弹。苏制地对空导弹。见“萨姆”SA-2。

SARNEG：搜救行动数字加密暗语。凭借这一暗语，被击落的飞行员可以将自身的全球定位系统坐标加密发送给搜救人员，同时防止敌方获悉。

SA-2：“萨姆”2型导弹。世界上应用最广的防空导弹，1959年由苏联研发。

Savannah：热带草原。热带与亚热带地区由季节性降雨催生的、夹杂着零星树木的草场。

SAW：班用自动武器，一种便携式轻机枪。

Screw：潜艇上的螺旋推进器。

Seabee：海军修建营成员，负责在战区建造陆地设施。

SEAL：美国海军海豹突击队，SEAL分别是“海洋”（Sea）、“天空”（Air）、“陆地”（Land）的缩写。

SF：陆军特种部队。美国陆军中接受过特殊训练，专精于非常规战争行动的精英部队。外界往往称其为“绿色贝雷帽”，但他们本身很少以此自称。

Shack：轰炸。

Side Boy：当访客登舰或者离舰时，负责礼仪的舷侧仪仗兵。

SM：“标准”型导弹。

Smart：灵巧弹药。配备了电子制导系统，可以自动飞向预定目标的弹药。

SOCOM：特种作战司令部。

SOF：特种部队。

Special Forces：见“陆军特种部队”SF。

SSBN：弹道导弹核潜艇。

SSN：核动力攻击型潜艇。

Stryker："斯特瑞克"战车。美国陆军装备的八轮轻型装甲战车，车上装有一门 MK-19 型榴弹发射器和一挺 12.7mm 口径重机枪，可以运载 11 名士兵，最高时速可达 60 英里，一次加油可连续行驶 330 英里。

STS：潜艇声呐兵。

TAO：战术行动官。

TBS：位于弗吉尼亚州匡蒂科的美国海军陆战队初级军官培训学校。

TCP：通信控制点。

TDA：目标指定区。

Tender：补给舰、补给船。

Thermocline：温跃层。海洋或者其他大型水体中，随深度增加水温剧烈降低的水层。

Thermoluminescent Dosimetry：热释光剂量测定。使用一种加热发光的晶体测定人体的辐射水平。

TIC：与敌接火的部队。

TM：鱼雷操作手。

TOC：战术作战中心。指挥作战及其保障行动的处所。

Topi：一种源自印度、隔热防晒的轻便圆边帽，以软木材质制成，用于遮阳。

Triple-A：高射炮。

TTFACORB：目标、威胁、友军、炮火、间隙、军械、开火限制、战场毁伤。

UAV：无人飞行器。

Un-Rep：（舰船）行进中横向补给，相当于海军版的“空中加油”。

USAID：美国国际开发署。

USARAK：美国陆军驻阿拉斯加州部队。

USFK：驻韩美军。

USNS：美国海军船舶。指由平民船员和水兵共同操作的美国海军船只。

VETCAP：兽医医疗行动计划。美军开展的为驻地民众饲养的牲畜和宠物免费看病的项目。

VLS：垂直发射系统。一种装备在潜艇和水面舰艇上的导弹发射装置，比其他装载方式携带的导弹数量更多。

Wadi：位于亚洲西南部干旱地带，只有雨季才有河水流过的干燥河床。

Warthog：疣猪。A-10“雷电”攻击机的昵称。

Wattle：编织板。用细树枝或者茅草编织而成的板材，用于建造茅屋。

Weaps：武器部门长。

Wet Transmission Checks：湿式传输检查。即将鱼雷装入水压较大的发射管中之后，对其电路系统进行检查。

WMD：大规模杀伤性武器。

XO：副舰长。舰艇上的二把手。

Zariba：在非洲，以多刺灌木充当防护搭建而成的围墙。

Zero：对武器进行校准，以便命中目标。

Zulu time：祖鲁时间，即格林尼治标准时间，以四位数字表述（诸如 2300 代表晚上 11 点），不受昼夜变化影响。

图书在版编目（CIP）数据

美军全球运作内幕 / （美）罗伯特·D.卡普兰（Robert D.Kaplan）著；鲁创创译.
—长沙：湖南人民出版社，2021. 1（2023. 1）
ISBN 978-7-5561-2345-2

I. ①美… II. ①罗… ②鲁… III. ①军事战略—研究—美国 IV. ①E712

中国版本图书馆CIP数据核字（2020）第119244号

MEIJUN QUANQIU YUNZUO NEIMU
美军全球运作内幕

著　　者　[美] 罗伯特 · D. 卡普兰
译　　者　鲁创创
出版统筹　陈　实
监　　制　傅钦伟
产品经理　傅钦伟　张玉洁
责任编辑　李思远　田　野
责任校对　曾诗玉
封面设计　熊猫布克

出版发行　湖南人民出版社有限责任公司［http://www.hnppp.com］
地　　址　长沙市营盘东路3号，410005，0731-82683311

印　　刷　湖南天闻新华印务有限公司
版　　次　2021年1月第1版
　　　　　2023年1月第6次印刷
开　　本　880 mm × 1230 mm　1/32
印　　张　17.25
字　　数　380千字
书　　号　ISBN 978-7-5561-2345-2
定　　价　88.00元

营销电话：0731-82221529　（如发现印装质量问题请与出版社调换）